东西方思想家评传系列

California State Polytechnic University，Pomona哲学系终身教授
丁子江　主编

Bertrand Rusell

罗素
所有哲学的哲学家

国际知名学者
写给大众的思想读本

California State Polytechnic University，Pomona 哲学系终身教授
丁子江 ◎著

九州出版社 JIUZHOUPRESS | 全国百佳图书出版单位

图书在版编目（CIP）数据

罗素：所有哲学的哲学家 / 丁子江著. --北京：九州出版社，2012.5
（东西方思想家评传系列）
ISBN 978-7-5108-1477-8

Ⅰ. ①罗… Ⅱ. ①丁… Ⅲ. ①罗素，B.（1872～1970）—生平事迹②罗素，B.（1872～1970）—哲学思想—研究 Ⅳ. ①B561.54

中国版本图书馆CIP数据核字(2012)第090168号

罗素：所有哲学的哲学家

作　　者	丁子江　著
出版发行	九州出版社
出 版 人	徐尚定
地　　址	北京市西城区阜外大街甲 35 号（100037）
发行电话	(010)68992190/2/3/5/6
网　　址	www.jiuzhoupress.com
电子信箱	jiuzhou@jiuzhoupress.com
印　　刷	三河市东方印刷有限公司
开　　本	635 毫米 × 970 毫米　16 开
印　　张	28.25
字　　数	380 千字
版　　次	2012 年 8 月第 1 版
印　　次	2012 年 8 月第 1 次印刷
书　　号	ISBN 978-7-5108-1477-8
定　　价	49.00 元

丛书主编的话

当人们猛然惊觉高科技数字化浪潮铺天盖地压来之时，很多事情都已改变。娱乐化网络化商业化似乎漫不经心地联手涂抹了我们头顶的星空。因为一位大哲的语言指向，而使人类有所敬畏的“头顶的星空”，退到繁复的重彩后面。在这个观念似乎新潮而又失向和错位的年代，许多像我们一样的人，基于某种固执的信念，继续在天空质朴的原色中跋涉。来自苍穹的光波，本初而强劲！

在色彩学中，质朴的蓝色与红、黄两色同为三原色，天然而成，无法分解成其他颜色；而在人文社会科学中，这种原色可以分解为良知、智慧、理性与人文精神。这正是人类文明和文化纯净而透彻的结晶。

正是这一结晶，赋予社会发展以灵魂、动力、脊梁和血脉，而它们的肉身显现或人格载体就是一代代的东西方大哲。以此观察历史、现状和未来，便有了一种理智、公正、犀利的洞穿。这种洞穿，是我们在无止境的跋涉间隙，真诚奉献给读者的礼物，微薄而又厚重。它将反观那些连贯古今思想上的一步步累积过程及其不断爆发的聚变；正是这些累积与聚变引起了人类社会巨大的发展与进步。

为了实现这种洞穿，这套题为《东西方思想家评传系列》的丛书应运而生。作为国际东西方研究学会（International Association for East-West Studies）丛书系列之一，这套汇集了一定卷数的大哲评传，对编者而言，成熟一批，推出一批，最终各卷之间构成相互支撑的整体，故成为由纪传体有机构成的哲学史论。丛书对西方主要大哲学家的生平及思想进行述评。生平包括：家世、背景、环境、教育、经历、宗教、婚姻、友人、个性、爱好、心路历程，行为方式以及各种有出处的趣事逸闻等。思想包括：学术著作、理论构架、独特理念、思维方式、社会影响、对人类智慧和知识的贡献以及人们对其批判和评价等。在对大哲们生平与思想的评述中，捕捉了一个个精彩的历史瞬间，一朵朵天才的思想火花；这些瞬间和火花，赋予人类一种灿烂的品质，同时又构成一种永恒的启示。

因此，读哲学大师的意义远远超出哲学范畴。人类存在的所有特点，都可以从阅读中领悟；人类全部的思想精华，都对读者无限敞开；大师们指向的精神高度，能使我们从日常生活经验中跃起、上升，点燃信念之灯，照亮深邃的生命。然而，在我们整个民族的文化习惯中，阅读大哲并不普遍。这种持久的忽视，更使我们埋头于丛书写作时感到来自内心深处的催促。但愿这种催促能够传递给更多的人，能够在阅读的荒原上点亮星星之火。如果可能，每个目睹这套丛书的人只读一遍，星星之火，也就有了燎原之势。

基于上述考虑，丛书为评论与传记，观点与材料的结合。强调雅俗共赏，深入浅出，寓学术性于趣味性，达到所谓“深者见深，浅者见浅”，“内行看门道，外行看热闹”的双轨功能。先将大哲们还原为活生生的个人，再上升到思想巨匠的高度。尽量立体和全方位地揭示这些思想伟人的经历以及精神生活发展的各个宏观与微观层面。丛书尽可能面向多元和广大的读者群。除服务对人文、社科感兴趣的一般读者外，亦将成为哲学专业、思想史专业以及其他相关专业的重要参考书。

丛书一个重要宗旨是指明这些大哲在近现代以及当代对中国思想界的影响，以及中国学术界对他们所进行的研究成果。

丛书作者群主体部分为来自中国大陆、台湾、香港三地，曾受中西两方哲学训练。这些华人哲学学者中外语言兼具，具有较高学术造诣，并现于欧美大学任教。

丛书每部约 20 ～ 30 万字，力求图文并茂（约 30 ～ 50 张图片）并包含所涉哲学家的生平年表、著作列表等。

即将陆续出版的评传及著者如下（不按人物年代顺序，而按可能完稿的时间顺序）：

《罗素：所有哲学的哲学家》（著者丁子江，北京大学哲学系毕业，北京大学哲学硕士，美国普渡大学哲学博士，现任美国加州州立科技大学 California State Polytechnic University at Pomona 哲学教授）;《笛卡尔评传》（著者孙卫民，北京大学哲学学士、硕士，美国康涅狄格大学哲学博士，现任加州州立大学北岭分校 California State University, Northridge 哲学教授）;《穆勒评传》（著者姜新艳，北京大学哲学学士、硕士，美国辛辛那提大学博士，美国瑞德兰兹大学 University of Redlands 哲学教授）;《休谟评传》（著者卢找律，北京师范大学哲学学士，加拿大西安大略大学哲学博士，现任美国提芬大学 Tiffin University 哲学教授）;《维特根斯坦评传》（著者袁劲梅，南京大学哲学学士、硕士，美国夏威夷大学哲学博士，现任美国克瑞顿大学 Creighton University 哲学教授;《尼采评传》（著者郑铁伟，上海交大工学学士，美国印第安纳大学哲学博士，现任美国圣克劳兹州立大学 St. Cloud State University 哲学教授）;《马丁·路德评传》（著者谢文郁，北京大学哲学学士、硕士，美国克莱蒙神学院宗教学博士，现任美国国际神学院 International Theological Seinary 宗教学教授）;《德·波伏娃评传》（著者苑莉均，山西大学英语学士，南开大学哲学硕士，美国科罗拉多大学哲学博士，现任美国德克萨斯州立大学 Texas State University 哲学教授）;《罗尔斯评传》（著者欧阳光伟，南京大学哲学学士，复旦大学哲学硕士，加拿大阿尔伯塔大学硕士和博士，现任加拿大道格拉斯大学 Douglas College 哲学系教授）;《库恩评传》（著者王新力，华中理工大学理学硕士，美国康涅狄格大学哲学博士，现任美国仲尼阿塔大学 Ju iata College 哲学教授）;《麦金泰尔评传》（著者朱新民，复旦大学哲学学士，马萨诸塞大学哲学硕士，瓦内贝尔特大学哲学博士，现任美国安特劳培谷大学 Antelope Valley College 哲学教授）；《罗蒂评传》（著者黄勇，华东大学哲学学士，复旦大学哲学硕士、博士，哈佛大学宗教学博士，现任美国库兹堂大学 Kutztown University 哲学教授《洛克评传》（著者杨效斯，陕西师范大学哲学学士、华南师范大学硕士，美国霍布金斯大学哲学博士，现任美国雷克福瑞斯特大学 Lakeforest College 哲学教授）；《海德格尔评传》（著者王庆节，南京大学哲学学士，北京大学哲学硕士，美国杜兰大学哲学博士，奥克拉荷马州立大学副教授，现任香港中文大学哲学教授）；《伽达默尔评传》（著者陈勋武，中山大学哲学学士，瑞士国际哲学科学院硕士，美国福德汉姆大学哲学博士，哈佛大学哲学博士后，现任德克萨斯大学圣安东尼奥分校 University of Texas at San Antonio 哲学教授）；《杜威评传》（著者丁子江，北京大学哲学系毕业，北京大学哲学硕士，美国普渡大学哲学博士，现任美国加州州立科技大学 California State Polytechnic University at Pomona 哲学教授）等。

《东西方思想家评传系列》的推出几经周折，正应了常言“好事多磨”。最后特别指出，幸亏九州出版社的王杰总编辑的慧眼真识与郝建良编辑的精心策划，这套丛书的前两本终于得以问世。在此，向两位先生表示衷心的感谢。

2012 年 1 月于美国洛杉矶

世界上再没有任何事物，甚至包括毁灭与死亡，比思想更令人畏惧。思想具有颠覆性、革命性、破坏性及可怕性。思想不会偏袒那些特权，既定制度以及安逸的习俗。思想直窥地狱深处而不畏缩。思想是伟大的、疾速的、自由的，它是世界之光，也是全人类的荣耀之首。

——罗素（《社会重建的原理》第 5 章，英文版 115 页）

目录

自　序……1

导言　罗素——百科全书式的一代大哲……1

传奇的一生……1

三对发展线索的“交叉点”……4

数学观与数理逻辑……10

多元的世界观与分析的方法论……12

从抽象哲学到人类社会问题……14

第一章　显赫家族的逆子……17

第一节　悲情历史的缘结——罗素祖父对中国的孽债……17

第二节　隔代教育的样板——罗素祖母对孙子的训导……30

第三节　自我游戏的童年——罗素特定性格的养成……37

第二章　早期活动的轨迹……47

第一节　顶尖名校的才子……47

第二节　开辟航向的巨子……57

第三节　和平民主的赤子……65

第四节　道德前卫的浪子……75

第三章　大哲圈内的恩怨……91
第一节　罗素与维特根斯坦……91
第二节　罗素与怀特海、摩尔……106

第四章　东方文化的知者……115
第一节　从罗素引庄子寓言谈起……115
第二节　罗素的中华文化观……121
第三节　罗素的中国重建观……135

第五章　两位大哲的对比……145
第一节　罗素与杜威的缘分……146
第二节　1920年代中国的杜威化与罗素化……151
第三节　杜威的“大众主义”与罗素的“贵族主义”……155
第四节　杜威的“综合主义”与罗素的“分析主义”……159
第五节　杜威的“现实主义”与罗素的“浪漫主义”……162
第六节　杜威的“保守主义”与罗素的“激进主义”……166
小结……172

第六章　后期人生的咏叹……174
第一节　优美写作的典范……174
第二节　国际正义的斗士……180
第三节　无神论者的毕生……189
第四节　传奇如戏的寿星……193
第五节　大师人格的弱点……198

第七章　理想人性的追求……206
第一节　个人主义……207
第二节　人性的非理性倾向——“冲动说”……212
第三节　摆脱对人性的压抑……215
第四节　人性的可塑性……218

第八章　数学原理的探邃……222
第一节 数学原理的宗旨……223

第二节　解决悖论的努力……230
第三节　摹状论对逻辑的贡献……244
第四节　《数学原理》中的数学意义……251

第九章　理想语言的构思……270
第一节　语言的用途……271
第二节　经验主义的语言观……273
第三节　语言中的形而上学（玄学）影响……277
第四节　语言中的某些哲学问题……280
第五节　自然语言的缺陷……297
第六节　人工语言的创制……299

第十章　分析哲学的方法……306
第一节　对内在关系说的批判……307
第二节　多元论与外在关系说……311
第三节　分析方法的作用……321
第四节　对分析的界定和分类……325
第五节　分析方法的科学前提……333
第六节　分析的“本体”基础——逻辑原子主义……336
第七节　分析的范围……339
第八节　分析方法的目的……342
第九节　分析方法的一般原则……346

第十一章　认识世界的探索……351
第一节　认识论上的六大成见……353
第二节　前期的认识论：物质与精神……358
第三节　前期的认识论：亲知与描述……360
第四节　前期的认识论：共相与殊相……365
第五节　前期的认识论：真理与谬误……369
第六节　前期的认识论：哲学与科学……373
第七节　后期的认识论：科学世界……377
第八节　后期的认识论：科学知觉……382

第九节　后期的认识论：科学概念……389
第十节　后期的认识论：科学概率……394
第十一节　后期的认识论：科学推理……397

后记　思想直窥地狱深处而不畏缩……408
参考文献……410
罗素著作列表……423
罗素生平年表……428

自序

我在青少年时期，印象最深的一个西方大哲就是罗素。

最初是因为这个名字好记、好念。“罗素”的确是一个绝佳的中文人名翻译，“罗”这个姓氏，在中国历史上叫得很响，如“罗成”等；而“素”则是一个意味很深，涵盖颇广的字，如“元素”、“因素”、“素质”、“素性”、“素朴”、“素材”、“素净”等。像很多人一样，知道他是哲学家，并非读他的哲学著作，我是读着他的各种散文体文章走近了他。

那时，还没有用“阳光”来形容一类人，如时下流行的“阳光青年”。而我在眼前一亮之际，就把“阳光哲学家”的桂冠加在罗素头上。一缕缕智慧、良知与正义的阳光，沿着白纸黑字，落进我饥渴的灵魂！在迎面而来的人生路标上，总是深深地刻着阳光的印记。尽管它并不能将人世间一切阴暗暴露在光天之下，也无法晒除所有霉菌与腐垢，但我感到了人文信念不可扭曲的硬度。再往后，走进“学术”生涯，我感到自己就像一块毛坯，不断地被罗素的“知识之光”所淬炼。

罗素曾作为客座教授，在我所就读的北京大学进行近一年的讲学，对中国思想界产生过重大影响。罗素回忆说：“我讲课的北京大学是一所十分优秀的高等学府。校长与副校长都是热衷推动中国现代化的人士。”当时罗素在北京的学术讲演，尤其是专业性很强的讲演，大多安排在北京大学；其余较为通俗的课题，则安排在高等师范学校、女子高等师范学校等地。在任华教授和洪谦教授指导下，我在北大的硕士论文就是研究罗素。

罗素曾作为访问学者在我攻读博士的美国普渡大学哲学系作过精彩讲演，至今那里的老教授还记得其中一个题目是“思维的物理条件”，其中谈了他对麦卡锡和联邦调查局的看法；在这之前，他还撰文批判了美国与普渡大学所在地印第安纳州的教育制度，因而有人攻击他为“反美主义者”，据他所说：在那里停留的时间“刚好够躲避私刑”。

罗素曾作为特邀教授在我所任教过的美国芝加哥大学哲学系举办大型研讨班，吸引了卡尔纳普和莫利斯等人参加。研讨很成功，但罗素不喜欢芝加哥的环境和气候，也与那个校长相处得不很愉快。

罗素曾作为访问学者在我任教过的美国西北大学哲学系作过讲演，那里产生过好几位罗素研究专家，如主编过研究罗素最重要文献之一《罗素的哲学》一书的谢尔普（P. Schilpp）教授以及对罗素极力推崇的英语专家内瑟考特（A. H. Nethercot）教授等。编辑过《逻辑与知识》等罗素著述的马什（R. C. Marshi）教授说道：“1944年，在西北大学的内瑟考特教授向我推荐了罗素哲学。1951年，我以研究罗素哲学的论文获哈佛博士学位。自那时起，我有幸常同罗素勋爵探讨哲学问题。”

罗素曾在我目前工作和居住的美国洛杉矶和南加州地区居住了两年，他非常喜欢这个常年阳光灿烂的被人称为天使城的地方，在这里的学术界他到处留下了活动的痕迹。罗素任客座教授的加州大学洛杉矶分校哲学系是我学术交流很多的地方。

还有一件有意思的事，我在北大当研究生的时候，为了练习英语，便在著名农学家王云章先生的夫人汤汉芬教授（其姐是美籍华人病毒学专家李振翩教授的夫人汤汉志）的推荐下，为一位访华美国教授当临时翻译，听说我正在研究罗素时，她便兴趣盎然地大谈起这位大哲在她所任教学校因受到迫害，而引出一场举世闻名的大风波。原来她就是来自所谓罗素案件的发源地——纽约市立大学（当时叫纽约市立学院）。对这个案件，我将会在本书第二章谈到。后来，我到美国留学后，到纽约拜访这位教授，顺便到这所当年闹得沸沸扬扬的大学探视了一番。

在我多年的教研中，罗素是一个贯穿始终的人物，这是因为其智慧、知识、思想、阅历以及人格的巨大张力，无论讨论到什么领域的主题都能与他的探索与见解挂得上钩。自从早年对罗素产生了兴趣，我曾涉猎了罗素大部分著作，有的是精读，有的是通读，有的是选读，当然还有的只是草草的翻读。本书就是对这位划时代甚至超时代的思想大师进行阅读、思考和评判后的结果。

对我写这本书，有同行朋友劝阻道：在中国，有关罗素的东西已经太多，以致过滥。他名目繁杂的作品可说是翻译最多的之一，他博大精深的思想也可说是最常引用的之一，他丰富多彩的生平更可说是为人们最津津乐道的话题之一。不但是哲学，而且另外不少领域，几乎人人言必称罗素。因此极难写出精彩，写出风格，写出创意，再多出一本，也只会淹没在书海中。我还是写了，因为长期的积压，若不加以释放，是一件难以忍受的煎熬。

也许写罗素之难，就难在他写的东西太多了，太杂了，从最技术最枯燥的，一直到最浪漫最奔放的。在所有的思想家中，罗素恐怕是最多产的。很凑巧，1980 年代初，为了练习英语口语，我在国际旅行社当编外导游时，曾接待过罗素的遗嘱执行律师，他谈了不少有关这位当事人的著述情况。据他所掌握的数字，罗素共出版过至少 80 部著作以及约 5000 多篇各类文章，此外还有大量私人信件，其中有不少遗失或毁掉，例如与罗素合著《数学原理》的著名哲学家怀特海（Alfred North Whitehead）去世后，他的夫人根据丈夫遗嘱将所有罗素的来信通通焚烧了。根据我本人的统计与收集，罗素成书的著作有 97 部（见本书附录“罗素著作列表”），其中《西方哲学史》是 2 卷本，《罗素自传》是 3 卷本，《罗素文集》是 29 卷本；若全部相加就有 129 部。此外还有很多编者根据某种主题而编辑的罗素著作或小册子，就难以计算了。

不少罗素著述都翻成了中文，但因我本人手头上没有那些译本，再加上对原文的理解与那些译者有所不同，故本书所用的资料绝大多数来自英文或德文原文资料。为撰写本书，我还访问了中美英三国不少著名图书馆，查阅了那里收藏的大量有关罗素的中英文资料。不单是读过大部分有关罗素的英文传记，而且我还收集了重要的英国历史文献作为旁证。有关罗素的中国之行，我也查阅了大量的中文文献，例如中华诸位精英，包括周恩来等与罗素的来往或对其的评述与批判，其中很多史料过去是不为人们所知的。我探访了罗素曾活动过的不少地方，找到了近乎立体的感觉。

与同类著作相比，本书有着某些不同的切入点与考证成果：我考证了罗素祖父，即约翰·罗素对中国的孽债——涉及两次鸦片战争的决策等，并由此作为对比来烘托罗素浓郁的中国情结——毕生对这个文明古国的友好，而正是这一点，却为所有罗素的研究者所忽略。我也考证了马克思与约翰·罗素的书信来往以及对其的评价。我还考证了罗素较早系统接受中国文化和思想影响主要是来自著名英国汉学家维尔内（E. T. C. Werner）。我还查阅了纽约法庭对有关纽约市立学院解聘罗素一案原始判决书，从而揭示了所谓美国式迫害的法律与道德依据。此外，我深入对比了罗素与杜威在几乎同时访华时的不同影响，并以此企图理清当时思想领域中论战与较量的线索与轨迹。

罗素并非圣贤，当然不会是一个完人，但基本上算是一个表里如一的学人，而决非伪君子；他的所作所为并没有违背自己的理论和学术良知，也从未以标榜自己的所谓道德高尚而刻意掩饰自己对人性弱点的真实体验和揭示。即便是最为“正统”人士所诟病的那些有关婚姻与两性关系的主张，也在后来被证实为一种不可抗拒的社会潮流。

本书原本共 15 章，因篇幅和字数已经严重超标，故删去了更可能令读者“厌烦”的有关罗素本体论的第十四章以及有关罗素科学论的第十五章，于是便剩下了其余 13 章。顺便从趣味角度提一下，“13”在西方是一个不吉利的数字，但罗素曾回忆，自己的父母都反对迷信，并且外祖母斯坦利夫人是一位典型的 18 世纪式启蒙人物，极为反感虚伪，纵情嘲讽愚蠢，有意将生日宴会安排为 13 人，以便使迷信者离去；而这对他后来无神论思想的形成影响很深。我们在这里就顺着罗素，也来个 13 吧！然而 13 章仍然过长，无奈继续“忍痛割爱”，又删去有关“中华精英的良师”（上下）两章，因此只剩下 11 章。如此看来，东西方“数字迷信”都不会干扰了。

本书“评论”与“传记”各占一半比例。我本意不想把此作写成枯燥无味的纯学术论著，也不想无原则地追求“市场效应”。因此，希望本书能“深者见深浅者见浅”，“仁者见仁智者见智”，或“雅者见雅俗者见俗”。但倘若因罗素特定的生平与思想让人产生“道者见道淫者见淫”，那也是无奈之事，并非所愿。读者可以跳过某些相对“过于学术、理论，甚至技术性”的章节，例如第十章“数学原理的探邃”、第九章“理想语言的构思”、第十章“分析哲学的方法”以及第十一章“认识世界的探索”等，而挑阅另外一些较具体、形象的篇幅。不过，假如能稍为耐着性子试着读完那些“哲学的抽象”，也许会觉得也不一定是全然乏味，因为它们代表罗素的哲学成就及其所开创的西方分析运动的整体走向。

作者

2012 年 1 月修稿于美国洛杉矶

1939 年，罗素在加州大学
洛杉矶分校讲学

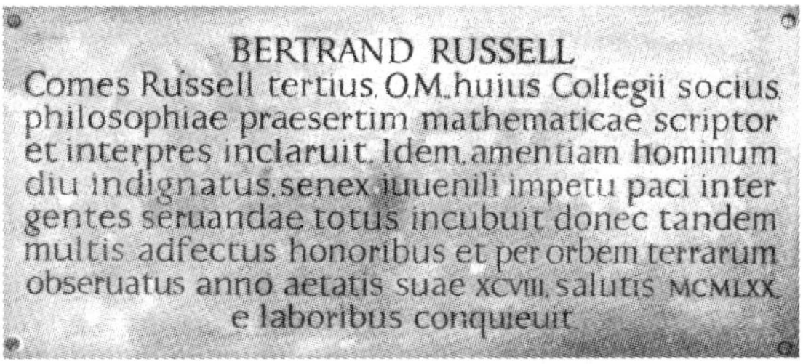

剑桥三一学院教堂的
罗素纪念碑文

1927 年，罗素、多拉和他们的两个孩子

导言

罗素——百科全书式的一代大哲

倘若外星智慧生物于20世纪来到地球，要求拜见人类知识界两个最有智慧的代表，恐怕其中一个是爱因斯坦，另一个就是罗素了。

罗素（Bertrand Russell，1872 － 1970）是现代西方最负盛名的学者和社会活动家之一，可被誉为古希腊亚里士多德以来西方最博学的哲学大师。他为人类知识和世界正义事业做出了不懈的努力。他认为求知、爱情以及对苦难的同情是自己毕生的三大动力。作为学者的罗素孜孜不倦地吸取人类知识的精华，形成了自己的理论体系，并提出了不少很有价值的创见。尽管在各国的学术界、思想界对其社会观和政治观的评价还有争论，但多数人都认同作为社会活动家，罗素对人类的苦难始终怀着不可抑制的同情。他强烈反对压迫和独裁，反对非正义战争和霸权主义，争取民主自由，并立志改造不合理的社会。罗素的求知与同情感是密切联系在一起的。我们可以从罗素的全部著作中看出上述三大动力的发展线索。

传奇的一生

罗素出生于英国一个显赫的新贵族家庭，其祖父曾两度当过英国首相。然而，罗素从小却形成了对宗教的怀疑，并对传统产生某种强烈的反叛。18 岁时，罗素进入了剑桥大学，正如他自己所说的，从此为自己开拓了一个无比灿烂的新世界。他骤然发现，当他谈自己思想的时候，人们似乎都认为值得思考。

第一次世界大战使罗素产生了新的兴趣。他开始关注战争以及如何阻止未来战争的问题，他的这方面的著作使他成了被广大公众所熟知的人物。在战时，他觉得应该把和平的愿望化成一种有理性的决心，以此来避免未来的大战。然而，凡尔赛和约打破了他的幻想。他的许多朋友把希望寄托于前苏联，但当他 1920 年访问前苏联时，却发现并没有什么事物是值得他称道和喜爱的。

1920 年，罗素还应邀访问了中国，并在中国逗留了近一年时间，被中国知识界誉为“德先生”和“赛小姐”的代表。他写道：“我热爱中国人民，但显而易见，他们对军国主义势力的反抗必定导致摧毁自身文明中很多最有价值的东西。……阴云日益笼罩着这个世界，就是这种习惯才使我感到这个世界稍可容忍。”罗素后来出版了名著《中国问题》一书，并始终关心中国的命运和前途。

20 世纪 50 年代以后，他的注意力开始从哲学转移到国际政治方面，如 1954 年他谴责比基尼氢弹试验，随后又发表《罗素—爱因斯坦声明》；1958 年他发动禁止核武器的示威运动。20 世纪 60 年代后期，他开始猛烈攻击美国的越南政策，并与法国存在主义者让·保罗·萨特等人组织了国际战争罪犯审判法庭。

在早年，罗素就计划一方面对科学哲学撰写一系列的著作，从数学到生物学，使它变得越来越具体；另一方面撰写一系列关于社会政治问题的著作，使其越来越抽象。最后，他还要在一种理论与实践等量齐观的百科全书中达到一种黑格尔式的综合。的确，这个目标始终贯穿在罗素的全部著述活动中。他一生共写了（或由他人编辑）大约 100 部著作和近 5000 篇文章（这仅是最低估计。笔者 1981 年曾遇到罗素遗嘱的执行律师，据他讲，罗素一生共写了 5000 多篇各种形式的文章）。

除了最精确的数学、逻辑和哲学外，他还几乎探讨了人类的全部重要的知识领域，如历史学、政治学、社会学、心理学、伦理学、教育学、宗教学、物理学、国际关系学以及东西方文化比较学等。他的著述活动也并不限于理论领域，甚至他在80高龄，还开始创作小说，如《郊区的撒旦》、《杰出人的噩梦》等，均受到文学界的好评。他曾乐观地说："我一生中的前80年献给哲学，而后80年可能献给小说。"

罗素不仅注意继承，更重要的是他还注意创新。他在各个领域都发出了许多使那些领域的行家们也感到惊讶的独特见解。他的不少著作都成为该领域很有价值的经典文献。此外，他那出色而优美的文笔也成了现代英语的典范。爱因斯坦就认为读罗素的书是一件极为愉快的事情，因为它具有其他科学家和作家所不能说明的东西。罗素善于吸取一切他认为有价值的东西，他从少年时起就渴望探知自然界和人类社会的奥秘。他在整个学生时代打下了坚实的自然科学的基础，并广泛涉猎了人文和社会科学的各个领域。在知识的广度上，几乎没有任何西方学者能与他相媲美。勤奋治学和努力探索的一生，使他逐步成为博学多才、百科全书式的一代哲人。

罗素曾对一位法国青年哲学家说："学哲学的人必须了解世界，但不应该只在大学里学以往哲学家的那些教导和体系。"事实上，在西方大哲学家中，很少有人像他那样周游世界、掌握第一手材料。罗素曾在四大洲讲学，并在英美的许多名牌大学当客座教授。因此，他广泛了解东西方文化中形形色色的问题。

尽管有人认为再也没有比否定自己更为痛苦的了，但罗素将自己的学说与人类的精华对照之后，一旦发现落后和错误的东西，便毫不留情地抛弃。当然，这并不是说罗素可以完全正确地分清真理与谬误，吸取的都是人类知识中真正有价值的东西，而是说他对于知识的态度是健康、积极和可取的。对人类文化的贡献使罗素荣获了1950年的诺贝尔文学奖和1957年联合国教科文组织颁发的加林卡奖。

由于罗素在知识上的成就和造诣，不少人把他与亚里士多德、柏拉图、伏尔泰、笛卡尔、康德、斯宾诺莎等大哲相提并论。也许有人会不同意这种赞誉，但无论如何，罗素作为一位博学多才的知识巨匠是当之无愧的。

三对发展线索的“交叉点”

被学术界公认的罗素研究专家伍德（Alan Wood）曾这样评价说：罗素是没有哲学的哲学家，但这同样的观点也可表述为，他是所有哲学的哲学家。在哲学史上，几乎没有人像罗素一样经历了那么多的思想演变，用他自己的话说就是“我决不耻于变化”。正如著名哲学家桑塔亚那（G. Santayana，1863 － 1952）所指出的，罗素的思想不断地在变，他的每一部新著作或每一次新讲演都在改变着自己学说的一部分。的确，多变性、过渡性和不稳定性正是罗素哲学的主要特点之一。

为什么罗素具有这个特点？为什么他的哲学具有较强的生命力？最根本的原因是他基本跟上了自然科学的潮流，注意汲取人类知识的精华。

首先，罗素的思想是哲学史上三对发展线索的“交叉点”。

其一，新现象主义（Neo-phenomenologism）与新实体主义（Neo-substantialism）的“交叉点”。自然科学的发展要求不断地得到哲学的概括和认识论的解答，从而迫使哲学观经常改换自己的形式，只要是守旧，都已不能够应付自然科学对于世界观的挑战。从 1894 年至 1898 年，罗素认为有可能用形而上学（指玄学）来证明有关宇宙的各种事物。罗素最初倾向于新黑格尔主义，以后转为新实体主义和新实在主义，然后又从后者转变成为多元的现象主义。被分析哲学视为形而上学（玄学）的实体主义是亚里士多德以来传统西方哲学的发展主流，一直到近代，休谟与康德以现象主义颠覆了实体主义的主宰地位。在分析哲学家中，罗素是最形而上学（指玄学）

的一位。在早期，罗素将语言的哲学研究看成是“哲学语法的构建”，也是形而上学（指玄学）的一个准备阶段，即作为实现形而上学目标的实在特性的途径。罗素虽然主张哲学不解决根本问题，却又认为由于不可避免仍需要解决。他就是以这种态度来对待所谓心物关系的。他还提到，虽然自己一直相信哲学的基本工作都是逻辑的，但仍然以形而上学为论题。后来，罗素的《心的哲学》和《我们关于外部世界的知识》是以马赫感觉论为出发点，根据当时数理逻辑的发展写成的，同卡尔纳普的名著《世界的逻辑构造》一样，企图发展马赫的现象主义。罗素把世界仅归结为一种构造甚至一种主观的构造，这是其现象主义的典型表现。但罗素以某种构造入手考虑问题仍不失为一种有益的方法。现代科学的发展使哲学物质观必须适应新的要求，而罗素等人对物质观的探讨是值得借鉴的。

一般来说，罗素并不直接认同“纯粹的”唯物论，但从某一侧面则肯定了它的某些合理性，而经常用“实在论”来代替某种形式的唯物论，甚至用实在论作为与唯心论对立的哲学范畴；例如他认为唯物论“在哲学家中很少见，但在一些时期的科学家中却很普遍”，① “唯心论主张，除了思想没有其他什么东西能被认识，而我们所知的实在都是精神性的；相反，实在论则强调，我们以感觉直接认识客体……”，② “……所有我主张的是，避开那些困扰实在论和唯心论的难题，还要避开它们那些已被逻辑分析所揭示出的歧义性概念”。③ 正是在哲学观新旧形式的再一次交替之际，罗素利用自然科学的某些成果，试图用一种所谓新自然主义与新中立主义的态度来解释世界，即贯彻休谟的第三条路线，形成了自己的逻辑原子论和中立一元论思想。

其二，新经验主义（Neo-empiricism）与新唯理主义（Neo-rationalism）的“交叉点”。传统经验论发展到休谟（D. Hume）是一

① 罗素：《心的分析》，英文版第 10 页。

② 罗素：《心的分析》，英文版第 19 － 20 页。

③ 罗素：《神秘主义与逻辑》，英文版第 123 页。

个顶点，而传统唯理论发展到莱布尼茨（G. W. Leipniz）也是一个顶点。由于它们把各自所执的一端片面化、凝固化和绝对化，因此，无法应付自然科学对于哲学认识论的挑战。自然科学的发展初期必然从经验开始，但到了20世纪初，由于相对论和量子力学的产生，科学已不满足于经验的描述，借助公设、定理比仅局限于经验更为有益，因此，它更多地运用了复杂的逻辑思想和想象力。在这种情况下，唯理论必然兴起，例如爱因斯坦的相对论单靠经验是根本概括不出来的。罗素看到了上述两派别所具有的优点与某些弊端，试图把经验论同数学和数理逻辑结合起来，把后者说成是经验材料之间的最一般的联系。他一方面认为，经验和常识可以供给哲学分析的材料，另一方面又宣称自己的一个哲学成见就是不满于狭隘的经验论，认为从前人们过于强调经验，几乎没有一个哲学家能理解“用不着知道任何单个的甲就可知道‘凡甲是乙’的命题”。他自认激烈地倾向经验主义，但却不信“2+2=4”是从经验获得的一种归纳概括。人们从研究经验的事实中知道苏格拉底是人，而用不着经验，便可知三段论在抽象形式中是正确的。因此，有一类命题与经验得出的命题不相同，它具有重言式的特性。他承认虽然要想解释怎样才能获得超经验的知识是困难的，但否认有这种知识也是站不住脚的。他确信世界充满着可能性，因此，逻辑的任务是推论未知物可能存在，不过最终判定其有无，还须靠经验来验证，即逻辑把无数日常未知的构造排列出来，让经验在逻辑所赋予的许多世界中选择一个。

罗素指出：“有一个哲学上极为重要的问题，其中对科学与逻辑句法的仔细分析将导致一个对于我以及几乎所有逻辑实证主义者们来说都很不愉快的结论。这个结论是：强硬的经验主义是站不住脚的。除非假设某种不必依赖经验而建立的推理的一般原则，否则就不可能从有限的观察中推出一般的命题。”[①] 然而，罗素并未摆脱经

① 罗素：《逻辑实证主义》，丁子江译，载《外国哲学资料》第7辑，商务印书馆，1984年。英文原作载罗素的《逻辑与知识》一书，英文版第365 － 382页。

验主义的束缚。他不能正确处理感性与理性的关系，例如他在晚年提出准永恒性的公设、分立的因果线公设、结构的公设等，并以此作为科学推论的基础，但并没有把它们深化到理性认识。结果，这些公设又与他早年提出的那种柏拉图式的共相类似。

其三，新实证主义（Neo-pocitivism）与新实在主义（Neo-realism）的“交叉点”。实证论从根本上说是英国经验主义者由贝克莱（G. Berkeley）和休谟发端的。贝克莱公然鼓吹神学和上帝，是因为，1688年所谓“光荣革命”后，英国资产阶级与贵族妥协，他们对地产投机买卖的兴趣超过了工业，因而对发展自然科学尚无强烈要求，从而使英国的自然科学在牛顿力学建立后的几十年里相对停滞，表面上没有对哲学造成威胁。18世纪中叶，工业资产阶级羽翼渐丰，工业革命已进入准备阶段，自然科学方开始向哲学敲起了警钟。比贝克莱晚生27年的休谟正赶上了这一时期。他尽量与自然科学合拍，强调经验与观察，肯定数学的必然真理，也不公开否认客观外界的存在，而采取了不可知论。孔德（A. Comte）与休谟相差七八十年，当时各门自然科学都有所发展，哲学也就必须押上自然科学发展的韵律，因此，在孔德看来，不应该回避自然科学，相反应该通过它来说明哲学已进入了实证阶段，从而反对神学和形而上学。斯宾塞（H. Spencer）活动时期正是达尔文学说盛行之时，因此，他提出了庸俗达尔文主义和社会达尔文主义的观点，但随着物理学的迅猛发展，他的思想很快就落伍了。19世纪末，马赫（E. Mach）跟上物理学的发展，用物理学来说明哲学。他大讲科学的统一、物理与心理的统一，而统一的结果是在思维经济的原则下提出了中立一元论和要素论，从而进一步走上了所谓第三条路线。但由于当时只有物理学单独挺进，因此马赫只把科学看作是经验的描述，而不注重数学和逻辑的抽象思维。20世纪初，罗素悖论的发现导致了“数学危机”，这一危机既促使数学基础和数理逻辑的发展，又要求从认识论上得到哲学的解答。到此时，老实证主义已无法担负这个使命，必须进行第三次改装。罗素在早年与摩尔（G. E. Moore）

一道反判新黑格尔主义以后，便转入了新实在论。

20 世纪初的美国，出现了新实在论思潮。培里（R. B. Perry）等人的《六位实在论者的方案和初步纲领》一文的发表，就说明美国新实在论已形成了一种有组织的运动。不久，这些人又出版了一本很有影响的代表作《新实在论》（1912 年）。美国的新实在论公开声明“新实在论主要是研究认识过程和被认识的事物之间的关系的学说”。[①] 他们一般承认外界物理客体的存在，坚持认为被认识的事物是真实独立的，而反对一些实用主义的主观主义认识论。他们也像罗素那样主张多元论、外在关系说、分析方法和柏拉图式的“共相”，但他们强调一种直接呈现说，认为不用通过任何摹写和媒介就可以直接认识外界事物本身，被认识的事物受到意识的作用就会直接变成意识的内容。因此，他们往往称自己为“直接实在论”。

新实在论与马赫主义细微的差别就是把感觉材料看作是既心又物的，不过比后者更重视逻辑和数学。罗素说道：“我喜欢将我的哲学描述为逻辑原子论，而不是实在论……”[②] 罗素不满足摩尔的常识哲学以及其他新实在论者的那种柏拉图式的客观理念主义，决心更彻底地从逻辑和数理逻辑方面来研究哲学。于是，罗素思想的二重性，即继承性和更新性，使他在实证论和新实在论的基础上，开拓了一个新的哲学研究方向——分析哲学。

其次，罗素的思想始终没有走向极端。现代分析哲学有两个重要特征，一是经验主义，一是形式主义。经验主义走向极端主要表现为“证实原则”，而要做到这一点，本身是非常困难的，其结果势必会轻视理论抽象思维和逻辑推理以及科学的假说，以致跟不上自然科学的发展而衰落下来。于是，结构主义作为经验主义的反动便开始兴盛起来了，因为它比较注重唯理论。形式主义走向极端，主要表现在拒绝研究除了语言和逻辑以外的任何问题。这样就远离了自然界、社会和人，势必也会衰落下去，而使存在主义得以盛行。

① 霍尔特（E. B. Holt）等：《新实在论》，商务印书馆，1912 年版第 8 页。

② 罗素：《逻辑与知识》，英文版第 323 页。

本来，在 20 – 30 年代，由于物理学和数理逻辑的发展，反对科学思潮的存在主义很难涉足于哲学。在逻辑实证主义一度统治之后，当极端的形式主义令人厌恶之时，大谈人的问题的存在主义便立即受到欢迎。此外，结构主义强调从整体上研究哲学以及从自然科学上来研究哲学，也打破了形式主义的某些狭隘性。这就迫使分析哲学改变方式，例如美国实用主义分析哲学家奎因（W. O. Quine），在其引起强烈反响的《经验主义的两个教条》（*Two Dogmas of Empiricism*）一文中指出“现代经验主义受两个教条的束缚：一个是它相信不依赖事实的分析真理与以事实为基础的综合真理之间有着本质的区别；另一个是它强调还原论，即主张所有有意义的陈述都等值于以指称直接经验的名词所组成的某种逻辑构造。”① 再如分析哲学家克里普克（K. Kripke）也反对把哲学仅限于语言，他还批判了罗素等人的摹状词理论，而提出了“历史因果命名理论”。②

由此看来，分析哲学在早期和晚期并不极端，只是在中期很极端。罗素完整地经历了这三个发展时期，但他始终没有走向极端，他分析的对象和探讨的问题较为广泛，即是因为他比较善于跟上自然科学的发展潮流。卡尔纳普（R. Carnap）断言，现代哲学就是逻辑，其任务不包括物质与意识的关系问题。他指出：“形而上学（指玄学—作者）的危害就是它的欺骗性，因为它给人们以虚假的知识，而非真正的知识，这就是我们为什么要反对它的原因所在。”③ 他起初研究物理学，并使之与哲学研究相结合，但后来却拒绝研究语言以外的东西，提出科学哲学的任务只是通过对语言体系或命题系统的逻辑分析，彻底清除科学中全部没有意义的论断和伪命题，从而为之建立一个理想的逻辑构造。如此一来，卡尔纳普便忽略了自然科学的实际应用和发展。

第三，罗素善于吸取一切他认为有价值的东西。他从少年起就

---

① 奎因：《从逻辑的观点看》，英文版第 110 页。

② 克里普克：《命名与必然性》，英文版第 96 – 136 页。

③ 卡尔纳普：《哲学与逻辑句法》，英文版第 31 页。

开始渴望探知自然界和人类的奥秘。他在整个学生时代打下了坚实的自然科学基础，并广泛涉猎了人文和社会科学的各个领域，在知识的广度和深度方面，几乎没有任何现代西方学者能与其媲美。勤奋治学、努力探索的一生，使他逐渐成为博大精深、百科全书式的多产作家。并且罗素一旦发现落后和谬误，便毫不留情地抛弃。①

然而，在罗素多变的思想发展中也蕴含着基本不变的东西。罗素在晚年时总结说尽管早年思想发生过许多转变，但有几点却始终毫不动摇，“我一直坚持外在关系说及多元论，而这两者是互相结合的；我一直坚持一个孤立的真理可以为真；我一直坚持分析并非虚假”。② 可以说，多元论、外在关系说和分析方法是三位一体的和密切相关的，它是罗素哲学的主脉和其世界观、方法论的具体体现。如果撇开或孤立地观察其中任何一点，都无法了解罗素的整个学说。因此，我们从这具有相对稳定性的三点来研究罗素变动不居的总体思想以及整个分析哲学运动的发展是有益的。

数学观与数理逻辑

罗素从小就对数学有着特殊的爱好，自始至终都陶醉于研究数学基础问题。早在1897年，罗素就完成了他的第一部数学专著《论几何学基础》。1906年是罗素学术思想的一个转折点。他在巴黎国际哲学会议上，受到了匹阿诺（Peano）符号逻辑的启发，认为它有可能以数学特有的精确性来解决哲学的难题。罗素创立了用符号来

① 罗素在1945年出版的《西方哲学史》的现代部分，提到柏格森、詹姆斯、杜威以及逻辑分析哲学派的各种人物，但竟然只字未提当时已产生了巨大影响的胡塞尔现象学以及海德格尔存在主义，这种态度似乎不很客观，也欠公正。这也说明罗素存在着很严重的门户之见。对此，西方有人评述说，海德格尔是存在主义运动的中心人物，虽然他的著作和生平受到很大争议，但他的哲学一方面征服了德国和法国，另一方面却被维也纳学派以及罗素和艾耶尔（A. Ayer）等英国哲学家斥为“垃圾”。

② 罗素：《我的哲学发展》，英文版第63页。

表示关系的方法，并与怀特海合作建立了级数、基数、序数的定义，试图把算术还原为逻辑。

1901年，罗素发现了以他的名字命名的悖论，引起了所谓第三次数学危机，促使人们对数学基础问题进行深入一步研究，从而推动了人类认识的发展。不久，罗素提出了逻辑类型论，为解决悖论做出了卓有成效的尝试。1903年，罗素独自发表了一卷本《数学原理》，建立了逻辑主义学派。接着，他又和怀特海合作，经过10年的艰苦劳动，写成了三卷巨著《数学原理》，这在数学史上是一个重要的里程碑。正像罗素自己所说的，他的黄金年华都倾注在这部巨著上了。当付印时，由于缺乏经费，他们自己掏了50镑。罗素风趣地说："整整十年苦干，我们挣了负的50镑。这打破了《失乐园》的纪录。"

罗素总结了前人在数理逻辑上的成就，创立了一个十分丰富的逻辑公理系统，为数学的严格化做了有益的工作，扩大了逻辑的研究范围，使得推理的功用超过了三段论。他陈述了逻辑演算的内容，进一步研究了事物的类、关系、基数、序数、级数，较之亚里士多德的逻辑，在某些方面要严密、系统、精确得多，甚至可以根据它来分析某些旧形式逻辑所无法解决的复杂问题。

罗素的数学观是与哲学紧密联系在一起的。年轻时，他就发现康德与经验主义者都不能令人满意，他既不喜欢先验的综合，也不认为算术来自经验归纳。罗素把数学基础和数理逻辑看作是自己哲学的最重要的科学前提，他试图把数学和数理逻辑当作严格的科学方法，用来研究哲学，甚至他的分析方法也直接来自纯粹数学和数理逻辑的某些内容。在他看来，数学能使哲学中的许多令人困惑之处被耐心和明晰的思维所澄清。

当然，罗素也有他所面临的困境，这就是他一方面把整个数学都归于逻辑，另一方面又认为这种方法的严格就在于它含有真实度很高的"先天的知识"，或者说是一种先验的演绎系统。所以，人们在探讨世界时，也要定出与公理、公设、基本概念和命题相当的东西，由此再一步步推导和构造整个世界。1934 年，由于数学上的成就，他获得了英国皇家学会的西尔威斯特奖和皇家数学会的德摩根奖。

多元的世界观与分析的方法论

多变性、过渡性和不稳定性是罗素哲学的重要特点之一。例如他最初倾向于新黑格尔主义，以后转为新实在主义，然后又从后者转变成为多元的现象主义。从消极的方面讲，这种不稳定性的来源在于他兼收并蓄了历史上和同时代的许多派别，如柏拉图主义、马赫主义、维特根斯坦主义等。但从积极的方面讲，这也反映了他在某种意义上注意吸取人类知识的精华，一直尝试尽力跟上自然科学发展的潮流。

罗素从 1906 年发表《莱布尼茨哲学评述》第一部哲学著作时开始，就显示了他的哲学才能。从那时一直到逝世，他写了大量哲学著作，其中最重要的有《哲学问题》、《我们对于外界的知识》、《心的分析》、《物的分析》、《对意义和真理的探讨》、《人类知识及其范围和限度》等。这些著作几乎探讨了哲学的全部问题，但其中最重要的还是认识论和方法论问题。

追求精确、清晰和完善的知识，是罗素一生的心愿，而《哲学问题》这部书的完成，标志着他真正开始形成了自己的哲学思想。他在这部书的第一段便提出了这样的问题："世界上有没有一种如此确定的知识，以至于一切有理性的人都不能对它加以怀疑呢？"这以后，经过 36 年的探索，在其最成熟的著作《人类知识》的最后一段里他对这个问题给予了回答："所有的人类知识都是不精确、不肯定和不完善的。"也就是说，他承认了自己是失败的。罗素不可能解决人类认识中相对与绝对的关系问题，但无论如何，他在探索中为人类认识的发展做出了有益的贡献。

罗素试图把实体论与现象论、经验论与唯理论、实证论与新实在论结合起来，从而提出了逻辑原子论、中立一元论、逻辑构造主义和分析方法。罗素称自己的多元论是物理学、生理学、心理学及数理逻辑四种科学结合而成的，而采取逻辑原子论是他一生中最大的“革命”之一。这个理论认为世界是可分体，它的终极构成要素就是逻辑原子。后来，他又进一步把逻辑原子完全变成了一种不分主客的“中立”要素，指出心与物的差别只在于二者的构造而不在其构成成分。这就产生了中立一元论和逻辑构造主义的思想。罗素的哲学虽然多变，但多元论和分析法的根本思想却始终没有变。

德国哲学家莱辛巴哈指出：“罗素凭借清晰、精确和认真的分析以及对神谕的否定而获得成功，如果没有他的卓越成就，现代的逻辑和认识论简直很难想象。”这个评价也许有些夸大，但罗素在西方哲学中的地位和影响却是不容抹杀的。

如果说笛卡尔是近代西方哲学的一位奠基人，那么，罗素就是现代西方哲学的一位开拓者。这是因为，他为经验论提供了严谨的逻辑系统、新颖的数学观和科学化的哲学设想，并且是西方第一个系统阐明、论证和实践分析方法的人。正是这个方法，使整个传统经验论发生了巨大的变革，使休谟等人的某些思想萌芽迅速长成了繁茂的大树，从而产生了新实在论、逻辑实证论和语义分析学派，并从反面强烈触动了大陆理性派和德国思辨哲学传统。它不仅对西方，而且对东方也产生了很大的影响。罗素在中国讲学时，有人认为他对中国学术界的贡献就是分析方法，他很高兴地说：“我也是这样想。”的确，罗素倡导的科学方法对“五四”运动以后的中国哲学界和科学界都曾有着很大的魅力。

我们应该肯定罗素哲学在人类认识史上的作用，他的世界观和方法论都有很高的价值。他试图用高度发展的科学成果来说明世界的构造，并对宇宙事物相对静止的一面进行逻辑分析，力求获得精确、清晰的知识。这种尝试是积极的。然而，人们同时也不能不看到，由于罗素的哲学偏见，由于他的世界观、方法论以及这二者之间的矛盾，使他的目的和手段之间产生了很大的矛盾。一方面没有一条正确的途径来让他完全达到所希望的一切，甚至某些合理的目标也达不到；另一方面，他所希望的许多东西本身就未必合理，即使有一个正确的方法，也无法达到。

从抽象哲学到人类社会问题

罗素最初声明自己并无企图要解决人类命运的问题，但不久便否定了这个说法。他认为自己一生的一个重大转折，就是从抽象的哲学转到了对人类社会问题的研究。罗素在费边派的影响下很早就对社会主义发生了兴趣。青年时期，他在柏林专门研究了马克思主义和德国社会主义运动。他认真钻研了马克思的《资本论》，并在读过《共产党宣言》之后指出，这是历史上最卓越的政治宣言之一，对推广社会主义的发展具有不可估量的意义。他还认为这两部著作摒弃了一切传统思想，憎恶正统的道德和宗教，并充满敏锐的洞察力。不过，他所受的新贵族传统的熏陶和所特有自由派的立场，使他在同情包括马克思主义在内的各种社会主义和赞成社会主义某些原则的同时，又对马克思主义进行了批判。

从根本上说，罗素的整个社会政治观主要体现在对自由、权力和理想社会的看法上。他在这方面的主要著作有《政治理想》、《自由之路》、《自由与组织》、《社会重建的原理》、《权力：一种新的社会分析》等。

自由在罗素思想中是一个最重要的字眼。他认为人和植物一样，为了生存，就应有合适的土壤和足够的自由。一切美好的东西必须体现在个人身上，一个理想的政治制度的最终目标是个人的自由发展。但他并不主张绝对的自由，他认识到自由和约束之间有一种相互依存的关系。他指出，自由显然是最伟大的政治福利，但若绝对没有约束，也不能保证自由，因为这样一来，“强者就可以任意压迫弱者”。同时他又认为，只有通过说服而不是强制，才能建立起自由的社会。

罗素认为权力欲是战争和压迫的根源，必须反对权力集中、防止独揽大权的资本家和官僚，否则，如果私有财产和国家的权力过大，将会有害于社会生活。富翁们的发财勾当对社会的危害比穷人所犯的罪过要大得多，但法律却代表他们的利益，而使他们逍遥法外。法律和政权在某种意义上讲是祸害，只有在它能够阻止其他更大罪恶和维护善行时才有价值。国家权力不能废除，但必须消除它的许多弊端。社会原理的基本概念是权利而不是财富。因此，合理的社会应该是人人都有平等的权利，政府必须是民主的，并且必须能以某种方式来约束官吏。

罗素所憧憬的是这样一种理想社会，即在物质和精神条件的保障下，使人性、自由、和平等得以充分的发展。他认为肉体和精神的需要都得到满足是人类幸福不可缺少的条件。从物质上说，为了建立一个人们所向往的社会，就必须实现某种公有制来克服财产的不平等。私有制对人性有恶劣影响，但公有制却相反，它的分配原则是为任何人提供可维持生活的最低收入，即“懒汉津贴”，但又要考虑到让那些有益于社会的人得到更多。在社会主义社会里，人们没有贫困的恐惧和发财的欲望，也没有阶级差别。从精神上说，它可以增加人类本能的喜爱而减少嫌恶，它挖掘人的创造性、智慧，使生活变得快乐。在这样的社会里，生活的动力已不再是维护财产或抢夺他人财产的欲望，而是建设。在这样一个不受压抑、生活愉快、精神旺盛的社会里，人们将会变得更敏锐和更具有创造性。

罗素进一步指出，要想建立起一个完善的社会，就必须克服自然和人为两种障碍。自然障碍可通过科学得以克服，人为障碍则需通过政治和社会组织来克服，这就是以生产者和消费者的划分代替阶级的划分，成立分别代表这两者的代议机构。在这两种机构的协调下，社会就能得到最快的发展。罗素所鼓吹的只是一种混杂着费边主义和基尔特主义的改良思想。

罗素的自由论、权力说和理想社会的描述未必正确，但他对被压迫者的同情、对不公正社会各种罪恶的揭露和鞭挞，以及他力图改革社会的善良愿望，仍是十分真诚的。罗素对各种社会问题的分析中不少是有启发性的，他的一些预见，例如对中国在世界上的重要作用的估计等，已被后来的历史发展证明是符合实际的。

罗素并非圣贤，当然不会是一个完人，但基本上算是一个表里如一的人，而绝非一个伪君子；他的所作所为并没有违背自己的理论和学术良知，也从未以标榜自己的所谓道德高尚而刻意掩饰自己对人性弱点的真实体验和揭示；即便是最为“正统”人士所诟病的那些有关婚姻与两性关系的主张，也在后来被证实为一种不可抗拒的社会潮流。

第一章

显赫家族的逆子

第一节　悲情历史的缘结——罗素祖父对中国的孽债

罗素晚年风趣地建议说，要谨慎地挑选祖先。

这只是玩笑之说。他一出生当然就有着不可避免的家族血脉。

曾经访华的罗素，在他后来的人生经历中，始终有着对这个东方文明古国不可磨灭的情结。有意思的是，史家们都没有作这样的联想，就连罗素本人都忽略了自己家族与中国有一段历史的不解孽缘。正由于这个孽缘，使原来的东方巨龙从此陷入了长达一个多世纪的屈辱、怯弱、无能、落后、挨打，以及更加腐败龌龊的黑暗。

罗素的祖父和祖母；祖父曾两度出任英国首相

在英国时，有学者告诉本书作者，剑桥大学属于罗素大学集团（The Russell Group）。作者就问道，这是否与大哲罗素有关，那学者不甚清楚来龙去脉，便语焉不详答曰，也许是间接有关。我好奇起来，便四处打听，得知所谓罗素大学集团成立于1994年，由牛津、剑桥等19所英国研究型的大学组成，包含了所谓的金三角名校，被称为英国的常春藤联盟，代表着英国的顶尖大学；它与美国的“常青藤联盟”（Ivy League，即东海岸八所历史悠久的名牌私立大学的统称，包括哈佛、布朗、哥伦比亚、康奈尔、达特茅斯、宾夕法尼亚、普林斯顿以及耶鲁）在贵族化、精英化为宗旨的盎格鲁-萨克森“绅士教育”（gentlemanly education）的模式上是一致的，但有一点不同的是，他们都是由国家资助的；其目的是要代表这些机构的观点、游说政府国会、提出研究报告来支持它的立场。后来又得知罗素集团名称的由来，是因为这19所院校的校长，每年春季固定在伦敦罗素广场旁的罗素饭店举行研究经费会议而得名；这个集团关心的焦点在于提升研究、增加学校收入、招聘最优秀的教职员与学生、降低政府干预及提倡大学合作等。

在伦敦时，作者到过罗素广场（这里因2006年连环恐怖爆炸，而更举世闻名），当时心想这个名字恐怕以大哲罗素命名。后来一打听，倒是与他本人并非直接相关，而是与其家族的骄傲——约翰·罗素伯爵（John Russell，1792－1878）有关，这个广场是以这位政治家命名的。这样看来，那位学者说的对，这都与哲学家罗素间接有关。

罗素的远祖老约翰·罗素，他曾是亨利八世的重臣兼朋友

据史考，罗素家族是英格兰著名的辉格党家族，开初几代享有贝德福德公爵的称号。老约翰·罗素（？－1555）因1549年参加镇压叛乱有功而被封为

贝德福德伯爵。他的儿子威廉·罗素是一悲剧人物，于1681年被告发参与密谋刺杀查理二世，而被送上了断头台，因此被追思为宗教与政治自由的先烈。政治家约翰·罗素（1792－1878），是哲学家伯特兰·罗素的祖父，是第六代贝德福公爵J·罗素的儿子。这个约翰·罗素在爱丁堡大学读书时，曾对苏格兰哲学异常着迷，也许这也对孙子伯特兰所带来了某种“遗传基因”。

约翰·罗素并未将哲学当成职业，而是走上了政坛，1813年任国会议员，接着于1819年12月倡导议会改革，并着手实施。19世纪30－40年代，在辉格党上台执政后，他作为这个党自由改革派的主要人物，曾于30年代任军需大臣和内政国务秘书；还曾于1839－1841任殖民大臣；并两度担任首相（1846－1852和1865－1866）。1852年，作为首相的他发表著名而强硬的声明：“一个多世纪以来，在欧洲整个体系中，我们是互相联系的，任何一种势力的扩张，任何破坏欧洲势力总平衡的扩张尽管还未直接引发战争，都绝不可能对这个国家是一个漠不关心的事；倘若平衡严重受到威胁，那么最终就会引发战争！”[①] 另外，他还两度担任过外交大臣（1852－1853和1859－1865）。约翰·罗素在政治上颇有建树，也相当开明，如促进各大城市行政民主化，减少处决刑事死刑犯，建立国家检查体制，发展公共教育，主张彻底的自由贸易，制定10小时工作制，建立全国卫生委员会等等。他在第二次任首相期间，因扩大选举权问题而倒台。约翰·罗素在美国内战中支持北方。约翰·罗素还有一个“遗传基因”带给了伯特兰·罗素，这就是热衷写作，没有哪一个英国首相像他那样留下大量的作品，如诗歌、传记和史学论文等。

约翰·罗素在英国近代史还算是举足轻重的政治人物，就连马克思在著作中也间接提到过他。1821年，马克思在《根据政治经济学基本原理得出的国民困难的原因及其解决办法。致约翰·罗素勋

---

① 布瑞（J. P. T. Bury）编:《新编剑桥英国近代史》（*The New Cambridge Modern History*）第10卷，1960年英文版第267页。

爵的一封信》中对这个英国政治家提到："一个国家只有在使用资本而不支付任何利息的时候，只有在劳动 6 小时而不是 12 小时的时候，才是真正富裕的。财富就是可以自由支配的时间，如此而已。"[①]

作者到过新西兰北边一个叫作罗素的海滨小城——它竟然是这个岛国最早的首都。当作者第一次听到这个小城名字的时候，心里动了一下，它会不会与大哲罗素的家族有什么关联呢？经过询问，果然这个城名也是为纪念罗素的祖父约翰·罗素——当时任大不列颠王国殖民大臣，正因为他主持制定的殖民政策，大英帝国占据了新西兰和澳大利亚等一系列新的殖民疆土。

作者年轻时读过一本有关中国近代史的名著《从鸦片战争到五四运动》，那上面有这样一段话：

1840 年 2 月（道光二十年正月），英国政府决定派出所谓"东方远征军"开往中国。当时英国议会曾辩论对中国出兵是否合理的问题。……下院中仅以微弱多数通过支持政府的立场。内务大臣罗素向议会发言为政府的立场辩护，说明英国开战的目的是："为商务监督及女王陛下的臣民所忍受的暴行与虐待要求赔偿，为英国商人们在恐吓与暴力之下所受到的损失要求赔偿，为英国商人们的人身和财产获得保证，使今后免受暴虐与残忍的待遇，并能够在正常的情况之下经商。"……当时英国官方对作战原因的公开说明，例如上举罗素的话，的确都小心避免提到鸦片烟，但是所谓"英国商人们在恐吓和暴力之下所受到的损失"，很明显就是针对林则徐迫使英国商人交出鸦片烟而言，所谓"为英国商人的人身和财产获得保证"，就是针对林则徐提出的如果以后再贩烟"货尽没官，人既正法"的要求而说的。既然如此，怎么能说不是为保护鸦片走私呢？[②]

正是在此以后，鸦片战争爆发了。这段话转引自法国汉学家马斯裴若（Henri Maspero）的《古代中国》（*China in Antiquity*）一书。

---

① 马克思：《马克思恩格斯全集》，人民出版社，第 263 － 280 页；英国经济学家李嘉图（1772 － 1823）：《政治经济学及赋税原理》，中文版第 6 页。

② 胡绳：《从鸦片战争到五四运动》，人民出版社，1981 年版，第 35 页。

读到这段历史，作者才恍然大悟，原来大哲罗素的祖父就是鸦片战争的始作俑者之一，当然并不一定是最主要的。

当前，中国大陆中学历史课本有关鸦片战争一节也将上述内务大臣罗素的讲话作为材料来源，并列出的一个重要问题是“罗素是怎样说明英国发动鸦片战争的目的的？他极力掩盖了什么问题？”标准答案是：污蔑中国人民反侵略的禁烟运动是“暴行”，掩盖了罪恶的鸦片贸易活动的非法性。

英国历史学家马歇尔在《剑桥插图大英帝国史》记载：“1870年，罗素伯爵（以前的约翰·罗素勋爵兼英国前首相）回顾了帝国的发展时最后总结‘我们可能作为英格兰、苏格兰和爱尔兰联合王国单独采取行动的时期已经过去。我们征服了加拿大，并繁衍生息在这片土地上；我们占有了整个澳大利亚和新西兰；我们吞并了印度，从此它处于王国政府的管辖之下。我们决不后退’。”①

在英国近代史上，无论在国内事务还是在国际事务上，约翰·罗素无疑是很重要的。尤其鸦片战争与南京条约的签订上，他都起着某种重要作用，当时他就是执政的辉格党的灵魂人物，而这个政党最重视的是所谓大英帝国在全世界“自由贸易”。例如《英格兰史》一书就这样评价：“由约翰·罗素领导的辉格党是有能力的、可期待的，而且是又勇气的。……很幸运，约翰·罗素的辉格党内阁是由很有能力和政治经验的人们所组成，因为他们的任务是非常艰巨的。”②

约翰·罗素在清廷镇压太平天国中也起过相当的作用，因为这符合大英帝国的利益，而且他还有过控制中国海军的企图。据《盛世之毁：甲午战争110年祭》考证，1861年，相继发生了咸丰之死、同治登基和北京政变，顾命八臣被两宫垂帘和恭亲王议政所取代。

---

① 马歇尔（P. J. Marshall）：《剑桥插图大英帝国史》（*Cambridge Illustrated History*），英文版第24页。

② 斯密斯（Goldwin Smith）：《英格兰史》（*A History of England*. New York: Charles Scribner's Sons. 1957.）英文版第609－610页。

这一期间，李秀成大军攻克宁波、杭州，兵锋直逼上海。恭亲王作为洋务运动在清廷的总代表和曾国藩、李鸿章等人在朝廷的总后台，其影响也是比较深远的。但李秀成大军的胜利对于清廷却是极为沉重的打击。由于当时西方列强普遍观望中国大地的这场内战，并都想从中渔利，清廷不能不考虑到太平军与西方列强合作的可能。而在清廷得到的情报中李秀成兵指上海的目的其中一条就是借此向外国购买一批炮船。这使得恭亲王等清廷中枢震惊。因此，1862 年 1 月 31 日、2 月 1 日两天之内，恭亲王即以总理衙门名义致信江苏巡抚薛焕、两广总督劳崇光、福州将军文清，令其迅速筹款购舰。3 月 14 日，继任海关总税务司的赫德接到总理衙门的指示，命其通知李泰国，立即在英国购买并装备舰队，并迅速开往中国，以备战事。李泰国接到赫德的信后，与英国外交大臣罗素进行了多次谋划，最后计划组建一支英中联合舰队。英国外交部和海军部先后同意了这个计划，任命参加过第二次鸦片战争的海军上校阿思本为舰队司令，并很快购齐了 7 艘炮舰（“北京”号、“中国”号、“厦门”号、“广东”号、“天津”号、“江苏”号，另有供应船 1 艘、快艇 1 艘等）。

1863 年 1 月，李泰国擅自与阿思本签了十三条合同。阿思本在致罗素的信中说：“该合同是经过长时间深思熟虑而决定下来的行动计划，可以不致在今后迷失方向。”合同主要内容有：（一）中国建立外海水师，阿思本允做总司令四年。除阿思本外，中国不得另延外国人做总司令。中国所有外国样式船只，或内地雇外国人管理者，或中国调用官民所置各轮船，议定嗣后均归阿思本一律管辖调度。（二）阿思本只执行李泰国转交的中国皇帝命令。若由别人转谕，则未能遵行。如有阿思本不便照办之事，则李泰国未便转谕。（三）所有此项水师各船员弁、兵丁、水手均由阿思本选用，仍须李泰国应允，方可准行。（四）此项水师，俱是外国水师，应挂外国样式旗号。……两人还参照英国海军章程，制定了《英中联合舰队章程》：凡捕获船只、财货，三分之一归廷，其余归舰船人员分配。李泰国强调：我对中国人的态度是这样的，如果我帮助你们征税，只要外国人的质疑是对的，你们必须去做。如果你们不做的话，我就停止帮助你们……中国政府太腐朽了，不能依靠。我正努力要建造的结构的基础，得人工来创造。我的地位是作为一个外国人受中国政府雇佣来替他们执行某些工作，而不是受他们的差遣。我根本不需要说，一个高贵的人受亚洲野蛮人差遣的想法是非常荒谬的。我不是中国官员，而是一个没有头衔但有很高的地位和影响力的外国顾问。因为我受到信任，受到尊重。舰队由阿思本指挥。这就是后来众所周知的“阿斯本舰队”。

李泰国所设想的不仅仅是英帝国主义者控制中国军事力量，也包含了另外一种观念——中央集权观念。舰队不听从各省督抚大员，而直接接受中央政权——皇帝的命令，类似湘军、淮军这样的由地方编练、对地方负责的武装是不能也不应该存在的。这是英国法权观念的一种体现。然而，晚清时期内外困顿，中枢积弱，实权更多的分掌在各地方汉族大员的手中。清廷既没有决心、信心，也没有实力来推动这一重大的、根本性的改革，更何况清廷本身对于兵权问题也是同样警惕，因此明确照会英国公使卜鲁斯（Bruce）：“中国兵权不可假于外人。”甚至赫德也在日记中明确表示：“李泰国不会成功。”（赫德《至金登干》）结果是：李-阿舰队被解散，船只被撤回变价出售，李泰国的总税务司被赫德接替。[①]

1859年9月3日，也就是第二次鸦片战争的第三年，英国驻华公使卜鲁斯于北京向英国外交大臣罗素发了一封信，写道：“中国政府仍然还未达到对外国使节权利的认可，他们在文件上可以承认，但他们实际上拒绝接受在民族平等基础上的外交关系，而且只有采取奉承傲慢的手段，并知晓皇帝至高无上时，才被允许访问北京。”[②] 1860年4月间，也就是第二次鸦片战争结束前的几个月，维多利亚

① 参见“北洋海军——同光兴盛之李鸿章时代”，《盛世之毁：甲午战争110年祭》，弘治、张鑫典、孙大超编著，华文出版社，2004年。

② 汉内斯（W. T. Hanes）和桑尼罗（F. Sanello）：《鸦片战争》（*The Opium Wars*），2002年英文版第237页。

女王通过外交大臣罗素通知卜鲁斯，说她期盼他说服中国政府接受天津条约。同一期间，罗素在致格兰特（Grant）的秘密指示中，让他准备两手，即侵略与谈判，但尽量缩小前者，而扩大后者，“我们去中国的目的是贸易，因此我们最渴望的是中国难题的尽早结束。”①

1861 年 11 月 12 日，卜鲁斯在致外交大臣罗素的信中提到：“恭亲王及其同僚之操权，乃是对外国人维持友好使然。这个令人满意的结果，全是几个月来私人交际所造成的……我们下一步骤是应该在他们心目中造成同等深刻的信念，我们不是为了和帝国政府来作对的。在不妨碍物质利益时，我们是准备以朋友之谊对中国的困难与损害予以考虑的。”这封信露骨地谈到在当时北京政变前后，英国如何培养像恭亲王奕䜣这样更为驯顺的奴才，并支持他同西太后合作夺取政权的情况。②

约翰·罗素在一些对华政策中，也有某些温和的态度，如马克思在“议会关于对华军事行动的辩论”一文中评述过：得比伯爵和科布顿先生谴责对华军事行动的两个议案，都按照早先所作的声明被提出了，一个是 2 月 24 日在上院提出的，另一个是 2 月 27 日在下院提出的。上院的辩论是在下院开始辩论的那一天结束的。上院的辩论给帕麦斯顿内阁以沉重的打击，使它只得到 36 票比较微弱的多数。下院的辩论也许会以内阁的失败而结束。“但是不管下院的讨论将引起多么大的兴趣，上院的争论已经把论战双方的理由讲尽了，而得比和林德赫斯特两位勋爵的精彩演说已经预先说出了能言善辩的科布顿先生、爱·布尔韦尔爵士、约翰·罗素勋爵以及 tuttiquanti〔诸如此类的人〕所要说的话。”政府方面唯一的法学权威——大法官说过：“如果英国在‘亚罗号’事件上没有充分的根据，那么英国的一切行动自始至终都是错误的。”得比和林德赫斯特无疑都证明了英国在这个事件上没有任何法律根据。英方为推卸广州屠杀的罪责

① 汉内斯（W. T. Hanes）和桑尼罗（F. Sanello）:《鸦片战争》(*The Opium Wars*), Sourcebooks, Inc., 2004 年英文版，第 244 － 245 页。

② 《卜鲁斯致罗素》，严中平译，《历史教学》月刊，1952 年 4 月、5 月号。

而硬加在中国政府身上的罪名是什么呢？那就是：违背了1843年的善后补充条约第九款。该款规定，凡逃抵香港殖民地或潜藏于英国军舰或商船上的中国罪犯，中国当局不得自行逮捕，而应通过英国领事提取，由英国领事将罪犯引渡给地方当局。①

马克思还在《新的对华战争》一文中，提到印度的纠纷使英国感到不安，同时英国又得武装自己以防万一发生欧洲战争，因而在中国发生的这场新灾难——这大概是帕麦斯顿一手制造的——也许会使英国遭到巨大的危险。将来的结果必然是现政府的垮台，因为该政府的首脑是这次对华战争的罪魁，而它的主要成员却因为这次战争而对他们现在的首脑表示了不信任。“无论如何，米尔纳·基卜生先生和曼彻斯特学派应该采取下列行动：或者是退出现在的自由派联盟，或者是（这很少有可能）与约翰·罗素勋爵、格莱斯顿先生及其同道皮尔分子联合，迫使政府的首脑服从他们自己的政策。……既然英国人曾为鸦片走私的利益而发动了第一次对华战争，为保护一个海盗的划艇而进行了第二次对华战争，那末，现在要想达到一个高潮，只需马上发动一次旨在以公使常驻北京这件麻烦事情来和中国为难的战争就是了。”②

虽然对祖父很景仰，但作为约翰·罗素孙子的伯特兰·罗素本人对鸦片战争还是深恶痛绝，他曾在不同的著作和文章里多次加以谴责。他曾指出：“1840年，西方对中国发动了第一次战争原因是中国政府力图禁止鸦片的进口。战争以夺取香港，以及对英国还有法国、美国以及斯堪德纳维亚开放五个口岸。1856至1860年，英法联军又发动战争烧毁了圆明园……”③1951年，在“当前的困惑”一文中，他对朝鲜战争中的美国总司令麦克阿瑟（MacArthur）斥责道：“我们必须都必须回到鸦片战争的年代，在我们屠杀数百万中国人之后，那些幸存者还要接受我们道德的高尚性，还要将麦克阿瑟

---

① 马克思：《马克思恩格斯全集》，第12卷第148－152页。
② 马克思：《马克思恩格斯全集》，第13卷第568－585页。
③ 罗素：《中国问题》，英文版第52页。

作为救世主加以欢迎。”[①] 当然，罗素本人并没有直接提过自己祖父的这段与中国有关的往事。是忽略而未予注意？还是刻意加以回避？这就无从查考了。

罗素在自传中曾指出，1926年，在三处不同地方，英军向手无寸铁的青年学生开火，制造了重大伤亡。为此，他在英国发表文章强烈谴责这种暴行，后来中国媒体加以广泛转载。当时一名在华美国传教士来英国时告知他，群情激昂的中国民众使所有驻华的英国人都感到恐惧。这位传教士还说道，幸亏是罗素，“在华的英国人才生命无虞，因为愤怒的中国人有这样一个结论：绝不是所有英国人都是恶徒。但不管怎样，我既受到在华英国人的不满，又招到英国政府的仇视”。[②] 也许是罗素记忆有误，他轻描淡写了英军的罪行，实际上1926年9月5日，英舰“嘉禾”号、“威警”号和“柯克捷夫”号以扣船事件为借口，竟开炮轰击万县人口稠密的繁华市区近3个小时，发射炮弹和燃烧弹300余发，中国军民死伤以千计，民房商店被毁千余家，造成了震惊世界“万县惨案”。

从研究罗素开始，本书作者曾对美国与英国的国际政治作了一个比较，发现后者的确老谋深算，尽管后来大不列颠日趋没落，但英国的所有殖民地，几乎没有一个发生共产主义并得到成功的，也没有发生激烈的反英情绪，反而大都是“英联邦”成员。后来罗素这样说过：“我所想到的是与大英帝国主义的崩溃相关。从拿破仑的倒台一直到第一次世界大战，英国是世界的主导力量。大英帝国是最大的存在体，而不列颠主导着世界的潮流；但所有这一切都成为历史的过去。这个帝国变成了英联邦。现在是美国主导世界潮流。英国与中国的贸易几乎停顿……”[③]

所谓英联邦（The Commonwealth）乃英国与已经独立的前英国殖民地或附属国组成的联合体。第一次世界大战后，英国为解决日

① 罗素：《当前的困惑》（1951），《罗素重要文选》，英文版第694页。
② 罗素：《罗素自传》第二卷，英文版第184页。
③ 罗素：《英国的反美情绪》（1957年），《罗素文集》29卷，英文版第191页。

益高涨的殖民地民族解放运动带来的危机，从现实的态度调整了与原英帝国其他成员之间的关系。1926年“英帝国会议”的帝国内部关系委员会提出，英国与已经由殖民地成为自治共和国的加拿大、澳大利亚、新西兰和南非是“自由结合的英联邦的成员”，“地位平等，在内政和外交的任何方面互不隶属，唯有依靠对英王的共同效忠精神统一在一起”。1931年，《威斯敏斯特法案》从法律上对此予以确认，英联邦正式形成。1947年，印度、巴基斯坦各自宣布独立并加入英联邦。1949年，印度成为共和国，选举了自己的国家元首。从此英联邦成员由需对英王效忠的原则演变为英联邦成员“接受英王为独立成员国自由联合体的象征”，英王是“英联邦的元首”。到2004年5月为止，英联邦现有53个成员。每年4月27日为英联邦日。至今为止只有津巴布韦于2003年12月正式宣布退出英联邦。相反，原来与美国有关的，即它支持或援助的地区，不是爆发革命，就是产生强烈的反美情绪。

客观地说，回顾近代史，最初侵略中国的是英国，即第一次鸦片战争，后来又有了第二次鸦片战争（包括英法联军攻占北京，焚毁圆明园等），八国联军攻陷北京，还有后来的万县惨案和五卅惨案以及长江事件等，可谓除了日本以外，它对中国直接犯下罪恶和血债最多。罗素本人很清楚这一点，他对自己的祖国——大英帝国的本性看得还算透彻。罗素曾回忆道，他访华回英以后，英国政府准备解决庚子赔款的问题，当时美国已明智地决定放弃这笔钱，英国却不愿这样做，而采取某种折中变相的方式继续索款。当时的英国首相麦克唐纳对华态度比较温和，特邀请罗素为专门处理这项事务一个委员会的成员，罗素等人便推荐了丁文江和胡适为中方成员。但不久工党政府倒台，保守党执政立即推翻上述决定。于是这次改善同中国人民关系的一点努力也遭到葬送。后来，罗素因反战以及反对英国政府的政策而多次遭到各种迫害。不过，罗素也谈到，自从中国共产党掌权以后，英国的对华政策一反常态，相反却比美国开明。

培姆布罗克府邸，罗素从两岁起就住在这里，一直到上剑桥

作者同意罗素的部分说法，他确实为当时的中国知识分子留下了英国人的一个正面形象，再加上英国纯熟而又现实的国际政治手腕，的确使中国人对英国并没有感到多少深仇大恨，反而都将仇恨倾泻到美国头上。这也是美国的不高明之处。其实平心而论，在近代史上，美国参与了西方列强的瓜分，也获得不少利益，但在二次大战前并非主导，而且在抗战中确实帮助了中国人民的正义战争。美国为什么在中国有此结局？本书作者在美国芝加哥大学的一位恩师邹谠教授的名著《美国在中国的失败》就揭示了其中的一些来龙去脉。

父母去世后，3 岁的罗素被接到祖父约翰·罗素伯爵培姆布罗克府邸，并在那里长大，一直到 18 岁进入剑桥。这个地方就是罗素整个童年和少年时代的摇篮。培姆布罗克府邸是一栋两层小楼，位于丽兹蒙花园，是由维多利亚女王赏赐给他祖父的。他的首相祖父在这个地方曾多次召开过内阁会议。1853 年至 1856 年英俄之间爆发的克里米亚战争，就是在这里召开的内阁会议上决定的。罗素后来回忆，自己还能记起金莱克也曾在这里住过，还有不少内阁成员以及英国政府高官都曾拜访过这里。童年的罗素同这些人有过很多次有趣的交谈，尽管他才是七八岁的男孩，但与他们的话题已涉及了大量有关国际事务与历史问题的探讨。例如还很幼小的他，某次与史本塞爵士的聊天中，居然讨论了有关金莱克反对拿破仑三世的话题。

罗素这样回忆："1876 年父亲去世后，我被接到祖父的府邸。那时，祖父 83 岁的高龄，身体境况非常虚弱。我记得，有时有人推着他坐在轮椅上到室外转悠，有时他在屋子里读英国国会议事录。他对我总是很和善，似乎从不厌烦孩子们的喧闹。但他毕竟太年迈了，所以不能对我有直接的影响。祖父于 1878 年去世，而我对他的了解，是通过他的遗孀——我的祖母，她总是那么敬仰他的声望。……在祖母看来，祖父为人类的利益而做的一些重要事业似乎是无可非议的。她对我讲述有关祖父 1832 年提出的议会选举法的情况。在祖父去世前不久，一个著名的新教徒代表团集会颂扬他。人们告诉我，50 多年前，祖父曾是改变她们无政治地位状况的领导人之一。在他的起居室内，有一尊来自意大利的雕像，是意大利政府赠送的，上面还刻有一句题词：'约翰·罗素勋爵——意大利敬赠'。我当然很想知道这是什么意思，于是后来听说了有关加里波第[①]和意大利统一的整个故事。诸如此类的事情激发了我为某种目的而奋斗的雄心。"[②]

祖父的府邸浸透了历史的印记，各种各样的摆设反射着英国社会的折光。大厅里陈列祖父在议院辩论时所依据的多种文件。这里扩展了罗素的想象力和求知欲，使他对历史和整个人类社会发生了浓厚的兴趣。在罗素眼里，这处庭院仿佛回味着昔日的辉煌，漫步在绿茵中的外国大使，以及精心护养花圃的王子们。……他说自己

---

① 1807 年－1882 年，意大利著名爱国者和军事家，曾为意大利统一作出杰出贡献。

② 罗素：《我的思想发展》，《罗素重要著作》，英文版第 38 页。

也随着它生活在往日的岁月中。

祖父的图书室变成了罗素的学习间，它以另一种方式激励着他。那里有许多历史书，其中有一些是非常古旧的。他记得有16世纪的奎西亚狄尼[①]的著作，还有三大卷题为《考证日期的艺术》的书，它们重得无法搬动。罗素猜想它们是查找祈祷书中复活节日期的表格。后来随着年龄的增长，他终于有力气将其中一本从书架上取了下来，但使他感到有些厌恶，原来所谓艺术不过是查找书中年代的艺术。此外，还有署名四位大师撰写的《爱尔兰编年史》，其中一个故事讲述了人们在大洪水到来之前到了爱尔兰岛，后来又淹死的事。他便纳闷这些作者是怎么知道这些事的，因而也就没有再读下去。那里也有许多像马基雅弗利、吉本和斯威夫特的著作那样普通的书籍。此外，还有一套罗素从未打开过四大卷书，题为《下院议员安德鲁·马维尔先生著作集》。直到成年，他才知道这个人是诗人而非政治家。"家人都没有料到我会读那些书，否则我连一本也读不成了。那些书使我对历史发生了兴趣，毋庸置疑，这种兴趣是由于我的家族自16世纪初叶以来在英国历史上地位显赫这一事实而增强的。我所受的英国历史教育，正是反对国王，争取立宪自由斗争的记录。威廉·罗素勋爵是被查理二世处死的，他受到特别的赞扬。因而反抗往往值得称颂这一事实使我受到鼓舞。"[②]

第二节 隔代教育的样板——罗素祖母对孙子的训导

罗素的父亲安贝里爵士（Lord Amberley）与罗素的母亲凯特·斯坦雷（Kete Stanley）于1864年结为连理。

俗话说"三岁知老"，对罗素可谓三日知老。在他出生后三天，母亲写道："他抬起头，用一种充满活力的眼光张望。"父亲在日记上

① 奎西亚狄尼（1483 – 1540），意大利法律学家兼外交家，著有《意大利史》。
② 罗素：《我的思想发展》，《罗素重要著作》，英文版第39 – 40页。

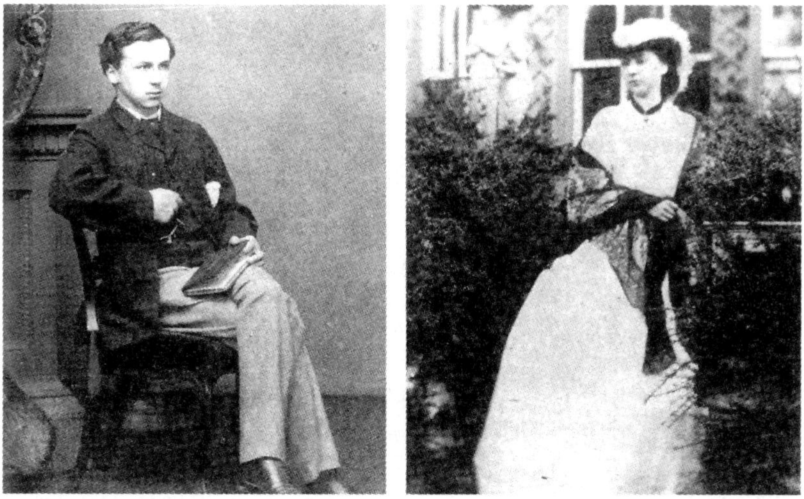

罗素的父亲与母亲

写道："这个孩子活泼而健康。"罗素一直到他的临终前始终就是这样用一种充满活力的眼光张望世界，并活泼而健康地度过了 98 年长寿的一生。

罗素两岁时，母亲因照顾患上白喉的 6 岁的女儿瑞琪尔自己也被传染，母女俩双双去世。18 个月后，罗素的父亲也去世，一位家人这样记述："临终前，弗兰克一直抽泣和喊叫，以致他父亲的手上沾满了泪水；大夫抱起小伯蒂（罗素爱称），父亲温柔地亲吻了他，并说道：'永别了，我的小宝贝。'然后，他安详地离去了。"[①] 罗素是这个辉格党家庭的第二个儿子，罗素对他的双亲，除了隐约记得的一点模糊印象外，几乎毫无所知。直到 21 岁时，他才开始了解了父母的生平和他们思想的主要脉络。那时他朦胧地感到自己也经历了同父亲十分类似的那种思想与情感的发展过程。

罗素的父亲安贝里是一名极为开放的无神论者。家人曾希望他从事家族传统的政治事业，他的确愿意并也在国会中待了很短的一段时间（1867 – 1868），然而他一点也不具备这个世道上可能获得

① 伍德：《罗素：一位热情的怀疑论者》，英文版第 16 页。

成功的那种禀性与主张。当他 21 岁时，便摈弃了基督教，并在圣诞节那天拒绝上教堂。起初他成为穆勒（J.S. Mill）的信徒，后来又成了他的朋友。在一种非宗教的意义上，穆勒成了罗素的教父。罗素的父亲采纳了穆勒的不少主张，其中不仅有那些较为通俗的，而且还有那些始终令公众震惊的内容，例如妇女参政权等。1868 年大选，他成为一名候选人。但当人们得知在一个小团体的集会上，他说过节育是医学专业的一个重要问题时，诽谤与中伤便立即向他袭来。一个天主教的大主教攻击他提倡杀婴；还有人在报刊上咒骂他是“长着一张臭嘴的放荡鬼”。在投票的那一天，人们将他丑化成缺德鬼的漫画，弄得到处都是，并将他蔑称为“邪恶的异邦伯爵安贝里”①，还斥责他鼓吹“法兰西与美利坚制度”，这是因为他与其妻在美国时研究过欧奈达人社区（Oneida community），故被归罪为企图散布大洋彼岸非英国化的邪暴来腐蚀英国纯洁的家庭生活。在这种情况下，他当然落选了。对这个事件，罗素后来提到，“从事比较社会研究的学生也许会对 1868 年英国的乡村与 1940 年纽约的城市之间的类似事件感兴趣”。此处罗素指自己于 1940 年代在美国时因婚姻与道德等非传统观念而受到攻击和迫害，这些情况与当年他父亲的遭遇很相似。

罗素及其妻子将有关他父亲的材料收集在《安贝里文献》中，并认为这本书的读者可以了解到他的父亲平实而比较羞怯，一生勤奋好学，而且对事业极端认真谨慎，也许有点自命不凡，但绝非是一个放荡的人。但本书作者发现在某百科全书上仍然记载，罗素之父甚至允许自己的妻子与孩子的家庭教师发生关系。罗素还回忆，父亲始终想重返政坛，但再也未能获得另一个选区，于是便致力于撰写一部巨著，即他去世后出版的《宗教信仰的分析》。罗素指出，父亲已不能继续从事政治，因为他具有非凡的理智；他总是承认自己一方的弱点与敌对一方的优点；此外他的体质很差，常常缺乏充

① 英文原文为“Vice-Count Amberley”。Count 是西欧除英国外的各国对伯爵的称呼，本来罗素父亲的称号是子爵（viscount），这里改为 vice-count 为贬义。

沛的精力。

罗素的母亲也出身贵族，她比丈夫大几个月，但她与丈夫的思想一致，她为支持妇女平等举行过许多讲演会，这使19世纪60年代的人们大为震惊。不过有趣的是，她不愿使用“妇女权利”一词，因为作为纯粹的功利主义者，她并不同意天赋人权的学说。罗素出生后，夫妇俩决定给孩子找一个非宗教的教父，最后选到了英国大哲穆勒。罗素母亲向朋友表示：“我们很犹豫去麻烦穆勒先生。”但穆勒捎话说，自己很愿意当这个教父。

父亲刚去世后的罗素

坐在马车上的罗素姐弟与他们的父母

1874 年，父母带着两岁的罗素与他的姐姐访问祖父母的府邸时，正好维多利亚女王也带着比忒斯公主探访约翰·罗素。女王将小罗素抱在膝上逗着玩，“伯蒂向女王陛下很规矩地鞠了一小躬，他被把持着而没有发不尊敬的声响……”，罗素的姑姑这样写道。

罗素的父亲希望把罗素兄弟培养成具有自由主义思想的人，为此在生前便指定了两名自由思想者作为他们的监护人。然而在罗素祖父母的请求下，最高法院宣布父亲的遗嘱无效。因此，罗素便在一种基督教的熏陶下成长起来。

1876 年，父亲去世后，罗素和他的哥哥弗兰克·罗素（ 后来的罗素勋爵二世 ）就主要由祖母安娜·玛丽亚抚养长大。罗素的祖母比祖父小 23 岁，是苏格兰一个长老教派的信徒，出身于埃里奥特近族。她的外祖父根据埃特纳火山坡地熔岩的厚度，宣称世界是先于公元前 4004 年创造出来的，因此得到不好的名声。她的祖先中还有一位是查理五世的历史学家罗伯逊。

这位老贵妇是一个清教徒，严格遵守苏格兰全国盟约会员的道德信条；但她比丈夫激进，以致约翰·罗素在内阁的同僚们都担心他会受到夫人的影响，并称她为“致命的毒果植物”（ the Deadly Nightshade ）。在罗素记忆中，她不图安逸，不择饮食，禁酒并视抽烟为罪孽。直到 1866 年，罗素祖父退休前，她一辈子生活在上流社会中，但并不追求生活的享乐。她从不贪财，而这种态度却只有那些总是非常富有的人才可能具备。她期待她的儿孙们能生活得既有益又有德行，而不愿意他们达到世俗的那种成功，也不希望他们有什么金玉良缘。在个人判断力和个人的最高良心方面，她具有新教徒的信仰。罗素 12 岁生日时，她赠送他一本圣经，并亲笔在扉页上写了她最喜欢的经句，其中一条是“且勿随众作恶”；另一条是“须坚毅刚勇，毋怯懦沮丧；弗论奔于何处，上帝与汝同在”。这些经句对罗素一生影响很大，即使在摈弃上帝之后，他似乎仍然觉得有些意义，并始终保存着那本圣经。

罗素的祖母在 70 岁时成了一个唯一神教派的信徒，同时，她还支持爱尔兰的“地方自治原则”，并与某些被指控参与暗杀阴谋的爱尔兰议员建立了友谊关系。当时这件事对人们的震动是难以想象的。她强烈地憎恶大英帝国主义，并教导罗素反对所有以征服“原始”民族为目标的侵略战争，例如阿富汗和祖鲁的战争，这些战争大约是在他7岁是爆发的。然而，她对占领埃及却几乎没有说什么，罗素认为这是因为她景仰此事的决策者，即曾于1860年至1894年期间四度担任过首相的格莱斯顿先生。罗素有一次与一位德国家庭女教师发生了争执，她说无论英国的诺言是什么，它只要一进入埃及，就决不会再退出来。罗素却满怀爱国主义激情辩护说，英国一定会信守诺言。其实它从1882年占据那里，直到1922年2月28日，英国政府被迫发表英埃关系宣言，承认埃及形式“独立”。英国仍保留四项特权:（1）英国负责埃及的国防;（2）对帝国交通线的控制权;（3）对外国人权益的保护;（4）维持对苏丹的统治。这样一来，等于英国还是占据着埃及。最后一直到1956年，埃及才算最后真正独立。这是后话。

罗素的祖母正是她所生于的那个时代贵族教养模子里凝造的样品，她能用标准口音说法语、德语和意大利语；熟谙莎士比亚、密尔敦以及18世纪的诗人；记得所有星座和缪斯女神的名字；精通英国历史。她经常给爱孙谈论有关查理二世、查理三世的逸闻，她很了解法国、德国和意大利的文学名著，她还能背诵但丁的《神曲》、歌德的《浮士德》和海涅的《德国——一个冬天的童话》等著名诗作。这位老太太常常念诵各种读物给孙子听，并且不断加以解释；其中大多数故事选自英国作家玛利亚·埃奇渥斯的小说。祖孙之间的习读是双向的，罗素掌握速读后，也反过来常为祖母念诵包括莎士比亚、密尔顿、德莱顿、高柏、汤姆逊，以及珍妮·奥斯丁等人作品在内的各种读物；这样一来，在泛读中，罗素便受到了英国文学的良好熏陶。

开篇所说的那个罗素要谨慎地挑选祖先的玩笑，是他在谈长寿秘诀时说的。他家族里，有长寿的，如他的祖父、祖母、外祖母都活到80多岁，还有位曾祖母，活到92岁；也有短寿的，如他的父母。他以外祖母为例：这位老贵族夫人生过10孩子，活了9个，有一个夭折，另外还有几次流产。她常对人讲一个故事，说自己在意大利碰到一个年老的绅士，神态悲伤，便问何故。那人回答说有两个孙子刚刚离别。她听后高声说道："老天！我有72个孙子，若离别一个，就难过一次，那日子还过不过了！"那老绅士听后叹服不已。作为祖母72个孙子之一的罗素十分欣赏她的生活态度。他回忆，祖母80岁高龄后有些失眠，于是便干脆夜读到凌晨3点。罗素感叹，老祖母根本无暇留心自己的衰老。

与当时大多数上流社会的子女一样，罗素从小由各种家庭教师专门教授。罗素祖母的家教极严。家庭教师也像走马灯似的不停更换；不是学养不够标准，就是人品不够"正统"。祖母为孙子定下很多清规戒律，如禁同别的孩子随便接触，禁读所规定之书以外的其他书籍，四季都坚持清晨洗冷水浴，随后练习半小时的钢琴，8点钟作家庭祷告。罗素记得，某次午餐，换了碟子后，除他以外，各人都分到一个橘子，因为大人们认为水果对儿童无益。罗素明白自己若要求也得一个是违反家规的，于是斗胆说："一个什么都没有的空盘子。"大家哄堂大笑，但他仍然无法获得橘子。弗兰克到温彻斯特上学去了，年少的罗素便与哥哥经历了不同的命运，祖母对罗素更严格了。哲学家桑塔亚那曾这样描述过："在经受大孙子可怕的经验之后，因为他将她的信不拆开就扔到火中，老夫人恐惧罗素也会受到学校的宿命影响。……伯蒂（罗素的爱称）至少必须保持纯粹宗教情绪；他必须适于继承祖父的衣钵而成为首相，而延续祖父神圣的改革使命"。[①]

---

① 克拉克：《罗素生平》，英文版第27页。

第三节　自我游戏的童年——罗素特定性格的养成

男孩时的罗素

罗素称，自己童年存在最生动的内容就是孤寂。他在《自传》中这样感叹：“我的童年存在着日益增长的孤寂感，以及无法找到机会与人交谈的失望。而大自然、书籍和数学把我从完全的失望中拯救出来。”由于法国从拿破仑时期就被英国人视为专制独裁的国家，因而，祖母规定罗素及其哥哥弗兰克以德语为第一外语。直到成年，在家中，他是在德国保姆、德国与瑞士的家庭女教师以及之后的英国男家庭教师的培育下长大的。他几乎接触不到其他孩子，即使能接触，他也认为他们并不重要。

正像罗素父母在南威尔士拉文斯克罗夫特那座建于 18 世纪位于河谷的房子一样，白色而低矮的培姆布罗克府邸坐落在瑞奇蒙德公园旁的一个斜坡上，面朝着河流银色的波浪，不远处是皇家花园，四周环绕着矮丛林，这里视野开阔，能够一直瞭望到地平线上的温莎古堡，南边是泰晤士河谷。府邸占有 11 英亩的土地，绿树成荫，当春天来临时，满山遍野的鸟语花香，令人心驰神往。罗素这样描述过，一直到自己满 18 岁，这座花园在他的生命中的地位无比重要。那时他的大部分时光就是独自在花园中，一边游荡眺望而鉴赏着外在的自然美景，一边冥思遐想而流连在内里的精神世界。

罗素回忆道：“我的童年从总体上说，是快乐而平坦的。我受到所接触到的大多数培育我成长人们的影响。”对于这一点，罗素本人后来对自己在这座府邸和花园里的描述是自相矛盾的；例如他又说道：“从青春发育期开始，我遭受了孤寂的可怕磨折，对此我知道只有爱情才能医治。”可以想象到，一个少年在这种情况下可能会发生什么？有一天夜里，小罗素上床时决定第二天就自杀。[①] 而后来他说自己之所以没有死，是因为数学。

这座花园虽然美丽，但在表面的清新与明快中也弥漫着暗含的诡异氛围，即罗素所描述的那种鬼气（ghostly air）。这里与这里的人们似乎总是沉迷在过去。老祖父已作古，成为历史书上的一个人物符号。罗素回忆道：“这座花园荒废了，断落的大树横七竖八地倒在地面并渐渐腐烂；丛生的灌木遮蔽了小路；原本鲜花盛开的地方眼下布满了疯长的树篱。……抚育我成长的祖母忍受一个接一个的悲剧，而我则完全生活在过去。她经常误将我叫成某一个死者的名字。”[②]

如果有人对任何黑暗隐约而现的记忆有所怀疑，那么离花园仅几百码处的一个斜塔形的土堆，即亨利八世土墩就会对此加以证实，这位国王曾站在它的最高点上观察从伦敦塔冒出的烟，即刽子手从安妮·博林（Anne Boleyn）美丽的脖子上砍下头颅的信号，这样做就会使亨利八世与简·塞穆（Jane Seymour）的婚姻名正言顺。这是一个惨烈而凄美的故事。亨利八世是文学中常常出现文学形象，如莎士比亚就创作了有关他的历史剧。因政治利益而与教皇闹翻了的他先后有过 6 位妻子，但都没有好下场，其中最著名的就是第二位王后安妮·博林，她竟然被丈夫以叛国罪兼通奸罪处死。

安妮·博林是博林勋爵与霍华德之女。1533 年 1 月与亨利秘密结婚，4 个月后宣布合法。但 3 个月后开始失宠，直到 1533 年 9 月生下女儿，即后来的伊丽莎白女王一世后处境稍加改善。1536 年 1 月，因流产导致她与亨利关系恶化。据说安妮脖子细长，而有“俏

① 克拉克：《罗素生平》，英文版第 33 页。
② 克拉克：《罗素生平》，英文版第 26 页。

脖子姑娘”的美称，她的笑声如银铃一般清脆，尽管并非倾城国色，但却有一股令人心醉的魅力。她曾在法国接受过良好的教育与训练，并担任过法国王后的侍女，回到英国便当上了王后凯瑟琳的侍女，后被亨利看上，成了断头悲剧的开始。国王与大臣们捏造了莫须有的罪名，诬蔑安妮·博林与包括其亲生哥哥乔治·博林在内的5个男人私通，而被囚于伦敦塔。做了三年半的王后便因国王的厌倦而遭斩首，刑场就设在伦敦塔中。作为首名被砍头的王后，安妮·博林在断头之日身着优雅的灰礼服，罩上黑色的面纱，笑道：“我听说这个刽子手很优秀，我的脖子很细呀！一剑下去就不再有任何痛苦了。”她没有抱怨，因害怕国王迫害她的家人。告别演讲完毕，她安然地躺在了断头台上，行刑用的是国王恩准的法国长剑。现在看来，对这件冤案，罗素的远祖老约翰·罗素曾起过不光彩的作用。根据记载，1533年，当安妮·博林怀孕时，亨利八世与她关系好转。老约翰·罗素爵士是亨利八世的王廷老臣，也是他的私人密友，“同其他任何人一样熟知这个君主”，他认为，自己从来没有看到国王如此“兴奋”。[①]

安妮·博林死后刚过24小时，亨利便立即与简·塞穆（Jane Seymour）订立婚约，11天后结婚，但新皇后不久便在难产中死去，不过终于生下了一个儿子，即后来的爱德华六世；亨利以杀妻的代价获得子嗣，即王位继承人。当亨利八世与简·塞穆结婚后，老约翰·罗素献媚地称她为“国王王后中最美好的”，当然这可能是肯定这位新皇后在王宫中的重要性。关于王后们的很多事务似乎都与老约翰·罗素有关，例如塞穆病危时，都由他来传达国王的意旨。[②]亨利又先后娶了三位王后，其中第五位皇后凯瑟琳·霍华德，也因奸情而被推到了断头台，不过安妮·博林是清白的，而凯瑟琳·霍

---

① 弗拉瑟（Antonia Fraser）:《亨利八世的王后们》（*The Wives of Henry VIII*. New YorkL Alfred A. Knopf, 1993.），英文版第198页。

② 弗拉瑟（Antonia Fraser）:《亨利八世的王后们》（*The Wives of Henry VIII*. New YorkL Alfred A. Knopf, 1993.），第235－236、280页。

华德似乎确有其事。在亨利八世、爱德华六世与玛莉女王后，安妮·博林的女儿伊莉莎白继位当上了女王，经过她英明的治理，都铎王朝逐渐强盛。但她三岁时，母亲怨死，故始终未婚，后世尊其为“童贞女王”。有意思的是，安妮·博林被称为第一位培姆布罗克侯爵（1st Marchioness of Pembroke），而这也正是罗素祖父府邸的名称。难怪罗素在这里感到了某种吊诡的玄机和过去历史悲剧的阴影。

从这个悲情的历史故事，也可以从侧面了解罗素家族的脉络。与旧贵族不同，罗素家族是英国近代史上发迹的新贵族。15 世纪末到 16 世纪初，处于历史转折关口的英国，刚刚从中世纪的“千年黑暗”中挣脱出来，逐渐强盛的王权越来越有实力与罗马教权分庭抗礼，像上面所说的那个亨利八世就是在婚姻上企图摆脱教皇的控制，既为政治经济利益，又为非道德的私欲而另搞一套，结果终于与教廷决裂。

罗素对亨利八世的评价总体上是负面的。在王权与教权的斗争问题上，他当然肯定世俗的权力，并认为，从宗教改革一开始，新教徒对国家在宗教事务中的权限问题就争论不休。在这个运动的精神领袖马丁·路德看来，任何只要信奉新教的君主都可被认可为本国的宗教首脑；“在英国，亨利八世与伊丽莎白一世都坚持自己的这种权力”。

罗素阐述到，中世纪教会的整个势力总是干预各个王室的离婚问题，而国王们均为趾高气扬的人，婚姻不可解约的教规只是为臣民所设。然而教会将婚姻视为具有宗教的神圣性，始终将之当做制约王权的有效手段，因此总能占据有利地位。但“在亨利八世统治下的英格兰，教会丧失了这种地位”。[①] 后来罗素在讨论几位英国近代重要思想家时，总是斥责亨利八世。在谈到《乌托邦》（*Utopia*，1518）的作者莫尔（Thomas More）时，提到他虽受亨利八世的宠信，但并不愿意为之效劳，也不对之抱有幻想，并看透了这个国王

① 罗素:《西方哲学史》第一卷，英文版第 545 页，第二卷，英文版第 415 页。

的邪恶本性。某次有人祝贺他受国王的青睐，他言辞犀利地说："我的头颅若真能帮他获得一座法国城池，那它笃定落地。"不久，亨利八世为了与前面说到的断头皇后安妮·博林结婚，便谋划休掉阿拉贡的凯萨林（Catherine of Aragon），摩尔坚决抵制这桩离婚案，便于 1532 年告退，并拒不参加婚礼。1534 年，宣布自己（而非教皇）是英国教会的首领的亨利八世，制造借口，终于将不愿配合的摩尔送上了断头台，并将他的财产转送伊丽莎白公主，即后来的女王，后者一直将它保存到她逝世。①

所谓新贵族与新型工商阶级最初是在专制君主们或多或少的保护伞下积聚力量，因此尚能为都铎王朝所确立的新君主制所包容。老约翰·罗素就是于 1549 年爱德华六世时期参加镇压叛乱有功而被封为贝德福德伯爵，并继续为亨利八世效力。罗素在讨论英国大哲霍布斯时，认为他鼓吹国家的最良好形式是君主制，但真正的焦点在于国家权力的绝对性。宗教改革使新教国家中的王权能够压过教权，例如"亨利八世就掌握了以往任何英王所没有的大权"。但后来清教徒又将亨利八世的霸业完全否定，这样一来，霍布斯就得出了结论，"对抗主权必出现无政府状态"。

罗素指出，从亨利八世以后，以英王为首脑的教会一面反对天主教，另一面又反对大部分新教宗派，因而它自诩为折衷派。玛利女王和詹姆士二世力图将国民拖回罗马教廷，内战的赢家则极力将国民引向日内瓦。但在 1688 年以后，英国教会具有了稳固的地位，同时反对实力也得到幸存。

在较为开明的伊丽莎白一世时代，清教的产生反映英国的自由传统首先在宗教领域得到相当的突破。这一新教派别代表了新贵族和工商阶级的利益。伊丽莎白一世于 1558 年 11 月 17 日至 1603 年 3 月 24 日任英格兰与爱尔兰女王，她是亨利七世、亨利八世、爱德华六世以及同父异母姐姐玛莉一世之后，都铎王朝的第五位也是最

① 罗素：《西方哲学史》第二卷，英文版第 539 － 540 页。

后一位君主。这位女王的统治史称“伊丽莎白时期”，亦称“黄金时代”：她改变了宗教分裂引起的混乱状态，成功地维护了英格兰的统一，并在近半个世纪的统治后，使英格兰成为欧洲最强盛的国家之一，并在北美建立了英国殖民地，美国的弗吉尼亚州就是以她“童贞女王”的称号来命名的。同时，英格兰的文化也达到了一个顶峰，涌现如剧作家莎士比亚、哲学家培根等许多杰出人物。

罗素对伊丽莎白一世的评价是很高的，他曾指出，优秀的知识分子与当时社会的关系，在不同的时代里有十分不同的境遇。这些人在幸运的时代大致能与环境合拍，他们对自己所提出的改革提议，甚至激烈变革主张，都有乐观的希望；但在不幸的年代，他们仅能陷于失望，甚至是彻底的绝望。不过在大多数时期，伟大作家们盛行一种共同的格调，“在英国的伊丽莎白时代以及 18 世纪，他们是快乐的；在 1750 年前后的法国，他们是革命的；而在 1813 年之后的德国，他们却是民族主义的。” [①]

随着经济尤其是工商资本的发展，新兴阶级羽翼渐丰，要求先是产权后是人权上的法律界定和保障。争取权利的意识更物化为社会民主运动的具体操作，于是在议会中抗衡王权的力量日益强大，同时与王权的冲突也日益激化。都铎王朝完结后的斯图亚特王朝也是逆社会潮流而动，罗素的祖先威廉·罗素就是于 1681 年被人告发参与密谋刺杀查理二世，而被送上了断头台。英国内战和革命便以自己独特的途径展开，即用“温和—暴力—温和”的模式演进，结果就是 1688 年所谓光荣革命后带来的妥协——君主立宪制。罗素家族在这期间，始终或多或少地参与其中。百年之后，罗素的祖父约翰·罗素就是在其祖先政治意识和价值观的引导下走向了政治舞台，并有所作为。

罗素的祖母也力图培养这个孙子继承家族的传统，这是不难理解的。罗素多少还是继承了祖先的一些遗传，他的血液里流淌着家

① 罗素:《西方哲学史》第一卷，英文版第 253 页。

族特有的某种叛逆因素，也有一定参与政治的热情，但多次竞选议员均告失败。值得庆幸的是，从此英国现代史上，少了一个可能平庸也许有点作为的政客，而多了一位划时代的哲学宗师。尽管未能直接参政，不过他还是成为了一个世界知名的社会活动家。

既然几乎无法与其他儿童接触，罗素从童年开始，除了家人、书本以及自然景物以外，就在自我游戏中，也就是在思维的自我游戏中，养成了以自己的方式对各种杂多的观念进行判定和整合，并从一个观念到另一个观念的抽象转换，这实际上已经是某种无师自通的逻辑雏形，无疑为日后精深的逻辑造诣以及对新逻辑系统的创立打下了坚实的基础。博览群书而带来的知识积累和文学熏陶，以及思维自我游戏所产生的周密性，使他得心应手地驾驭文字并用此表达理智和情感，以致写作就像行云流水，一经写下就无须修改。

罗素按时随大人上教堂，并努力学习赞美诗，直到他七八十岁时仍能背诵其中的很多首。他充满好奇和求知，曾挖掘深洞来求证地球并非圆形的，因为想象自己否则应该出现在澳洲。大人所讲的天使故事，他很快就听烦了，并对他人告知的所有东西，都加以质疑。11 岁时，罗素向哥哥弗兰克请教欧几里得几何学，这是他少年时代一个重大的事件。几何学在当时是公认的课程。当罗素发现欧几里得是从不证自明的公理出发时，起初感到失望，但后来便在他那里获得极大的兴趣。

罗素童年的大部分时间，数学引起他主要兴趣，这个兴趣是多重的：它既包含为自己能具有某种技巧而感到高兴；又包含为演绎推理的作用油然而生的喜悦；也包含着为数学的确定性而产生的欣慰之感。罗素认为最有意思的是，自己在童年时，就相信自然界根据自然法则运行，如果我们具有充分的技巧，人类的活动就像行星一样也将能计算出来。他说自己在 15 岁时，获得了与笛卡尔主义者十分相似的理论。他深信，生命体的运动完全遵循力学定律，因此，自由意志必定是虚幻的。但是，既然他承认意识作为一种不容置疑的材料，就不能接受唯物主义，尽管自己有点渴望它，因为唯物主义理性简明又反对“无稽之谈”。那时的罗素仍笃信上帝，因为在他看来，第一原因的论证似乎是驳不倒的。

14 岁至 15 岁时，罗素对宗教产生了浓厚的兴趣，开始连续地审查了自由意志、灵魂不灭以及上帝存在的论证。有几个月，家里聘了一位持不可知论的男教师，罗素便与他讨论上述问题。但不久，那名教师便遭到了解雇，可能人们怪罪他暗中破坏了孩子的信仰。除去那段时光，罗素从来不同任何人谈看法。为了防止他人窥秘，他用希腊文把这些思想记在一本日记上。他说道：“我找不到倾吐自己思想的人。我向家人隐匿了对宗教的怀疑。有一次我声称自己是一个功利主义者，想不到遭到一大阵嘲讽，从此我永远不在家中谈自己的意见。”[①] 在孤寂的青春发育期，罗素是很不愉快的，而他却把这归因于失去了宗教信仰。罗素用三年，聚精会神地思考宗教，首先抛弃了自由意志，接着又驱逐了灵魂不灭说。但一直到 18 岁前，他还是相信上帝的。那时，他读了穆勒《自传》中的一句话：“我的父亲教诲我不能回答‘谁创造了上帝’的问题，因为它会直接导致‘谁创造了上帝’的问题。”从那时起，罗素断定第一原因的论证是荒诞的。

在那些年月里，罗素经常偷偷地在卧室内点支蜡烛看书，由于读得太多，他才十几岁就开始近视了。但他虽广读博览，但却毫无目的，因此，也就没有多大的收获。他回忆自己读过很多坏诗，尤其是坦尼森和拜伦的诗。17 岁时，他终于读到雪莱的诗。罗素评价雪莱是自己很多年一直最热爱的伟大人物。他还读过苏格兰哲学家、历史学家及散文作家卡莱尔（1795 – 1881）的许多著作，对他的《过去与现在》津津乐道，对《旧衣新补》则不以为然，而认为《永恒的赞成》似乎是随心所欲的信口开河。罗素最欣赏的是穆勒，后者的《政治经济学》、《论自由》以及《论妇女的从属地位》等著作对罗素影响很深。罗素还对穆勒的《逻辑》一书作了详尽的笔记，

① 罗素：《我的思想发展》，《罗素重要著作》，英文版第 41 页。

然而却没有接受他的关于数学命题是由经验归纳的理论，尽管并不知道除此以外它应该是什么。罗素在 1925 年的《我信仰什么》中曾有这样一句名言："一部分儿童具有思考的习惯，而教育的目的却在于清除这种习惯。" 这是对不合理教育体制和方法的深刻批判。

英国的谚语说：三代才能成就一个贵族。罗素的综合修养无疑是得自他的家族及其有关亲友。叔叔罗洛是一位气象学家，曾对 1883 年喀拉喀托火山爆发的影响做了很有价值的研究；他对幼年罗素讲授了丰富的科学知识，而且不多谈科学以外的东西。姑姑阿加莎为小罗素阐释了英国宪政史，他在学习笔记中回答了她的一个问题，即亨利二世是否试图改善国家的政府？祖母的妹妹罗米利夫人教诲他吉卜林的《山中平话》是杰出的作品。外祖母斯坦利夫人是一位典型的 18 世纪式启蒙人物，极为反感虚伪，纵情嘲讽愚蠢，有意将生日宴会安排为 13 人，以便使迷信者离去。小罗素索要《顶狄传》作为生日礼物而得到了她的青睐。斯坦利夫人的儿女，各具鲜明的个性；每一次家庭午餐上，他们都会开展热烈的辩论。罗素说自己得自罗素家族的是羞涩、敏感与形而上学，而得自于斯坦利家族的却是活力、健康与高昂兴趣。

对罗素整个童年和少年而言，培姆布罗克府邸和花园半是天堂，半是地狱。他在这里得到很多，也失去很多。他奠定了知识和思考的基础，但人格也有着一定的扭曲，其中尤其青春发育期的性压抑使之出现某种变态的冲动，如青春期曾经强吻过女仆。他在情感生活与理智生活两个方面都向家人保守了自己的秘密。他说道："我的兴趣分为性、宗教和数学。"[①] 由于与祖母的亲密关系，衍生了交叉错位的情感，他一度甚至产生"恋祖母情结"。例如他将祖母当成了未来的新娘。"在一定程度上，我对祖母的态度是兽性的"，罗素这样坦白。有分析说，这是因为他年幼时缺乏与男孩子们那种打打闹闹的正常交往，以及缺乏对于性的了解，以致多年后，他将自己婚

① 罗素：《罗素自传》第一卷，英文版第 44 页。

姻的失败也归咎于培姆布罗克府邸带来的阴影。[1] 为上大学作准备，罗素有幸进入伦敦西郊的老南门文法学校学习，他在那遇到很多健康而具有正常性行为的少年人，这才感到自己的与众不同。

忠诚与叛逆是罗素家族血脉中两种不同的混合要素，他继承更多的是父亲的价值观，他曾将此作为秘密，一直没有向家人透露。决定罗素一生的有“六大叛逆”。一是对“家族权威”的叛逆：如他的家庭理念就是尽量扩展每一个儿童的独立和自由。二是对“道德权威”的叛逆：如他拒绝将邪恶与快乐尤其是性快乐等同起来。三是对“政治权威”的叛逆：如反对由统治者以爱国与国家利益为借口而发动的战争。四是对“财富权威”的叛逆：如抨击因出身而造成的人为不平等，尤其是遗产继承造成的不平等。五是对“教育权威”的叛逆：如抗议对儿童硬行灌输任何宗教、政治以及意识形态的价值观。六是对“学术权威”的叛逆：如批判各种旧有哲学体系和方法，并开创了新的方向。

就其本来目标而言，祖母代表家族对罗素的贵族式定向培养是失败的，它没有引导出一个成功的政治家，也没有驯化出一个虔诚的清教徒。然而，“有心栽花花不活，无意插柳柳成荫”，最终一个客观结果是造就了一个充满正义感、怀疑精神以及百科全书式的一代哲人和智者。

① 克拉克:《罗素生平》，英文版第 33 页。

第二章

早期活动的轨迹

第一节 顶尖名校的才子

一、剑桥开拓一个新世界

剑桥三一学院的一个合影，前排坐在地上的为大学新生罗素

“剑桥为我开拓了一个无比灿烂的新世界！我骤然发现，当我说出自己的思想时，人们似乎认为值得考虑而加以接受。”这是罗素对自己人生转折的欢呼。剑桥大学对罗素是再适合不过的了。提起剑桥（Cambridge）大学，就不能不涉及牛津（Oxford）大学。在英国，人们总是将这两个学校并读为牛剑大学（Oxbridge）。罗素兄弟俩，哥哥去了牛津，弟弟去了剑桥。罗素还是像父亲当年那样选择了剑桥。

剑桥校园

800 多年前，即公元 1209 年，牛津大学的学生与牛津镇的居民之间爆发冲突，有三名学生遭市民绞死。于是，一些逃离的学生和学者，在剑桥——一处茫茫大沼泽边缘的小镇，定居下来。有意思的是，20 年后，即 1229 年，又有一批学者从比牛津校史更久的巴黎大学投奔剑桥。这究竟是出于什么原因？眼下都成了历史悬疑，因为 1261 年，剑桥市民在暴乱中将剑桥大学的档案全数烧毁了。不过，后来的人们，还是习惯将牛津学人逃亡的那一年，看作是剑桥的建校之始。

据史载，同牛津一样，剑桥自创立起，学人与市民的冲突时常发生，其中有两次最为严重。国王对待这两者矛盾的态度始终向前者倾斜，并不断给予更多的特权，例如 1231 年亨利三世国王特授剑桥教学垄断权。这样一来虽然保障了学人的利益，但也更加激发了市民的不满，因而两者之间的摩擦始终未能平息。由于这些历史原因，英国人将“市民与学人”视为两个对立而又互动的群体，英文以“Town and Gown”表达，也就是用修辞上的换喻（metonymy）

法，即以市镇（town）表示市镇上的居民，以长袍（gown）表示学人；两词的词形几乎相同，再加上两词的押韵，因而更是意味十足。

1856年，英国国会通过了剑桥裁定法案（the Cambridge Award Act），取消了剑桥大学校长的各种特权，同时也规定了市政会（Town Council）对剑桥大学应该履行的职责和义务，从而相对有效地解决了市民与学人的矛盾。自那以后的剑桥，这两个原本对立的群体出现良性互动。当然，在今天这两个词的含义已经不同了。不过，当年国王对高等学府的偏爱，也是近代英国在科技和人文方面之所以一度执世界牛耳的原因所在。1536年，与罗马教廷分庭抗礼的亨利八世下令学校解雇那些研究天主教教规的教授们，并停止教授"经院哲学"。从此剑桥的教研重点从宗教和神学转为希腊和拉丁经典、圣经和数学，而到了现代，它基本包含了几乎所有的自然科学、社会科学以及人文学科。

剑桥与牛津之间有一种微妙的关系，似乎有点"既争夺又勾结"。据说剑桥的学人至今还为建于牛津大学之后不太服气，甚至

今日的剑桥以及学生们

有人提到后者时，不愿直呼其名，而代之以“另一处”（The Other Place）。剑桥国王学院教堂唱诗班席位上方分别画有剑桥和牛津两个大学的徽章。有趣的是，牛津徽章中有一本打开的书，而剑桥徽章中则有一本闭合的书。对此，牛津人说剑桥人的书从来不翻开，因而无知；剑桥人则说牛津人的书总停在那两页，因而倦学。

迄今，剑桥造就 13 位英国首相，9 位坎特伯雷大主教，80 位诺贝尔奖获得者。据说，要想将剑桥培育的名人全都列出来，就得出版一本厚书。在上述这些剑桥名人中，我们要谈其中一位，这就是才子罗素。

剑桥的学生似乎有某种开放和叛逆的传统。就拿学生恶作剧来说，就是这个学府的一大特色。罗素所在的三一学院（Trinity College）正门上方那座威严的雕像，即前面提过的善造“断头王后”的国王亨利八世，左手托着一个带有十字架而象征王位的金球，右手却握着一根椅子腿。其实，本来在那只手上的是一根象征王权的金杖，谁知竣工不久，一些学生竟偷偷将那金杖抽走，而以椅子腿代之。数百年来，剑桥人不但不怪罪，还挺夸耀地将之作为本校最值得津津乐道的掌故之一。浪漫主义大诗人拜伦在三一学院读书时，常常不顾禁令偷偷地跑到大庭的喷泉池游泳，院规不准养狗，他便在塔楼左边的屋顶间里养了一头熊。1958 年某夜，工程系的学生竟设法将一辆小汽车放到了学校议会大厦的房顶上，以致校方整整用了一周才将之取下。此外还有层出不穷的恶作剧。恐怕与全球所有大学不同的是，校方对学生的恶作剧似乎都没有加以处罚。从某种角度讲，这也是剑桥能够造就像罗素这样的大哲的一个原因吧！

具讽刺意义的是，罗素就读的三一学院是由他并不喜欢的亨利八世于 1546 年创立的。整个大学的各个学院均为相对独立的机构，享有很大的自治权，它们可自主录取学生，规划教学，安排福利以及任命教授。很多学院都比较富有或十分富有，而总校本身却财政困难。在当今 31 个学院中，以经济实力和办学成果为算，三一学院都名列前茅。最让这个学院自豪的是，牛顿曾为这里的本科生。有人评价说，剑桥哪怕只培养出牛顿一个人，就足以影响整个世界。学院大门右侧的绿草坪上长着一棵苹果树，据传，正是那上面的一个苹果，落到牛顿头上，从而诞生了万有引力定律。其实，真正启发牛顿的是长在他自家门口的那棵苹果树。但不管如何，这里的树是牛顿老家那棵苹果树的后代。当年，牛顿就住在三一学院大门右侧那扇窗户的房间里。

二、剑桥的密友圈子

罗素来剑桥后，怀特海主持过他的奖学金考试，并把他引见给许多高他一、二年级的学生。结果在一周内，他便结识了不少成为终生朋友的人。身为研究员和讲师的怀特海是一位很友善的人，但因年长得多，故不容易深交，若干年后，罗素与他才成为密友。

在剑桥第一周，罗素碰到了同学桑格（C. Sanger），他对后者说："我看到你有德雷帕的《欧洲心智的发展》，这本书很好。"后者说："你是我所遇见之人中，第一个知道这本书的。"交谈半小时后，两人成为终生密友。罗素说，桑格在学校是卓越的数学家，后来成为著名法学家、经济学家，曾作为《扎曼论遗嘱》的编者而著名。朋友中有狄金森（L. Dikison），他的温善使他为一切人所爱戴。朋友C. 戴维斯（Davies）与L. 戴维斯两兄弟是广教会一位牧师的儿子，他们的父亲作为柏拉图《理想国》的译者之一而为人们所熟知，这对兄弟是一家七口人中最年轻和最有才华的，他们忠于友谊，热望对世界作出有益的贡献，并具有超人的智慧；弟弟担任过数位财政大臣的私人秘书，并使他们每一个人都认可自由贸易，但令人悲哀是他 34 岁时不幸死于游泳。罗素说，从来没有看到有人能像这兄弟俩为那么多人所爱戴。

在众友人中，罗素最常见的是英国政治家兼历史学家和诗人麦考莱（Macaulay）的侄孙杜维兰（Trevelyan）三兄弟。老大成为工党的政治家，后又因工党政府不够社会主义而脱离了它；老二成为诗人，出版了一些译著，其中最值得称道的是卢克莱修的作品；老三获得了历史学家的声誉。同学中还有后来的哲学家麦克塔格特和摩尔，前者让罗素成为黑格尔主义者，后者让罗素摆脱黑格尔。此外，还有稍晚一点成为朋友的凯恩斯，罗素说与这位具超级智力的人争论，就如同自己是一个冒险犯难的白痴。

罗素回忆：那一阵子，他发现有许多同期同学都很有能力，认真勤奋，并对自己专业以外的领域，如诗歌、哲学、政治、伦理甚至精神探索的整个世界也都满怀兴致。他们往往在周六晚上彻夜争论不休；而周日很晚又聚在一起吃早餐，然后一整天四处漫游。“那时有才气的青年人还没有采取玩世不恭的超然态度；而这种态度是若干年后在剑桥由 L. 斯特雷其首先时兴起来的。在我们的眼里，世界仿佛是稳固和充满希望的。我们所有人都坚信 19 世纪的进步将延续下去，坚信自己应该能够作出有益的贡献。当然，1914 年后的年轻人是很难想象出我们当时那种快乐心情的。”[①]

当今的剑桥在各个学科都有长足的发展，但数学直到 19 世纪早期一直是它的最强项。当时数学为全体学生的必修课，而在所有学科中它的毕业考试是最难的，因此造就了英国科学史上几个最响亮的名字，如凯尔文爵士、乔治·斯托克斯和詹姆斯·克拉克·麦克斯韦。由于学生并非喜欢数学而是为了混学分才学习它，故像哈代那样不少剑桥的著名学者反对这项制度。与那些学生不同，罗素却是真正热爱数学才来到剑桥的。罗素获得数学毕业考试（Tripos）甲等（Wrangler）第七名后，三一学院院长巴特勒在 1893 年 6 月 13 日给他的信中写道：“我无法表达这次大胜利使我们感到多么兴奋。正好 33 年前，我在哈罗公学（Harrow）把拉丁文作文第五级奖放于令尊手中，眼下，我向他的公子与他的母亲祝贺数学上的突出成绩，而它在学院将得到高度评价。我们知悉你的数学才能，但我们也清楚你并未全心投入数学，而是将大部分努力用在另外一些可能

① 罗素：《我的思想发展》，《罗素重要著作》，英文版第 41 页。

更重大的学科上。倘若这会严重降低你的数学水平，我当然对此感到遗憾。然而我理解到这会有充分的补偿。现在我们只有愉快地祝贺，你将平顺地对待道德科学考试与研究员资格，而不必顾虑你所留下的数学废品。我十分荣幸给罗素夫人和斯坦利夫人写上几行，这对她们两位将是愉快的一天。”

不过罗素对这个院长没有什么好评，也不喜欢他如这封信一样的行文风格，并竟然说这个人就如萨克雷《势利小人》一书中冒出的人物，正如那位文豪所说的“被我们称为势利鬼的人，不管以什么嘴脸出现，都改不了势利的本性”。院长总喜欢这样的开场白，“恰好 30 年前的今天……”或“你能正巧记得皮特先生在 100 年前的今天在做什么？”然后他会继续讲述一些相当乏味的历史典故来显示历史上的一些政治家是如何伟大与善良。不仅是这个院长，甚至在罗素印象中，剑桥教师们对他在校园里的快乐生活几乎没有什么帮助。他说自己当本科生时，只将这些人看作取笑的对象，而后来他成为研究员而参加院务会时，逐渐察觉他们就是一种严重的邪恶势力。某一曾是教士的副院长，竟强暴过自己亲生的小女儿，最后因患梅毒引起瘫痪而被迫离职。院长在院务会上以自己的方式说明，罗素一类不例行到教堂的人无法知道这位贵人的讲道是如何的卓越。

在学院中仅次于三位要人的是一个老资格的门房，此公带有皇家尊严，以致大学生们猜测他是爱德华七世的私生子。在罗素担任研究员后，某次院委会很罕见地在极保密的状况下连开了五天会，他好不容易才弄明白他们在做什么，原来他们面对一个痛苦的事实，即根据法规，这位门房与五个杂役有不正常的关系，尽管所有这些女人“不年轻，也不漂亮”。

罗素提到：“作为本科生，我认为那些教师是大学中完全不需要的一部分，我没有从讲课中受益。我发誓，在适当的时候我本人成为一名讲师，我也不能设想讲课有什么益处。我始终信守这个誓言。”[①] 罗素所共处的一帮同学，从黑格尔派哲学家麦克塔格特（McTaggart）那里受到很大影响，他机智地介绍黑格尔，并教导说英国经验主义是粗鄙的。那时罗素愿意相信黑格尔——在较小的程度上也包括康德——具有洛克、贝克莱、休谟以及他心目中一贯正确的穆勒所没有的深刻性。在剑桥的头三年，罗素因太忙于研究数学，而没有去读康德或黑格尔的书，但在第四年，他全神贯注地钻研了哲学。他的哲学教师是西奇威克（H. Sidgwick）、沃德（J. Ward）与斯托特（G. F. Stout）。西奇威克代表了英国的观点，而对此罗素相信自己已经非常了解，故并不像后来那样比较重视。罗素称自己对沃德有很深的感情，因他建立了康德派的体系，并向他介绍了洛采（Lotze）和西格瓦特（Sigwart）。那时斯托特极力赞扬布拉德雷（F. H. Bradley），当《现象与实在》出版时，他说此书做到了人类在本体论中所能做到的一切。这位学者与麦克塔格特一道将罗素引导成为了一名黑格尔主义者。

罗素说：“我现在还记得准确的时间：1894年的一天，我沿着三一巷行走时，在一刹那间我顿悟本体论的论证是有效的。当我刚买了一罐烟草，在归途中，我猛然把它抛向空中，在接住它时，随之大叫了一声：‘天啊！本体论的论证是正确的！’在这一期间，我贪婪地阅读布拉德雷的著作，对他的推崇超过任何当代的哲学家。”[②]

在来剑桥大学之前，罗素对哲学已经感兴趣。他最热望为数学为真的假设找出理由。穆勒《逻辑》对这方面的论证有着某些缺陷，但他的数学教师从未显示任何理由去假设微积分并非一套谬误，因此他受到两个问题的困扰：一是哲学问题，另一是数学问题。数学问题在欧洲大陆大体上已经得到解决，但是英国对那里的工作几乎毫无所知。只有离开剑桥，开始在国外生活之后，罗素才发现那些作为本科生本应在三年大学期间就应获得的知识。

然而，哲学又当别论。在英国，罗素结识过一个远房亲戚，即

---

① 罗素：《罗素自传》第一卷，英文版第90页。

② 罗素：《我的思想发展》，《罗素重要著作》，英文版第42页。

在莫顿学院教哲学并作为布拉德雷朋友的哈罗德·乔基姆，后者的妹妹是罗素的叔叔罗洛的太太。罗素在网球集会一类的场合时不时遇到他。在罗素的请求下，乔基姆为他列了哲学必读的很长的书目。一有余暇，罗素就充满热情地攻读哲学。到了大学四年级，他已读过多数大哲的著作以及大量数理哲学的书。罗素经常得到沃德提供的有关新书，但每次还书时，他蔑称那些都是坏书，他还记得沃德那种失望的表情，并感到后者为了满足他所作的不断努力。直到罗素成为研究员后，从沃德那里得到连其本人都既未读过也不认为有什么价值的两本小册子：一是康托尔的《集合论》，另一是弗雷格的《概念演算》。“这两本书最终给了我所需的要旨，但对弗雷格的书，我只是在许多年后才弄清它的意义。的确，直到我自己独立发现它所包含大部分内容后，才真正理解它。”[①]

到了剑桥后期，罗素已不像刚到剑桥时那般羞涩书生气了。大学四年级时，他变得快乐而轻浮。在读了泛神论后，他向朋友们宣布自己就是上帝，于是他们在他两边摆上蜡烛，进行顶礼膜拜的仪式。罗素声称，“哲学总体上对我似乎其乐无比，我享受着那些伟大哲学家提供给想象，并以好奇方式所构想的世界。”

在剑桥期间，罗素说自己最愉快的事就是同一个团体有联系，其成员称之为“社团（The Society）”，而圈外人倘若知道它，则称之为“使徒（The Apostles）”。这是一个很小的研讨社团，每周六晚上聚会，平均每年级有一两人作为成员。这个社团从 1820 年就已存在，从那时起，它的成员都是剑桥的智力杰出人士；为了让那些被考虑的人选不察觉此事，它以秘密的方式活动。

正由于这个社团的存在，罗素很快结识了那些最值得结识的人。摩尔也成了这个团体的重要成员。由于怀特海是社团成员，并且让年轻成员根据罗素和桑格两人学术论文对他俩进行调查。除了极少的例外，在任何时间，全体成员都是密友。研讨的一个原则就是没

---

① 罗素:《罗素自传》第一卷，英文版第 91 页。

有禁忌，没有束缚，没有什么当成耸人听闻，对思辨的绝对自由也没有任何障碍。他们讨论所有事情的方式，毫无疑问会带有某种不成熟性，但那种超脱与兴趣在罗素后来的生活中却很难可能再有。研讨会一般在凌晨一点结束后，罗素会同其他一两个成员在内维尔院的走廊中来回踱上几小时。“我们对待自己或许过于严肃，因为我们认为自己保持了理智诚实的美德。无疑我们在这方面所获得的比世上通常所获的要更多，而且我倾向认为剑桥的最佳智慧在这方面最为显著。在第二学年中，我被选为会员，先前并不知道有这样一个社团的存在，尽管它的成员我都早已熟识。”①

罗素曾对自己选入“社团”后所收到祝贺信中的有些句子加以了解释，指出社团用它们来取消德国形而上学。社团被设想为实在世界（The World of Reality）；其他所有事物都是“表象（Appearance）”；而那些非社团的人被称为“现象（Phenomena）”，因为形而上学者主张空间和时间是非实在的，因此假设社团的成员不受空间和时间的约束。罗素评价道：“剑桥在我自己的生活中是重要的，因为她提供了朋友们以及理智讨论的经验，但实际学术指导方面并不是重要的；大部分所学到的哲学以后看来是谬误的。……我得到一个具有真正价值的思维习惯是理智上的真诚。这种美德不仅存在我的朋友中，同样也存在于我的老师中，我不记得有任何例证，即一位老师被学生指明错误后会因此记恨。”不过，他还是清醒地看到，在第一次世界大战的爱国狂热中，就在连剑桥这样的开放而自由的顶尖学府中，“理智的诚实性也是有限的。直到那时，不管我生活在哪里，我总感到剑桥是地球上唯一我当作自己家的地方。”②

① 罗素：《罗素自传》第一卷，英文版第 92 页。

② 罗素：《罗素自传》第一卷，英文版第 99 － 100 页。

第二节　开辟航向的巨子

一、第一次婚姻与第一次旅美

离开剑桥后，1894 年，罗素有不少时间逗留在国外。那一年有好几个月，他担任了英国驻巴黎使馆的名誉随员，在那里，他经常要复写很长的公文来说服法国政府，使之相信一只“龙虾”不是一条“鱼”，而法国政府则回答 1713 年乌特勒支条约时期，[①] 它是一条“鱼”。罗素并不热衷这种外交事业，故于 1894 年 12 月离开了使馆。

罗素与阿莉丝

罗素在 17 岁时，即 1889 年夏来到罗洛叔叔家中住了 3 个月。在叔叔的引介下，他认识了美国人斯密斯夫妇以及他们的女儿阿莉丝·斯密斯（Alys Smith）。阿莉丝比罗素大了几乎 5 岁，她是一个有着一双蓝眼睛、一头黑色卷发以及性格有些文静的漂亮姑娘；当时一家报纸形容她是“最美丽的女性之一”。罗素很快坠入爱河，他被阿莉丝毫无“书呆子气和偏见”的性格所吸引，赞美她为从未见过的最解放的女性，并希望她不要同旁人结婚而一直等待他成人。[②] 经过 5 年的相识，两人终于在 1894 年 12 月 13 日结婚。

1895 年大部分，罗素在柏林研究经济学和德国社会民主党。阿莉丝是美国费城的一名贵格会教徒，因此，罗素夫妇于 1896 年有 3

① 西班牙王位战争（1701 － 1713）结束后签订的条约。由于战争中，英荷两国加入美国一方，故使法国在条约中处于不利地位。

② 摩尔海德：《罗素一生》，英文版第 57 页。

个月在美国。那时，他们访问的第一处是美国诗人惠特曼（1819—1892）在新泽西州卡姆登的住处，阿莉丝十分熟悉他，而罗素也很钦佩他的人格与诗作。在罗素看来，这些访问有利于克服剑桥的某些狭隘观念。惠特曼与罗素出身经历太不一样了，他的家境贫苦，父亲是无地农民，后来当了造房子的木工。而他本人没上过几年学，当过邮差、排字工、乡村教师和报纸编辑，并曾广泛而深入地接触下层平民，反对奴隶制，反对雇主剥削，从而称为杰出的诗人。后来由于南北战争时积劳成疾，他于1873年患半身不遂症，在病榻上痛苦挣扎了近20年，于1892年3月26日在这里病逝。

那时，他还得知了被誉为“分析之父”，也是现象学大师胡塞尔的导师的德国数学家威尔斯特拉斯（Karl Weierstrass，1815—1897），而剑桥的老师从未提及过他。在这些访问后，罗素夫妇在索塞克斯一栋工人的村舍定居下来。在那里，他扩建了一个很大的工作间。虽然没有收入，但他们还有钱过着一种简朴的生活，这也使罗素有很多的时间研究哲学和数学。只有晚上例外，他们大声朗读历史书籍。

1911年，在一起生活16年后，罗素与阿莉丝分居；10年后，也就是49岁的他与54岁的她正式离婚。罗素在自传中用了两个整章共110页，以“订婚”与“第一次婚姻”为标题谈了与此有关的很多事件与感想。其实罗素与阿莉丝婚姻的爱情基础是很脆弱的。因为整个青春发育期间，他并没有接触过多少与自己年龄相仿的女性，长期的性压抑和性无知也使他不可能作出多成熟的抉择。对英国贵族而言，罗素与一个平民的结合算是一种离经叛道。罗素家族及亲友都反对这桩婚姻，尤其是他的祖母为了切断这两个情侣的来往，而在巴黎为罗素找了上述那份使馆工作。但这个不驯服的“逆孙”还是辞职，并于1884年12月13日在伦敦举行了婚礼。

直到20多岁，罗素对性问题仍是颇为古板的。1900年他的哥哥弗兰克离了婚并再婚，罗素排斥哥哥的新婚夫人，还暗示哥哥，勿将她带到餐桌上。然而，不到5年，罗素的婚姻观更为激烈而且逐渐形成了系统的理论，从叛逆的盲目自发性转变为爱欲的主动自觉性。在对传统宗教和道德的批判中，罗素意识到，婚姻若已到了仅因屈于传统而勉强维持的地步，就索性离婚。在分居期间，罗素已与多拉·布莱克相好，并一起访问了中国。罗素离婚的原因很多，其中一个重要原因是其婚外恋，例如他与奥托琳·莫瑞尔（Ottoline Morrell）夫人等多位女性有过亲密的关系。

罗素的第一任妻子阿莉丝·斯密斯

中国有句俗话说“女大一，正合契；女大三，抱金砖；女大五，赛老母”。这是中国传统社会，以男子为中心的传宗接代目的出发的婚姻观，因为女方年长一些就能够早点生育，而男方以后还可以继续纳妾来满足更多的肉欲要求。当然这在英国是绝对不适用的，婚前阶段，两人相差 5 岁似乎不怎么明显，但结婚 17 年后，这种年龄便日益明显。

奥托琳·莫瑞尔夫人

阿莉丝是美国费城贵格派教友会的成员。贵格派是基督教新教的派别之一，于 17 世纪的英国，由弗克斯（George Fox）所创立。“贵格”英文本意是“震颤（Quaker）”，因初期领袖告诫“因上帝之言而震颤”而得名，还有人认为是初期聚会中常有门徒因过于热诚发生全身震颤而得名。他们的对头就为他们起了一个绰号叫“贵格”，因而这只是“他称”，而并非“自称”。他们本身并不喜欢这个名字，而最欣赏约翰福音中主耶稣的名言：“我称你们为朋友”；因此，他们喜欢被称为“教友”，其组织不称为教会，而叫“教友会（Society of Friends）”。有意思的是，罗素还是称阿莉丝为贵格教徒。贵格派并没有富丽堂皇的教堂，聚会处极为简单，不设讲台、乐器和唱诗，只是一起静坐，等候圣灵的感动，倘若没有出现就静静离去，若有时一位或数位“教友”得到感动，那全体教徒就会分享他或他们的信息，这期间或许是某种完全沉默的时光。

罗素与阿莉丝的婚礼就在伦敦的这样一个聚会处（Meeting Place）举行的。“教友们”不信“誓言”，深信并履行“以善生善”的教条。他们还坚信，圣灵的引导既在聚会中，也在日常生活中，因而可以安静地等候引导。贵格派教徒尊重整个人类的尊严及价值，反对任何战争、暴力和奴隶制度，反对洗礼和圣餐，不尊敬任何人也不要求别人尊敬自己，主张四海之内皆兄弟，提倡和平主义和宗教自由。因英国政府迫害，贵格会信徒与清教徒一起移民到美洲，但又受到后者的迫害，逃到宾夕法尼亚州等地，因此人们习惯上将“贵格城”作为费城的别名，而费城人也被称为“贵格人”。罗素回忆，阿莉丝严格遵守教规，保持婚前贞操，认为性爱只为绵延后代，因此他们在结婚时都没有性经验。贵格派的一些主张如反战与和平主义等对罗素有相当的影响，但其某种宗教道德的保守性又与他格格不入。

二、反叛绝对一元论

从 1894 年至 1898 年，罗素认为有可能用形而上学（指玄学）来证明有关宇宙的各种事物。某种宗教情感使他相信这些事物是重要的。他决定，如果自己胜任，就将毕生献给哲学，他的研究员学术论文，即关于几何基础的论述，试图修补康德所谓时空形式是先天综合判断的理论，得到沃德和怀特海的赏识，这使他获得了剑桥大学研究员的资格，否则他就会选择在柏林研究过的经济学。他的《论几何的基础》一书于 1897 年出版。罗素记得“一个春天的清晨，当我在提尔加腾（Tiergarten）散步时，心中规划要就科学的哲学撰写一系列的著作，从数学到生物学，使它变得越来越具体；另一方面撰写一系列关于社会政治问题的著作，使其越来越抽象。最后，还要在一种理论与实践等量齐观的百科全书中达到一种黑格尔式的综合。这种念头起初是被黑格尔所激发的，但有些想法存在于我的哲学演变的始终。那一时刻具有某种重要的意义，我至今还可以回忆起，当时我感到积雪在脚下嘎嘎作响，还嗅到了预兆冬季即将终结的那种大地的温馨气息。”①

新黑格尔主义在 19 世纪末和 20 世纪初曾名噪一时，甚至驱逐了英国传统的经验论，几乎完全垄断了英国的所有大学，掀起了一股巨大的“黑格尔复兴运动”。这个运动最主要的精神领袖就是布拉德雷，他曾被当时的英国哲学界称为“最有独创性的著作家”，② 甚至还得到英王颁发的“功绩勋章”。就连罗素也贪婪地阅读起布拉德雷的著作，而且对他比对任何近代哲学家都更为推崇。这种情况是有着深刻的经济、政治及社会原因的。即使单从哲学的角度看，也说明传统的经验论由于其狭隘性而陷入了困境，使得新黑格尔主义兴盛起来。

1898 年，罗素追随摩尔冲破了康德和黑格尔的思想窒碍。他说：“在读了黑格尔大逻辑的时候，我正像现在一样，认为他关于数学的阐述，全是一派头脑迷乱的‘臆说’。我开始不相信布拉德雷的关系说，并开始怀疑一元论的逻辑基础。我开始不相信布拉德雷反对诸种关系的理由，同时还怀疑了一元论的逻辑基础，我也不喜欢‘先验感性论’的主观性。然而摩尔的推动却比上述那些原因来得更快。摩尔也信奉过黑格尔，但时间比我更短。那时，以摩尔为先锋，我带着一种解放的感觉随后策应，发动了对黑格尔主义的反叛。布拉

① 罗素：《我的思想发展》，《罗素重要著作》，英文版第 43 页。
② 缪尔黑德（J. H. Muirhead）：《现代英国哲学》第一卷，英文版第 316 页。

德雷指出，常识所相信的任何事物只是一种纯粹的现象。我们则与此根本相反，认为任何事物凡常识认为是真实的，就一定是真实的，它并不受哲学与神学的影响。我们怀着一种逃离监狱的心情自在地认为：青草是绿的，即便没有任何人意识到太阳和群星，它们也应当存在，同时还有一种柏拉图式永恒、杂多的理念世界。曾是贫瘠和逻辑的世界，突然变成了丰富的、变化的和可靠的世界。数学应该是十分真实的，而并非是辩证法的一个阶段。我的《莱布尼兹哲学》一书就叙述了这种思想的某些内容。”[①]

罗素第一本哲学著作的产生是偶然的。1898 年在剑桥，本应由麦克塔格特讲授莱布尼兹哲学，但他想去新西兰探亲，于是校方便聘请罗素代课，这对他来说是一件值得庆幸的事情。

罗素最初曾极端地声称：凡黑格尔所否定的，都应是合理的。在他看来，黑格尔认为宇宙是胶汁而非子弹，因此一切“分割物”都是虚假的，他于是强调，宇宙正像子弹；黑格尔认为用逻辑论证数、时空和物质是虚假的，罗素就声言自己以新的逻辑技术说明数、时空和物质是真实的，他申明多元论是科学家常识的观点，一元论却是由神秘主义的伪逻辑所派生的，黑格尔派就是它的产物。而绝对一元论是通过内在关系说而与唯心主义紧密结合的。[②] 此时，罗素已形成了新实在论的观点，并开始运用数学和逻辑的分析方法了，这是他哲学生涯中第一个重大的转折点，即从绝对一元论者转变为经验主义的多元论者。然而，他并未彻底芟除康德思想的残余，譬如认为有不可知的自在之物以及逻辑先验性等。新黑格尔主义的昙花一现同样说明了它也不能顺应历史的要求。从此，英美哲学便寻求起新的途径，试图与自然科学、数学、逻辑及语言符号相结合，将经验论加以改造，并博采哲学史上的多元论、逻辑先验性思想等，从而形成了分析哲学的统治。

① 罗素:《我的思想发展》,《罗素的重要文选》, 英文版第 43 － 44 页。

② 参阅罗素《怀疑论集》, 英文版第 5 章。

三、最野心勃勃的尝试

1900 年 7 月，罗素与怀特海参加了在巴黎举行的国际哲学大会。罗素称这次大会是他心智生活的一个转折点，这就是从皮亚诺（Peano）的符号逻辑那里受到了启发。自从 11 岁学习欧几里得几何以来，罗素一直对数学基础问题感到困惑。当他终于研究哲学时，又发现康德与先验论者一样，都是不能令人满意的。他不喜欢先验的综合，但也不认为算数来自经验归纳。罗素发觉皮亚诺的严密性超越任何与会者，有一种高屋建瓴之势。罗素从皮亚诺那里获得其所有著述后，便开始潜心研究他整个系统的每一个符号和概念。罗素逐步清醒地认识到，皮亚诺的方法正是自己梦寐以求的逻辑分析工具。不到两个月，罗素便掌握了皮亚诺学派的精义，并将之引用到关系逻辑的研究上。使罗素感到幸运的是，怀特海也意识到这个方法的重大意义。但罗素回忆自己当时处入某种不良状态和精神缺陷中，当他将前言初稿送给怀特海过目的时候，后者竟严厉地批评说："全部内容，甚至本书的对象都为简化论证而牺牲了。"①

与罗素合著《数学原理》的怀特海

从 1900 年到 1910 年，罗素与怀特海合作，将主要精力都放在三大卷《数学原理》（Principia Mathematica）的撰写上。罗素写于 1902 年的《数学的原则》（The Principle of Mathematics）成为《数

① 罗素，《罗素自传》第一卷，英文版第 227 页。

学原理》的某种雏形。不过，二者的区别在于，前者还涉及与其他数学哲理的争论。这两位大哲之间10年智慧加友谊的合力，聚变成人类知识史上最野心勃勃的尝试之一。

罗素在1902年致吉尔伯特的一封信中，充满了对数学的赞美，他说道：数学可以像音乐一样洋溢着美妙的艺术性，甚或比之高上一等。能与音乐相比美，它给人的纯粹乐趣显现了绝对的完美，也就是将艺术的伟大特性、自由的神圣特性以及命运的不可避免性三者结合，而建造了一个理想化的世界，在其中所有事物都变得真实而美好。他还声明自己所具备所有有关现实存在，即号称科学的知识，比起哲学和数学来，几乎毫无价值，因为后者考察的是理想和永恒的事物，而不受上帝所创的这个世界的干扰。

罗素和怀特海同时选择两个主攻方向，即哲学和数学，企图把人类的全部认识论和方法论问题经过包抄而一网打尽。总体来看，罗素主攻哲学问题，而怀特海主攻数学问题，然后两人穿插合围。除部分沿用皮亚诺方式外，数学中记号法主要由怀特海创制，级数（series）部分主要由罗素完成。他们还共同制定了基数和序数的定义，并企图将算数还原逻辑。不到一年，他们迅速获得一系列的成功。虽然这些工作的一部分已由弗雷格完成了，但罗素与怀特海并不知道。全书任何章节都反复审视和修订过三次。他们无论是谁一旦写成初稿，另一个人便接过并加以毫不客气的批改，然后退回拟稿的人进行完善后最终定稿。1905年，罗素创立了摹状词理论，第二年他又创立了类型论。由于怀特海因教学负担无法抽出更多的精力对付很多“机械性”工作，罗素只得自己揽下这些繁杂的匠活。整个过程真可称上“十年磨一剑”。每天罗素总担心自己死于某种意外事故，而中断了这项伟大的意愿。当手稿堆积如山时，罗素最恐惧的就是发生火灾，而使多年心血毁于一旦。

罗素感叹：在写作《数学原理》过程中，生活中某些不幸和超限度的脑力付出，使自己在一条似乎没有出口的隧洞中摸索。他记得，那一时期，自己常常徘徊在牛津附近的一座人行桥上，俯视下面疾驰的火车，明日必一跃而下的短见之念萌然而生，但一到第二天，又乐观地自信可以完成这部巨著。1906 年在致露茜的一封信中，他写道："近来，我每日都写作 10 小时，就如梦一般生活，仅是透过云雾来观察现实世界。"他在自传中回忆："从 1902 年到 1910 年是一个极其痛苦的时期，写作的艰苦超乎寻常，似乎没有带来什么快感，但后期比前期要稍好一些，因为成果逐渐显著，而真正欢乐的感受是在向剑桥大学出版社交付手稿时。当时，因手稿太重他们只得租了一辆四轮马车运送。出版社估量出版此书必带来 600 英镑的亏本，而剑桥大学评委会只愿资助 300 英镑，另外皇家学会认捐 200 英镑，于是剩下 100 英镑便由两位作者自己承担。罗素自嘲地笑道："我们辛劳 10 年，其结局为每人竟得负 50 英镑。这简直打破《失乐园》的记录！"《数学原理》完成后，罗素感到自己就像从监狱释放出来。

第三节　和平民主的赤子

1895 年，作为"费边社会主义者"（Fabian Socialists）的英国工党领袖韦伯夫妇（Sydney J. Webb & Beatrice Potter Webb）与大文豪萧伯纳一道创建了伦敦经济和政治学院。学院最早的一批教师中包括罗素，他在财力上给学院相当支持。"费边"这个词源自法比乌斯（Quintus Fabius Maximus），即古罗马和迦太基之间第二次布尼克战争（The Second Punic War，公元前 218 －前 202）时期罗马大元帅的名字。法比乌斯知道，罗马绝无可能在正面战场上击败迦太基的统帅，即一代天才军事家汉尼拔（Hannibal），因而始终避免与其决战，故获"拖延者"（The Delayer）的绰号，但正由于这种战略思想使汉尼拔功败垂成，罗马最终获胜。所谓"费边社会主义"就是主张以渐进的改良、而非暴力革命来改造社会，以达到平等与社会公正，并鼓励知识分子以理性的态度和科学的方法研究社会问题，而不执迷于“主义”或“信仰”之类。19世纪末至20世纪初，这种思想在英国中上层中产阶级出身的知识分子中颇受青睐，直到现在对英国工党以及欧洲各国的社会民主党的政治与政策理念仍有深远影响。其实，罗素后来的基尔特社会主义思想都是沿着这条费边式走向发展的。

1896年，罗素出版了他生平第一本著作《德国社会民主》（*German Social Democracy*）。在从事哲学和数学的同时，罗素也参加了一些他曾经想参加的社会活动。他提到自己本身就是在一种政治熏陶下成长起来的，长辈们从来都希望他从政。因为他将主要精力放在学术研究上，曾深深刺伤了祖母的心，她把他对几何学的研究称作“你在过着的生活”，还用惊讶的口气说：“啊，伯蒂，我听说你正在写另一本书。”尽管将政治居于次要地位，罗素对它还是始终充满浓厚的兴趣。他在考察德国社会民主党之后，喜欢其反对德国皇帝的一面，但不满它体现马克思正统教义的一面。他还同倍倍尔、李卜克内西等人交谈过。我们追溯一下这个党的历史，便可以理清罗素政治社会观的一些脉络。

德国社会民主党（SPD，简称社民党）最早创立于1863年5月23日。1869年，奥古斯特·倍倍尔与爱森纳赫派的威廉·李卜克内西创立社会民主工党（SDAP），并于6年后与拉萨尔派的全德工人联合会（ADAV）合并。由于社民党反对君主立宪而鼓吹革命，曾遭俾斯麦取缔，但其合法地位又于1892年恢复。一次大战后，社民党与由大部分社民党背叛者新组成的德国共产党竞争激烈。1932年7月20日，社会主义者兼普鲁士政府领导人布劳恩被军事政变所推翻，而社民党即于1933年遭纳粹党所禁止。二战后，在西德，重建后的社民党最初是在野党，但1969年至1982年间，由于总理勃兰特与施密特的领导而成了执政党。1959年，在哥德斯堡计划中，社民党摒弃了阶级政党和马克思主义原理的概念，继续推行社会福利计划。在东德，社民党与共产党合并为德国统一社会党。1989年东欧剧变后，恢复独立的东德社民党与西德社民党合并。由此可见，罗素欣赏的是温和而决非激烈的社民党，当前这个党的走向大致符合他所期待的。

在韦伯的影响下，罗素曾一度成了“自由帝国主义者”，甚至支持布尔战争（Boer War 1899 – 1902）。那一期间，他全神贯注地追踪战争的进展，甚至每天来回8英里去买晚报，但阿莉丝却对他的这种狂热感到反感。这场战争是大英帝国为与荷兰移民争夺非洲殖民利益而于1899年10月爆发的。英军最初失利，后加强攻势，布尔人开展了游击战。英国增兵达45万，实施焦土烧杀政策，并将布尔平民关进集中营，结果使之死亡达数万人，1902年5月31日，双方签订《弗里尼欣和约》，布尔人停止抵抗，英国吞并德兰士瓦和奥兰治，但给予布尔人以经济补偿，并给布尔人提供一起压迫黑人的特权。战后双方共同建立了种族主义殖民政权南非联邦。罗素于1901年完全抛弃了拥护这场战争的观念。从那时起，他强烈憎恶在人类关系中使用暴力，尽管仍然觉得在某些情况它是必要的。1903年，当张伯伦反对自由贸易时，罗素以一种世界主义的态度撰文并发表演说来反驳他。罗素还积极参加了争取妇女选举权的鼓动工作。

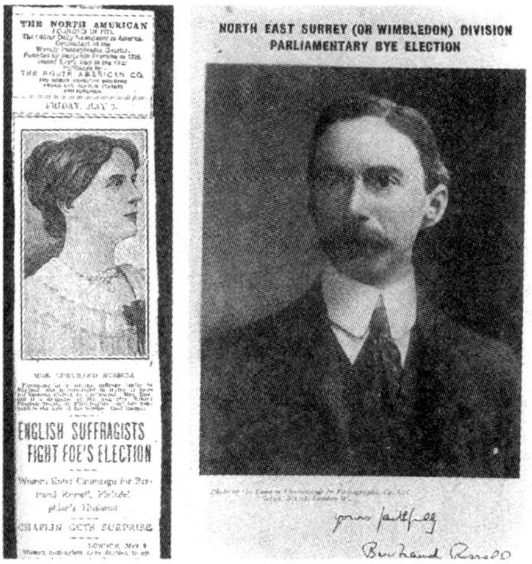

罗素参加了1907年的竞选，右为印有罗素肖像的竞选传单，左为美国报纸有关罗素参选的报道，并强调了罗素第一任妻子阿莉斯对丈夫的支持

1910年，《数学原理》完成后，罗素正遇上自由党与上议院有关预算和议会法案的争论，他突然萌发参政的欲望。罗素希望竞选议员，如果当时自由党选举委员会没有惊讶地发现他是一名自由思想者，那他就如愿以偿了。这是因为他在填一张问答露了“马脚”：

他不是英国国教的信徒；他是一个不可知论者；他连偶尔参加国教教堂活动都不愿意；他的太太也不愿意。……也正在这个时候，罗素接到了三一学院担任数学讲师的聘书。要不然，他真还处于两难的选择：是从政，还是从学。

当时在还未回剑桥之前，罗素希望做一些助选活动，但不愿意支持自己选区的候选人，于是便决定支持另一选区的候选人，即菲利普·莫瑞尔（Philip Morrell），于是这便促成了一段沸沸扬扬的“浪漫情史”：波兰公爵的妹妹——奥托琳·莫瑞尔（Ottoline Morrell）夫人一度走上了我们这位大哲的生活舞台。罗素这样说道：“奥托琳家中的氛围满足了我第一次婚姻期间的饥渴。……我深深爱着她，她也爱着我。直到此刻，除了阿莉丝，我还未同任何女性有过完整的关系。由于某些外部和偶然的因素，那天晚上，我与奥托琳没有真正发生关系，但我们同意尽快成为爱侣。我的情感极为强烈，而且不顾一切后果。我想离开阿莉丝，并让奥托琳也离开菲利普。”[①]或许对她的丈夫来说“这事对我无所谓”，罗素却感到他“会杀了我们俩”，但他还是“愿为当晚发生之事付出代价”。为了在与奥托琳幽会时掩盖身份，罗素一度刮掉了胡须。不久，罗素便要求同阿莉丝离婚，她发怒了。罗素不管这一些，在给奥托琳的侄女讲了洛克哲学以后，便骑车离开，他的第一次婚姻也就这样结束了。

不过对这段姻缘，人们说法不同。阿莉丝对罗素感情深厚，也很克制，她搬走与兄弟同住，而为丈夫提供方便。当三一学院取消罗素的研究员资格时，她写信道：“我已存了100英镑准备投资公债，但若可能，我把这笔钱给你，因我忧虑这种迫害对你的收入会有严重影响。”在罗素被监禁时，她说：“每日我都带着最深的懊悔想到你，几乎每夜我都梦到你。”罗素直到1950年才与她重逢。

1910年至1914年，对罗素是一个很特别的过渡期，如他所说就像浮士德碰到梅菲斯特之前与之后一样。一次大战之前，忧心忡

① 罗素：《罗素自传》第一卷，英文版第314－315页。

忡的他发现奥托琳有自己一样的见解。战争爆发后，他的一些最好的朋友，包括怀特海夫妇都成了好战分子。使他最难过的是，近百分之九十的人竟享受残酷的屠杀感，这使自己修正了从前对人性的正面评判。过去他以为，知识分子是热爱真理的，但眼下发现这样的人不到百分之十。他叹道："作为一个热爱真理的人，所有交战方的民族主义宣传都让我恶心；作为一个热爱文明的人，向野蛮主义回归令我惊恐；作为一个受过父母情感挫折的人，对年轻人的血腥屠杀撕扯我的心房。"①

罗素与奥托琳的关系并不令人满意。他自己回忆，"那时我患有牙床脓溢症（pyorrhoea），但毫不自知，这使我的呼吸可厌，我也不知道。她也没有提及。"于是两人的关系冷淡下来。1913 年，在阿尔卑斯，他结识了"一位精神分析学家的太太"并"希望同她做爱"。1914 年在芝加哥，罗素与海伦·达德利（Helen Dudley）发生了关系，但战争"扼杀了我对她的激情，我使她的心破碎"。他下结论说："她沦为一种罕见疾病的受害者，这种病先让她消沉，后又让她精神失常。"两人的关系便中止了。

考莱特·奥尼尔（康斯坦斯·梅尔森）

1916 年，罗素结识康斯坦斯·梅尔森（Constance Malleson）夫人，她是以考莱特·奥尼尔（Collette O'Neil）的名字活动在社交场上。当都作为和平主义者的两人第一次表白爱慕时，并"没有上床"，因"有太多的话要谈"。他们

① 罗素：《罗素自传》第二卷，英文版第 7 页。

第一次正做爱时，突然听到街上响彻兽性般的欢叫。罗素跳下床，瞧见一艘坠落的齐柏林飞艇在燃烧。一个勇敢者正于痛苦中死去，正是这种想法招致街人的狂欢。“那一时刻，考莱特的爱成了我的避难所，它并非为了逃避残酷本身，而是逃避意识到人是什么所引起的痛苦。”在罗素入狱期间，考莱特与奥托琳轮流探视他。

罗素继续参加反战运动，某次，他遭到一群男女暴徒的围打，而警察则袖手旁观，一位夫人让他们出面保护，而他们不置可否；她说道：“他是有名的哲学家呀！”他们毫无反应。她接着说道：“他是举世闻名的大学问家呀！”他们还是无动于衷。她继续说道：“他已一位伯爵的弟弟呀！”他们这才过来帮助，但动作太晚了，他已被一个年轻女子所救。

战争期间，在剑桥三一学院任教的罗素征集同事的签名反对英国参战。一些和平主义分子形成反征兵的组织，呼吁青年拒当炮灰，在当局逮捕了不少领头人士后，罗素却接任主席。他亲自编写传单为拒服兵役的鄂内斯特·艾弗利特一案辩护，并当六名会员在散发传单被捕时，他马上出面承担作者的责任。在法庭上，罗素为自己辩护说，自己出于“良知”而拒绝征兵，结果判以反战宣传罪，罚款100英镑。他不接受这个审判，也拒付罚款，故遭受牢狱之灾，并且部分财产被没收，图书馆的私人藏书也被变卖。坚信自己无罪的罗素，拒绝照当局的指令流亡美国。在这以后，他的行动受到限制，其教职也被三一学院解除。罗素始终坚持全球范围

1918年的罗素

的反战活动，并与泰戈尔等国际知名人士合作，而为和平到处奔走。1916年威尔逊再度当选美国总统后，罗素立即在致他的公开信中，呼吁美国出面调停来解决国际争端。罗素身为工党党员，为了反对那些不愿到前线作战的年轻人去送死，他亲手撕碎了自己的党员证。

1918年1月11日，罗素在一篇反战文章中冷嘲热讽地写道："若非和平即将实现，在英国的那些美国雇佣兵应立刻占领英法两国。"此文被当作"教唆"军人"哗变"，而受到当局起诉，再一次被判处徒刑六个月。在狱中，他撰写了《数学哲学导论》一书。有一件有意思的事，同牢的犯人大都是因战争受牵连的德国侨民，其中竟有一些才智之人同罗素大谈起康德。另有一件有意思的事，因兵源吃紧，征兵年龄提高，44岁的罗素也成了应征对象，但政府怎么也找不到他，因为忘了已将他关入大牢了，否则就因他拒绝当兵而罪上加罪，在此之前就有37个青年因拒绝参军竟被判了死刑，而罗素也参加过营救，终于使他们免于一死。

战争期间，甚至在监禁中，罗素撰写了《战争中的正义》（1915）、《人们为什么战斗》（1916）、《自由之路》（1919）等三部有关和平与反战的论著。他出狱后，英国外交部拒发护照给他，尼克尔森爵士斥责他为"这个国家最有害的怪物之一"。由于他的国际声望，1922年，罗素计划去意大利参加一个和平会议，独裁者墨索里尼得知后下令手下不准伤害罗素，但与罗素接触的任何人均可实行暗杀。获悉此事的罗素只得放弃前往这个法西斯策源地。战争几乎改变了罗素全部人生，包括他的职业和人性观，但也使他获得对生命的一种新的热爱。

罗素对战争的根源以及人类好战的原因不断作了多方面的探索和考察。在《自由人的崇拜》（1903）中，他谈到了在对抗黑暗势力中产生美好的生活。在《人类为何战斗》中，他揭示战争的心理根源，即人类的全部活动包括战争都来自冲动和欲求，而所谓冲动又可分为侵略冲动（包括抗御侵略的冲动）与占有冲动两类。在《自由之路》（1917）中，他指出，权力的集中能够引发战争，反过来，后者也可引起前者；并探索了资本主义和社会主义两种制度都能促发战争的动因。在《政治理想》（1917）中，他揭露专制国家独裁者的反人类行为，倡议建立“国际议会”，而用和平和外交手段保障正义，解决争端；鼓吹组织“三权分立”的世界政府以及国际军事力量或“国际警察力量”来制止国际暴力和冲突。在《教育和现代世界》（1932）中，他指出，民族主义是这个时代的最危险的邪恶，它的害处远远超出任何其他邪恶。在《自由和组织》（1934）中，他回顾了近代欧洲各国民族主义的缘起：英国民族主义由都铎王朝的亨利八世和伊丽莎白时期开端，特别在战胜西班牙“无敌舰队”之后；法国民族主义是其大革命的后果；德国民族主义受到拿破仑、费希特，尤其是“铁血宰相”俾斯麦的影响；意大利民族主义来源与其统一运动中三杰——马志尼、加里波底与加富尔。因此，民族主义与战争、革命以及暴力紧密相连。在《哪条道路通向和平？》（1936）中，他批判了孤立主义，主张以国际法与具备统一武装的国际政府来阻止战争。在《权力，一个新社会分析》（1938）中，他揭示了斯大林可能引发战争危险的“权力欲”。

战争中间，俄国爆发了十月革命，当时的罗素对此还感到欢欣鼓舞，也因此被加了某种罪名。战争结束，罗素与考莉特的关系也越来越紧张，最后终于分手。不过，在后来的很长的时间中，他对这名女性仍保持某种眷恋，我们可以从罗素给她的书信中看出。战争期间，他对原来有些相识的多拉·布莱克开始动心了，而后者也对他发生了极大的兴趣。罗素认为自己同考莉特的矛盾有两个原因：一是他不能满足充满年轻活力和旺盛性欲的她；二是他想要孩子，而她却不想要。而多拉就不一样了，她很想要孩子，至于名分有没有不要紧，婚生非婚生并不重要。她并不赞成婚姻制度。崇尚独身自由的多拉察觉与罗素的关系有婚姻倾向时，竟失落地痛苦起来。罗素让她怀了孕，但他不想让自己的“境况变得更复杂”，坚持结婚，于是他们举行了仪式，并在孩子出生之前“空出了六周的时间”。结果，考莉特彻底出局，而多拉则陷入自己称为“可耻而

1920 年罗素随同英国工党代表团访苏，这是代表团与俄国士兵的合影

不光彩的婚姻中”。

1920 年，罗素到西班牙讲学后，有机会随一个工人代表团访问了革命后的俄国。罗素说道：“第一次世界大战使我产生了一种新的兴趣。我非常关心战争以及如何阻止未来战争的问题，这方面的著作使我成了为广大公众所熟知的人物。在战时，我觉得应该把和平的愿望化成一种有理智的决心，以此避免未来的大战。然而，凡尔赛和约打破了我的幻想。我的许多朋友把希望寄托于苏联，但我 1920 年访问那里时，并没有什么事物是值得称道和喜爱的。”[①] 他在那里见到了比自己年长两岁的列宁，但对其很失望：这位领袖“资质智慧有限”，“坚持偏狭的马克思主义正统”，“有某种残暴人格”等等。

罗素称自己去俄国之前，有共产党人的信念；但同货真价实的共产党人谋面后，却对共产主义产生了怀疑。罗素对这个红色的国度看法十分负面，在那里度过的时间就像一场噩梦，恐惧随着每一

① 罗素：《我的思想发展》，《罗素重要著作》，英文版第 47 - 48 页。

天的到来而日益加剧，一切有价值的东西都为了取媚于某种浅薄而狭隘的哲学而遭到毁灭。他认为，尽管眼下俄国高级领导人大多数是真诚的共产党人，也许会为这个主义献身，但那些投机者总有一天会为私利滥权。后来，罗素在《布尔什维克的实践和理论》详述了自己对俄国的观感和分析。他对这个国家作了这样的预见：社会形成新贵势力，以致建立一个无所不包，渗透一切，而比垄断资产阶级政权更不合理的政权。

罗素第二任妻子多拉·布莱克

当他离开俄国之后，却发现多拉也跑到俄国去了，并且与他正好相反，她对俄国充满了好感。此时，罗素接到中国讲学会的邀请信，到那里讲学一年，他提出必须同时邀请多拉同行，否则就不去了，结果中方答应。他就设法通知多拉，结果她终于赶回，5 天后，他们就一起动身前往中国。

罗素回忆道："我应邀访问了中国，并在那里逗留了近一年时间。我热爱中国人民，但显而易见，他们对军国主义的反抗必定导致摧毁自身文明中很多有价值的东西。除了被征服或者接受敌方许多邪恶的东西之外，他们似乎没有其他的选择。但中国也教会了我一件事（东方倾向于把这一点教给那些怀有强烈同情感研究东方的欧洲人），即不要在眼前的逆境中产生绝望的念头，而要用长远的眼光观察问题。二十年来阴云日益笼罩着这个世界，就是这种习惯才使我感到这个世界稍可容忍。"[①] 总体来说，罗素对日本的印象和看法都不很好，顺便提及，罗素在中国时生了一场大病。一家日本报刊报

① 罗素：《我的思想发展》，《罗素重要著作》，英文版第 48 页。

道说他已去世，并始终不愿更正这个消息。罗素回国取道日本，那家报社又来采访，他便吩咐给每个记者一张字条，写着："罗素先生已死，无法接受采访。"

第四节　道德前卫的浪子

一、灯塔山小学的"荒诞实验"

从中国返英后，罗素便与多拉正式举办了婚礼，她成了他第二任妻子。未婚先孕的多拉于 1921 年 11 月生下了他们的第一个孩子。这使罗素有一种从压抑中得到解放的兴奋之感，他将今后 10 年生活的主要目标定为当一个好父亲。这期间罗素已经因为参与反战活动而被校方开除，他通过出版各种有关物理、政治、文化、伦理和教育方面的书籍勉强谋生，如《中国问题》(1922)、《工业文明的前景》(1923，与多拉合著)、《原子 ABC》(1923)《相对论 ABC》(1925)、《伊卡洛斯或科学的未来》(1924)、《我相信什么》(1925)、《婚姻与道德》(1929)、《赢得幸福》(1930)。此外这一期间他还四度出外旅行讲学，也挣了一些钱。罗素称前两本书没有赚到什么钱，而后两本则大有斩获。不过，也正因为这些过于前卫的道德价值观，更为社会正统所不容。那时，因政治和道德上的坏名声，甚至没有人愿意将房子出租给他们。因考虑孩子的身心健康，他们在海滨买了一栋房子，用以享受海浪、礁石、日光与暴风雨的大自然快乐。

随着两个孩子约翰和凯特的出生，罗素对儿童早期教育产生了兴趣，并花费了极大的精力。1927 年，夫妇俩人共同创立了一所教育实验学校贝肯·希尔学校或称灯塔山学校（Beacon Hill School），办校原则是"我们探求一种不寻常的结合：一方面，厌恶伪道学与宗教说教，厌恶传统学校中视为当然的对自由的诸多约束；另一方面，也不赞成多数‘现代’教育家完全忽视学院式教导或取消纪律的主张。”① 在罗素看来，由于有理智的人不会加入那些愚蠢的战争，因此，传统的官办学校就鼓励盲目的行为，阻挠儿童接受新观念，并扭曲儿童的天性，扼杀他们的自由精神。由于人们在婴儿期、童年期以及青春期深受恶劣影响，以致在某一特定时机，那些原本潜藏着的疯狂与破坏性冲动爆发出来而造成了战争。正因为如此，罗素夫妇办学时，便把教育宗旨定位在强调自由、避免压制上面。

他们租用了罗素哥哥弗兰克的房子作校址，招收了大约 20 名与自己孩子年龄相仿的学生。学校每天上课时间为上午 9 时至 11 时，孩子们可以自由选择最感兴趣的工作，如手工、绘画、自然研究等，下午全为自由活动。学校鼓励儿童参加各种合作交往的活动和自由讨论。罗素对《纽约时报》说，理想的“合作组合包括大约 10 个家庭”，将他们的孩子“集中”，“轮流照护”，每日“两个小时上课”，并安排“适当均衡”，其余时间“野性地玩耍”。学校试图实现这种理论。校园所处的地方简直是一处世外桃源，它视野开阔，可以看到海港与岛屿，周围绵延着丘陵、草原和原始森林。但这里却是弗兰克的伤心之地，他因缺钱才租给了弟弟，原来是为第二次婚姻准备的，结果闹了个重婚罪。

1931 年，弗兰克去世，罗素继承爵位，成为罗素勋爵三世；不过他很少公开自称或被人如此称呼。罗素兄弟俩都是“离婚专业户”，弟弟与哥哥各有 3 次。弗兰克死后，他的第二任妻子竟由继承爵位的罗素赡养到她 90 多岁去世，他的第三任妻子竟出版一本题为“维拉”的小说，对这个前夫肆意诋毁，以致罗素告诫子女：“万勿与一个小说家结婚！”

罗素早在 1916 年《社会改造的原理》中，就阐明，如果教育的目的是为了促使学生思维，而不是只让他们接受结论，“教育的实施应当非常不同：讲课应少些，而讨论应多些。应多给学生表达

① 罗素：《罗素自传》第二卷，英文版第 222 － 223 页。

他们意见的机会，并且应使教育多关注学生所感兴趣的问题。”①

什么是罗素对儿童早期教育的理念？他在办学的前一年，即1926年出版的《论教育，尤其是幼儿教育》一书中，指出，早期教育的目的是对本能的训练，而培养出合格的人格，即表现为建设性的、热情的、勇敢的、坦诚的和聪慧的。而儿童们几乎都具这样的潜能。儿童天性中各种本能可产生不同的行为，既可能是善的，也可能是恶的。从前的人们凭借压制，如惩罚与威吓等。但这是毫不可取的，反而会引起精神错乱。应该让儿童在自然轻松的状态和过程中逐渐形成正确的习惯和技巧。然而如果缺乏爱，这所有一切都不可能发生。人们即便有知识，如果没有爱就无法应用。人们对儿童的爱逐渐得到增长，因为它本来就来自自然的冲动。千百年的暴虐压制了男女本性之善，直到不久前教会才停止教导人们诅咒未受洗礼的婴儿；而民族主义是扼杀人性的另一种方式。在战争期间，倘若某种学说对儿童会增加痛苦，就必须彻底将之抛弃。所有残忍学说的心理基础几乎都是恐惧，因此必须消除儿童的恐惧心理。现代教育使人们有可能创造一个美好的世界，因而值得我们付出代价。当年轻人摆脱了恐惧等各种受压抑的天性，就能够自由而全面地走向一个知识的世界，而教育若得法，求知者能将学习视为一个享受而非重负。知识能够让人类从自然界与自身破坏欲中解脱。如果能教育出无所畏惧的新型一代，那他们就会具备更开阔与更勇敢的希望。自古以来，无数各类的恐惧堵塞了自由与幸福之路，而爱可以克服恐惧。倘若我们热爱孩子，那不管什么都无法阻碍我们将这份贵重的礼物赠予他们。“即便对待最幼小的儿童，也要将他们当作在这个世界上具有地位的人而加以尊重。决不能为自己当下的便利或快乐而牺牲他们的未来。……这里，爱与知识的结合是必要的。”②

罗素还提到，真实与梦想都是重要的，物质需要得到满足，孩子们就会常常发现梦想比现实更有趣，他们在梦想中如同国王一般

① 罗素：《社会改造的原理》，英文版第176－177页。

② 罗素：《论教育，尤其是幼儿教育》，英文版第100页。

来主宰自己的王国，而在现实中，他们不得不遵守各种令人厌恶的清规戒律。梦想使孩子们从现实的约束中解脱，而进入自由的彼岸世界。因此扼杀梦想就是扼杀活力与创造力。

罗素很欣赏蒙特梭利教学法，这是由与他同时代的意大利著名儿童教育家玛丽亚·蒙特梭利（Maria Montessori，1870－1952）所创立的。与传统的教育方法不同，其目的是帮助儿童自然地成长，强调自我教育和自己双手的工作，着重秩序感、专心度、独立能力和手眼协调能力的培养。最根本原则是给孩子充分的，但并非放任的自由，孩子能够自己选择和决定，但决非任意选择任何想做的事情，而是选择必需并正确的事情，在自由的同时还必须遵守纪律，学会遵守秩序，成为自律之人。

罗素在《论教育，尤其是儿童教育》一书的前言中意识到，现代教育家并非完全废除纪律，而是凭借教学新方法加以实行。他曾一度错认蒙特梭利完全废除纪律，同时也纳闷她是如何把一群小孩组织起来的。在了解她的教育方法后，罗素才明白纪律还是必要的。他每日上午都把小儿子康拉德送到一所蒙特梭利连锁学校去，发现他很快变成遵守纪律的人，认真服从各种校规，而且他并未感受外在压力，因为就像遵守游戏规则一样快乐。如果将学习分成若干让儿童乐于接纳的阶段，在游戏中形成自制力，那么当他们高兴地做自己感兴趣的事情时，当然外在纪律就显得多余了。罗素认为创立教学方法需要天才，如蒙特梭利女士那样的人，而实施它的人则不必如此，教师们只要运用合理训练方法，加上平常的爱心和耐心就足够胜任。道理很简单：良好的纪律并非来自外在压力，而是人们养成的一种心理习惯。

罗素夫妇办校中，至少遇到三种困难：一是缺少经费，而且亏本；二是教员不自觉执行他们的教育方针；三是招收的儿童本来就顽劣而很难管教，这是最费心的。罗素允许儿童讲任何喜欢讲的话，甚至他们把他或把老师们叫白痴，也不加管束。在这种办学方针下，这里很快就成了一帮顽劣刁蛮儿童的天然收容所。结果是发生了许多意想不到的麻烦，如大欺小或强凌弱，妹妹“谋杀”哥哥，以及其他大大小小的恶作剧等等，甚至他们与自己两个孩子的亲密关系都受到影响。某次，教师警告孩子切勿在花丛里点火，但马上就有两个孩子为焚烧小兔子而放起火来。其中一个男孩立即遭到开除，另一个女孩的母亲正在旅途中，故无法立即开除，罗素便限制她的行动，而她却提出抗议，罗素问她，若放她自由，“你还会放火，对不对？”她坦承：“是的，我还会。”罗素无奈只得继续限制她，一直等到其母归来。

更严重的是，社会上的人们对这所学校散布了大量传言，如其中之一说，有记者按了学校门铃后，一个光着身子的孩子出来开门。罗素的女儿凯瑟琳回忆说自己作为当时的学生之一，并不认为这是真的。还有的人说，那里实行下流的形象教学，看到一棵树就说像一具男性生殖器。后来，罗素承认，办学犯了两大错误：其一是过于放任自流的教育原则；其二是过于夸大有比事实上更大的自由。

罗素在办学中，有一点是与自己本来的教育理念相违背，他说过除个别例外，即使在幼儿期，老师也不应充当家长的角色，因为教育是一种特殊技巧，但大多数父母并无机会掌握，因而不适合教导自己的孩子，就像医生不适合给自己家人治病一样。然而，罗素恰恰在办学中充当了自己孩子的教师，故带来一些困惑，如一些孩子抱怨他不能一视同仁等。有一天，罗素在海滩散步时，女儿发现一块大石头很好看，想带它回家，但父亲却要一双小儿女自己设法实施计划，结果因过重，儿子不得不半途而废。后来，儿女们与父亲的关系逐渐恶化，甚至成年后，他们与他断绝来往。这在一定意义上说明罗素教育子女的失败，后来他总结说“我做得不对”。

人们纷纷指责罗素在学校鼓吹极端的自由，就像他鼓吹无政府主义一样是错误的。他表白说，教育也同政权一样，都有必要采取某种强制手段，但还是能够找到一些方法可以尽量地缩小强制的程度，这个问题可分为政治与个人两个方面。通常快乐的儿童或成人似乎怀有较少的破坏情绪，因此比起那些不快乐的人们，他们需要的约束更少一些。另一方面，他并不认为不加指导就能使儿童快乐，也不认为允许绝对懒散，就可以培养起社会责任感。像所有其他问题一样，儿童时期的训练是一种具有不同程度差别的问题。深刻痛苦以及天性受到压抑，很容易产生对抗世界的强烈怨恨，有时会以某种非常间接的方式引发野蛮和残忍的行为。

罗素回忆，1914年至1918年的战争期间，他首先注意了心理学和社会问题，他第一次惊骇地发现"大多数人似乎都喜欢战争。很显然，这是教育等种种社会弊端所造成的。尽管父母对孩子有很大影响，但大规模的教育改革必须依靠国家，因而必须首先依靠政治和经济的改革。由于世界正越来越走向战争和独裁，而且我也觉得自己在实际问题上并不能做出什么有益的事情，所以我又重新开始研究哲学以及与思想有关的历史。"①

某日，在学校里，罗素发现一个大男孩欺负另一个小男孩，他责问前者，可得到的回答是："更大的男孩打过我，我打小的，这是公正的。"罗素后来对此感叹道：这个大男孩的答复涵盖了整部人类史，弱者受到强者欺凌后不敢讨还公道，而转向欺凌更弱者，这就是人类史上反复出现的残酷事实。某次，罗素夫人给幼子讲法国民间故事中那个连环杀掉6个老婆的黑胡子之后，结果在游戏中这个孩子坚决要当这个恶人，并赞同他杀死那些不听话老婆是实施应有的惩罚，甚至还表演出砍下女子头颅的那种血腥的恐怖场景。对此，作为和平主义反战者的罗素却心安理得地指出：教育并非压抑而是培养本能，儿童在假扮黑胡子中得到权力欲的满足，但若将之扼杀在萌芽状态，他必定成为毫无活力也毫无作为的庸人，将来也不可能有任何建树。罗素回忆自己在孩提时，很爱翻筋斗，但现在不喜欢了。与此相同，要当黑胡子的儿童也会变化爱好。

罗素实行的这种教育相当昂贵，为了支付各种账单，罗素被迫去写一些为挣钱而粗制滥造的作品。同托尔斯泰一样，他很快厌倦

---

① 罗素：《我的思想发展》，《罗素的重要文选》，英文版第43－44页。

罗素、多拉与部分灯塔山学校的孩子们在一起

罗素与部分灯塔山学校的孩子们

灯塔山学校的孩子们在吃饭

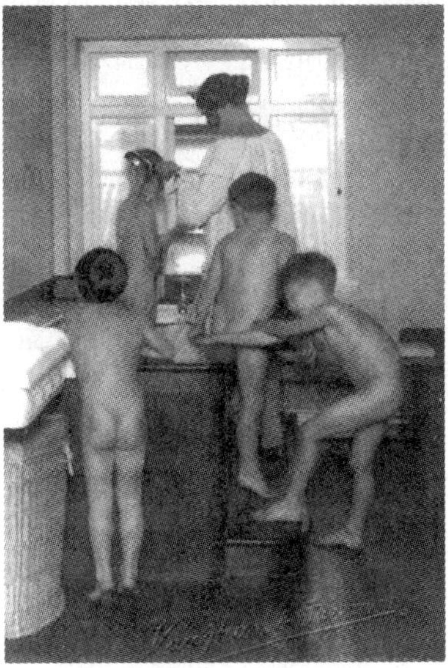

灯塔山学校的孩子们在洗澡

了学校的庶务，便全丢给了多拉，而她则因过激的进步观，以更强的责任感去经营学校。

罗素的第二次婚姻于 1935 年破裂，原因有两种说法：一是他与一个美国女记者的婚外情；二是多拉的婚外情，据说她与别人有了身孕。这对罗素是一种伦理两难（moral dilemma）：如何裁决自己的性自由与妻子的性自由。本来与罗素很多离经叛道的方面一拍即合的多拉，曾与他有过同样的政治热情与社会活动兴趣，并是一个能干的帮手和合作者，却与他分道扬镳。罗素与多拉经常为性问题争吵。韦布夫人预言道："与罗素结缘的是'一个轻浮、满脑子唯物主义哲学观的姑娘，他不会也不可能尊重她'。"因而这段婚姻注定破裂。

同托尔斯泰一样，罗素坚持一种多拉也赞同的"开放性"原则。她说道："伯蒂与我……相互留有性冒险的自由。"对她成为"世界性爱改革同盟"英国分部的书记，罗素并未加以反对；对她出席 1926 年 10 月在柏林举行的"国际性爱问题代表大会"，而与变性手术的先驱马格纳斯·赫尔斯费尔德博士以及浮夸的妇科专家诺曼·海尔在一道时，罗素也未加以反对。然而，当她公开与新闻记者格里芬·巴瑞调情，并生了两个孩子时，他还是不太舒服，尽管依据罗素的说法，18 世纪的辉格党贵妇常有不同父亲的孩子。罗素后来坦承："在第二次婚姻中，我试图保持对我妻子自由的尊重，这是我的信条命令我所做的。然而，我发现我宽容的能力以及称作基督教之爱与我所要求的并非等同，而坚持一个毫无希望的努力给我自己造成极大的伤害，同时对他人也达不到预期的益处。"①

罗素与学校的关系也由于婚姻关系的破裂而告结束。他们分手时，多拉仍然继续坚持办校，一直到第二次世界大战爆发以后。离婚后，罗素与多拉只通过律师联系。他企图用更合理的方式教育孩子，但后来儿子却成了精神分裂者兼同性恋者。

---

① 罗素：《罗素自传》第二卷，英文版第 288 页。

罗素的女儿凯瑟琳讥讽自己的老爸的种种主张都是空谈，而与非基督徒的他相反，她却成了虔诚的基督徒。她评论说，父亲的“思想总是属于他自己的，就像饮茶和抽烟一样，他的主要个人习惯在环境变化后始终保持下来。我能够明白他变化着的外表是如何误导人们的”。她还批评说，父亲对学校“失败”的分析是不正确的，“他总是一个绝对主义者，对事务常常带有非此即彼的情绪定论，一个吃掉他的钱财，并毁灭他家庭幸福的学校对他当然不可能是好的。后来，他似乎忘却了学校好的方面以及引起麻烦的其他原因。我的母亲则不同，她抱怨环境与人们，而不是学校本身。……不过，凯瑟琳坦承，对自己来说，这个学校是一个“情感上的灾难”，因为它打碎了她“童年快乐灿烂世界”，以致付出后来的一生去“寻求替代物”；但它也同样给予了很多，“从智慧上说，它是卓越的，我在那些岁月里以极大喜悦学到的知识比其他任何地方都多”。[①]

二、“性犯罪教唆犯”

1936 年 1 月，64 岁的罗素与 5 年多前就结识的牛津大学学生皮特·斯本斯（Peter Spence）结婚，第二年他最小的儿子康拉德（Conrad）出生。他的第三任妻子很有意思，她改用了一个男人的名字皮特（原名是 Patricia）。罗素曾与她一起整理他父母的一些文字材料，即后来出版的《安伯里文献》，就在那时候他曾一度爱上了她。1938 年，罗素出版了政治哲学著作《权利：一种新的社会分析》，书中主张，即便在社会主义国家里，自由也应当保有地位。社会理论的基本概念并非财富，而是权力，社会主义应当实现最大可能的权力平等。只有在国家民主的条件下具备制约官员权力的手段时，土地与资本的国家所有制才是进步的。在这一期间罗素应聘到牛津大学讲课，那些讲稿后来以《对意义与真理的探究》为书名于 1940 年出版。

① 凯瑟琳·泰特:《我的父亲罗素》，英文版第 72 页，98 － 99 页。

1938年，罗素应聘到美国芝加哥开了一个大型研讨班，吸引了卡尔纳普和莫利斯等人参加。研讨很成功，但罗素不喜欢芝加哥的环境和气候，也与那个校长不很愉快，便去了加州大学洛杉矶分校担任教授。罗素来到阳光灿烂的天使之城，真是愉快极了。1939年夏，约翰和凯特利用暑假探望父亲，结果没有几天，第二次世界大战爆发，两个孩子都回不了英国，便就地上了学。

在伦理上，罗素倡导开放主义，强调过分的道德约束是人类不幸的根源，道德对人类本能的快乐不应加以限制，从而提倡试婚和节育等，并宣称只要未婚男女双方同意，那么他们之间的性关系并

. . . the only one Mr Russell gives is that it is only nature-after-all.

美国讽刺罗素《婚姻与道德》的漫画

非不道德。罗素指出，在大多数社会中，婚姻是法律制度与宗教制度的混合，在一定意义上，它又是爱情与契约的混合。他声称："对文明的男人与女人而言，如果一些条件得到满足，那就可能造就幸福的婚姻。双方就必须具有完全平等的情感；双方相互间的自由也必须毫无差别；双方必须有肉体上和精神上最完美的亲密性；双方还必须有价值标准的相似性（假如一方的价值在于仅看重钱财，而另一方却关注优秀的工作，这就很不幸了）。一旦所有上述条件都能具备，我相信婚姻就是存在两人之间最美好和最重要的关系。"[①] 他还认为：良好婚姻的本质就是互相尊重对方的人格。他在《婚姻与道德》最后一章中指出，倘若某人将自己心灵拘押在婚姻中，而排斥其他来源所有的爱情，那么他的认知、同情、可贵的交往也就不再存在。

罗素不同意一夫一妻是唯一的婚姻制度，而指出，现代婚姻所遭遇的困难：一是由于忽略人的生物性，而过分强调经济性；二是由于嫉妒引起的情仇。他还认为，人们能够以浪漫爱为婚姻动机，但它不足支撑长久幸福的婚姻。只有爱情而非浪漫爱才可作为婚姻的根基，若要婚姻稳固，双方都要容忍对方自由地接受婚外爱情。他指出：为了让妻子们能够离婚，而让男人必须服从的那种法定婚外恋是一种肮脏的买卖。罗素在这本书中有一句人们最常引用的名言：对女性来说，婚姻是生活的最普遍方式，而在婚姻中女性所承受的非自愿性生活可能远大于卖淫。在一定意义上，罗素主张卖淫的合理性，并将之视为婚姻制度的一部分补充，从而赞成爱尔兰社会历史学家和政论家莱基（W·E·H· Lecky，1838 – 1903）在《欧洲道德史》（*History of European Morals*）的名言："卖淫是必要的安全阀门，是保障家庭纯洁性所付的社会代价"，"妓女是对家庭神圣性的保护，也是对世俗妻女纯洁性的保护"。

1940 年，纽约市政府所操办的纽约市立学院实际上是罗马教廷

① 罗素：《婚姻与道德》，英文版第 143 页。

"THE CHAIR OF INDECENCY"

《纽约时报》有关罗素涉及纽约市立学院一案法官判决的漫画

的附庸，而那里的教授为了点缀一点学术自由的色彩而聘任了罗素当教授。这个消息立即引起宗教和卫道士们的抗议和抵制，有一神父申明罗素要为本地犯罪率负责。那些传统的卫道士们将罗素渲染成是一个“魔鬼的使者”，一个“异教徒的教授”，一个“来自英国的哲学上的无政府主义者和伦理上的虚无主义者”。其中一封化名“仇恨皮条客者”（Pimp-Hate）的在信中骂道：“你这可怜的老笨蛋！……你真可耻！这个国家每一个正派的男人女人都比你另外一些劣行更厌恶你的这种卑鄙作为，这都是你从你堕落的家族史上继承下来的。”[①] 还有一位女士控告市政当局让罗素危及了其女儿的贞操，罗素力求自己成为被告。但令人费解的是，当局愿受控，而且希望自己败诉就像那位原告希望胜诉一样。原告律师在起诉书中历数罗素的 10 项“罪名”：好色的、淫荡的、色情的、性病的、性欲狂的、性变态的、亵渎神灵的、狭隘精神的、充满虚妄的以及道德沦丧的（lecherous，libidinous，lustful，venerous，erotomaniac，aphrodisiac，irreverent，narrow-minded，untruthful，and bereft of moral fiber）”。最后当然是罗素败诉，一个直接结果是聘约被撕毁，因为他在“道德上”无法胜任教授一职。

法官麦克金汉（McGeehan）在长达 13 页判决书上这样宣布：“罗素博士的任命是对纽约全体市民以及数以千计教师的侮辱，这些教师的任命是建立在优良道德品质之上的，并且为了保住他们的职务而不断维护它。……罗素的任命是由公共基金支付的……直接侵害了公众的健康、安全以及市民的道德诉求和情愿的权利……废除罗素的任命，解除其职位，并拒绝有关其任命的一切权利与特惠。”[②]

宣判书主要列举了罗素的著作以及主要段落作为证据，例如在《教育与现代世界》第 119 - 120 页中写道：“如果大多数大学生具有临时而无子女的婚姻，我确定大学生活在理智与道德上都将会更美好。这将提供一种对性急迫感的解决，使之既非躁动的又非偷偷摸摸的，既非铜臭的又非偶然凑乎的……”在《婚姻与道德》第 165 - 166 页上写道：“在我这一边，当我深信所谓结伴婚姻（companionate marriage）[③] 应是正确方向上的第一步，并会有大量的益处，但我并不认为它进步地够远了。我认为所有不涉及生育的性

① 罗素：《罗素自传》第二卷，英文版第 344 - 345 页。

② 杜威与卡伦（J. Dewey and H. M. Kallen）（主编）：《罗素案件》（*The Bertrand Russell Case*, New York: Da Capo Press, 1972），英文版第 225 页。

③ 婚姻双方不承担任何法律义务，只要彼此认可即可离婚。

关系应当被视为一种单纯私人事务；如果某男人与某女人选择不要孩子而生活在一起，那是他们自己的事而与其他人无关。我不主张一个男人或女人在组成一个严肃婚姻时，在没有任何性经验的情况下就打算要孩子。”在《教育与美好生活》第 211 页中写道：“对自身生命来说，显然，幼儿期的自慰（自淫）对健康并无不良影响，也没有发现对性格有什么不良影响；在这两方面所观察到的不良影响却是企图去中止它。”在同一本书第 212 页，他写道：“一个儿童首先应当被允许在任何自然发生的状态下看见他的父母以及兄弟姐妹的赤身裸体。对此不必大惊小怪，他应当简直不知道人们对裸体会有什么感觉。”在同书第 221 页，他还写道：“我不会倡导对我们伴侣的忠诚性是任何通过生活而可以期盼的方式，也不会倡导一个永久的婚姻应当被视为对临时插曲的排斥。”

对罗素上述观点，宣判书竟搬出纽约州的刑事法加以比对，声言：“我们城市的全部公民和居民都在这个法律的保护之下。在对付人们行为时，刑事法的条文以及它所归罪的行动决不能被轻饶或全然忽略。甚至可以设想高等教育董事会拥有国会授予的任命教师的最大权力，它也不能违反刑事法，也不能‘鼓励任何违反的行为’。”[①] 纽约市长古阿迪亚拒绝对这个判决的上诉，纽约郡户籍署长对公众宣布：罗素必须被“赶出这个国家”。在罗素看来，这是一场典型的美国式迫害，自己成了这个现代文明之国的众矢之的。他突然失去了所有谋生手段，既不能讲课，也不能发稿，并且回国之路又因战争而阻绝，五口之家马上陷入了绝境。虽有一些正义的知识分子包括学生出面声援，如纽约市立学院的学生会就发表新闻声明对他表示了支持。但人们无法相信，一个号称伯爵的贵族竟无衣食来源。

与他曾一同访华的著名哲学家杜威曾发信表示愤慨，并主编了一本书名为《罗素案件》的专集，组织九位著名教授揭露并分析了

① 杜威与卡伦（主编）：《罗素案件》，英文版第 220 页

罗素的这场官司的来龙去脉，如有关它的内幕、审判过程、天主教会的态度、教育行政部门的做法、在民主制度中所引起教育问题以及与社区的关系等等，并指出它是一件违反正义的丑闻。杜威本人还亲自撰写了其中一篇题为“与社会实情相对立的法庭政治虚构”的文章。杜威在前言中这样声明：“这个集子既不企图为罗素遭到纽约市立学院撤职一事进行辩护，也不为学术自由提供论证。本书单纯是一个探索案件事实的记录，这种探索是由合格的专家所操作的，他们检验其多个层面，并将他们的发现与正义、法律、人性以及公众正派性的原则等加以联系，而这些原则都是在美国宪法与权利法案中确定的。”[①] 针对教会和卫道士们的指控，一些支持学术自由，倡导以科学态度对待婚姻与性爱的有识之士，挺身而出为罗素辩护，其中就有爱因斯坦、杜威、艾耶尔等。爱因斯坦声援罗素说：“伟人们都曾遭到庸人们的强烈反对。当一个人不盲从传统偏见，而真诚无畏地使用其智慧时，庸人们根本无法理解他。”

风波过后，正当罗素窘困之际，1940 年夏，个性怪异的发明家巴恩斯博士与他签了 5 年合约到费城授课。但两年后，二人又闹翻了，并又引起罗素诉巴恩斯毁约的官司。1940 年秋，罗素受实用主义哲学家威廉·詹姆斯邀请去哈佛开课。从 1940 至 1944 年，罗素撰写了《对意义与真理的探究》、《西方哲学史》等书。罗素在美国最后的日子是在普林斯顿大学度过的，在那里他熟识了爱因斯坦，并与他以及哥德尔等人经常讨论问题。

与第一次大战的态度不同，罗素虽在第二次世界大战之前曾支持过绥靖政策，但后来还是支持与纳粹德国作战，因为他意识到希特勒将给人类文明带来更大的灾难；然而他始终坚持，任何战争从本质上都是罪恶的，不过在一些特定的条件下，它可能为诸多罪恶中较轻的一种。

1944 年，罗素返回了自己的祖国，并重新执教于三一学院。具

① 杜威与卡伦（主编）：《罗素案件》，英文版第 11 页。

有讽刺意味的是，在罗素当年因婚姻与性道德的书遭到迫害的美国，他离开不久，金赛（A. C. Kinsey）博士出版了《人类男性性行为》（1948）和《人类女性性行为》（1953）两本惊世骇俗的书，引起美国全社会对性问题的公开讨论；从此人们将婚姻与性作为严肃的科学问题加以对待，而对这方面的行为日渐宽容和包容；最终导致于1960年代发生了“性革命”与“性解放”运动，罗素所倡导的绝大多数有关婚姻与性关系的意见得到验证和实现。

第三章

大哲圈内的恩怨

第一节　罗素与维特根斯坦

一、传奇的怪杰

“告诉他们，我这一生非常美好！”1951 年 4 月 29 日，62 岁的维特根斯坦（Ludwig Wittgenstein，1889—1951）说了最后这样一句话后，便永远沉默了。“凡不可说的就应当沉默。”这是他的一句至理名言，也是他根本的哲学理念。这位 20 世纪的超级大哲，说的话不多，终生不多的知音中，除了摩尔，青年早逝的拉姆赛，以及几个学生如冯·赖特等，还一个恐怕就是作为伯乐的罗素了。

维特根斯坦

西方大学里流行一个电影叫维特根斯坦”：这是一部长达 75 分钟现代荒诞风格的戏剧（1993

年），镜头中一直呈现最简单的黑色背景，构图好似启蒙主义黑暗本色的绘画。在全穿罗马宽外袍家人的烘托下，这位大哲以一个受压抑，而显得神经质的男童形象出现，通过一系列戏剧小品式的小场景，描绘了他从儿时，到一次大战，再到在剑桥当教授，而与罗素以及经济大师凯恩斯合作的生平，并加上蒙太奇、意识流等令人迷幻的穿插画面，如火星侏儒等，来表现这位天才的贵族派头，犹太背景以及同性恋倾向。①

西方还流行一本另类的科普兼哲普读物，题为《维特根斯坦的火钳：两位大哲十分钟争论的故事》（*Wittgenstein's Poker: The Story of a Ten-Minute Argument Between Two Great Philosophers*）。② 书中提到一件“公案”：1946 年 10 月 25 日，在剑桥一个标记为 H3 且相当拥挤的房间，罗素带着卡尔·波普（K. Popper）见到了维特根斯坦，后两人同样都是来自维也纳，又都为犹太人的大哲，第一次也是最后一次相遇了。来客还有其他十余位哲学教授和青年学生。然而，不过十分钟，场面火爆而崩裂，两人不欢而散，这个事件便以戏剧性架构的流言散遍全世界，最精彩的构思画面是这两位宗师级人物挥舞通红的拨火棍大打出手。不过，在那十分钟里究竟发生了什么，一直以讹传讹，以致迷上加迷。这本书竟将哲学、历史、传记和侦探四位一体，通过两位作者的实地调查和大量访谈，穿越历史的空间，破译当年的不解的密码。

在所有大哲中恐怕没有比维特根斯坦更富个性更传奇的了。他出身于奥地利首富，即犹太钢铁大亨之家，父母都来自名门望族，他排行老八，从小就具音乐天赋。维特根斯坦家族恐怕有着某种自闭症、抑郁症或躁动症的遗传基因：他有三位兄长选择了自杀，而他本人也多次有过这样的念头。维特根斯坦与希特勒同岁，都是林兹实科学校（the Realschule at Linz）的校友，不过后者低一级，并后来又留了一级。两人曾于 1904 – 1905 学年在校园里碰过面。这

① 这是英国著名导演加曼（Derek Jarman）于 1993 年导演的一部影片。

② 作者为 David Edmonds and John Eidinow, Harper Perennial, 2002。

个学校与一般中学不同，专门培养工程师与工业家，据说它对希特勒世界观的形成影响颇深。1908 年，维特根斯坦到英国曼彻斯特大学飞机发动机专业学习；三年后进入剑桥大学，在弗雷格的引介下，师从罗素研究数理逻辑。罗素的数理逻辑课通常只有很少学生，有时仅三个人。维特根斯坦与其是来上课，不如说是来炫耀自己的才能，在上课四周后，他就使罗素烦恼，反而是他主宰了课堂讨论，并在下课后仍追着罗素到办公室继续争论不休，一直到吃饭时间；而罗素的反应则是既感兴趣又不耐烦的混合物。

起初，罗素一直把维特根斯坦当作德国人。在给奥托琳的好几封信中，罗素这样写道："这位德国朋友过于咄咄逼人"；"这位德国工程师极其好辩而且烦人"；"这位德国工程师是一个白痴，他不认为有任何经验的东西是可知的……"；"他拒绝承认任何事物的存在，除非可确定的命题"；"在我讲课后，这位凶猛的德国人过来同我争辩。他真像一辆抗击推理进攻的装甲战车。同他谈话真是浪费时间。"但后来，罗素渐渐喜欢他执著的争辩态度。在罗素讲了一学期的数理逻辑后，下个学期开学时，他发现维特根斯坦又来了，便让他不需要再听课了，因为他已经学完自己所必须教的东西，往下就是更高水平的课了。

摩尔也相当推崇维特根斯坦，"我在讲课时他似乎很迷惑不解，而其他人都不会这样"。后来，在给奥托琳的信中，罗素改变了对维特根斯坦的看法，他写道："维特根斯坦在我的一生中是一个伟大的事件……我爱戴他，并感到他将解决我因太老了而无法解决的问题，所有这些问题都是我的研究所引起的，因而需要一个新鲜的思想以及年轻的活力。他就是这样一个人们所希望的年轻人。"[①] 于是维特根斯坦便成了罗素所特别关照的"被保护人"（the protégé）。

1914 年，第一次世界大战爆发，应征入伍的维特根斯坦被遣派东线作战。他的战友回忆说，某次敌方的炮火打得大家抱头鼠窜，

① 转引自蒙克:《维特根斯坦：天才的职责》，英文版 39 － 40 页。

只有维特根斯坦原地坚持。1918 年 11 月 3 日，即停战前两日他在意大利成为战俘，其家族利用各方影响进行营救，身为其老师兼朋友的罗素也恳请凯恩斯帮助他获释，但是他依然选择与其他战俘一起。1919 年夏，维特根斯坦回维也纳后，便将自己的遗产份额转赠给一些穷困艺术家以及他的兄弟姐妹，并将前线战壕里写的书稿寄给罗素。第二年便开始在山村小学教书。1921 年出版了德文版《逻辑哲学论》，次年译成英文出版，由罗素作了一个长序。这本薄薄的小册子被罗素和凯恩斯称为天才的杰作。不过，维特根斯坦抱怨，对他的《逻辑哲学论》弗雷格“一个字都不懂”，而罗素则没有明白“主要观点”。

1929 年维特根斯坦在力邀下回剑桥教授哲学，并于同年提交《逻辑哲学论》进行论文答辩，获剑桥博士学位。维特根斯坦大部分时间都极为沉闷，但一吃午餐，就充满活力，就像食物唤醒其梦。某一冬天，维特根斯坦突然对罗素激动地说：“我要离开剑桥，马上就走。”罗素忙问缘故，他回答：“我的姐夫来了伦敦，我不能忍受离他如此之近。”于是，他就前往挪威过冬。维特根斯坦去过美国，但决不想留在那里。此后多次讲授哲学。1944 年荣任剑桥大学哲学教授，但后来他开始厌恶在那里工作，提前辞职。他对挪威情有独钟，多次在那里度假居留。1945 年患肾病，1949 年被诊断为癌症。1951 年 4 月 29 日，在剑桥去世。他曾做了几千页笔记，其中主要是他对哲学问题的思考，后来被陆续整理出版。

罗素后来回顾，在剑桥第一个学期结束时，维特根斯坦问他：“你是否认为我是一个十足的白痴？”罗素答说自己无法判定，并反问为什么这样问？他答道：“我若是个白痴，就去当飞艇工程师，否则就当哲学家。”罗素提议他先写一篇有关哲学的东西，再来决裁他是否为白痴。新学期一开始，维特根斯坦交来了写作。罗素念了第一句话，就说道：“不，你不应当成为飞艇工程师。”如此一来，维特根斯坦便从此成为一个哲学宗师。艾耶尔曾赞道：“维特根斯坦如此伟大，以致成为仅次于罗素的哲学家。”他感叹，对哲学家来说能改变哲学方向是最大的荣耀，而维特根斯坦前后期思想先后两次做到了这一点。也有人认为维特根斯坦比罗素更伟大，因为他的贡献更加划时代。例如维也纳学派领导人石里克就称维特根斯坦是“在逻辑领域所有时代最伟大的天才”。

维特根斯坦一生的哲学著述主要有《逻辑哲学论》、《哲学研究》、《蓝皮书和棕皮书》以及《哲学评述》等四部。一次大战前的十年，维特根斯坦深受罗素的影响，逐渐形成了《逻辑哲学论》的思想，并于1918年8月完稿。1929年，回到剑桥后的维特根斯坦完成两大卷打印文稿，其中一卷是1930－1932年写的，以《哲学评述》为书名出版。1933－1935年，他先后口述了《蓝皮书》与《棕皮书》，并以打印稿形式广泛流传。1936－1949年，他分两部分写成《哲学研究》。

可以这样说，罗素与维特根斯坦，就是两大天才的撞击与融合；这两位大哲可谓忘年之交，后者比前者晚生17年却早死19年。他们是一种亦师亦友，相互为师的关系，尽管后来终于分道扬镳。罗素将维特根斯坦看成自己所见过传统天才的一个最完美的范例，热情、深沉、激烈、主宰，以及除了摩尔以外无人可比的纯真。维特根斯坦经常拜访罗素，有时坐在那里长时间沉默不语；罗素问他是在思考逻辑还是罪恶；他回答说两者皆有。某次，在亚里士多德学会的研讨会上，罗素对“几个白痴”相当礼貌，而维特根斯坦却愤怒地指责他未能当面揭露那几个家伙的愚蠢，这是一种缺德。罗素认为维特根斯坦是一个矛盾的人，将爱国主义与和平主义糅合在一起，他主动参军上前线打仗，但却对交战中友好的俄国人倍加赞扬。

在《逻辑哲学论》的序言里，维特根斯坦在提及所受的思想影响时说自己只想提到“弗雷格和罗素”；罗素则坦承：“维特根斯坦的学说对我的影响是深刻的。”[①] 他阅读了罗素的哲学名著《数学原

① 罗素：《我的哲学发展》，英文版第112页。

理》指出了其中的错误，这使罗素感到震惊和无比羞愧，一度竟产生自杀念头。罗素准备再版《数学原理》，维特根斯坦对此发表看法说，这本书错误太多，即便再出一个新版本也毫无用处。在 1916 年致奥托琳的信中，罗素说自己有关认识论的论述遭到维特根斯坦的激烈批评，并认为这是自己一生中具首要意义的事件，而且对以后所有的探索都有影响，以致无法再从事哲学基本问题的研究了。他还提到，虽然自己一直相信哲学的基本工作都是逻辑的，但仍然以形而上学为论题，而维特根斯坦说服他在逻辑上想做的东西对他太困难了，“哲学对我失去了它的掌控力。这是由于维特根斯坦，而并非战争”。①

1929 年，维特根斯坦用已出版七年的《逻辑哲学论》申请剑桥博士学位，答辩由罗素与摩尔主持。罗素有些犹豫，在给摩尔的信中，他写道：“除非维特根斯坦改变了他对我的看法，否则他不会很情愿请我作主考。最后一次我们相遇时，他对我不是一个基督徒这一事实感到十分痛苦，于是便一直回避我。我不清楚是否这种痛苦已经减轻，但他一定仍然不喜欢我，因为他始终再没有同我交往。我不想让他在答辩中途冲出房间，我想他会这样做的。”这年的 6 月 18 日，答辩充满了某种滑稽的气氛。当罗素与摩尔走进答辩室时，维特根斯坦笑着说：“在我的一生中，从未知道有如此荒诞的事情。”于是，答辩会便从老朋友之间的闲聊开始；不久，罗素以欣赏这种荒诞场合的心态对摩尔说：“该进行了，你是教授，你总该问点什么吧。”然后三人讨论了一会儿，罗素质疑道，维特根斯坦的主张前后不一致，因为他主张用无意义的命题来表达不可说的真值。当然，他无法说服这个答辩者。答辩结束时，维特根斯坦拍拍两位主持人的肩膀说：“别担心，我知道你们永远不会理解它的”。在答辩报告中，摩尔写道：“我的个人意见是，维特根斯坦先生的论文是一种天才的工作；正如它应当是的，这篇论文当然高于剑桥哲

① 罗素：《罗素自传》第二卷，英文版 66 － 67 页。

学博士的标准。”[①]

第二年，维特根斯坦又用另一本书稿《哲学评论》（*Philosophical Remarks*）去重新申请三一学院研究基金，担任评定的罗素对这套新系统很有保留，为此，他认为，维特根斯坦的理论“当然是重要的而且是原创的，但我不知道它们是否正确。”不过，罗素还是赞同维特根斯坦应获得基金。而维特根斯坦却对罗素这一段时间写的通俗著作十分厌恶，称《赢得幸福》一书是“恶心的”；“我信仰什么”一文是“决非一种‘无害的东西’”。在剑桥一次讨论会上，有人为罗素《婚姻与道德》有关婚姻、性以及自由恋爱辩解时，维特根斯坦回应道：“如果某人告知他曾在最坏的地方，我没有权利去裁决；但如果他告知这是用他最高的智慧使自己能够到那种地方，那么我就知道他是一个骗子。”[②]

二、维特根斯坦的前期影响

通过对维特根斯坦思想发展线索的追溯，可以揭示《逻辑哲学论》（*Tractatus Logico - Philosophicus/Logische - Philosophische Abhandlung*）[③]一书的主旨，同时也可以发现这本书具有明显的自相矛盾之处以及原因，另外还可以了解《逻辑哲学论》出版以来，在西方，人们是如何接受它和评论它的。如果不了解这本书出版以来产生的重大影响，就无法理解现代西方哲学。历史地说明此书的重要思想以及它在现代分析哲学发展中的地位是当今研究它的一个重要原因。

在《逻辑哲学论》中有七个主要命题：（1）世界是一切发生的事物；（2）发生的事物（事实）是原子性事件的存在；（3）事实的逻辑图像是思想；（4）思想是有意义的命题；（5）命题是基本命题的真值函数；（6）命题的一般形式是真值函数的一般形式；（7）对

① 转引自蒙克：《维特根斯坦：天才的职责》，英文版 271 － 272 页。

② 蒙克：《维特根斯坦：天才的职责》，英文版第 293 － 294 页。

③ 拉丁语标题“Tractatus Logico-Philosophicus”最初是摩尔提出的，受到斯宾诺莎的“Tractatus Theologico-Politicus”（神学政治论）的启发。

不可说的东西我们必须保持沉默。这不足 80 页以简明箴言体表达的系统，用 1，1.1，1.11，1.12 等到 7 的编号来链接，即 1.1 是 1 的注释，1.11 和 1.12 注释 1.1，以此类推，以此揭示整体与细节，细节与细节，细节与更细节之间的相互关系，从前一个命题到后一个命题都通过逻辑中项加以严密地过渡和延伸。本书的一个主要目标是区别语言与现实之间的关系，用“逻辑上完美的语言条件”来界定哲学的界限，并完善罗素早年逻辑原子论的哲学系统。这样一来，所有形而上学的问题都为意义领域所排除，而唯一合理的哲学方法是为自然科学而彻底摈弃哲学。维特根斯坦自信地评价这本书：“它解决了所有哲学问题。”在给罗素的信中，他写道：“实际上，如果未加预先的解释，你是不会理解的，它用相当简短的论断写成的（这当然意味着没有任何人能够理解它，尽管我相信它像水晶一般透明。但它困扰了我们所有有关真值、类、数的理论以及所有其他的东西）。”“现在我担心你并没有真正掌握我的主要关注点，逻辑命题的整个工作仅是一种推论（corolary）。这主要观点是能被命题即语言所表达的东西（同样能被思想的东西）和不能被命题所表达而仅可显示的东西的理论，我相信这是哲学的主要问题。”① 在它出版之后，维特根斯坦便退休去奥地利做了小学教师。

《逻辑哲学论》一书明显存在自相矛盾的地方。维特根斯坦认为只有科学命题才有意义，但他的书中却包含着大量非科学的论断、神秘主义和唯我主义。一方面他划定了可说和不可说的界限，另一方面他又说了大量不可说的东西。只有了解了维特根斯坦的思想发展，才能解释这种自相矛盾的哲学观点。

维特根斯坦早年对人生、世界种种问题极感兴趣，是叔本华的热情读者。转入哲学研究后，他感到世界的两重性和深刻的内心矛盾。于是他求教于弗雷格，研究枯燥的数学和逻辑问题，决心弄清数学的基础，从而奠定解决一切哲学问题的基础。后来，他又赴剑桥求学于罗素。这两个人的概念实在论给维特根斯坦很大影响，使

① 罗素：《罗素自传》第二卷，英文版 162 － 163，165 页。

他放弃了叔本华认为世界即"我"的观念，而承认世界和观念都是实在的，它们之间的关系是独立于人们的思维而变得真实的。他否认有永恒的逻辑常识，怀疑它们的本体论地位，认为逻辑的"真"只是重言式（tautology），不是其他任何真的副产品。

在《逻辑哲学论》中，他表明：把逻辑运用到哲学上去，不是研究人们能够认识什么，只是提供一种方法研究人们的认识通过语言怎样成为真的。借助逻辑的方法，人们看到日常生活命题表明的是什么，看到形而上学的不可能性，看到构造的或系统的逻辑学的不可能性。它只提供一个真实的世界观，而不是反映实在的图像。维特根斯坦强调，能说的只是哲学的一部分，至于不能说的，则可在这一世界观中显示出来。这就是《逻辑哲学论》的主旨。它解释了这本书表面上的矛盾。维特根斯坦说，只有把我的命题视为无意义的，才能读懂这本书。西方哲学界一般认为，这本书确定了数学和逻辑的地位，把哲学作为清楚地表述科学命题的方法，原则上划定了可说与不可说的界限，从而排除了一切"形而上学"，而这一切正是维也纳学派大力提倡和实行的。①

同时应指出，维特根斯坦与维也纳学派是不同的，他并不认为

① 当时北大洪谦教授也是这个学派的成员。其实，正如罗素1920年访华后，他的分析哲学在中国并没有多大影响一样，洪先生在回国后所做的种种努力也没有使中国哲学界受到多大的影响。有学者就这样评论过："马赫的实证论、维也纳学派的逻辑经验论以及他们的现代主义的科学世界观在美国传播的历史，有力地表明了美国有发展经验论哲学的肥沃土壤。与中国大陆惟一的维也纳学派成员洪谦教授（1909 - 1992）归国后的遭遇形成了鲜明的对比。所以，洪谦先生在20世纪80年代曾说，中国缺乏发展经验论哲学的土壤。"新中国成立前如此，新中国成立后的情况也不必说，由于种种原因，现代西方哲学被贴上了"西方资产阶级哲学"，甚至大都还加上了"反动"或"腐朽"两字。洪先生所代表的"维也纳小组"当然也不例外。逻辑实证主义、维也纳小组以及整个分析哲学的思想，尽管在20世纪80 - 90年代在学术界闹腾了一阵，但至今都没对中国有什么实质而有意义的重大影响。笔者每次回国，似乎每个人言必称胡塞尔和海德格尔、现象学和存在主义。洪先生的那一套，则始终很难掌握人心，这恐怕是他老人家九泉之下最感到遗憾的事了！还有学者这样评价说："海德格尔也许更受哲学家和社会科学家的欢迎。因为他的散文般的语言、近乎狂想式的论述、浪漫主义的神秘感，尤其是他对现代科技的鞭挞，更是引起了西方具有忧患意识的人们的共鸣。"比较起来，维特根斯坦似乎没有海德格尔受欢迎，个中原因虽然难以说清，但分析哲学的科学理性精神的普遍失势，以及后来语言分析哲学的琐碎繁琐，可能是两个最重要的原因。

科学活动是人类最重要的活动，科学不能回答人们的一切问题。他认为，科学中只有真，但真以外还有其他东西，涉及人生、道德、价值，因此，还需要其他的方法，这一点也是这本书要说明的。

三、维特根斯坦的后期影响

后期维特根斯坦的哲学代表作是《哲学研究》(*Philosophical Investigations/Philosophische Untersuchungen*)，此书与前期代表作《逻辑哲学论》在表述方式、写作风格及思想内容等诸方面都产生了根本的变化。虽然立论的焦点仍在语言研究上，但维特根斯坦先是放弃了从老师罗素那里继承的“逻辑原子论”，即最基本的经验事实乃经验世界的经验事实；并且还否定了自己的“图像说”，即认为语言是描写现实世界及其逻辑结构的看法。在对前期自我批判的基础上，维特根斯坦在摩尔（G. E. Moore）日常语言哲学的启迪下，从先前对语言意义的关注转向了对语言用法的重视，从而提出了“语言游戏说”，即作为工具的语言乃是人类公共生活在一定规则下发生的社会活动。为了进一步贯彻上述观点，他又提出真正的哲学家是对语言精神病进行治疗。

维特根斯坦指出，用陈述实在的方法表明实在的性质是不可能的，“形而上学”就是企图说出不可说而应当显示的东西。维也纳学派认为要么就是有意义的命题，要么就是“形而上学”，并且想以科学的方法研究宗教、伦理问题。他们的思想决定了其后五十年间分析哲学的方向，但却没能全面了解维特根斯坦。他们不明白哲学问题是不可能靠几个简单定义和逻辑规则就解决的。维特根斯坦相信哲学只是一种方法，人们可借此看透自己由于语言和思维本性的影响而产生的错觉，以便正确地认识世界，从而正确地对待其他事物的活动。人们可能以为《逻辑哲学论》提供了这样一个解决哲学问题的样板，但是维特根斯坦自己也认识到，人们不可能一劳永逸地找出一个解决一切哲学问题的方法。这使他后来改变了自己早期的思想，形成了《哲学研究》中的新思想。

20世纪30年代，即第二次世界大战前夕，英国出现了另一种哲学倾向，即普通语言哲学。这一派起而反对维也纳学派实证论的逻辑分析的简单化。他们集中精力于语言和逻辑的性质及关系的研究，并试图通过这种研究排除有关本体论的问题。与维特根斯坦后期思想一致，他们要求以普通语言为出发点，研究其各种功能，认为这些功能不单是人为演算中规范的描述作用和构造系统。此外，他们也要求一个一个地解决问题，而不是一举解决一切哲学问题。但是，维特根斯坦去世后，20世纪50年代崛起的普通语言学派并没有完全继承他。维特根斯坦虽说是语言哲学的鼻祖，但却不相信存在语言哲学。他想设想一种想象的语言，看它会发生什么实际效果，以便揭示被掩盖着的荒谬。他想认识人们语言和偏见的荒谬之处，却不像普通语言学派那样注重表达时用什么词和句。他并不企图确立普通语言的规范，只是认为词或句的意义即它们的用法，并力图说明通过语言的用法使人们对某些事物在“意义”上达到一致的了解，而不在于说明使用语言的思想过程及语言在这个过程中所起的作用。这就是维特根斯坦提出的“语言博弈”的基本意义。

在《维特根斯坦与维也纳学派》一书中，英国哲学家麦金内斯[①]指出，维特根斯坦思想与海德格尔的思想有相当的交集之处，前者称自己很理解海德格尔为什么强调存在与恐惧的缘由，因为人们总是感到不可遏制地要冲破语言的界限。对维特根斯坦和海德格尔两人的后期思想加以比较，可以发现他们各自作为两大哲学运动

① 1982年，本书作者曾受洪谦先生委托，短暂担任过国际著名的维特根斯坦专家麦金内斯博士（Dr. B. F. McGuinness）的访华助手，因此有机会与他探讨了有关维特根斯坦与罗素的哲学问题。麦金内斯博士作为逻辑经验主义在牛津大学的重要代表之一，对维特根斯坦以及分析哲学的研究有着很深的造诣；1961年，他与皮尔斯（F. P. Pears）合作，重译了《逻辑哲学论》这一维特根斯坦早期的重要著作。英国最有影响的哲学刊物之一《精神》称赞“这一译本已经达到了圆满的地步”。1979年，麦金内斯与贝舒兹出版了《维特根斯坦与维也纳学派》一书。此外，他还参加主编了《维也纳学派丛书》，并且撰写了不少具有很高学术水平的有关维特根斯坦的论文，如“维特根斯坦的《逻辑哲学论》中的语言和实在”等。本书有关维特根斯坦前后期思想的对比讨论，主要受到麦金内斯博士的启发而形成的。

（分析哲学和存在主义）的泰斗既有某种相异点，也有某些相同点。相异点在于：从总体上说，维特根斯坦主要表现为科学主义、现实主义、现代主义和逻辑主义；而海德格尔则主要表现为人本主义、浪漫主义、传统主义和思辨主义。相同点在于：这两位都出生于1889年大哲的思想有着某些相互包含和渗透的地方，如都由于其独特的方法论而各自开创了影响整个20世纪的哲学运动；都由于强烈的批判精神而自我扬弃先前的体系；都由于通过语言而走向某种程度的神秘主义；都由于对日常语言的重视而促进了科学主义与人本主义两大思潮的合流。

从维特根斯坦出发，可以有利于了解当代分析哲学的一些代表人物及其思想，如施特劳逊（P. F. Strawson）及其语言分析理论，奥斯丁（J. L. Austin）及其根据“说话行为”（speech act）来了解命题意义的理论，以及戴维森（D. H. Davidson）及其依据说话人的意图去理解其话的意义的理论；此外，还可以进一步考察当代分析哲学中流行的奎恩（W. O. Quine）以及其他人的整体主义理论，即具有经验意义的论断，不是个别的陈述句子，而是对它们构成的理论体系的整体等，作了细致的分析和严格的批评。

综上所述，人们可以看到现代哲学发展中有多少东西已蕴含于《逻辑哲学论》之中了。因此，单纯地把它看作是“关于世界、逻辑空间和形式以及永恒存在的客体的形而上学”的学说来加以批评，是短见的。

维特根斯坦思想源自摩尔的《伦理学原理》和罗素与怀特海合写的《数学原理》。他哲学研究的主要目标为语言，企图揭示人们在交往中，表达自己时所发生的东西。他强调语言即哲学的本质，是人类思维的表达，也是所有文明的基石。因而哲学的本质只能存在于语言中，从而消解了传统形而上学的唯一本质，为哲学寻得新的途径。他的《逻辑哲学论》和《哲学研究》各自代表前后时期的不同体系：前期基于解构，以语言学问题替换哲学问题，哲学就是说清问题；后期以建构重替解构，用哲学回归哲学，用“游戏”考察游戏，在日常生活中处理哲学的本质。

维特根斯坦在《哲学研究》序言中称自己前期犯了严重的错误，但也说应在对比中，以前期作为背景来理解后期哲学。维特根斯坦思想前后转变，除了他本人的思维特质外，也与罗素、摩尔等人直接或间接的影响分不开。维特根斯坦的学生兼密友冯·赖特（G. H. von Wright）认为，作为《逻辑哲学论》与《哲学研究》作者的维特根斯坦，对于分析哲学的发展具有决定性的重要性，但将维特根斯坦称为分析哲学家是否正确，这几乎是另一个问题。对考察典型的“分析”来说，《哲学研究》的思想有些反其道而行；而《逻辑哲学论》在某种程度上可视为分析哲学思潮的顶尖，而这种思潮是由罗素所掀起，后由维也纳学派成员所推波助澜而形成的。后期维特根斯坦的观点则与摩尔有某些相似。[①]

维特根斯坦后期的思维方式与罗素的有根本性区别，这导致这两个人之间的个人关系也冷淡下来。在第二次世界大战之后的一段时期，甚至罗素将维特根斯坦的发展视为某种堕落，并将其影响看成哲学上的危险。

四、罗素的“维特根斯坦”情结

《数学原理》出版后，罗素同时受到数理哲学两大主派即形式主义者和直观主义者的批判，他们都全然否认数学来自逻辑。但他却认为这两派仅属外部的攻击，而作出反击并不非常费力，但维特根斯坦及其学派所发起的则是内部攻击，故更应当重视。对他而言，维特根斯坦的影响分为两大波：第一波是第一次大战之前；第二波是大战一结束收到《逻辑哲学论》的书稿。不过，至于维特根斯坦后期《哲学研究》，罗素则自负地认为，对他毫无影响。1912 - 1913 年间，来自维特根斯坦的批评，使罗素停写了《我们对外部世

---

① 参见冯·赖特“分析哲学：一个历史批判的审查”（*Analytical Philosophy: A Historico-Critical Survey*），《知识之树及其他论文》（*Tree of Knowledge and Other Essays*, New York: E.J. Brill, 1993）。

界的知识》一书。

罗素回顾在 1914 年初，维特根斯坦给了他一份打字稿，其中包括一些各种逻辑观点的笔记。他提到，这份文稿以及多次交谈影响了自己在战时那几年的思考，而当时维特根斯坦正在奥地利的军队服役，因而与他的联系全部中断。在这期间，罗素对其学说的了解全都来自未经发表的材料。“我不确认，那时或后来我自信是来自他的看法，事实上真是他的看法。他一直强烈否认别人对其学说的阐述，即便这些人是他的虔诚的门徒。我所知道的唯一例外是拉姆塞（E. P. Ramsey）……”

1918 年，罗素在伦敦连续做了一些讲演，他曾用对维特根斯坦的致谢语当作这些讲演的序言：“下列文章……大都是阐释从我的朋友、从前的学生路德维希 · 维特根斯坦所学来的一些观念。从 1914 年 8 月后，我就没有机会知道他的观点了，甚至我都不清楚他的死活。因此，除了原本由其所提供的很多理论之外，他对这些讲演中所谈到的概不负责……”就在这些讲演中，罗素首次用“逻辑原子主义”这个名称来表述他的哲学。不过，他认为 1914 年的维特根斯坦还处于不成熟的阶段。战后不久，维特根斯坦将《逻辑哲学论》的打字稿本寄给了罗素，当时他还关押在战俘营中。后来，罗素先谈了这本书对自己的影响，后又讨论了对它的思索。

根据罗素的看法，或许《逻辑哲学论》在哲学上的基本主张是，一个命题是它所断定的那些事实的一个图像。一张地图显然在传达某些正确或不正确的信息，当这些信息正确时，这是因为这张地图与其相关的地方两者之间有结构的相似性。罗素认为，维特根斯坦正确地强调了结构的重要性，但对一个真命题必须重造相关的事实结构这一个说法感到怀疑，尽管自己最初也同意这个观点。不管怎样，即便这个观点在某些意义上是正确的，它也不会有任何重大意义，而这一点对维特根斯坦却是根本的，并将之当成某种怪异神秘主义的基础。他主张一个真命题与同它相应的事实所共有的“形式（form）”只能显出（shown），而不能说出（said），因为它并非本语言中的另一词，而是一些词或相应事物的一种安排。

在对《逻辑哲学论》的导读中，罗素建议，尽管在任何一种语言中都有一些语言所无法表达的东西，但总有可能构造一种高一层的语言将那些东西说出。在这种新的语言中，仍有一些东西无法说出，但能在下一种语言中说出，如此等等以至无穷。这种建议在那时是新颖的，而目前已成为逻辑上一种公认的东西了。至此，罗素坚信，这一来便清除了维特根斯坦的神秘主义，并同时也解决了哥德尔所提出的那些新谜。此外，罗素还讨论了维特根斯坦有关等同性（identity）的说法，并与《数学原理》中的定义相比较。

在罗素看来，维特根斯坦不接受对世界上所有事物的任何陈述，而提及如“世界上存在多于三个以上的东西”这样的一个命题是没有意义的。1919 年在海牙讨论《逻辑哲学论》的时候，罗素在一张白纸用墨水作了三个点滴，并请维特根斯坦承认：既然有这三个点滴，世界上一定至少存在三个东西，但后者坚决加以否定。维特根斯坦承认在那张纸上有三个点滴，因为那是一个有限的断定，但他不承认有任何东西能被说出有关作为整体的世界。这与他的神秘主义相关，而且被他对等同性的否认所判定。

对罗素所谓“无限公理（the axiom of infinity）”的说法，都引起维特根斯坦的嗤之以鼻。在他看来，你可以问“伦敦有多少人？”或“太阳里有多少分子”，但推导世界上至少有一定数的东西，则是无意义的。罗素认为他的学说中这一部分肯定是错误的。维特根斯坦发布了两个一般原理：即外延性（extensionality）原理与原子性（atomicity）原理。罗素指出若其为真就会是非常重要的，他得到的结论是：“（1）当加以严格解释时，凭借‘A 相信 p’这样一类句子的分析，外延原理不会显示是谬误的；（2）这个同样分析不能证明原子原理为假，但也不足以证明其为真。”[①] 对维特根斯坦这两个原理更通常的批评是，找不到理由来确信简单物与原子事实。后来他

① 罗素：《对意义与真理的探讨》，英文版第 273 页。

本人也想到了这一点。罗素认为，维特根斯坦有关逻辑完全由重言式构成的主张是正确的，并与这点有关联的另外重要一点是，所有原子命题是各自独立的。

第二节　罗素与怀特海、摩尔

一、摆脱罗素“阴影”的怀特海

怀特海（Alfred North Whitehead，1861–1947）比罗素年长近12岁，与自己这个前学生也是亦师亦友的关系，不过他曾一度在后者更亮的光环下相形失色。这两位大哲都是从数学走向哲学的，在合作后，而又独辟蹊径，各自成就了一番事业。怀特海曾给罗素指出了一个新的视野，这就是“如何将数理逻辑的技术应用到这个纷乱的世界”。不过在纯哲学上，怀特海似乎大器晚成，更有后劲和蓄发之力。从某种意义上说，怀特海是在摆脱罗素“阴影”后才有了更具意义的哲学作为的。

晚年的怀特海

同罗素一样，怀特海具有多重身份：数学家、哲学家以及教育理论家等。日本怀特海研究专家田中裕称他为“七张面孔的思想家”——数理逻辑学家、理论物理学家、柏拉图主义者、形而上学家、过程神学的创造人、深邃的生态学家和教育家立场的文明批评家。[①] 美国数学家纳什

① 田中裕:《怀特海有机哲学》,包国光译,河北教育出版社2001年版,第3页。

（J. F. Nash）将数学家视为“从事思想工作的人”。在《西方文化中的数学》一书中，德国数学家克莱茵（F. C. Klein）指出，西方数学脱胎于古希腊哲学，而它作为一种理性精神的化身对现代西方哲学的思想内容和研究方法有决定性的影响。例如 2000 多年前，柏拉图学园将数学作为哲学研习者的必备素质，其拱形门楼上就明确写着“不知几何者请勿入内”。而像罗素、怀特海、维特根斯坦、胡塞尔、卡尔纳普、波普和奎因等许多当代西方大哲都有相当的数学功底。

怀特海于 1861 年 2 月 15 日出生于英国肯特郡的拉姆斯盖特，其祖父曾任私立学校的校长，其父亲曾任牧师也当过学校校长。怀特海 10 岁学拉丁文，12 岁学希腊文、数学和历史，14 岁在多塞特郡的谢伯恩学校学习拉丁语、希腊语、数学和历史，19 岁于剑桥三一学院主攻数学，课余经常阅读和讨论文学、哲学、政治、宗教等著作。23 岁毕业留校任数学和力学教师，26 岁获硕士，42 岁选为英国皇家学会会员，44 岁获博士。他在剑桥从事 25 年教研工作，此外还参加一些政治活动，这一期间，他最大的成就是与罗素合著了《数学原理》。49 岁时，离开剑桥，并于第二年到伦敦大学任职，1914 至 1924 年，他在肯欣顿皇家科技学院任应用数学教授，在那里，他开始转向科学哲学，也正是在那里，他经历了一次大战和第二个儿子堕机身亡的痛苦，因而对宗教、教育和哲学更加关注。1924 至 1937 年，主要因《自然知识原理》一书，他应聘到美国哈佛大学担任哲学教授，退休后，担任哈佛大学名誉教授。1947 年 12 月 30 日，86 高龄的怀特海告别了人世。

怀特海主要著作有:《普通代数论》(1898)、《数学原理》(与罗素合著，1910－1913)、《自然知识原理》(1919)、《相对论原理》(1922)、《科学与近代世界》(1925)、《宗教的形成》(1926)、《过程与实在》(1929)、《观念的历险》(1933)、《思维的方式》(1938)、《教育的目的》(1929)以及《科学与哲学论文集》(1948)。其中《相对论原理》企图代替爱因斯坦的相对论；而《过程与实在》是怀特海一生最重要也最展现思想独创的代表作，也是西方形而上学最庞大的体系之一。它以一种思辨的假说，即宇宙一切皆由生成变化所构成，开拓了所谓过程哲学潮流的方向，而且有了越来越热门的趋势。尽管这种思想在英美哲学界仍处于以拒斥形而上学提倡分析方法为特征的主流之外，但它的行情不断看涨，在欧洲大陆与包括中国在内的亚洲国家受到崇高的礼遇。尤其随着环境、生态以及宗教问题带来的全球危机，这种强调过程和有机体的思想日益受到重视。

1890 年 10 月，18 岁的罗素成了 29 岁怀特海的学生，但这种师生关系后来发生了变化，不久成为同事，接着又成了合作者，而且他们的友谊一直保持到怀特海去世。前面说过，就是怀特海介绍罗素进入秘密团体“使徒”的。怀特海是一个沉静、不摆架子、最为谦和的绅士，在剑桥，他有一个绰号叫“胖娃娃（cherub）”。30 岁时，怀特海与比自己小 5 岁但个子更高一点的爱尔兰姑娘艾薇琳·维德结婚，后来便有了三个孩子。怀特海与妻子感情深厚，他们在离剑桥三英里的格兰切斯特的磨坊屋（Mill House）成了大学的一个沙龙，而罗素是常客，并与怀特海的妻子及孩子们关系很好。使怀特海印象很深的是，罗素与孩子们相处很和谐，经常同他们在不远的水塘洗浴或一块骑自行车游玩。

那个老磨坊屋如今还在，罗素在此寄居了大约十年。维特根斯坦也是客人之一，但他不善社交；某次下午茶，他走进磨坊的客厅，迎面碰见艾薇琳，他一言不发地向屋内踱去，四周寂静无声；突然，他大叫道：“一个命题有两极，即 a p b。”声响就如爆炸。怀特海德问：“什么是 a 和 b？”话音未落，他已察觉问话中的漏洞。此时，就听这位未来最知名的哲学家怒吼：“a 和 b 是不可定义的。”在磨坊居住的日子，罗素和老师共同著作了《数学原理》。当年，在老磨坊旁边的牧场上及方圆 10 英里的小道上，人们常看见罗素单薄的身影；每到周末早餐后，他便在林野中游走，他说道：“牧场里的每一片叶子我都熟悉。”也正是在这里，罗素获知诗人朋友布鲁克阵亡的噩耗。他写道："听到布鲁克、他的兄弟以及其他年轻生命如此被战争毁灭之时，我感到非常心痛。……大英帝国的利益不值得这些年轻的生命。"这类事件，促使罗素更坚定地走向反战的道路。

从1900年至1910年，罗素与怀特海将重要精力和时间花在《数学原理》的写作上，这三大卷巨著几乎没有一行不是合作的成品。按原计划，由怀特海独立完成第四卷，但他一直没有完成。罗素与怀特海的合作还算默契，尽管前者包容了后者所存在的某种矛盾人格，如理性沉静中不时暴发的情绪冲动。这本书标志着人类逻辑思维的空前进步，并被誉为"永久性伟大学术著作之一"。怀特海夫妇不会理财，生活经常陷于窘困，罗素总是悄悄帮助他们渡过难关，甚至不惜向人借款。为了顾及老友的颜面，罗素在怀特海去世之前，一直没有声张此事。一次大战爆发后，罗素与怀特海一家产生了分歧，并对这一家人都支持大儿子诺思赴法国参战感到震惊。1917年，怀特海在皇家空军当飞行员的二儿子艾瑞克坠机身亡，罗素为此感到悲痛。1931年，当有人问如何称呼继承哥哥爵位的罗素时，怀特海回答说："我永远叫他伯蒂。"1940年，当罗素在美国遇到麻烦时，他的老朋友怀特海是首批声援他的人。

有一件有趣的事，1943年，在美国的罗素因"迫害"经济上捉襟见肘时，正赶上谢尔普的《怀特海的哲学》一书出版，于是他便写信要求得到一本免费的，说自己吃饭的钱都快没有了，而买不起此书。还有一件有趣的事，两人晚年之时，80岁的罗素不同意91岁的怀特海在报上发表的看法，便在评论中写道："怀特海年老糊涂。"怀特海对此加以回应道："罗素还未成熟。"1947年，怀特海去世后，老伴艾薇琳遵照他的遗愿将所有信件包括罗素寄来的信件全部销毁，由于没有人确知这到底是出于何种动机，结果更引起了人们对这两位大哲专业以及私人关系的各种猜测。

The following propositions, ✻85·4·41·42, are lemmas for ✻85·43·44, which latter are of fundamental importance, since they are the source of the associative law in cardinal arithmetic.

✻85·4. $\vdash :. \lambda, \mu \in \kappa . \lambda \neq \mu . \supset_{\lambda,\mu} . \dot{s}‘\lambda \dot{\cap} \dot{s}‘\mu = \dot{\Lambda} : \supset :$

$M, N \in \epsilon_\Delta‘\kappa . \dot{s}‘\mathrm{D}‘M = \dot{s}‘\mathrm{D}‘N . \supset . M = N$ $\left[✻85·31 \frac{\epsilon}{P} . ✻62·2\right]$

✻85·41. $\vdash :. \kappa \in \mathrm{Cls}^2 \mathrm{excl} . \supset : \alpha, \beta \in \kappa . \alpha \neq \beta . \supset . \dot{s}‘P_\Delta‘\alpha \dot{\cap} \dot{s}‘P_\Delta‘\beta = \dot{\Lambda}$

Dem.

$\vdash . ✻80·14 . \supset \vdash : x(\dot{s}‘P_\Delta‘\alpha)y . x(\dot{s}‘P_\Delta‘\beta)y . \supset_{x,y} . y \in \alpha . y \in \beta .$

[✻22·33.✻10·24] $\supset_{x,y} . \exists ! \alpha \cap \beta :$

[Transp] $\supset \vdash : \alpha \cap \beta = \Lambda . \supset . \dot{s}‘P_\Delta‘\alpha \dot{\cap} \dot{s}‘P_\Delta‘\beta = \dot{\Lambda}$ (1)

$\vdash . (1) . ✻84·1 . \supset \vdash . \mathrm{Prop}$

✻85·42. $\vdash : \kappa \in \mathrm{Cls}^2 \mathrm{excl} . M, N \in \epsilon_\Delta‘P_\Delta“\kappa . \dot{s}‘\mathrm{D}‘M = \dot{s}‘\mathrm{D}‘N . \supset . M = N$

Dem.

$\vdash . ✻30·37 . \mathrm{Transp} . \supset \vdash : P_\Delta‘\alpha \neq P_\Delta‘\beta . \supset_{\alpha,\beta} . \alpha \neq \beta :$

[Fact] $\supset \vdash : \kappa \in \mathrm{Cls}^2 \mathrm{excl} . \alpha, \beta \in \kappa . P_\Delta‘\alpha \neq P_\Delta‘\beta . \supset_{\alpha,\beta} .$

$\kappa \in \mathrm{Cls}^2 \mathrm{excl} . \alpha, \beta \in \kappa . \alpha \neq \beta .$

[✻85·41] $\supset_{\alpha,\beta} . \dot{s}‘P_\Delta‘\alpha \dot{\cap} \dot{s}‘P_\Delta‘\beta = \dot{\Lambda} :$

[✻37·63] $\supset \vdash : \kappa \in \mathrm{Cls}^2 \mathrm{excl} . \lambda, \mu \in P_\Delta“\kappa . \lambda \neq \mu . \supset_{\lambda,\mu} . \dot{s}‘\lambda \dot{\cap} \dot{s}‘\mu = \dot{\Lambda}$ (1)

$\vdash . (1) . ✻85·4 . \supset \vdash . \mathrm{Prop}$

✻85·43. $\vdash : \kappa \in \mathrm{Cls}^2 \mathrm{excl} . \supset . P_\Delta‘s‘\kappa \ \mathrm{sm} \ \epsilon_\Delta‘P_\Delta“\kappa$

Dem.

$\vdash . ✻34·41 . \supset \vdash . (M) . \dot{s}‘\mathrm{D}‘M = (\dot{s} | \mathrm{D})‘M .$

[✻13·12] $\supset \vdash :. M, N \in \epsilon_\Delta‘P_\Delta“\kappa . \dot{s}‘\mathrm{D}‘M = \dot{s}‘\mathrm{D}‘N . \supset_{M,N} . M = N : \supset :$

$M, N \in \epsilon_\Delta‘P_\Delta“\kappa . (\dot{s} | \mathrm{D})‘M = (\dot{s} | \mathrm{D})‘N . \supset_{M,N} . M = N$ (1)

$\vdash . (1) . ✻85·42 . \supset$

$\vdash :. \kappa \in \mathrm{Cls}^2 \mathrm{excl} . \supset : M, N \in \epsilon_\Delta‘P_\Delta“\kappa . (\dot{s} | \mathrm{D})‘M = (\dot{s} | \mathrm{D})‘N . \supset_{M,N} . M = N :$

[✻73·25] $\supset : (\dot{s} | \mathrm{D})“\epsilon_\Delta‘P_\Delta“\kappa \ \mathrm{sm} \ \epsilon_\Delta‘P_\Delta“\kappa :$

[✻37·33] $\supset : \dot{s}“\mathrm{D}“\epsilon_\Delta‘P_\Delta“\kappa \ \mathrm{sm} \ \epsilon_\Delta‘P_\Delta“\kappa :$

[✻85·27] $\supset : P_\Delta‘s‘\kappa \ \mathrm{sm} \ \epsilon_\Delta‘P_\Delta“\kappa :. \supset \vdash . \mathrm{Prop}$

✻85·44. $\vdash : \kappa \in \mathrm{Cls}^2 \mathrm{excl} . \supset . \epsilon_\Delta‘s‘\kappa \ \mathrm{sm} \ \epsilon_\Delta‘\epsilon_\Delta“\kappa$ $\left[✻85·43 \frac{\epsilon}{P}\right]$

The following proposition is used in connection with cardinal multiplication (✻114·301).

✻85·45. $\vdash : \kappa \cap \lambda = \Lambda . \supset . \epsilon_\Delta‘(\kappa \cup \lambda) \ \mathrm{sm} \ \epsilon_\Delta‘(\iota‘\epsilon_\Delta‘\kappa \cup \iota‘\epsilon_\Delta‘\lambda)$

Dem.

$\vdash . ✻85·44 . \supset$

$\vdash : \iota‘\kappa \cup \iota‘\lambda \in \mathrm{Cls}^2 \mathrm{excl} . \supset . \epsilon_\Delta‘s‘(\iota‘\kappa \cup \iota‘\lambda) \ \mathrm{sm} \ \epsilon_\Delta‘\epsilon_\Delta“(\iota‘\kappa \cup \iota‘\lambda)$ (1)

$\vdash . ✻24·57 . \supset \vdash :. \mathrm{Hp} . \supset : \kappa \neq \lambda . \vee . \kappa = \Lambda . \lambda = \Lambda :$

[✻84·62·23] $\supset : \iota‘\kappa \cup \iota‘\lambda \in \mathrm{Cls}^2 \mathrm{excl}$ (2)

$\vdash . ✻53·11·32 . \supset \vdash . s‘(\iota‘\kappa \cup \iota‘\lambda) = \kappa \cup \lambda . \epsilon_\Delta“(\iota‘\kappa \cup \iota‘\lambda) = \iota‘\epsilon_\Delta‘\kappa \cup \iota‘\epsilon_\Delta‘\lambda$ (3)

$\vdash . (1) . (2) . (3) . \supset \vdash . \mathrm{Prop}$

《数学原理》中的一页

Summary of ✻31.

If R is a relation, the relation which y has to x when xRy is called the *converse* of R. Thus *greater* is the converse of *less*, *before* of *after*, *husband* of *wife*. The converse of identity is identity, and the converse of diversity is diversity. The converse of R is written $\breve{R}$ (read "R-converse"). When $R = \breve{R}$, R is called a *symmetrical* relation, otherwise it is called *not-symmetrical*. When R is incompatible with $\breve{R}$, R is called *asymmetrical*. Thus "cousin" is symmetrical, "brother" is not-symmetrical (because when x is the brother of y, y may be either the brother or the sister of x), and "husband" is asymmetrical.

The relation of $\breve{R}$ to R is called "Cnv." It will be shown that every relation has one, and only one, converse; hence, applying the notation of ✻30, that one is $\mathrm{Cnv}‘R$. Thus $\breve{R} = \mathrm{Cnv}‘R$. We have thus two notations for the converse of R; the second is more convenient for the converse of a relation not denoted by a single letter.

The more important propositions of the present number are the following:

✻31·13. $\vdash . \mathrm{E} ! \mathrm{Cnv}‘P$

I.e. any relation P has a converse. Hence the relation "Cnv" verifies the hypothesis $(y) . \mathrm{E} ! R‘y$, *i.e.* we have $(P) . \mathrm{E} ! \mathrm{Cnv}‘P$.

✻31·32. $\vdash : P = Q . \equiv . \breve{P} = \breve{Q}$

I.e. two relations are identical when, and only when, their converses are identical.

✻31·33. $\vdash . \mathrm{Cnv}‘\mathrm{Cnv}‘P = P$

I.e. any relation is the converse of its converse.

Very many of the subsequent uses of the notion of the converse of a relation require only the propositions which embody the definitions of $\breve{P}$ and Cnv, namely

✻31·11. $\vdash : x\breve{P}y . \equiv . yPx$

and

✻31·131. $\vdash : x(\mathrm{Cnv}‘P)y . \equiv . yPx$

二、与罗素走向不同的摩尔

与罗素的贵族出身不一样，摩尔（G. E. Moore，1873－1958）是杜尔维奇一个平民医生的儿子，他的兄弟 T. S. 摩尔是一位著名诗人。为人们称为美男子摩尔，永远带着迷人而优雅的微笑和敏感而羞涩的表情，并温和又几乎像一个孩子。1892年秋天，上三年级的罗素在“使徒”朋友引介下认识的摩尔。这次相遇被人们认为是现代道德哲学的一个里程碑，也正是从那时起，这两位年轻人成为终生的朋友。

年轻时代的G.E.摩尔

罗素注意到，摩尔具有一种“美妙的纯真”。在听了摩尔一次宣读论文开头第一句话“起初是物质，物质产生了妖魔，而妖魔产生了上帝……”，罗素判定这个年轻人就是一个天才。他后来说道：“我很快被他思维的清晰与热情以及火焰般的真诚所吸引，这些都是我深深赞美的。”同其他人一样，罗素被摩尔理智上的无畏所震撼，也正是他推荐后者进入了那个秘密团体“使徒”。摩尔参加这个组织第一次讨论会的题目就是“剑桥应该给予什么？”他起身发言却一反常态而毫不怯场，以致罗素这样评论，他“就像牛顿与撒旦滚为一体，每一个都出现在他生命的尖峰时刻”。在会上，罗素提出，剑桥所灌输的怀疑主义并没有使它的毕业生付诸实践。这时，摩尔收住了笑容，并提议：我们的职责就是推广怀疑主义，“直到至少每一个人都知道自己无法绝对认识任何事物”。对此，罗素写道：“我们都触电一样为他所动，就像在这之前大家都在沉睡，而从未意识到无畏理智的纯真性的真正意味。……我毫不怀疑他在某种程度上将表现为一位惊人的天才。”

1894 年 5 月的某日，在考场外等候考试的罗素与摩尔一起散步，途中碰到一个人非要同他们讨论古罗马作家佩特罗尼乌斯（Petronius）传奇小说。罗素真与那人谈了起来。在与那人分手后，摩尔先是沉默了一会儿，接着大声说道：“这是一个自己遇到过的最讨厌的人之一。”这件事对他们的友谊有点影响，罗素甚至认为要让这个朋友清醒一下。[①] 但不管如何，罗素还是珍惜与摩尔的关系，他在给阿莉丝的信中写道：“我与摩尔间或会有争论，但总是友好的。”

摩尔比罗素小一岁，而且晚两年到剑桥，但在三一学院的地位却比后者要显然稳固，这恐怕与其性格分不开。罗素称他纯真的就像水晶一般透明。在上大学之前，摩尔是一个热情、虔诚、甚至极端的福音派教徒，但一到剑桥后就成了一个不可知论者。他与罗素一样，也对 1890 年代的剑桥充满兴奋的心态，“在来剑桥以前，从未想到生活会是如此快乐。”与罗素多领域和和全球性的影响不一样，摩尔的影响主要在校园和学术界。1898 年至 1904 年，摩尔担任三一学院的研究员。这一期间，摩尔出版了《判断的本质》（1899）、《伦理学原理》、《驳斥唯心主义》（1903）以及其他一些重要论文。1925 年至 1939 年，摩尔担任三一学院哲学教授，并于 1921 年至 1947 年担任主导哲学界的杂志《心灵》的编辑。最初是罗素引导摩尔对哲学发生兴趣的，但不久，摩尔却带领罗素反叛并清除了康德和黑格尔的唯心主义，并开辟了通向新哲学的途径。

罗素在《数学原理》中提到，自己很多哲学的根本问题是从摩尔那里来的，而摩尔则说自己比学习任何其他哲学家更多地学习罗素。然而，这两位大哲的思想之间有着许多分歧和内在冲突，其中包括由魏斯曼所区分的那两种理智态度之间的冲突。美国哲学家怀特将摩尔赞誉为“哲学家的哲学家”，而罗素不仅同样享有这个称

---

① 摩尔海德：《罗素一生》，英文版第 83 页。

号，并且还是“知识家（intellectual）”，这种人物在欧洲大陆比在英美普遍。

著名经济学家凯恩斯这样评价：“摩尔心灵上不加修饰的美，他有纯真、热情、强烈的想象力，而且决不空谈浮夸。摩尔曾有一次梦见自己不能将命题与桌子分开。但甚至醒着的时候，他也不能将爱、美、真与家具分开。它们都有相同的外形规定，以及相同的稳固、坚硬、客观性质以及常识的实在。”① 的确，摩尔的作品表面上显得技术性很强，但却有内里发出的人文情操，就像苏格拉底那样，简明平实，并散着淡淡的甜蜜。

摩尔及其《伦理学原理》对当时的年轻人有相当大的感染力。同样都具有巨大的魅力，但与摩尔相比，罗素似乎显得张扬了一点，也过于超前了一点。罗素追求确定的真理性知识，这从其早期对逻辑与数学的探讨以及后期对休谟有关归纳的怀疑论的考察就可以看出。如同笛卡尔，罗素先在数学中发现确定知识的范例，但它证明则从公理出发，而这点会受到质疑，于是，他便转向了逻辑。摩尔似乎比他乐观，认为自己已经找到了确定的知识。《为常识辩护》一文中，摩尔举出大量自认确知的东西，如他是一个人，他有身体，他从未到过月球，在他出生前世界已存在了很长很长的时间等等。这些真理的知识都是含有重要哲学结论的“常识”，从而可以证明外部世界独立于人们的意识而存在。1939 年，在不列颠科学院的讲演中，摩尔举起自己双手，而让听众确信它们表示外部世界的两个事物。对此，维特根斯坦指出，只有像摩尔这样具有严格和理智素养的哲学家才能向一个学术团体作如此这般的“证明”，而又不会显得荒诞滑稽。

出自剑桥的分析哲学变种有双重来源，一是罗素，另一是摩尔。罗素和摩尔都主张各自哲学中的“分析”特征。可以说罗素是首位将逻辑分析当成一种“方法”的人。不过在冯·赖特看来，罗素并

① 凯恩斯:《两则回忆》(*Two Memoirs*)，英文版第 94 页。

未过多地考察新方法的性质和特点，因而对这方面的问题并没有什么贡献。而在《什么是分析？》与《分析的辨明》两篇文章中，摩尔则更多地关注了这个问题；他以“兄弟是男性同胞”为例来阐述分析，即将一个概念分解为其各个构成要素。冯·赖特对此批评说，这完全没有哲学意义。在使罗素和摩尔所代表的新哲学方式成为一场世界性的运动方面，罗素比其他任何人都作出了更多的贡献。维也纳运动中有两个最杰出的代表人物，即石里克与卡尔纳普，前者接近摩尔，而后者更主要追随罗素。

冯·赖特这样回忆：二次大战前，他曾短暂地访问过牛津大学，那里的唯心主义传统当时还很强大。他第一次见到了不为人们熟知的艾耶尔，维特根斯坦几乎为神秘人物，而罗素与摩尔的影响也有限。但八年后，他再访那个地方时，情况完全改观，人人言必称维特根斯坦，但并非作为《逻辑哲学论》的作者，而是作为蓝皮书和棕皮书的作者，并作为一个有影响的教师。甚至连一些特殊地位的人也赶到剑桥聆听他的讲演。主要促成这种转变的是牛津哲学家赖尔。如“日常语言哲学”这个名称所揭示的，分析方法的新变种并非过多地表现在逻辑或科学哲学。在这一点上，它与罗素和逻辑实证主义者不一样，而更接近剑桥分析学派的第二创始人摩尔。同摩尔一样，牛津分析家们关注语言表达式在其日常用法中的表层结构，而并非使用逻辑工具把数学与科学思维的深层结构“形式化”。罗素一类的人就对此加以批判，指责这种作法是将哲学的庸俗化。

第四章

东方文化的知者

中国是一切规则的例外。

——罗素《怀疑论》(1928)

第一节　从罗素引庄子寓言谈起

“南海之帝为倏，北海之帝为忽，中央之帝为浑沌。倏与忽时相与遇于浑沌之地，浑沌待之甚善。倏与忽谋报浑沌之德，曰:‘人皆有七窍，以视听食息，此独无有，尝试凿之。’日凿一窍，七日而浑沌死。”(《庄子·应帝王》)。这是罗素在《中国问题》的扉页上引用了庄子的一段寓言。英文是由勒格（James Legge）于 1891 年翻译的，本书作者读了一下英文译文，还算通俗易懂，[①]但只是字面上的理解很难揭示庄子无为自然的深意。

对于这个寓言，自古以来注家百解。《释文》引用崔谍、李轨等人的解释，指出:“浑，胡本反；沌，徒本反。崔云:‘浑沌，无孔窍也。’李云:‘清浊未分也，此喻自然。’简文云:‘倏、忽取神速为名，浑沌以合和为貌。神速譬有为，合和譬无为。’”其实，庄子的

① 勒格（J. Legge）译:《中国的圣书》(*The Sacred Books of China: The Texts of Ta(ism, Part I*. Oxford University Press, 1962)。

本意是借“混沌无窍”的形象比喻来表达只有“顺乎自然”的“无为”乃真正之“大道”。对此，西方大哲罗素是很难理解什么是所谓混沌的。《庄子集解》称谓：南海是显明之方，故以倏为有；北海是幽暗之域，故以忽为无，中央既非北非南，故以浑沌为非无非有者也。（倏：喻有象也；忽：喻无形也；浑沌：无孔窍也，比喻自然。）倏、忽取神速为名，浑沌以合和为貌。有无二心，会于非无非有之境，和二偏之心执为一中志，故云待之甚善也。倏、忽二帝，犹怀偏滞，未能和会，尚起学心，妄嫌浑沌之无心，而谓穿凿之有益也。不顺自然，强开耳目，乖浑沌之至淳，顺有无之取舍，是以不终天年，中途夭折，应了老话：为者败之。

罗素一生对语言问题极为重视，他虽不懂东方语言，但对中文的发展却很感兴趣，时不时发表一些评论，如在他的名著《西方哲学史》第一章中就谈道：“文字的发明在埃及大约是在公元前4000年左右，在巴比伦也晚不了太多。”两国的文字都是从象形的图画开始的。这些图画很快就约定俗成，因而语词是用会意文字来表示的，“就像中国目前所仍然通行的那样”。在致友人的一封信中，罗素提及，自己会根据有教养人士的言谈习惯来判定纯正的英语，而并不认为对说话与写作有进行区分的必要，若如此就会陷入中国文学家的窘境。并举例说，有一位他所认识的中国学者热情倡导以白话文取代文言文，当被问到这个运动可否会得到成效时，此学者的答案是，有时会，有时又不会，例如13世纪时就有过显著的成效。据此，罗素联想到，自己虽不懂中文，但加以类比，中国传统的文言文好似拉丁文，而通俗的白话文就好似英国诗人乔叟所开创的近代文学语言。[①]罗素在别的场合也提到中国文字与语言的问题，如他认为人类文字都是从图形开始的，后来逐渐过渡到字母，但“在中国，这一阶段从未实现”。[②]

① 罗素：《罗素自传》，英文版第202－203页。

② 罗素：《非通俗文章》，英文版第128页。

罗素是一位掌握文字双关语，甚至多关语的高手[①]，我们从他与赵元任玩的文字游戏就可以领教了。罗素曾这样回忆赵元任：这位先生的英语极好，尤其以会用英文双关妙语而自豪。“他被称为赵先生（Mr. Chao），于是，我将我发表的一篇题为‘当前动乱的各种原因（Causes of the Present Chaos）’的文章给他看，他竟说道：‘好呀，我认为，当前赵氏的原因就是先前的赵氏（the causes of the present Chaos are the previous Chaos）’。”[②]

究竟什么是混沌？在汉语里，它有褒、贬和中性三种含义：第一种如自然、始初、原朴等；第二种如纷乱、糊涂、蒙昧等；第三种如混合、中介、杂多等。在古文里，又将它称为浑沌，实际上并非是贬义，相反经常是褒义，而且是指天地未分以前“浑然一体”的至极状态。老子《道德经》：“混（浑）兮，其若浊”；《集韵·混韵》称：“混沌，元气未判”；《白虎通·天地》云：“混沌相连，视之不见，听之不闻”；三国曹植《七启》谓：“夫太极之初，混沌未分，万物汾错，舆道俱隆”。《山海经·西山经》将“浑沌”赋予了“帝江”，说道“又西三百五十里，曰天山，多金玉，有青雄黄。英水出焉，而西南流注于汤谷。有神焉，其状如黄囊，赤如丹火，六足四翼，浑敦无面目，是识歌舞，实为帝江也。”毕沅解道：“江读如鸿。《春秋传》云：帝鸿氏有不才子，天下谓之浑沌。此云帝江，犹言帝江氏子也。”此外，对浑沌还有很多解释，如《孙子·势篇》云：“纷纷纭纭，斗乱而不可乱也；浑浑沌沌，形圆而不可败也。”李筌注云：“浑沌，合杂也。形圆，无向背也。”《吕氏春秋》卷五《大乐

---

① 罗素经常在语言上表现他的睿智，例如某次他用英文讲了一个“多关语”：“War does not determine who is right — only who is left”。这句话好几个意思，英文“right”有“正确”、“右方”、“右派”等义，而“left”则有“离开”、“活着”、“留下”、“左派”等义。字面上是说“战争不决裁谁正确，只决裁谁能活着”；但有人引用此话时又理解为：“战争不决裁谁正确，只决裁谁是左派。”

② “赵”作为姓氏在英文旧拼写为Chao，再加上复数s，就成了Chaos，译成中文意思是“姓赵的一家人”或“赵氏家族”；但它与英文Chaos（动乱、混乱、混沌）拼写一样，但读音不一样。罗素在这里利用双关语的文字游戏拿赵元任开心，而后者也借机表露了自己的语言才能和幽默。

篇》云："浑浑沌沌，离则复合，合则复离，是谓天常。天地车轮，终则复始，极则复反，莫不咸当。"西汉东方朔《神异经·西荒经》云："昆仑西有兽焉，其状如犬，长毛，四足，两目不见，两耳而不闻，有腹而无脏，有肠直而不旋，食物径过。人有德行而往抵触之，人有凶德而往依凭之。天使其然，名为浑沌。"唐代的李匡乂在其《资暇集》（卷下）中说："馄饨，以其象浑沌之形，不能直书'浑沌'而食，避之，从'食'可矣。"可以说那两位叫"倏"和"忽"的犯了"过失杀人"罪，即从某种报恩的良善主观本意出发，却达到了合伙"谋杀"混沌的客观后果。这是一种违反自然本性，而强加他人他物，非理性"情义"带来的"原罪"。

从字面上"混沌"在多种西方文字中，如英、法、德文都以 chaos 表达，在俄文中写作 xaoc，最终都源自希腊文 Χάος。这个词的本义与中文本义相近，就是指"虚无之处（empty place）"，还有"深渊（abyss），"裂开（gape）"，"混乱、困惑"（confussion）以及"混合（missed）等义。在读古希腊史时就会发现，罗素《西方哲学史》也多次提到的那位与荷马齐名的希腊伟大诗人赫西奥德（Hesiod，公元前 8 世纪），在其所著的《神谱》（Theogony）中叙述了宇宙和神的诞生，以及世界为何于混沌中形成，"最生产生的确实是卡俄斯（混沌），其次便产生该亚——宽胸的大地，所有'一切以冰雪覆盖的奥林波斯山峰为家的神灵'的永远牢靠的根基，以及住在道路宽阔的大地深处的幽暗的塔耳塔罗斯、爱神厄罗斯——在不朽的诸神中数她最美，能使所有的神和所有的人销魂荡魄呆若木鸡，使他们丧失理智，心里没了主意。从混沌还产生出厄瑞玻斯和黑色的夜神纽克斯，由黑夜生出埃忒耳和白天之神赫莫拉，纽克斯和厄瑞玻斯相爱怀孕生了他俩。大地该亚首先生了乌兰诺斯——繁星似锦的皇天，他与她大小一样，覆盖着她，周加衔接。大地成了快乐神灵永远稳固的逗留场所。大地还生了绵延起伏的山脉和身居山谷的自然神女纽墨菲的优雅住处。大地未经甜蜜相爱还生了波涛汹涌、不产果实的深海蓬托斯。后来大地和广天交合，生了涡流深深的俄刻阿诺斯、科俄斯、克利俄斯、许佩里翁、伊阿佩托斯、忒亚、瑞亚、忒弥斯、谟涅摩绪涅以及金冠福柏和可爱的忒修斯。”亚里士多德对此评论说:“赫西俄德在提出‘原始浑沌’时所说的话看来是对的。他说:‘万物之先有浑沌，然后才产生了宽胸的大地。’”后来，古罗马诗人奥维德（Publius Ovidius Naso，公元前 43 －约公元后 17）的《变形记》（*Metamorphosis*），更进一步对赫西俄德的“浑沌”加以发挥:“天地未形，笼罩一切、充塞寰宇者，实为一相，今名之曰浑（混）沌。其象未化，无形聚集；为自然之种，杂沓不谐，然燥居于一所。”

罗素熟知古希腊罗马文献，又在中国旅居近一年，他在用庄子这个寓言时恐怕极有意味，对他来说，“中央之帝为混沌（the Ruler of the centre was Chaos）”，这个象征性的比喻可以理解为“中央之国”，即中国。当其他两帝（西方人、外国人甚或罗素与杜威两位大哲）来到混沌之地（the land of Chaos），应该怎么办呢？这里又出现那个与赵元任逗趣时的双关语“动乱（Chaos）”和“赵氏（Chaos）”，不过又加了两个意思，即“混沌”和”“中央大帝之名”。当时五四运动后的中国正在混沌甚至面临动乱的时期，贫穷落后，形势不明，前途未卜，北伐战争即将爆发，列强虎视眈眈，中日冲突紧张。……来到中国的外国人士各有不同的目的，也许有些是友善的，也许有些不怀好意。即便那些想帮助中国改革和重建的仁人志士们，也不一定能对症下药，给予良方。智慧而博学的罗素就是以庄子这个寓言为基点，形成了他的中国观体系。

在《中国问题》第二章中，罗素提出了 19 世纪以前中国传统文化的三大特征：其一是汉字功用。汉字不像西方用字母，而用符号（symbols）所组成，这就“带来许多的不便利”。但中国文化之所以得到历史的传承，恐怕就是这种表意系统（ideographical system）的长处。对西方人来说，一个词必须显示一个声音（sound），而“对中国人则是表达一个理念（idea）”；显然，中国文字有着旺盛的生命力，它使历史上各个时期的连续性与地理上各个区域的交往性得到实现。不过汉字费时费力极难掌握，而可能对普及教育和推行民主形成阻碍，因而诸如“音标化（phonetic）一类对汉字的改革就有必要”。[①] 其二是儒家思想。“就其社会影响来说，孔子被视为宗教的创始人，如同佛祖、基督或穆罕默德一样，他对社会制度和人的思想有着极大的影响，但性质不同。”与那些创始人不同的是，孔子完全是一个历史人物，他最显著的特点是对世人“不断灌输永受敬奉的严格伦理规范，但其却几乎没有宗教上的教义，从而使一代代实行他的教诲并统治大帝国的中国文人们对神学采取了完全的怀疑态度”。“孝道与族权恐怕是儒家伦理中最大的弱点。正是在这点上，这种道德体系严重背离了常识。家族观念影响了公共精神，而长者的权威增加了传统习惯的暴虐。”儒家的很多特征对中国“必要的重建是一种障碍”。[②] 其三，科举制度。在孔子的倡导下，“这种制度显示了某种书本气和非迷信的精神”，以考试来选拔官员，比任人唯亲、行贿，以及造反的威胁更为优越，但它仅依赖经书，纯粹是文字性的，而毫无创造性可言。[③]

罗素与历史上所有西方哲人不一样，那些人对中国或是毫无所知，或是仅有一点朦胧概念，如黑格尔声称：世界历史一向就是历经从中国的“纯有”到“绝对理念”的各范畴而进展的。对此，罗素评判说，“关于中国，黑格尔除知道有它而外毫无所知。”[④]

根据本书作者考证，罗素较早系统接受中国文化和思想影响主要是因为著名英国汉学家维尔内（E. T. C. Werner）《中国人的中国》（*China of the Chinese*）一书。罗素早在 1919 年，即访华前一年在《一个英国人的中国》一文，即对维尔内一书的书评中发表了对中

① 罗素:《中国问题》，英文版第 33 － 38 页。
② 罗素:《中国问题》，英文版第 38 － 44 页。
③ 罗素:《中国问题》，英文版第 44 － 47 页。
④ 参见罗素《西方哲学史》第 22 章。

国文化以及对老庄和孔子的看法。[①] 在这篇书评里，罗素指出，中国是世界上唯一具有连续传统文明的国家；而作为早期中国官方历史的《书经》，其大部分记述了当时所发生的事件，在某种程度就像后来不少更为现代国家官方历史一样真实可靠。[②]

第二节　罗素的中华文化观

一、罗素谈道家

马，蹄可以践霜雪，毛可以御风寒，龁草饮水，翘足而陆，此马之真性也。虽有义台路寝，无所用之。及至伯乐，曰:“我善治马。”烧之，剔之，刻之，雒之，连之以羁絷，编之以皂栈，马之死者十二三矣；饥之，渴之，驰之，骤之，整之，齐之，前有橛饰之患，而后有鞭筴之威，而马之死者已过半矣。陶者曰:“我善治埴，圆者中规，方者中矩。”匠人曰:“我善治木，曲者中钩，直者应绳。”夫埴木之性，岂欲中规矩钩绳哉？然且世世称之曰“伯乐善治马而陶匠善治埴木”，此亦治天下者之过也。吾意善治天下者不然。彼民有常性，织而衣，耕而食，是谓同德；一而不党，命曰天放。故至德之世，其行填填，其视颠颠。当是时也，山无蹊隧，泽无舟梁；万物群生，连属其乡；禽兽成群，草木遂长。是故禽兽可系羁而游，乌鹊之巢可攀援而窥。夫至德之世，同与禽兽居，族与万物并，恶乎知君子小人哉！同乎无知，其德不离；同乎无欲，是谓素朴；素朴而民性得矣。及至圣人，蹩躠为仁，踶跂为义，而天下始疑矣；澶漫为乐，摘僻为礼，而天下始分矣。故纯朴不残，孰为牺

① 维尔内(E. T. C. Werner，1864 － 1954)曾于 1884 年在英国驻中国领事馆服务；并于 1914 年退休后又回中国研究中国古代社会，并在中国一直待到 1943 年；还著有《中国的神话与传说》、《中国神话辞典》、《中国第二个自我的观念》以及《中国兵器》等。

② 罗素:《罗素文集》(*The Collected Papers of Bertrand Russell,* Routledge, 2000)第 15 卷，第 70 页。

尊！白玉不毁，孰为珪璋！道德不废，安取仁义！性情不离，安用礼乐！五色不乱，孰为文采！五声不乱，孰应六律！夫残朴以为器，工匠之罪也；毁道德以行仁义，圣人之过也。夫马，陆居则食草饮水，喜则交颈相靡，怒则分背相踶。马知已此矣。夫加之以衡扼，齐之以月题，而马知介倪闉扼鸷曼诡衔窃辔。故马之知而能至盗者，伯乐之罪也。夫赫胥氏之时，民居不知所为，行不知所之，含哺而熙，鼓腹而游，民能以此矣。及至圣人，屈折礼乐以匡正天下之形，县跂仁义以慰天下之心，而民乃始踶跂好知，争归于利，不可止也。此亦圣人之过也。(《庄子外篇：马蹄第九》)

在《中国问题》第四章中，罗素全文引用了庄子这个寓言，并在第十一章重复提及。他解读说，据庄子所说的伯乐是驯马专家，但由于违反自然养育法，他的马却十四中就有五匹死掉。他还指出：尽管以老子作为创始人庄子作为使徒的道家遭到儒家的取代，这个寓言深深地渗透中国人的生活之中。①

罗素访华以后，在其大多数重要著作中都或多或少提及有关某些中国的文化和思想问题。他在比较了世界各种文化，尤其是中西文化后，提出了自己的历史观：甚至在孔子的时代，中华帝国的疆域还未扩至黄河流域以外，然而，尽管地理与经济条件相近，中国人的精神观念与埃及人和巴比伦人的精神观念几乎毫无相同。老子和孔子均属公元前 6 世纪的人，但这两人都已具备了我们所认知的现代中国人的显著特征。将任何事物都归于经济之因的人，就会难以解释古代中国人与古代埃及人以及巴比伦人之间的差别。"对我来说，还无法提出其他可选择的理论。在当前，我不认为科学能够完全解释民族的特性。气候和经济环境仅可以作出部分的解释，但绝非全部。可能在很大程度上，形成时期的主导人物，如摩西、穆罕默德、孔子这类的伟人，决定一个民族的性格。"②

据有学者回忆，罗素访华时，有人为他介绍《老子》一书，并

① 罗素：《中国问题》，英文版第 82 － 83 页。

② 罗素：《中国问题》，英文版第 187 页。

翻译了几段给他，他听了大为惊叹，几乎不敢置信：中国古代的思想家竟然拥有如此睿智，简直是奇迹！[①] 其实，早在 1919 年，罗素在对维尔内一书的书评中，就指出，人们都知道孔子在中国就像亚里士多德在欧洲一直到文艺复兴一样，被认作是对保守主义、传统主义和权威主义的最主要影响。孔子所作的只是编辑古代神圣的文献。当人们对家族血仇的复仇欲有了质疑时，他却尽可能地对这种欲念表示赞同。孔子的整个伦理体系是以孝道为核心，就像任何其他原初规范一样，这种体系以某种对人们的情绪和性情几乎完全一致的准则来倡导行动、遵守和仪礼。早期道家就对孔子的上述思想提出了反驳，“他们相信无拘的自然、自由的生长、无政府主义以及伦理上摈弃社会道德的反律法主义（antinomian）”。孔子有时表达了如同基督教福音书一般的怜悯，尽管这种怜悯的效果常常被王法和规则所阻碍。然而，道家甚至不允许诸如“你应当爱你的邻人”这样的生活一般准则，“他们不宽容任何对称为自然东西的干扰”。[②]

为此，罗素引用了被他称为道家中“圣保罗”的庄子，在《庄子·天道》中所记载的老子与孔子的一段对话：

老聃曰：“请问，何谓仁义？”孔子曰：“中心物恺，兼爱无私。此仁义之情也。”老聃曰：“意，几乎后言！夫兼爱不亦迂乎！无私焉，乃私也。夫子若欲使天下无失其牧乎？则天地固有常矣，日月固有明矣，星辰固有列矣，禽兽固有群矣，树木固有立矣。夫子亦放德而行、循道而趋。已至矣，又何偈偈（音义通竭）乎揭仁义，若击鼓而求亡子焉！意，夫子乱人之性也！”

本书作者将之今译如下：老子说：“请问，什么叫仁义？”孔子说：“不偏不倚地与外界事物相和悦，喜爱所有的东西就不会有私心而偏颇。这些就是仁义的情由。”老子说：“这看法差不多是对人有害的次等之言。但你的这个‘兼爱’太僵化了！没有私心？其实就是具有私心。你企图使全社会老百姓都不失去治理吗？自然界有其

① 张默生：《读懂老子的智慧》序，台湾智慧大学出版社，2006 版。

② 罗素：《罗素文集》第 15 卷，英文版第 309 － 310 页。

原有的规律：太阳和月亮原来就发光在那里，群星原来就排列在那里，鸟兽原来就群居在那里，树木原来就生长在那里。你应当仿效这些老天的法则去运作、遵循规律去前进。既已经达到如此的境界，就再无必要用尽气力高举仁义的旗号，就好似敲鼓召唤人们来寻找自己丢失的儿子！你这是迷乱了人的本性呀！”本书作者对照了罗素所引用的这节英译，发现不是很准确。

罗素的上述评论与他后来谈到的道家“博爱精神”有些矛盾。后来罗素提出这样的观点，中国道家主张以善报恶，因而更类似于基督教学说。老子曰：“善者吾善之，不善者吾亦善之，德善；信者吾信之，不信者吾亦信之，德信。”（《道德经》49 章）又曰：“人之不善，何弃之有。”（《道德经》62 章）罗素还指出，老子还有些主张与马太福音中耶稣登山时对众人说的那些话很是接近。如，老子说：“曲则全，枉则直，洼则盈，弊则新，少则得，多则惑。”（《道德经》22 章）[①] 在《为什么我不是一个基督徒》一文中，他还提到：“我自信在很多理念上要比自称为基督徒的那些人们更赞同基督。我并非说我完全赞同他的所有理念，但赞同他的程度远超出自称基督教徒的那些人。你们都记得基督曾提到：‘勿与恶人作对。有人打你的右脸，就将左脸也转过来让他打。’这并非新的箴言或原则。早于基督五六百年，老子和释迦牟尼就发出这样的警示。实际上，基督教徒们并无接纳这个原则。”[②]

罗素在自己的著作中，多次引用老子的思想。他提到，最早为人熟知的中国哲人是道家学说的创始人——老子。老子比同时代的孔子稍老一点，但“在我心里，对老子的哲学更感兴趣”。[③] 在罗素看来，生活在公元 6 世纪的老子是中国的第一位哲学家，他会为现代生活的匆忙以及失去“古代人们”所奉行的简单性而哀叹。“善

① 罗素：《怎样才能自由和幸福》英文版。

② 罗素：《为什么我不是一个基督徒》，载《罗素主要著作》（*The Basic Writings of Bertrand Russell*）。

③ 罗素：《中国问题》，英文版第 188 页。

者吾善之，不善者吾亦善之，德善。信者吾信之，不信者吾亦信之，德信。 圣人在天下歙歙焉，为天下浑其心。百姓皆注其耳目，圣人皆孩之。”（《道德经》49 章）罗素在引用老子这段话后说：“老子有些奇妙的话就像山中讲道。” 接着他有引用了老子的另一段名言：“曲则全，枉则正；洼则盈，敝则新；少则得，多则惑。”（《道德经》22 章）并继续与孔子相比较而谈到老子顺其自然的思想。[1]

罗素评价道：“从老子的时代一直到我们的时代，在所有方面，无论是艺术与文学，还是人品与政府，中国曾是一个高度文明的国家。”[2] 他曾提到：“老子鼓吹一种清静无为的主张，例如他说‘放取天下者，常以无事，及其有事，不足以取天下’。”（《道德经》48 章）[3] 对老子来说，每个人，每种动物以及每样事物都有某种本身自然的方法和方式；而我们既应该让自己，并又鼓励其他人与那些本来固有的方式相一致。“道”的本意是“道路”，但应用时或多或少带有神秘的意味，如“‘道’者，万物之奥，善人之宝，不善人之所保”。（《道德经》第 62 章）在罗素看来，老子幻想死亡是由于对“道”的背离。倘若我们所有人能严循自然，我们就能像天体那样的永生。但在这以后，道家日益蜕变为某种单纯的魔法，大都陷入追逐长生不老的炼丹术。因此罗素认为逃避死亡的愿望就是道家哲学首位要素。老子的著作，或被归为老子所写的著作，都很简要，但其理念由其门徒庄子加以弘扬。“庄子比其老师更为有趣。”

罗素认为，这两位哲人鼓吹的是一种自由，而思索政府的弊端以及对自然的所有干涉。与其所谓“古时纯真之士”的宁静生存相对照，他们抱怨现代生活的匆忙。道的学说具有某种神秘主义的味道，因为，尽管生命的多样性，但某种意义上，道为一，因此，倘若所有生命都遵循这个道，那么这个世界就不会有争斗。这两位圣人，都已具有了中国式幽默、节制（restraint）和含蓄

① 罗素：《东西方幸福的理念》（1928），《罗素重要文选》，英文版第 557 页。

② 罗素：《中国与中国影响》，《罗素文集》第 15 卷，英文版第 289 页。

③ 罗素：《怎样才能自由和幸福》，《闲散颂》，英文版。

（understatement）的特征。他们的幽默能够从庄子的“伯乐”中得到说明。罗素后来还强调：中国人所具有的幽默，“我觉得很对我的脾气”。[①]

罗素进一步指出，这两位圣人节制和含蓄的特征与西方神秘主义者比较是显然的。这些特征渗透在所有中国文学和艺术，以及时下有教养中国人的言谈交往之中。中国各个阶层的人都善于取乐，而且从不错过任何一个玩笑的机会。在有教养的阶层中，幽默是机巧而优雅的，以致让欧洲人往往无法理解，而这正好增加了中国人的乐趣。罗素下过一个结论：“一个有教养的中国人是这个世界最具教养的人。”[②] 中国人含蓄的习惯是很有名的。罗素回想起，在北京的时候，某日，一位中年人说其对政治理论有学术兴趣，从其所说的表面价值看，他似乎是这个国家中一个具新观念的人，但后来才发现他曾是某省的一个省长，而且多年来一直是一个著名的政治家。同样由于含蓄，中国诗歌显然缺乏激情。中国人认为一个智者应当总是保持冷静，尽管他们在热烈的竞赛中也有激情昂扬的时刻，但并不希望这些激情保存在艺术中，因为从根本上还是诟病它们；而我们西方的浪漫主义运动则引导人们喜好激烈。据所知，在中国文学中从未有过类似的东西。中国的古乐，尽管某些非常优美，但演奏的音量是如此轻微，以致只能勉强听见。中国人在艺术中追求高雅，在生活中追求合理。他们不欣赏无情的强人以及无节制表达激情的人。“习惯热闹生活的西方人，来到中国后首先就发现丧失了自己所追求的所有影响，然而，他们逐渐见到存在的美感和尊严。因此，在中国居住最长的外国人就是那些最热爱中国的人。”[③]

在不同的场合，罗素表达了对老子思想的某种欣赏，并认为道家清静无为的精神，能够用来平衡西方文化中的激进与野蛮的作风。访华时，他在题为《社会改造原理》的讲演中，指出，世界需要新

---

① 罗素：《罗素自传》第二卷，英文版第 129 页。

② 罗素：《罗素自传》第二卷，英文版第 126 页。

③ 罗素：《中国问题》，英文版第 187 － 190 页。

原理，数千年前中国哲学家老子就早说过："生而不有，为而不恃，长而不宰。"（《道德经》51 章）用现代语言解读就是，人的天性中有两种冲动：一是创造的冲动；二是占据的冲动。"一切行为事实，不外此两种冲动所造成。凡善皆出于创造的冲动，凡恶皆出于占据的冲动，占据冲动，发现于行为，结果必致战争。创造的冲动，则其利益非但自己可以享受，并人人皆得而享受之，而于己又无损。使事事皆为创造的冲动，则战争可消弭矣，使予言为然者，则世界之改造，固不外鼓吹创造的冲动，减少占据的冲动也。"[①] 后来，罗素在《中国问题》中再次引用了这段话，并发议论道："我想，人们能够从这段话得出反映深思熟虑的中国人的生活目标的观念。必须承认，中国人与大多数白种人为自己设定的目标极为不同。"[②] 梁漱溟曾对罗素为老子这段名言的解读颇不以为然。罗素在其自传中，就收编了一个袁姓中国人的来信，其间还建议他，将老子的这段箴言的英文翻译改一下，以便更符合"您所提的创造性的冲动与占有性的冲动"。[③]

有学者在谈及罗素《西方哲学史》时，这样评价道："罗素不仅讨论该书中主要人物的生活、历史背景、社会环境，和他们的哲学系统，他随后还饶有兴致的解释他们错在哪里以及为何出错。"因此《西方哲学史》经常被看成既是关于书中人物哲学也是关于罗素自己哲学的一部著作。这一观点，同我们的"庄子注郭象"颇有异曲同工之意。[④] 例如罗素在这本名著中，是这样提到道家的：狄奥根尼对"德行"具有一种热烈的感情，他认为和德行比较起来，俗

① 上海《晨报》1920 年 10 月 7 日第 3 版。

② 罗素：《中国问题》，英文版第 194 页。

③ 罗素：《罗素自传》第二卷，英文版第 136 页。

④ 以下引自冯友兰的中国哲学简史："我已经提到过郭象，他是《庄子》的大注释家之一。他的注，本身就是道家文献的经典。他把《庄子》的比喻、隐喻变成推理和论证，把《庄子》诗的语言翻成他自己的散文语言。他的文章比庄子的文章明晰多了。但是，庄子原文的暗示，郭象注的明晰，二者之中，哪个好些？人们仍然会这样问。后来有一位禅宗和尚说：'曾见郭象注庄子，识者云：却是庄子注郭象。'（《大慧普觉禅师语录》卷二十二）"

世的财富是无足计较的。他追求德行，并追求从欲望之下解放出来的道德自由：只要你对于幸运所赐的财货无动于衷，便可以从恐惧之下解放出来。我们可以看出，他的学说在这一方面是被斯多噶派所采用了的，但是他们并没有追随着他摒绝文明的欢乐。他认为普罗米修斯由于把那些造成了近代生活的复杂与矫揉造作的技术带给了人类，所以就公正地受到了惩罚。“在这一点上他有似于道家、卢梭与托尔斯泰，但是要比他们更加彻底。”[①] 道家虽以魔术师一类的身份幸存，但罗素认为它“被儒家从教育阶层中彻底驱逐出去”。

二、罗素谈儒家

“孔子过泰山侧，有妇人哭于墓者而哀。夫子式而听之。使子路问之曰：‘子之哭也，壹似重有忧者。’而曰：‘然。昔者吾舅死于虎，吾夫又死于焉，今吾子又死于焉。’夫子曰：‘何不去也？’曰：‘无苛政。’夫子曰：‘小子识之焉，苛政猛于虎也！’”（《礼记·檀弓下》）罗素在《权力》一书第18章《权力的受控》（The Taming of Power）中，引用了上述这个寓言，并说道：“这一章讲的是防止政府变成老虎这样令人可怕的情景发生。”他接着指出，权力的受控问题从古就有，在道家看来，对之无法解决，便提倡无政府主义；而儒家则主张，可以凭借伦理和政治的修养来将掌权者教化成仁义的圣贤，“与孔子一样，柏拉图也寻求贤人政府”。[②]

西方人一直在为儒家是否为宗教而争论不休。什么是宗教？罗素认为这个词有很多意思以及很长的历史，从起源上说，宗教“涉及从很远古时期所继承下来的某些仪式”，并与某些神话相结合。[③] 他还指出“在我看来，宗教意味着作为教义的一套信仰，它统辖人生的行为，脱离或违背证据，并为情绪化或权威化的方式所灌输，

① 罗素：《西方哲学史》，英文版第255页。
② 罗素：《权力》，英文版第186页。
③ 罗素：《社会重建的原理》，英文版第223页。

而决非理智的。”[1] 罗素的这个定义也许太宽泛了，因此他得出布尔什维克主义就是一种宗教的结论。他说道：“儒家应当被称为一种宗教，尽管它没有涉及教义。”[2] 西方人也有将宗教定义得过于狭隘的，如“宗教就是信神”，甚至最极端的是“宗教就是信唯一的神”。从这种意义上，作为原本不信神的佛教以及“敬鬼神而远之”的儒家，甚至信奉多神的印度教都不是宗教了。罗素后来在分析一神论（monotheism）后，指出：“印度教有多神；佛教在其最原初的形式中是无神的；而儒家从公元 11 世纪以后也是无神的。”[3]

罗素坦诚，自己并不能中肯地对孔子作出评价。这位圣人的著作充斥着繁琐的礼仪观，他主要关注的是教诲人们在各种各样的场合行为得体。即便孔子的主张在总体上是消极的，但将他与其他时代和其他民族的宗教导师相比，就必须承认孔子具有伟大的功绩。孔子及其追随者发展起来的体系，是一种毫无宗教教条的纯伦理学。这种伦理学既不会产生一个强有力的布道者，也不会导致迫害。这种学说成功地培养了整个民族儒雅的风度和完美的礼节。中国人的礼节并非单纯传统的，即便没有先例，他们在各种情景下都能遵守。这种礼仪并非只限于某一阶层，它甚至存在于最卑微的苦力中。“中国人以一种平静的尊严，由洞察白种人蛮横无“礼”而感到屈辱，但他们又不愿降格而用粗暴对待粗暴。欧洲人经常将这点看作是弱点，但它是一种真正的力量。迄今，中国人正是凭借这种力量战胜了所有外国征服者。”[4]

在《东西方幸福的理念》一文中，罗素较为详细地探讨了孔子学说，他认为，中华文明是建立在孔子学说之上的，而它在耶稣诞生之前 500 年就已兴盛了。什么是儒家？他界定说：“儒家是一种政治宗教。正如他从一个宫廷到另一个宫廷，孔子所考察的是政府的

① 罗素：《布尔什维克主义的实践与理论》，英文版第 117 － 118 页。
② 罗素：《什么是一个不可知论者？》，《罗素文集》第 11 卷，英文版第 556 页。
③ 罗素：《上帝存在么？》，《罗素文集》第 11 卷，英文版第 543 页。
④ 罗素：《中国问题》，英文版第 190 页。

问题以及为更易于建立好政府而制定伦理规范。”[①] 同古希腊人和古罗马人一样，孔子不同意人类社会在本质上是进步的，而相信早在远古，就已有贤明的统治者，人们所达到的幸福程度，是沦落的今日社会所无法比拟的。当然，这是一种荒谬的说法。不过其实际效应是，孔子如同其他古代导师，力求创建一个稳定有序的社会，而并非总是牟取新的成功。正是这点，使孔子比所有古今先贤更为成功。直至今日，他的言行始终为中华文明所铭记。在孔子时期，中国的疆土仅为她目前的一小部分，并分裂成很多相互征战的诸侯之国。就在最近的300多年里，形成了眼前版图的中国，并且疆域广大，人口众多，使最近50年存在的所有国家都自叹不如。虽然中国饱受过野蛮民族的入侵，尤其蒙满族王朝的统治，再加上或长或短时期的动乱和内战，但孔子的思想体系及其所影响的艺术、文学和伦理的生活方式却持续不断。只是到了当代，同西方以及西方化了的日本思想相碰撞后，这一思想体系趋向衰落。

罗素指出，像孔子学说这样一个经久不衰的思想体系必定有其伟大价值，也应当值得重视和研究的。儒家并非我们所理解的那种宗教含义的宗教，因其不与超自然或神秘的信仰相连，而纯属一种伦理体系。然而这种伦理体系与基督教伦理学不同，它并不高于普通人的理解，以至无法推行。孔子学说本质上与欧洲18世纪流行的“绅士”观念有些相似。对此，罗素引证了孔子的一段话：“君子无所争，必也射乎，揖让而升，下而饮，其争也君子。”（《论语·八佾》）他认为，孔子也讨论了不少有关义务和德行等问题，但并没有强求人们背离自然与自然情感。为证明这种说法，他又引证了这段话，“叶公语孔子曰：‘吾党有直躬者；其父攘羊，而子证之。’孔子曰：‘吾党之直者异于是。父为子隐，子为父隐，直在其中矣。’”（《论语·子路第十三》）罗素解释道，孔子对待所有事物均采取执其两端，取乎中庸，对待德行也不例外。与老子不同，孔子并不提倡

① 罗素：《教育与社会秩序》，英文版第16页。

我们应该以善报恶，某次有人问："您如何看待以善报恶的原则？"他的答案是："你怎么报答善呢？你应当不公正报不公正，以善报善。"罗素这里引用的是《论语·宪问》中的一段，原文是"或曰：'以德报怨，何如？'子曰：'何以报德？以直报怨，以德报德。'"[①]

为什么中国古代的国家圣人是孔子而不是老子？按罗素说法，这正说明了中国的特定性。尽管道教得以幸存，但仅主要作为下层民众中流传的一种法术。不过在这里，罗素没有分清"道家"与"道教"的区别。在他看来，道家的学说，对那些擅长驾驭民众的皇帝来说，还是虚无缥缈的，而孔子的学说显然能够视为维护统治秩序的有效工具。中国的君主们自然偏好孔子的自制、仁爱和礼让一类德行规范，倘若可将它们与善想结合，那就是一个所谓明君最期盼的业绩。中国不会如当下所有白人国家那样，让理论与实践的两种伦理体系并立。罗素说自己并非认为，中国人都可依照自己的理论处事，而是他们都有据此行动的愿望，并对他人也抱有同样的愿望。以往，中国把官职授予科举中的优胜者。在过去两千年中，在中国，世袭的贵族并不存在，而孔子家族可谓唯一的例外，因而学问就如欧洲那些显赫的世袭贵族一般得到尊崇。孔子曾提到，人本性善，[②]倘若堕落，定是因恶人教唆或恶习的侵蚀，这种与西方正统教义根本不同的信条深深影响着中国人的观念。[③]罗素比较了东西方的思想史，认为苏格拉底主要关注伦理，柏拉图与亚里士多德两人也长时间探讨这个题目，在他们以前，"孔子与释迦牟尼各自创立了一个几乎完全由伦理说教构成的宗教，尽管后来佛教加强了神学的学说。"[④]

罗素提出，把中国人在西方所寻求的与西方人到中国所寻求的加以对比是很有趣的。中国人到西方寻求知识，希望知识能指明走

---

① 罗素：《东西方幸福的理念》(1928)，《罗素重要文选》，英文版第556－557页。
② 罗素在这里说法不准确，"性善论"应是孟子的学说。
③ 罗素：《怎样才能自由和幸福？》，《闲散颂》，英文版。
④ 罗素：《哲学大纲》，英文版226－227页。

向智慧的途径。为此，罗素担忧这种作法通常是徒劳的。他又指出，已到中国的那些白种人带有三种动机：打仗、赚钱、劝中国人皈依基督教。这三种动机中最后一种具有理想主义的功业，故激励了很多英勇献身的精神。然而，军人、商人和传教士都企图把我们的西方文明强加于整个世界，因此，这三者在一定意义上都是侵略性的。中国人决无意愿让我们皈依儒教，他们说："'宗教虽有很多，但道理却只有一个。'他们抱着这种态度，情愿我们走自己的路。"①

罗素作了一个比较，认为在某些方面，中国传统教育与兴盛时期雅典教育相当接近。雅典儿童必须熟诵《荷马史诗》，而中国儿童则强记孔子的《论语》。雅典儿童要敬神，不过仅限于某种宗教仪式，而对他们自由思考并无约束；中国儿童也要祭祖，但不会被强求全信那些仪式内容。有知识者应常常用怀疑的态度对待各种事物，任何东西都可以讨论，并非要得到什么定论，吃晚饭时随意地各抒己见，而不必恶语相向。卡莱尔赞柏拉图是"高贵的雅典绅士，即便在天国也怡然自在"。中国哲人也身怀这样的格调，而基督教文明造就的圣贤却通常不会具有。雅典人与中国人都有享受人生的愿望，也有相近快乐观，故使他们产生高雅的审美。但这两种文明也差别很大，原因是希腊人较为积极进取，而中国人较为消极闲散。希腊人在艺术、科学等方面得到史无前例的成就。政治和爱国热情让希腊人得以发泄。倘若某政治家遭到驱逐，他必率领流放者向祖国进击；而倘若某中国官吏失宠，他便退隐乡野而抒发一些田园诗赋。希腊文明遭遇的是自我毁灭，而中国文化却始终长存。不过似乎也不能全然归于教育，例如日本的儒家教育就不可能引发仅中国文人所特有的悠闲、优雅的怀疑主义格调。中国式教育造就了稳定和艺术，却未能产生进步和科学，或许这就是中国人喜欢怀疑的原因所在。然而，"中国文化仅限于极少受教育者，希腊文化也仅能在奴隶制基础上得以建立。因此，中国传统的教育已因背离现代世

① 罗素：《中国问题》，英文版第197页。

界的要求而遭中国人自己淘汰。”[1]

罗素后来越来越看到西方思想对孔子思想的冲击，如他于1951年提到："没有人能否认在西方影响下，中国的哲学家们削弱了孔子的权威性。”他还进一步阐述：在一些时代和国家里，某种文雅的正统无须明显的迫害，而成功建立了一种几乎无可置疑的知识权威性。对此，最重要的例子就是在传统的中国，所有智慧都包含在孔子的经典中，而大部分教育就是为了理解这些书籍。具备这种教育的人们掌控着政府，这就造就了一种文明化，在某种意义上启蒙化的制度，并得到2000多年的稳定。然而，“在孔子的书中，没有谈论任何关于战舰、火炮、高爆炸药，因此，只要中国一旦与西方冲突时，这整个孔子思想架构就不足够了。”[2] 他指出："一直到1911年，在中国没有任何人能够有效地挑战儒家伦理或佛教。甚至到了1920年，在北京时，我居住在一所学校的旁边，发现教学的最重要的部分还是在课堂上一致背诵孔夫子的经典。中国的改革者曾一度将美国看成他们的理想目标，但在政治上失败了，并且动乱发生。共产党人所实现的是通过纪律和统一达到强盛，而不管为善是恶，他们做到了这一点。”[3]

从20年代到30年代，罗素出版了涉及各个领域的大量著作，他风趣地将那些书称为“逃犯新闻主义”。不过，有意思的是，当有出版商请求罗素撰写有关孔子的书时，他却推辞说自己已厌倦了孔子。[4]

三、罗素谈佛家

罗素认为，传统的中国文明中有一种，也仅仅只有一种重要的外来因素，这就是佛教。罗素提到，在自己的历史教学中，真正的

① 罗素:《论教育，尤其儿童教育》，英文版前言。

② 罗素:《自由与哲学家》,《罗素文集》第11卷，英文版第419 － 420页。

③ 罗素:《我人生中某些好与坏的改变》(1957年),《罗素文集》第29卷,英文版102页。

④ 摩尔海德:《罗素一生》，英文版第341 － 342页。

胜利者是那些用实际行动打破内外黑暗的人，如释迦牟尼、苏格拉底、阿基米德、伽利略、牛顿，以及所有能帮助人们掌握自身和自然的人，并由此来确立人类命运前景辉煌的观念。[①] 公元初，佛教由印度传入中国，并在这个国家的宗教中占据了显著的地位。我们从犹太人所接受到不宽容的观点来看，可以想象一个人信奉了一个宗教就必须排斥另一个。在其正统形式中，基督教与穆罕默德的教义规定信徒不得同时接受二者。但在中国，不存在这种不相容性，一个人可既是佛教徒又可是儒家学者，因为两者之间是相容的，尽管也存在本质的不同。在我们所理解的词句意义上，佛教是一种宗教，它有神秘教义、解救方式以及来生之说。佛教对世界上想要克服绝望的人带来启示，而那些没有宗教信仰的人会产生这种绝望是自然的。佛教假设一种本能的悲观主义，并只有依靠某些信条才可得以解脱。儒教却毫无这种内容，它假设人们在根本上能与整个世界和谐相处，但它只是开导人们怎样去生活，而非激励他们去生活。

罗素界定："佛教从本质上是非政治的，当然我并不认为总是如此。在西藏，它像罗马教皇制一样具有政治性，而在日本，我遇到一个高僧，他使我想起了英国教会的副主教。尽管如此，佛祖在其较为宗教的时期从本质上将自身看作单个的存在。"[②] 他提到："在日本和中国，佛教被和平地接纳了，并同神道和儒家一起存在。"[③] 儒家的伦理说教并非建立在形而上学或宗教教义的基础上，而纯粹是世俗的。这两种宗教在中国共处的结果，使佛教具有更多教和沉思的性质，但实际操作的行政管理行为却青睐一直作为官方学说的儒教，并将之作为考选候补官员的准则。如此一来，经过各个朝代，"中国政府始终掌握在文人型怀疑论者手中，故使政府行政管理缺乏西方国家要求统治者所具备的那种能量和破坏性的特征。事实上，他们与庄子的信念相当一致。这样所产生的结果是，除了战争使老

① 参见罗素：《教育与美好生活》11 章。
② 罗素：《教育与社会秩序》，英文版第 16 页。
③ 罗素：《西方文明》，《闲散颂及其他论文》，英文版第 201 页。

百姓遭受苦难外，民众还算幸福；另一个结果是，其统治的民族享有一定自治权；还有一个结果是，外国民族不必惧怕中国，尽管其拥有众多的人口和丰富的资源。”[①]

第三节　罗素的中国重建观

在回顾了中国的文化以后，罗素又考察了中国的现状，并探讨了中国如何重建的问题。从1920年10月15日至1921年7月11日的整个访华期间，罗素作了两种主题的讲演：一种是纯哲学的，如《哲学问题》、《心之分析》、《物的分析》、《数学逻辑》、《社会结构学》等著名的五大讲演；另一种是一系列关于社会政治、教育、科普、宗教以及中国问题的演讲。在后一种讲演中，《社会改造原理》（1920年10月15日，上海）强调在改造社会的过程中，中国人应以助长每个社会个体的自由创造为社会改造的最高原则；《爱因斯坦引力新说》深入浅出地引介了爱因斯坦革命性的相对论（1920年10月21日，南京）；《教育之效用》（1920年10月16日，上海）和《教育问题》（1920年10月19日，杭州）鼓吹教育的作用是培育“合格的人”和“合格的公民”，实现“由下及上”的健康政治，而教育的方针“是教人学会自由”；[②]《布尔塞维克与世界政治》（1920年10月26－27日，长沙）声称布尔塞维克虽是好学说，但应用循序渐进的方法加以实现；《布尔塞维克底思想》（北京）期盼世上文明各国，应当辅助俄国“保守自古传下来的文明”，更期盼“世上个个文明国，都应当以这种大好新主义来实地试验”；[③]《未开发国之工业》（北京）、《宗教的要素及其价值》（北京）揭露了宗教信仰带来的危害：即“由宗教狂热带来的迫害与纷争”和“盲目迷信妨害人

① 罗素：《中国问题》，英文版第190－192页。
② 罗素：《教育之效用》，《晨报》，1920年10月24日。
③ 罗素：《布尔塞维克底思想》，《民国日报》，1920年11月29日。

类心智与社会进步”;[1]《中国到自由之路》(1921 年 7 月 6 日，北京)是在北京教育部会场作了告别演讲，可以说是罗素访华期间整个考察和思索的一个总结。[2]

在罗素看来，由于文化渊源，可以将中国看作一个艺术之域，其具有艺术家所带有全部善恶之德，善可利人，而恶则害己。西方由于强调进步与效率而变得强盛，而中国则完全相反，直到西方侵扰之前，还能保持着社会的顺畅。然而，当国门打破之后，中国必须面对不同的两大外国势力：一是西方；另一是日本。因而，中国的命运，有三种可能:(一)中国可能为一个或数个西方国家所侵占;(二)中国为日本所独霸;(三)中国恢复并重夺自由。当下还有第四种可能，即白人列强与日本共占中国。

罗素回顾，19 世纪以前，从总体看，中华帝国之所以经久不断，是由于靠它的地大物博，而并非穷兵黩武。西欧人飞快地富强，而变成整个世界的主人：征服了北美和南美，在非洲和印度也有巨大的势力，“在中国受到崇敬，在日本则使人畏惧”。[3] 1914 年以前，某种意义上，连俄国在内，亚洲可视为一个整体，但日本例外。俄国、中国、印度等国都有广阔的平原，易被成吉思汗一类的武力征服。中国一类的亚洲国家，经济上自给自足，无惧外患，不必通商，国势强大，故对进步与发展漠不关心。但日本国情大不相同，与英国一样，它将强盛基于商业，但很遗憾，这个国家并没有发展一个商业民族的理念，故始终抱有霸占亚洲的企图。日本人怀有两个相互矛盾的野心：一方面期盼成为对抗白人侵吞亚洲的勇士；另一方面，又期盼与白人瓜分这一地区。日本往往对中国的各种势力加以扶植，有时袒护其中一方，有时双方都给予支持，这完全取决于谁符合自己的利益。中国的革命党一诞生，日本就对之进行资助。

---

① 罗素:《宗教的要素及其价值》,《少年中国》, 1920 年 8 期。

② 周红安,张彩云:《罗素对中国文化的评价及其影响》, 安庆师范学院学报(社会科学版), 2002 年 4 期。

③ 罗素:《西方哲学史》下卷，英文版第 560 页。

罗素在分析当时远东各种势力与趋势时，谈到了作为世界最主要势力的美国。他认为美国人的公众舆论是信仰和平的，此外还有工商业、新教伦理、体育卫生以及可以当成英美文化主流的伪善性（hypocrisy）。这里所说的并非像日本外交家同西方列强打交道时的那种伪善性，而是构成盎格鲁－撒克逊文化支柱的那种更深层潜意识中的伪善性。对发达的美国而言，门户开放比瓜分势力范围更为有利。罗素指出，在现代战争中，武士道精神不再有效，况且美国人的英勇无畏与日本人并无二致。倘若两国开战，即便费时 10 年，终将失败的还是日本。对美国来说，它的兴趣表现在实行某些既有益于中国，又符合美国利益的事务，但它反对企图让中国经济独立的任何作法，特别是当这些作法是采取国家社会主义或列宁所提倡的国家资本主义的形式。

罗素很关注有关中国前途的问题，他看到政治独立与文化独立都是同样重要的。他反复提及中国人在某些方面比西方人高明，然而，他们为国家独立的愿望而不得不降格到西方人的程度，但如此一来，对他们或对西方人都非上策。不过，罗素有些武断地深信，如果中国制定宪法，她当然会采取联邦制，各省将得到很大的自治，而海关、军队、外交、铁路则归中央。

罗素访华时，与其说他的哲学讲演受到欢迎，不如说其社会政治主张更引人注目。早年的罗素就是一个“自由主义者”，第一次世界大战中，他成了“和平主义者”，大战后，他又转变为“社会主义者”。剑桥大学毕业后的罗素，一度担任了英国驻巴黎使馆的名誉随员，因太无聊，便辞了职。1894 年他结婚后，便携妻前往柏林研究经济学和社会民主党，并于 1896 年出版了他的第一部著作《德国社会民主》（German Social Democracy）。后来他回忆说：“驻德大使的夫人是我的堂姐，所以我们夫妇有幸应邀去大使馆赴晚宴，但当我的妻子介绍说我们曾参加过社会主义者的一次集会时，大使馆从此便把我们拒之于门外了。”[1] 战争的疯狂、残酷和毁灭使罗素对资本主义文明的一切幻想破灭。1915 年至 1920 年，他出版了《战争——恐惧之源》、《社会重建的原理》、《战争时期的正义》、《政治理想》、《自由之路》等多部有关社会政治的著作。大战中，他作为英国工党一员，参加了工人运动。

1920 年 2 月，罗素在伦敦作了一个表现其政治理念转变的讲演，题为《社会主义与自由主义》，他提到："这次大战的结果，不但自由党失败，便是自由主义也因此减色。威尔逊总统的失败，更是自由主义失败的一个证据。纯粹的自由主义，全靠着人与人的相互容忍，使一切事情不至于走到极端。宗教信仰的自由、民主主义、言论自由、出版自由、贸易自由这些理想，意思是说人类各阶级的龃龉，不是不能和解的。我是因战争结果从自由主义改变到社会主义的一人，这并不是因我不信从自由主义，不过我看除非经过社会经济改造的过渡时代，自由主义实在没有什么大意思罢了。”[2] 1920 年代，罗素的政治思想是一种自由主义、民主主义与社会主义的思想混合。1920 年 5 至 6 月间，作为英国工党代表团的成员，罗素考察了当时的新生的苏联，并于莫斯科会见了列宁。

罗素的社会主义，从实践上说，正如他自己所坦承的，是一个“不坚定的社会主义者”；从理论上说，是“不清晰精确的”，而不像他自己的哲学方法所追求的那样。

罗素对社会主义理论形成的历史很有研究。他指出，边沁以及他的思想先驱洛克、哈特里和爱尔维修的重要地位在于他们是英国激进主义的领袖，是无意之间为社会主义学说铺平道路的人。作为一个过渡的学派，他们的学说体系产生了两个比它本身更重要的别的学说体系，即达尔文主义和社会主义。可以说社会主义产生于边沁学说的全盛时代，是正统派经济学的一个直接结果。1817 年，与边沁、马尔萨斯和穆勒有密切交往的李嘉图发表了一个学说，主张

① 罗素:《我的思想发展》,《罗素的哲学》，英文版，1944 年。

② 罗素:《社会主义与自由主义》,《东方杂志》第 17 卷第 18 号。

商品的交换价值完全出于生产该商品时花费的劳动。1825年，托马斯·霍治司金发表了第一个社会主义的答辩《反对资方的要求而为劳方辩护》。同时，有丰富工厂主实际体验的罗伯特·欧文也坚信后来被称为社会主义的学说。1927年，欧文的信徒最早使用社会主义者一词。

在罗素看来，社会主义本来不属哲学史范畴，而仅为政治上或经济上的某种"主义"，但马克思将它成为了一套哲学，并自称将之变成了科学社会主义，并缔造了一个强大的运动，通过对人的吸引和排斥，支配了欧洲近期的历史。马克思将民族换成了阶级，并始终否认自己选择社会主义或采取雇佣劳动者的立场有任何道德上或人道主义上的理由。他断言，雇佣劳动者的立场是辩证法在其彻底决定论的运动中所采取的立场，并相信一切辩证的运动在某种非个人的意义上都是进步，而且社会主义一旦建成，会比已往的封建主义或资本主义给人类带来更多的幸福。马克思通过恩格斯和皇家委员会的报告，彻底了解到100年前英国工业制度骇人听闻的残酷，从而了解到这种制度很可能要从自由竞争向独占发展，而它的不公平必定引起无产阶级的反抗运动。为此，他预言，在彻底工业化的社会中，不走私人资本主义的道路，就只有走土地和资本国有的道路。结果，俄国狂热的马克思信徒夺取了政权；但西方较大的工人阶级运动从未成为完全的马克思主义运动，英国工党始终坚守一种经验主义式的社会主义。然而，英美两国的大批知识分子还是受到了马克思深刻的影响。①

在《论教育》一书的序中，罗素宣称，基督教、社会主义、爱国主义等形形色色的思想体系，都试图如孤儿院那样，给人们困苦的生活带来有保障的安慰感，而自由思考者决非像束缚在某个信条中的人一般觉得温暖、安逸并为社会所认同。

尽管赞同马克思对资本主义私有制的批判及其共产主义理想，

① 参见罗素：《西方哲学史》，第26章，27章。

但罗素并未认同马克思主义的国家学说和社会革命方式。深受自由主义传统影响的他，对国家权力始终抱有怀疑感与恐惧感。对他而言，强调国家权力的“国家社会主义”与取消国家权力的“无政府主义”都不是可取的社会制度，而理想的则是“行会社会主义”或称“基尔特社会主义”（Guild Socialism）。在《自由之路：社会主义、无政府主义和工团主义》（1918年）一书中，罗素声言：“纯粹无政府主义的社会尽管是我们应该逐步接近的终极理想，然而在目前还没有实现的可能。即使实现了，它的寿命至多也不会超过一两年。相反的，马克思社会主义和工团主义虽然缺点很多，但据我看来是可以产生一个比现在这个世界更美好更快乐的世界的。但是，我并不认为它们就是最好的切实可行的社会制度，我担心马克思的社会主义给予国家的权力太大了。另一方面我也认为，旨在取消国家的工团主义，为了结束各生产者团体之间的敌对行为，恐怕将被迫再建立一个中央权力机关。我认为最好的而又切实可行的制度，还是基尔特社会主义。基尔特社会主义既考虑了国家社会主义者保留国家的主张，也考虑了工团主义者对国家的疑惧，它根据国和国之间采取联邦主义的理由采取了企业与企业之间的联合制度。”①

1920年10月26日、27日，在长沙所作的演讲《布尔塞维克主义与世界政治》中，罗素指出，布尔什维克主义的兴起是欧洲最重要的事件，布尔什维克主义实具有一种宗教的性质，它于人类的新生活很有意味，并将于未来产生很大影响。布尔什维克主义的实行，可以铲除贫富不均，而使世界贫富两阶级的人趋于平等。此主义行，可以期望世人变为共产主义的信奉者，可以免除战争，可望废除重商主义，人人做工而不再有劳逸不均。此主义行，没落的资本主义就断绝了复兴之望。资本主义的横行，是由于受其压迫的民众未觉醒。欧战以后布尔什维克主义的兴起，唤醒了民众的觉悟，资本主义便迟早会灭亡了。但罗素同时也批判道，资本主义虽因其严重缺

① 转引自冯崇义《罗素与中国》，三联书店，1994年，第66页。

陷而无复维持之望，但布尔什维克主义代之而兴，能否弥补其缺陷，尚为一个问题。布尔什维克主义并不等于共产主义，这种主义的根本缺陷是太专制。西欧主张德谟克拉西，东欧主张布尔什维克，一个主张自由，一个主张专制，两者根本对立。按布党的计划，消灭全国的言论自由、出版自由和思想自由，而用军队的训练，儿童的教育，报纸的鼓吹，几十年后可以实现其主义。俄国的政治，虽以平民专制相标榜，实则为政客专制。虽然布党自谓专制为现时不得已的过渡阶段，待以后目的达到了仍将恢复自由，但专制恐一发而不可收，恢复自由之说只能沦为空谈。罗素还认为布尔什维克主义虽然由于其工业落后和政治专制而已经失败，但他仍期待未来共产主义的胜利。原来共产主义易行于工业国而难行于农业国，而农业尚在幼稚时代的俄国，欲一味专制而行共产主义，是不可能成功的。罗素这样总结说，在中国工业幼稚的时代，人民的痛苦和希望必大，最好实行"科学的共产主义"，以避免走弯路而可达到改造社会和经济的目的，而俄国的失败就在于没有实行科学的共产主义。《晨报》在刊载这篇演讲稿的按语中称："先生以英国自由主义的眼光，批评俄国布尔什维克，而归结于共产主义之必应促使实现，见解颇与时流异趣。"①

1920 年 12 月 6 日，在北京女子高等师范学校的演讲中，罗素指出，布尔什维克主义最重要的观念就是"公理"，它主张男女间的关系、国际间的关系、经济上的关系、社会间的关系，一切都应以公平的公道为原则。而历史的和现代的制度，都是少数贵族和资本家统治的不平等制度。只有共产主义才能消灭旧社会遗传下来的种种不平等制度，而实现人类的平等理想。虽俄国的实践未见成功，世界上各文明国还是应进行社会主义的实验。②

1921 年 7 月 6 日，在北京教育部会场作了告别演讲，罗素对中

---

① 罗素:《布尔塞维克与世界政治》,《晨报》1920 年 11 月 2 日、3 日、9 日、10 日、11 日、17 日。

② 罗素:《布尔塞维克的思想》,《晨报》1920 年 12 月 6 日、7 日。

国问题作了一个总结，谈到中国在政治方面不妨效法苏俄，在经济上要实行“国家主义”。对于中国文明应向何处去，罗素提出：一、中国统括地采用欧洲的文明，是非他所愿的，因为“欧洲文明的恶弊已为所有细心的观察家洞见于此番大战与其结果中了”，“这种机械的文明，颇难望其有丝毫价值，所以中国人要不去专事摹拟西方的方法，始可为自己的国家或世界图谋幸福”。二、“中国自昔相沿的文明设基于儒教之上，而又调剂以释教，已经到了自然剥落的程度，不能鼓励个人的成就，或解决中国现所隐伏的内外政治的问题了。”“根本的永久的解决方法，自然惟教育是赖。”但是这种教育“必不可像从前的时代一样，只有侥幸的少数人有读书的特惠，也不应以仅仅读些古书，评些古书就算教育，教育必须是普遍的，是科学的，科学又不仅取理论的，必须与近代实业经济有密切的关联的”。[①]

在中国新知识界，罗素的社会主义思想引起了多重的反响。在某些层面，罗素的社会主义方案迎合了中国马克思主义者的需要。陈独秀提到：“由资本主义渐渐发展国民的经济及改良劳动者的境遇以达到社会主义，这种方法在英、法、德、美文化已经开发、政治经济独立的国家或者可以这样办，像中国这样知识幼稚没有组织的民族，外面政治的及经济的侵略又一天紧迫似一天，若不取急进的Revolution，时间上是否容我们渐进的Evolution呢？”[②]激进的马克思主义者尤其对罗素《中国到自由之路》中倡导的苏俄道路热烈欢迎，社会民主主义者则更倾心于其基尔特社会主义思想。罗素的主张成为社会主义论战的焦点问题。1920年11月6日，上海《时事新报》上发表张东荪《由内地旅行而得之又一教训》一文，声称罗素关于“中国除开发实业以外无以自立”的主张，是“非常中肯又非常沉痛”的，中国当前的问题是要使中国人都过上人的生活，“而

① 罗素：《中国的到自由之路》沈益洪编，《罗素谈中国》，浙江文艺出版社，2001年。

② 陈独秀：《复东荪先生底信》，《中国现代思想史资料简编》，第1卷第77页。

不是欧美现成的社会主义”等。上海共产主义小组成员陈望道、李达、邵力子、陈独秀等曾先后撰文加以驳斥。12月1日，陈独秀以《关于社会主义的讨论》为题，将论战双方的文章刊登在《新青年》杂志上。张东荪随即发表长文《现在与将来》，系统地论证了自己的反社会主义思想，他强调，社会主义必然代资本主义而兴，但目前的社会主义都不免缺点，其中相比较，最晚出的基尔特社会主义最为圆满。[①]1921年2月，在《复张东荪书论社会主义运动》的长文中，梁启超拥戴张东荪的反社会主义思想，并加以补充或发挥。梁启超主张，产业幼稚的中国欲振兴实业而避免资本主义之害，唯有采行协社主义，此法最中正无弊，而且随时可行。[②]

张梁二人的主张，遭到中国共产主义者的痛击，其代表作如陈独秀的《社会主义批评》，李达的《社会革命底商榷》、《讨论社会主义并质梁任公》，李大钊的《社会主义下之实业》、《中国的社会主义与世界的资本主义》，毛泽东与蔡和森的通信，蔡和森的《马克思学说与中国无产阶级》，施存统的《马克思底共产主义》等。李大钊认为，行会社会主义即使在英国也缺乏实践价值。在阶级斗争的现代社会，难以通过和平手段而实行劳动者管理产业，此即行会社会主义在英国难以实行的原因。[③]

罗素在告别演讲“中国到自由之路”中关于中国走俄国之路的主张，受到马克思主义知识分子的欢迎，正在组建共产党的陈独秀，一再引用并赞誉罗素的观点，称其中国走俄国之路的主张为“中国政党改造的一个大大的暗示”。[④]罗素离华后，对之失望的张东荪撰文批评他的告别演说与其以前言论多有自相矛盾之处，因而其中国

① 张东荪:《一个申说》,《中国现代思想史资料简编》，第1卷第632页。

② 梁启超:《复张东荪书论社会主义运动》,《中国现代思想史资料简编》,浙江人民出版社，1981年，第1卷第244页。

③ 李大钊:《社会主义与社会运动》,《李大钊文集》(下)，人民出版社，1984年，第435页。

④ 陈独秀:《政治改造与政党改造》,《独秀文存》，安徽人民出版社，1988年，第622页。

改造的主张不足为训。[①] 有意思的是，罗素对中国人争论社会主义也颇有微词，在 1920 年 10 月 14 日致柯莉信中，他嘲讽地语调说道：中国的社会主义者“两手抱胸，高谈阔论社会主义，而日本人、俄国人、英国人、美国人则都忙于掠夺中国的富源”。

除了专著《中国问题》以外，从 1920 年至 1922 年，罗素还发表过 20 余篇有关中国的专文，如《对中国的第一印象》、《至上海生活杂志编辑的信》、《中国人的快乐》、《至新共和杂志编辑的一封信》、《中国到自由之路》、《中国南方的资本主义》、《中国与列强》、《中国的未来》、《为中国的一个抗辩》、《中国与中国的影响》、《中国的一些问题》、《中国的独立是可能的吗？》、《现代中国的描画》、《华盛顿怎样帮助中国？》、《中国的重建》、《中国的纠纷》、《“督军”，不是“教师”》、《作为一个欧洲激进分子所见到的》等等。[②]

① 张东荪：《后言》，《时事新报》1921 年 7 月 31 日。

② 参见罗素：《罗素文集》（*The Collected Papers of Bertrand Russell,* Routledge, 2000）第 15 卷，第 247 － 377 页。

第五章

两位大哲的对比

杜威（John Dewey，1859 - 1952）与罗素是 20 世纪的两位卓越的西方哲学家。他们都于 1920 年先后访问了中国。向哥伦比亚大学申请了学术休假（Sabbatical leave）的杜威在访日时，接到北京大学的讲学邀请，就在五四运动爆发的四天前，即 1919 年 4 月 30 日，杜威夫妇到达中国，开始了持续两年多的访华演讲。5 月 12 日，孙中山设宴招待了杜威夫妇。罗素于 1920 年 10 月 12 日到达中国。他们在长沙见了面，后来又在同住在北京，时常碰面讨论有关哲学问题，因而建立了一定密切的私人关系。在这个国家的转型时期，这两位哲人都曾对中国有过十分重要影响。[①] 当时，为发扬五四运动的精神，中国新型的知识分子试图寻找一个理想的道路来重建自己的祖国。他们继续欢迎德（民主 Democracy）先生与赛（科学 Science）先生。杜威与他的妻子以及罗素与他的第二任妻子被当成了德先生与赛先生的化身。

杜威与罗素在中国各自都作了所谓五大讲演。杜威的题目是：“社会哲学与政治哲学”、“教育哲学”、“思维的方式”、“我们时代的三大哲学家（柏格森、罗素、詹姆斯）”，以及“论伦理学”，其

---

① 本书作者曾将本章大部以英文发表，见 Zijiang Ding（丁子江），“A Comparison of Dewey’s and Russell’s Influences on China,” *Dao: a Journal of Comparative Philosophy,* VI.2. 2007.

实杜威一共作了58次大大小小的讲演。而罗素的题目是："哲学问题"、"心的分析"、"物的分析"、"数理逻辑"，以及"社会的结构"，此外罗素还作了其他各种题目的讲演。

在杜威与罗素之间有一些相似性：（1）在政治上，都相信自由主义和个人主义；（2）在文化上，都主张了科学主义、圣像破坏以及反宗教主义，这些都会适应新中国知识分子的需要，如反儒家、反规范、反伦纲等；（3）在哲学上，都强调经验主义与实证主义；（4）在教育上，都倾向进步主义与功能主义。然而，我们应当考察两位哲学家的区别而并非那些相似性。有三种可能的方法讨论这个问题：（1）通过两位哲学家之间的辩论；（2）通过中国知识分子对两位哲学家的评论或批判；（3）通过两位哲学家活动的结果。本章将集中讨论关于20年代两位大哲对中国不同影响的比较。

第一节　罗素与杜威的缘分

1914年4月，在哈佛大学形而上学俱乐部举办的年会上，第一次访美的罗素与比他年长13岁的杜威首次碰面。第二天宣读论文后，杜威还参加了对罗素论文的讨论会。当时罗素对美国哲学界颇不以为然，在他看来多数学者是良善的，但并无任何良好素养，而认为杜威是一个例外，但也很有保留，他在给奥托琳的信中这样评价："他有一个很沉缓的思想（a large slow-moving mind），非常注重经验而且公正，并具有某种冷静和无偏颇的自然力量。"[①] 在创办灯塔山小学时，罗素曾写了一封信对杜威为自己《论教育》一书的书评致谢。这两位大哲的友谊主要还是在访华中形成的。在《西方哲学史》中，罗素为杜威专门写了一章，可见对他的推崇，而同一时代不少有名的哲学家就没有资格排上。

① 转引自摩尔海德（Caroline Moorhead）：《罗素一生》（*Bertrand Russell: A Life*, Viking, 1993），英文版199页。

1921 年，访问福州的
杜威与一名中国儿童

1920 年杜威夫妇访问南京

1921 年杜威夫妇与福州学界人士

与罗素不一样，杜威出生于美国佛蒙特州的一个普通家庭。1879年毕业于佛蒙特大学，1884年获约翰·霍普金斯大学哲学博士学位。1884－1888，1890－1894年在美国密歇根大学，1889年在明尼苏达大学教授哲学。1894－1904年在芝加哥大学任哲学系、心理学系和教育系主任，1902－1904年还兼任该校教育学院院长。这一期间所写的《学校与社会》（*The School and Society*）（1899）一书被公认是他的所有作品中影响最大的。1904－1930年，他在纽约哥伦比亚大学哲学系兼任教授教职。还担任过美国心理学联合会、美国哲学协会、美国大学教授联合会主席。1896年他创立一所实验中学作为他教育理论的实验基地，并任该校校长。反对传统的灌输和机械训练的教育方法，主张从实践中学习。提出教育即生活，学校即社会的口号。其教育理论强调个人的发展、对外界事物的理解以及通过实验获得知识，影响很大。杜威曾经到世界许多地方演讲，宣扬他的想法，他曾经到过中国、印度、日本等访问，因此他的思想也影响着美国以外的地区。

罗素表示，杜威同自己一样，在访俄与访华中受了很大影响，前者是消极的影响，后者是积极的影响。1919年底，罗素即将来华讲学，主办方特请已先到中国近一年的杜威介绍一下罗素的思想，于是他在北京专门做了“当代三大哲学家”的演讲，讲的是美国的詹姆士、法国的柏格森，以及英国的罗素。罗素来华后，在湖南督军举行的宴会上，见到了杜威，后来罗素在生病时，受到他的亲切照顾。杜威说，自己被罗素感动了，因为他在病中说胡话时，竟还念念不忘反战与和平。据当时报道，杜威是去接受罗素的遗嘱的；有这样一段评论：“在杜威访问垂死的罗素时，罗素正计划终结中国一场全国性的大辩论，即他与中国共产党的领袖陈独秀，并吸引了众多中国知识分子如年轻的毛泽东和朱德等关注的大辩论。”[①] 在中国，杜威比罗素访问的地方要更多，除江苏、浙江、湖北、湖南、

---

① 转引自迪库曾（G. Dykhuizen）《杜威的生平与思想》（*The Life and Mind of John Dewey*, Southern Illinois University Press, 1973），英文版第198页。

河北外，还去过江西、福建和广东等地；当时中国的22个省，他就去过13个。在这个国家的伟大转型时期，这两位哲人都曾对中国有过十分重要影响。当时，为发扬五四运动的精神，中国新型的知识分子试图寻找一个理想的道路来重建自己的祖国。

两大巨匠几乎同时访华，人们就难免会作比较。杜威的教育思想，对当时的中国要比罗素要广泛而深远得多。与擅长讲演、潇洒自如、口若悬河的罗素相比，杜威显得木讷呆板，口才不佳，此外他也很不修边幅，有一种美国式的随便，上讲台时，领带松垮，头发也是乱糟糟的。从客观上讲，晚一年访华的罗素抢了杜威不少风头，而且两人在理念上也渐行渐远。杜威嘴上不直接说，但对罗素在中国时的一些言行颇有点不以为然，他在给儿女的信中多少表露了一些微词，幸亏杜威的夫人还是尽力作了一些平衡，不断缓和气氛，因而与罗素和多拉始终联络感情。[①] 更重要的是，两人背后的邀请主办单位本来就有点互别苗头，呈现了某种竞争的态势。胡适竟连一次都没有出席罗素的讲演。

1921年6月30日午间，北京大学、男女高师、尚志学会等在北京中央公园来今雨轩为杜威博士夫妇及其女儿饯行。杜威深情地表示："这两年，是我生活中最有兴味的时期，学的也比什么时候都多……我向来主张东西文化的汇合，中国就是东西文化的交点。"杜威返美后，同罗素一样，始终对中国满怀眷念，连续在《新共和》和《亚洲》等杂志上发表有关中国的论文。正如他的女儿珍妮·杜威所说的："中国一直是杜威深为关切的国家，这种关切仅仅次于他自己的祖国。"

当罗素在美国遭受迫害时，杜威挺身而出仗义执言，他编辑了著名的《罗素案件》一书，揭露真相，并为罗素进行了有力的辩护和支持。

罗素这样评价并非"纯粹"哲学家的杜威："人们公认他是美国

---

① 参见摩尔海德（Caroline Moorhead）：《罗素一生》（*Bertrand Russell: A Life*, Viking, 1993），英文版第327－328页。

活着的排名第一的哲学家。对此，我完全赞同。他对哲学家，并且也对教育家、美学家以及政治学家，都有深远的影响。”在罗素看来，杜威是一个高贵品德的人，一个主张自由主义的人，一个待人宽厚而亲切的人，以及一个勤奋工作的人。同威廉·詹姆士一样，作为新英格兰人的杜威，继续百年前的伟大新英格兰人的一些后代子孙早已摈弃的自由主义传统。

1934年，《现代季刊》曾邀约杜威、罗素以及考亨（Morris Cohen）三人对“为什么我不是一个共产主义者？”这一问题发表意见。杜威比罗素的态度似乎更为坚决。

某次，罗素听杜威说过，他既然艰难地将自己从正统神学中解放出来，就不会再束缚于另一套神学。对此，罗素说，在这些方面，“他与我的看法几乎完全相同”。罗素说几乎完全赞同杜威的不少看法，例如同意他对传统的“真理”概念的批评。不过尽管对他的敬仰以及与他的亲密友谊，希望同他的观点完全一致，但还是很遗憾，自己不得不对他独有的哲学体系加以批评，即将“探索”当作逻辑的要素而取代“真理”，并当作逻辑和认识论的基本概念。罗素指出这个理论的要害在于把一个信念与“证实”这个信念的那件事实或那些事实之间的关系割裂开来了，并声称与杜威之间的主要分歧是，他从信念的效果来判定信念，而自己则从信念的原因来判断。罗素对杜威比对另一个实用主义领袖人物詹姆斯要更为尊敬，因为他“非常真正的科学禀性”具有感染力，但罗素又说：“对我来说存在某种由工具主义所引起的令人不愉快的深刻直觉：即一种来自深思，并从一个人的人格所摆脱出来的直觉。”[①]

当美国西北大学哲学系的谢尔普（P. Schilpp）教授编辑“活着的哲学家图书馆”丛书系列时，把《杜威的哲学》（1939）排在第一部，《桑塔亚那的哲学》（1940）第二，《怀特海的哲学》（1941）第三，《摩尔的哲学》（1942）第四，而《罗素的哲学》（1944）则

① 罗素：《实用主义》和《杜威教授有关实验逻辑的论文》，《哲学论文集》（*Philosophical Essays, Simon and Schuster*, 1966），英文版第110－111页，第19页。

是第五。但有意思的是，在《杜威的哲学》一书中，罗素那篇写于一次大战前题为《杜威的新逻辑》批评文章被人看作相当可笑而又陈腐。尽管杜威对罗素的批评很恼怒，但还是耐心地进行辩解性回复。杜威认为罗素错误地理解了自己的论证，因为后者将实用主义看成一种满足个人欲望的真理论。“罗素先生首先将某种可疑的情形（situation）归于某种个人的怀疑，尽管我始终反复将这两种事情加以区别。”① 罗素则写道：“对杜威的阅读使我了解到我自己没有察觉到的形而上学以及他的形而上学。”② 有评论说，实际上，这两位大哲从来没有真正喜欢过对方，他们之间有着很深的隔阂。

第二节　1920年代中国的杜威化与罗素化

为什么杜威于1920年代对中国有着重大影响？在那期间，有许多主客观原因，其中之一就是哥伦比亚大学中国高足强有力的“宣传”。所有这些杜威门徒在中国教育界都是主导人物，而且在五四运动中都有着重大贡献，如胡适、蒋梦麟、陶行知和冯友兰等。连杜威都惊讶地说：“中国到处布满了哥伦比亚大学的人！”③ 这些教育界的权威人物都不遗余力地宣传和推广恩师，一时间从都市到乡村造成了一种全国性的杜威教育热。在他们当中，胡适无疑充当了宣传杜威的一个主导角色。当胡适于1917年4月获哥伦比亚大学博士学位时，他已成为杜威的一个热心追随者，并开始系统地学习杜威的思想。1915年夏，胡适回国后，至少其任务之一就是将介绍杜威的实验主义或工具主义作为科学方法介绍给中国。胡适说道：“作为一个哲学上的实用主义者，我对朋友们提倡白话实验……我已经

① 维斯特布鲁克（R. B. Westbrook），《杜威与美国民主》（*John Dewey and American Democracy*, Cornell University Press, 1991），英文版第497－498页。

② 罗素：《杜威的新逻辑》，谢尔普编《杜威的哲学》，英文版第135－156页。

③ 杜威：《发自中国和日本的信件》，英文版第243页。

为我的新诗集发现了一个题目叫做《尝试集》"。[1] 著名旅美华裔学者林毓生将胡适开展的运动称作"杜威化（Deweyanization）"。他认为，胡适的科学改革是对作为整体杜威化的一个主要手段，因为胡适现代西方文明的概念只有一个含义而不是多义的，"目的很明确，对中国文明进行杜威化"。[2]

相对而言，罗素比杜威更有声望 。对中国知识分子来说，罗素是一个传奇人物、一个圣贤以及一个创造性的哲学天才，充满魅力的社会理想、伟大的慈善、高尚的个性以及丰富多彩的人生经历。在中国的演讲中，杜威将罗素高度赞誉为"我们时代三位最重要的哲学家之一"。在罗素访华前，他的超过 10 部重要著述被翻译或得到评述，他的生平也被介绍给了中国知识分子。中国激进自由主义者和左派分子都欢迎罗素，重要原因是他赞同社会主义，并曾到苏联参访。实际上，罗素的著述在年轻知识分子中比杜威更得到广泛的传播。然而，这种情况并未持续多长时间，当他对苏联的批判文章被翻译后，激进左翼人士对此非常失望。很显然，新中国知识分子中如张申府和赵元任等人以很大的期望试图在中国进行罗素化的运动。具有讽刺意味的是，不同于杜威，邀请罗素的并非五四运动领导人物的胡适、陈独秀和李大钊一类的新知识分子，而是梁启超等保守的知识分子。因此，罗素错过了直接与那些激进知识分子领导人物对话的机会。

可以说，1920 年代的中国经历了一个"杜威化"与"罗素化"的交叉过程。

所谓杜威化（Deweyanization）包括以下五个方面：

其一，任何进化与渐进的改革，包括汉语作为社会和文化变动的一个有效手段，都被认为是来自杜威工具主义基本的教条。在一定的意义上，中国改革就是实践杜威的基本方法。在他的主观解释

① 胡适：《中国的文艺复兴》，北京：外语教学与研究出版社，第 52 页。

② 林毓生：《中国意识的危机》，英文版第 85 － 95 页；《五四运动的反思》，英文版第 48 － 49 页。

中，胡适企图将杜威的科学方法作为一个首要条件来解决中国的社会和文化问题。对胡适来说，在中国，一种科学传统的创立是在为面对美国优越文化，在心理上所需要的中国资源，“与他为杜威化中国的热情目的在理智上所需要的建立改良派手段之间相互作用的结果”。①

其二，正如任何一种古老文化，中国文化需要新的“包装”、“装饰”和“充电”；“西洋化”仅仅是为结束中国文明活力（vitalization）的手段。在采取了杜威的工具主义之前，胡适对儒家与中国文化传统的观点绝非是负面的，而从这以后，他开始创立一种方式来改造它们。显然，这种方式就是根据杜威的科学方法。胡适对杜威的发现决定性地将其早先简单、模糊、试探性，但真正改良派态度，转变成根据杜威早年哲学体系所提供的现代性和现代化模式来对中国加以“西化”。

其三，因为杜威为社会与文化的渐进而论证，胡适也想沿着这条道路为中国的发展而避免俄国式的革命。对杜威来说，中国需要渐进与温和的改革，而非需要激进与暴力的革命，因为“改良”对社会政治转型是一种非常有效的试验与工具的类型。很清楚，杜威科学改良主义成为杜威化（Deweyanization）的主要手段，而并非寻求一种在中国现代化发展中对中国文化的认同。虽然社会成员成为极端偶像破坏者与反叛者，但“他们仍表达了这样一个信念，即社会改革应该一步一步地进行”。②

其四，胡适企图采取杜威的工具主义对中国文化加以做“全面变革”，不仅包括社会和政治的改变，而且包括几乎所有文化的领域，包括语言、文学、思维方式，如“诗歌革命”、“白话运动”以及“中国逻辑方法”。1917 年夏天，在回国途中，胡适为张勋复辟的消息所懊恼。他认为，环境本身必须被改变的主张下，复辟活动

① 周策纵（Tse-tung Chow）:《五四运动》（*The May Fourth Movement*），英文版第 98 页。

② 周策纵:《五四运动》，英文版第 98 页。

当然会发生。因此，他下决心参加中国文学的改革，并认为这是为政治变革打下基础。[①]

其五，“杜威化”的最重要的方面是教育。杜威是老师的老师，他教导人们在科技、民主以及社会发展成为人生要务的新时代怎样生活与思维。他的《学校与教育》（1889）和《民主和教育》（1916）两部著作为中国的教育家和知识分子所熟知。胡适赞同杜威这样的主张：教育即生活，并且学校即社会。重要的是，政治改革只有在社会与文化变革后才能实现，而这就必须通过教育得到促进。杜威本人在自己有关中国的文章中系统地解释了与胡适一样的观点，正如他指出，因为“民主不仅仅是信仰、人生观、思想习惯的问题，也不仅仅单纯是政府形式的问题，”它要求“普及教育”，并且达到普及教育的首要一步是将口语作为一种书面写作语言来加以建立。[②]

所谓罗素化（Russellization）也包括以下三个方面：

其一，中国的重建应该跟随罗素的社会理想。罗素主张：（1）中国应发展工业终止极端贫穷；（2）中国应建立一个高效率与宪政化的议会政府，从而得到爱国与具有世界头脑的平民的支持，终止军事政变与外国控制，并避免滥权的官僚独裁；（3）中国应建立可能叫做“国家社会主义或列宁称为国家资本主义”的一种新的经济制度，因为在中国这一类落后国家不适于建立纯粹或完全的社会主义；（4）在当前经济发展阶段，俄国类型的共产主义也许可适用于中国，因为其紧迫问题是迅速发展生产，尽管它在西欧不能流行，而且对世界和平也并非一种理想的制度；（5）中国的改革应采取和平主义以及非暴力方式。

其二，中国教育的重建应该跟随罗素的模式。罗素主张：（1）教育可能帮助中国避免贫穷和落后；（2）中国教育应教更多科学与技术技能，而并非从西方文化中获得的有关道德或伦理格言；（3）中国教育应发展民众的政治意识，并避免使中国学生盲目崇拜西方

① 胡适：《胡适致孙伏庐和常乃德》，1922 年 6 月 16 日，《文集》，第 101 页。

② 杜威：《新文化在中国》，《亚洲》杂志，英文版第 581 页，1921 年 7 月。

文明的那些外国控制。[①]

其三，中国想法的重建应该跟随罗素的哲学方法。罗素建议：（1）新中国哲学应建立在现代科学，而非神秘主义的基础上；（2）中国知识分子应运用哲学分析与数理逻辑方法，并取代浪漫式的综合；（3）中国应放弃传统儒家与道家被动农业和家庭伦理，并发展公共精神、爱国主义或西方民族主义；（4）中国应有反宗教运动，除基督教、佛教以及伊斯兰之外，还包括将马克思主义作为宗教的形式。[②]

第三节　杜威的“大众主义”与罗素的“贵族主义”

在客观上，杜威的大众化商业主义对中国现代发展是有利的。罗素说自己说过这样一段话：“杜威博士的独特看法表现在，它同工业主义与集体企业的时代相适应。他当然对美国人有最强烈的魅力，并很自然地同样受到中国以及墨西哥一类的国家中进步人士们的青睐。”[③] 但他没有想到上述这段本以为无伤大雅的说法却伤害了杜威，后者回复：“罗素先生将实用主义认识论与美国工业主义那些可憎之处加以联系……几乎就像我要将他的哲学与英国贵族利益想联系一样。”[④]

不管他的主观动机如何，杜威的试验主义或工具主义在客观后果上适应美国资本主义发展的需要。从20世纪初，作为最年轻而又最发达的国家，美国成为大众商业文化的世界总部。个人、企业公司以及整个社会的主要生活目的就是如何获得最大成功和如何成为最强大的优胜者。美国人强调“用途”、“实用”以及和“实际后

① 周策纵：《五四运动》，英文版第232－239页。

② 冯崇义：《罗素与中国》，三联出版社，1994年，第106－128页。

③ 梅耶尔（S. Meyer），《杜威与罗素的交往》（*Dewey and Russell: an Exchange*），第35－36页。

④ 杜威：《对罗素的回复》，《杜威与罗素的交往》，英文版第48－49页。

果”。在罗素看来，实用主义是一种强有力的哲学，并且对它而言，“如果一种信念的结果令人满意，那么它就是真实的”。[1] 从 1920 年到 1921 年，杜威的哲学对中国知识分子非常有吸引力，因为他似乎给他们某种“易行”和“有效”的方式应付当前的各种事务。他教导中国人民：（1）更多地关注实际有效性，而并非超物质存在知识或所超感觉真理的幻觉；（2）更多地关注个人与社会生活的直接问题，而并非那些过去的文化传统，而正是这种传统限制了这个国家的发展，也并非任何抽象而对今天实际生活非急需的包揽一切的“主义”；（3）更多地关注为满足与掌握所面对的新社会环境的理智。

胡适追随他重实效的导师，去寻求某种“完善化的持续过程（ever-enduring process of perfecting）”，而并非完善（perfection）。[2] 据此，他说必须为当前社会进程的需要而主张自然科学和实用主义哲学，并破除迷信和臆想。为这个目的，在《多研究些问题，少谈些主义》一文中，胡适对陈独秀以及其他激进左翼分子进行了抨击。胡适批评了所谓根本的“解答”，并指出，“我们不去研究人力车夫的生计，却去高谈社会主义；不去研究女子如何解放，家庭制度如何救正，却去高谈公妻主义和自由恋爱；不去研究安福部如何解散，不去研究南北问题如何解决，却高谈无政府主义；我们还要得意扬扬夸口道，‘我们所谈的是根本解决。’老实说罢，这是自欺欺人的梦话，这是中国思想界破产的铁证，这是中国社会改良的死刑宣告！”[3]

虽然胡适极力推广杜威的实验主义，但它的影响并不像所期望的那样成功。根据托马斯·拜瑞（Thomas Berry）的看法，在哲学领域，其他传统比杜威和胡适更强大；“作为哲学的特定学派，实用

---

① 谢尔普（P. A. Schilpp），《罗素的哲学》，英文版第 575 页。

② 斯本斯（J. D. Spence），《探究现代中国》，英文版第 316 页。

③ 格瑞德（J. B. Grieder），《胡适与中国的文艺复兴：中国革命中的自由主义，1917 － 1937》（*Hu Shih and the Chinese Renaissance: Liberalism in the Chinese Revolution, 1917-1937*. Cambridge: Harvard University Press, 1970），英文版第 24 页。

主义仅在中国盛行了很短地时间”。[①] 陈荣捷(Wing-tsit Chan)认为,自从20年代中期,“作为体系的实用主义被其他西方哲学所遮盖。包括胡适在内的实用主义者,将他们的主义转向了教育改革、社会重建和政治革命。哲学竞技场由新实在论、理性唯心新儒家,以及最后由马克思主义所占领”。[②] 正如杜伯斯(H. Dubs)所指出的,胡适影响的黄金时期在中国大约是在1923年至1924年,“在那以后,他的影响明显下降。他未能吸引门徒,而且实用主义在今天是我将提及的最小派别”。[③] 杜威的实用主义仅适用于中国思维方式某一特定方面,作为方法,它与中国人的现实思路与性格相符,其中重要的一个因素就是杜威的“大众性(popularity)。与希腊人不同,中国传统从未为知识本身而提升其地位,而宁可注意它对道德、社会、政治以及文化的有用性。因此,其他中国知识分子以杜威重实效的实用主义作为武器,用来批判中国文化以及传统中国价值体系。“杜威的实用主义无疑催促了传统文化和价值的崩解。即使在当代哲学家使用的意义上,这种实用主义并非一个组织严密的哲学体系,但它对方法论、逻辑学以及实践性的强调对理智革命或对新文化运动的领导者有着不可抗拒的吸引,并且对促进许多社会、道德和经济改革有着很大的作用。”[④]

作为精神需要“空想或空谈”与作为物质需要“真正的好处或实质的利益”,可看成中国人“人性”的两面。[⑤] 然而,对于中国知识分子,作为一个哲学体系的美国实用主义似乎“有用”与“令人

① 布勒维特(John Blewett):《杜威的思想及其影响》(*John Dewey: His Thought and Influence,* Greenwood Press, 1973),英文版第213 - 214页。

② 陈荣捷:“胡适与中国哲学”,《东西方哲学比较》杂志,1956年4月,英文版第4页。

③ 杜伯斯(H. Dubs),《最新中国哲学》,《哲学》杂志,1938年第35期,英文版第350页。

④ 克劳普顿与欧(R. W. Clopton and T. Ou):《杜威在中国的讲演》(*John Dewey Lectures in China, 1919-1920*),第11 - 13页。

⑤ 中国人对宗教的态度是非常“实用”的。在历史上,大多数人是为了某种现实的利益而参与一些宗教活动;此外,对待道德也是非常实用。

兴奋”，但正如罗素所批评的，过于“肤浅”，过于“物质性”以及过于“商业化”。1949 年，中国共产党建国后，实用主义被批判为美帝国主义“反动和腐朽的哲学”。[①] 在一定意义上，对实用主义的许多批评过于简单，甚至为误解。布朗（H. C. Brown）提出：“罗素先生经常为杜威哲学所困扰，但从根本上拒绝了解这一哲学。”[②] 萨维瑞（W. Savery）说道：“实用主义或工具主义在很大程度上在欧洲以及被罗素本人所误解。”[③]

罗素的贵族伦理主义对中国传统生活方式是有利的。正如第一章所描述的，罗素出身于“一个资产阶级新贵族家庭”。从小在祖父约翰·罗素伯爵的家中长大，他本人就继承了爵位。与杜威“实用大众主义”相比，罗素欣赏中国传统生活中的某种田园牧歌式的情调。在他的中国观以及整个政治社会思想中也有着某些矛盾或两难判定。与杜威以及五四运动早期的大多数中国新知识分子提倡西方思想体系，反对中国传统伦理和哲学相反，罗素却强调，西方人应该从中国人那里学会“生活目的的一个正义观念”。他相信，中国人不得从西方文化中学会有关政府的道德或伦理格言。对他而言，东西方之间的联系对双方都可能是富有成果的。中国可能从西方学会注重实际效率所不可缺少的部分，而西方则可能从中国学会使他们坚持生存的某种智慧。

在中国时，罗素发现，不同于西方好战与侵略性的态度，普通中国人尤其乡下人有一种平静、祥和、人情以及宽容的态度。而且，大多数中国的伦理和政治哲学沿着这些路线阐述了理想的生活。他感到，中国的道家哲学，如老子与庄子是最有价值的。罗素倡导在发展工业时，不必丢失中国人被动与和平的特征以及他们在一个农业社会中所发展出的伦理，但这就提出一个问题，即由于难度过大

---

① 刘放桐：《现代西方哲学》，第 260 － 307 页。

② 谢尔普（P. Schilpp）：《罗素的哲学》（*The Philosophy of Bertrand Russell,* Northwestern University Press, 1944），第 451 页。

③ 谢尔普（P. Schilpp）：《杜威的哲学》（*The Philosophy of John Dewy,* Northwestern University Press, 1944），第 483 页。

而无法实现。道家哲学“拒绝知识”和“回归顺从自然”是否同现代科学使徒不断地寻找知识并征服自然相一致，这也是一个未解决的问题。[①] 罗素《闲散颂》一书可以被视为一种贵族人生观。罗素的想法与在五四时期招致广泛批评的张之洞“中学为体，西学为用”的提法有相似之处，杜威也对此加以了否定。杜威反对在日本所采取的那种西方文明的物质与技术性质的观念，因为它导致了由于保留传统日本军国主义而带来的残忍。对此，杜威说道：“对这个论证，罗素可能已经这样回答：如果日本能学会科学技术而同时又保留自己的思想体系，为什么中国不能达到同样的结果，而与日本的实践相反，却不能保留自己和平与宽容伦理呢？”[②] 对于这个观点，罗素声称：“我希望在反对外国剥削者以及被错认为文明的那些野蛮与残暴制度的斗争中，不会有更重要的价值遭受毁灭。”[③]

第四节　杜威的“综合主义”与罗素的“分析主义”

罗素自认继承了英国的传统，而杜威则属德国传统，尤其是黑格尔传统。虽然杜威的工具主义最大特征与最重要的教条与分析观相一致，但杜威采用了与斯玛兹（General Smuts）在《整体论与进化论》一书中所称作“整体论（holism）”相联系的形式。整体论是一种认为在自然中决定因素为有机整体的理论，这种整体不能还原为它的部分之和，也就是说，整体不能被分析为其部分的总和或归结为分离元素，例如完形心理学。因此，罗素提议首先考察杜威逻辑的“整体”方面及其工具学说；并说道：“杜威博士本人坦承自己

① 罗素：《哲学问题》（*The Problems of Philosophy,* Prometheus Books, 1988），第195 － 209 页。

② 转引自周策纵：《五四运动》（*The May Fourth Movement,* Harvard University Press, 1980），第 237 － 238 页。

③ 转引自周策纵：《五四运动》（*The May Fourth Movement,* Harvard University Press, 1980），第 44 页。

借用了黑格尔的思想。他还补充说：‘我不能忽略，也尽量不否认一个精明的批判者对某种虚构的发现所偶然谈论的东西，这种东西因熟知黑格尔而在我的思想中留下了一个永恒的储存。’我在别的场合曾指出，这个学说与另一个前黑格尔主义者马克思相似。正如马克思在论费尔巴哈的文章提到，而后来又包含辩证唯物主义的理论（恩格斯从未理解的）中的那些意思：‘人的思维是否具有客观的真理性，这不是一个理论的问题，而是一个实践的问题。人应该在实践中证明自己思维的真理性，即自己思维的现实性和力量，亦即自己思维的此岸性。哲学家们只是用不同方式解释世界，问题在于改变世界。’”[①]

当时，杜威的综合主义满足了中国的思维方式。在早期研究中，黑格尔主义的确影响了杜威。[②]杜威在密执安大学的指导教授莫瑞斯（G. S. Morris）就是一位著名黑格尔哲学的学者，他的哲学观点最接近德国客观理想主义。在《从绝对主义到实验主义》的短文中，杜威说明了黑格尔哲学对自己的感染力以及原因。从黑格尔的唯心主义，在青春后期，他获得了情与理智的融合，但在幼年的宗教经验中却没有找到。在杜威早年对辩证法的信心让位给怀疑论之后，对有关更技术的哲学问题，他的那种黑格尔式对连续性与冲突作用的强调坚持了经验主义的基础。在芝加哥的一次有关黑格尔逻辑的研讨会上，杜威试图重新用“重新调整（readjustment）”与“重建（reconstruction）来解释黑格尔的范畴。谢尔普（A. Schilpp）认为凯尔德（Edward · Caird）从黑格尔辩证法思辨中机智地解放出来，这对杜威有极大的影响。[③]杜威本人说过：“然而，黑格尔对主观与客观，物质与精神，神灵与人类的综合并非单纯是一个理智的公式；

① 梅耶尔（S. Meyer），《杜威与罗素的交往》（*Dewey and Russell: an Exchange*），第 36 － 39 页

② 谢尔普（P. Schilpp）：《杜威的哲学》（*The Philosophy of John Dewey*, Northwestern University Press，1944），第 16 － 21 页

③ 谢尔普（P. Schilpp）：《杜威的哲学》（*The Philosophy of John Dewey*, Northwestern University Press, 1944），第 22 页。

它作为一种巨大的释放和解放而运作。黑格尔对人类文化、机构和艺术的治疗，涉及了严格地分开墙壁的同样消解，而对我有一种特别的吸引力。”[①] 他还说道：“在 1890 年代早期，实际上所有英语中的重要哲学都受到新康德主义与黑格尔唯心主义的影响。实用主义与所有实在论的派别都是后来成长起来的。”[②]

杜威从早期的黑格尔唯心主义转到后来的实用工具主义，而我们仍能发现一些与黑格尔主义相连的“胎记”。（1）他将哲学视为某种理智工具的观点本身就是一种传统的重建，这就是主要来自黑格尔的历史观；（2）他对冲突的理解来自黑格尔，尽管它并非仅仅是在经济，而且也在心理和文化感觉上；（3）他有关连续性的理论与黑格尔相似，这种连续性被看作为弥漫与包容一切；（4）他的实的概念包括黑格尔的连续性，而他对主观与客观的描述是受到黑格尔的影响被包含在一个经验整体中；（5）他将个体看作一个唯一的历史特征，也是受到黑格尔的影响；（6）他的社会心理学认为黑格尔的观点，即个人不能与历史、文化、或环境分开是根本上正确的。[③]

杜威对中国影响的一个重要原因就是他思想中的“整体”性质，这与中国思想的性质有异曲同工之妙。例如，陈独秀对儒家全面抨击的其中一个因素，就是将儒家传统视为一种基本整体论，并由它引导了所有后来儒家的发展。另一方面，他了解到，黑格尔哲学的确深远地影响了现代中国文化，因为它不仅与传统思维方式，而且也是与共产主义需要相投机。对这种亲和力有两个基本的原因：一是中国思维方式真正地强调辩证，如《易经》将变化、对立统一以及事物相互作用看作对自然与社会发展最主要的动力；二是马克思主义将德国古典哲学，尤其是黑格尔的辩证法，当作自己最重要的

---

① 谢尔普（P. Schilpp）:《杜威的哲学》（*The Philosophy of John Dewy*, Northwestern University Press, 1944），第 138 页。

② 谢尔普（P. Schilpp）:《杜威的哲学》（*The Philosophy of John Dewy*, Northwestern University Press, 1944），第 521 页。

③ 谢尔普（P. Schilpp）:《杜威的哲学》（*The Philosophy of John Dewy*, Northwestern University Press, 1944），第 88 － 89、107、181、266、498 页。

来源之一。

在当时，罗素的分析主义却不能满足的中国思维方式。在第二章中已叙述过，实际上，甚至罗素在早期也受到过黑格尔的影响。不过，与杜威不同，罗素与黑格尔彻底决裂，并为哲学发展而创造了一个革命性的分析方法。他批评了杜威的逻辑如下：（1）知觉与经验知识的关系在杜威的书里并不清楚，而且他拒绝将“感觉材料（data）”看作知识的出发点；（2）杜威的“探究”无法为真理用逻辑的概念与知识的理论加以取代；（3）杜威对探究的强调是与真理或知识相对立的；（4）对杜威来说，知识不可是生活目的的任何部分，它仅仅是满足其他东西的手段。[①] 罗素说道：“我和杜威博士曾于月食期间在长沙；随着无法追忆的风俗，盲人们敲打铜锣来消耗天狗，它企图吞下月食是月蚀的起因。在数千年里，敲锣这一实践从未失败过，每一次月食都在充分的喧闹后而告结束。这个例证表明，我们的概括不仅使用同意方法，而且也可用差别方法。”[②] 不过，中国知识分子没有接受罗素的哲学贡献，其中原因之一就是它过于技术和琐细，而不适于中国传统的思维方式。

第五节　杜威的“现实主义”与罗素的“浪漫主义”

杜威与罗素都是哲学家、自由思想家以及教育家，但他们有非常不同的教育理念。杜威在实用与现实基础上结合了教育理论与实践。罗素将自己的教育观建立在乌托邦式与浪漫理想主义之上，正如他的总体社会理想一样。在当时，杜威的教育现实主义的确影响了中国的现代教育。杜威在中国的真正成功是在他的教育思想方面。

① 梅耶尔（S. Meyer），《杜威与罗素的交往》（*Dewey and Russell: an Exchange*），第 35 － 45 页。

② 梅耶尔（S. Meyer），《杜威与罗素的交往》（*Dewey and Russell: an Exchange*），第 43 页。

几乎所有他在哥伦比亚大学的中国门徒在中国教育界都有着主导地位。通过那些杜威化的教育家，杜威的影响从大学放射到农村学校和幼儿园的整个国家。杜威的理论，如自我经验中心的原则（the Own Experience-centered Principle），教、学、做相结合的原则（the Teaching-Learning-Doing Combination Principle），学校即社会原则（the School as a Society Principle），以及教育为生存原则（Education for Living Principle）等主张都被他的学生所延伸和发展，例如陶行知就是其中最有影响的中国教育家之一。对新型中国知识分子，杜威的主要原则是，教育是社会变化与发展的工具。杜威声称："在今日中国年轻知识分子最常说的一句话就是，教育是重建中国的唯一手段。"① 相应的，在新教育制度下成长的学生可能被考虑作为未来不同政治的一支力量。

在 1920 年代，随着杜威访华，似乎整个美国教育系统转移了到中国，美国人目的、方法以及材料成为主导。杜威化实验性学校和培训计划在这个国家盛行。甚至中国教育的目的根据杜威的进步主义而重新得到界定，如以做为学，因材施教，以及由学生管理学校等。1922 年，全国教育会议通过的声明如下：（1）使自身适应一个新型与改变的社会；（2）促进民主精神；（3）发展个性；（4）着重考虑普通公民的经济状况；（5）根据生活需要调整教育；（6）促进普及教育的推广；（7）使自身足够灵活地应付地方变异。②1919 年底，显然，1911 年革命失败了，因为政治变革脱离了智力与道德准备。那次政治革命是正式和外在的，在名义上的政府革命得到实现之前，一场智力革命是必需的。很清楚，中国的重建应该通过"扩

① 拜瑞（T. Berry）:《杜威在中国的影响》（Dewey's Influence in China），载布勒维特（John Blewett）:《杜威的思想及其影响》（*John Dewey: His Thought and Influence*, Greenwood Press, 1973），第 215 页。

② 胡格斯（E. R. Hughes）:《西方世界对中国的侵略》（*The Invasion of China by the Western World*, Macmillan, 1938），第 185 页。

展民主教育，提高生活水平，改进工业以及消除贫穷等。”[①] 杜威总结道：“中国若没有一个建立在观念改变上的社会转型是不可能改变的。政治革命是失败的，因为它是外在的、正式的，触及到社会行动的机制，但不影响真正控制社会的生活观念。”[②] 他断言中国人应从西方科学方法。有趣的是，胡适的杜威化在哲学和社会变革上并不成功，而唯在教育上有成效。

不过，很难准确地估计杜威对中国的影响：其一，需要更多时间客观地评估一位杰出思想家的工作及影响。其二，从杜威访华后，中国曾遭受了连续的动乱，并经历了巨大变动，因此，在这样一个激烈变化的情形下，很难评估一个思想家的影响。其三，杜威作为哲学家与教育家的名声遭受某些贬低。其四，就像在美国一样，在中国，杜威的教导经常被误解和误用。其五，在中国大陆档案里有关文件曾一度不对学者开放。[③] 对杜威对中国的教育影响可以总结为：（1）中国教育目标根据杜威的主张曾进行了重新考虑；（2）全国学校系统根据美国模式曾进行了改革；（3）以儿童为中心的教育在教学大纲中占了优势；（4）与杜威相符合的教学新方法教得到创立；（5）实验性学校得到扩展了；（6）学生政府（杜威做过一定数量的报告）被广泛扩大为学校训练方式；（7）文学改革得到鼓励，而且小学课本采用了白话文。[④] 公正地说，尽管中国大陆也曾一度严厉批判了杜威的教育理论，但仍应用了他的某些普遍适用的原则。

在当时，罗素的教育浪漫主义与中国理想主义的教育有着异曲同工之处。在 1920 年 10 月 14 日上海七团体欢迎宴会上，罗素在即席演讲中谈到，中国改造社会的第一步是教育。他强调，百年以

① 杜威：《学生反叛的后果》（The Sequel of the Student Revolt），《新共和》（*The New Republic*），XXI, 273，March 3, 1920，第 380 － 381 页。

② 杜威：《中国的新文化》（New Culture in China），《亚洲》（*Asian*）杂志，1921 年 7 期，第 581 页。

③ 克劳普顿与欧（R. W. Clopton and T. Ou）：《杜威在中国的讲演》（*John Dewey Lectures in China, 1919-1920*），第 10 页。

④ 克劳普顿与欧（R. W. Clopton and T. Ou）：《杜威在中国的讲演》（*John Dewey Lectures in China, 1919-1920*），第 22 － 25 页。

来的欧洲思想多有违反良知、倾向破坏、奖励贪婪掠夺的流弊。中国人不可移植此不纯正的欧洲思想，以蹈欧洲覆辙。以往欧洲尽力奖励生产，开发实业，追求物质文明，至今已破绽毕露。中国不必效法欧洲的错误经验。欲改造中国社会，各种改造方法中以教育为第一义。[①]1920年11月9日，在抵达北京后，罗素在讲学会欢迎会的答词中，表示目前暂不主张社会主义，中国的当务之急，是开发财源和发展平民教育。宜先增高人民知识，再实行社会主义。否则，如俄国那样大多数人民知识尚未发达，一旦实行社会主义、共产主义，也难免于失败。[②]

对杜威来说，教育的理想的目标必须被定义为在一种现代民主制中的社会有效性，并采用与罗素完全不同的方式。罗素赞同任何学校都是一种社会制度的说法，但他同样主张，由于没有方式改进它，以致它体现了自由的新奇想法。罗素指出公立学校具有"现代世界的邪恶特性：民族主义、竞争与成功的赞美、机制崇拜、偏爱同一以及蔑视个性等"。他也指出教会学校的目标在于"通过早期和频繁重复的催眠作用，造就对权威的服从以及对臆说的信仰，只敬仰高贵的个人而非下层群体的精神"。[③]这些恶质为破坏教室中教学有效性提供了一个机会。因此，我们不能允许由家庭、学校以及社区对儿童施加压力来制造轻信、迷信以及残暴的成人。那些社会压力也许来源于宗教，对爱国主义的诉求，以及儿童训练传统习俗。这意味，教育必须与既定信仰为真的做法相脱离。儿童的自由必须受到保护并形成建立在第一手经验的那些道德问题的独立评断。[④]

与杜威相比，罗素强调：(1) 建立一所小型的"贵族"式私立

---

① 《沪七团体欢迎罗素记》,《晨报》1920年10月16日。

② 《讲学社欢迎罗素之盛会》,《晨报》1920年11月10日。

③ 罗素:《工业文明的前景》(*The Prospect of Industrial Civilization*, The Century Co., 1923)，第243页。

④ 布拉姆堡 (R. S. Brumbaugh),《作为教育家的杜威、罗素与怀特海》(*Dewey, Russell. Whitehead: Philosophers as Educators*, Carbondale: University of Southern Illinois Press, 1985)，第xvii-xxi页。

学校，它包括一个乡野庄园作为它的校园、一组谦和教职员、一些仆人以及其父母赞同此项计划的一小组学生；在那里，他的教育理念可以得到贯彻。(2)学校不应教育学生为竞争或为物质和功利的需要。(3)学校不应仅是手段或工具，而是目的。(4)学校应多教“想法”而不是“做法”。(5)学校应设法尽量减少“社会”的功能和压力。罗素的教育哲学并未对中国有多大的影响。在一定的意义上，他的“学校”与中国传统私立学校有些相似。它甚而仿造了孔子的教育模式：包括一个乡野庄园作为它的校园、一组谦和教职员、一些仆人以及其父母赞同此项计划的一小组学生，在那里，孔子的教育理念可以得到贯彻。

然而，在罗素与孔子的学校有三大区别：(1)前者主张自由思想，而后者则反对；(2)前者忽视严格纪律与惩戒，而后者则极力强调；(3)前者倡导开放的性教育，而后者则严禁。为中国新教育家而言，最重要的任务是以科学、技术、工业化以及民主来维护和重建中国。他们企图扩大和发展“大众教育”，而不是贵族教育。对他们中的大多数，迫切任务是为自己的祖国消灭贫穷、软弱和落后。因而，对当时的国民党与共产党两大政党来说，民族主义与爱国主义比个人主义和自由主义更为重要。

第六节　杜威的“保守主义”与罗素的“激进主义”

有意思的是，有些中国知识分子认为，杜威是保守的，而罗素则是激进的。1920 年 10 月 6 日，罗素收到了来自中国无政府主义者共产主义协会秘书的一封信：“我们非常兴奋，有您这位世界最杰出的社会哲学家来到中国，以便救治中国学生思想上的慢性疾病。自 1919 年以来，学生的圈子似乎是未来中国最巨大的希望，因为他们已准备欢迎中国社会的一个革命时代。就在那一年，杜威博士极为成功地影响了中国的知识阶层。然而我斗胆代表大多数中国学生对您说几句话：尽管杜威博士在这里是成功的，但我们大多数学生并不满意他保守的主张。由于我们大多数想要获得无政府主义、工团主义（Syndicalism）、社会主义等知识。一言以蔽之，我们渴望得到有关社会革命哲学的知识。我们是克鲁泡特金先生的追随者，而我们的目标是在中国建立一个无政府主义的社会。我们希望您，先生，从根本上给我们建立在无政府主义上的彻底的社会哲学。而且，我们想要您纠正美国哲学家杜威博士的理论。我们希望您在中国有与英国不同的绝对自由。因而我们希望您比杜威博士有更巨大的成功。"①

什么是杜威的"保守主义"对当时中国改革的影响？根据杜威主张，民主只有通过一个缓慢的过程才能达到，而且社会目标是相对的。他特别对科学方法感兴趣，并将它描述为根据时间和空间迫切性而解决具体问题的具体方法。正如迈克尔（F. H. Michael）和泰勒（G. E. Taylor）所说的，与杜威一般社会哲学明显的不确定性相比，"共产主义理论提供中国知识分子一种体系，即科学的并建立在对人生唯物的与反形而上学的解释体系。此外，共产主义理论为精英提供了行动纲领、确定目标以及一个历史所决定的角色。"②

相比较而言，杜威的社会理论比罗素的要保守。他没有注意那些"主义"，也没有主张任何激进的革命。对于杜威，俄国布尔什维克主义并不适合中国，而这个国家唯一可采取的是民主制度。只要民众在整体上没有彻底地被灌输民主态度，而不参与民主生活的过程，甚至一个民主制度、内阁机构以及议会组织都是虚幻的。必须一步步逐渐发展民主，应从每个村庄和每个城市街区开始。③实际上，杜威的民主在中国从未获得成功。孙逸仙及国民党人并不相信，这类民主政府能在中国得到实现。而陈独秀及共产党人也彻底地批

---

① 罗素：《罗素自传》第二卷，英文版第 136 页。

② 米谢尔与泰勒（F. H. Michael and G. E. Taylor）：《现代世界中的远东》（*The Far East in the Modern World*, Holt, Reinhart and Winston, Inc., 1965），第 232 页。

③ 史瓦兹（B.I. Schwartz）：《中国的共产主义与毛泽东的兴起》（*Chinese Communism and the Rise of Mao*, Harvard University Press, 1989），第 19 － 20 页。

判了这个理论架构。

什么是罗素的“激进主义”与中国革命主义的关系？罗素的哲学可被划分为两种类型：一是“理论哲学”；另一是“实际哲学”。前者显得冷静、理性而无任何个人情感；后者显得温暖，而具有宗教狂热般的情感。的确，对许多中国知识分子而言，罗素是一位非常热情和革命性社会改革者。在北京大学的讲演中，他将自己说成是一个共产主义者，并声称在共产主义实现之后，将会有真正的幸福与享乐。他指出，自己相信马克思主义倡导的许多社会主张。后来，中国知识分子中的不同派别都请求罗素加入他们的“阵线”，或用他们自己的需要和想象来解释了他的理论。温和的改革者希望罗素是一个温和改革者；无政府主义者希望他是无政府主义者；共产主义者希望他是共产主义者。1896 年，罗素开始成为一个社会主义者，这以后，在第一世界大战期间，他成为了一个付诸行动的社会主义者。俄国革命的胜利使他更认真地拥护社会主义。对他来说，最初为进步资本主义的东西变得越来越反动，最终会成为社会灾难，例如战争。当时的罗素非常激进，以致呼吁英国工人阶级毫不延缓地建立苏维埃政权。但在他访问俄国发现许多问题之后，开始对布尔什维克、共产主义和社会主义作了新的考察。一方面，他继续支持苏俄；另一方面，他开始批评它。结果，在当时中国所谓有关社会主义大辩论中，他受到左右两个方面的攻击。[1]

1920 年代以后，对激进的知识分子来说，“马克思列宁化”逐渐取代了“杜威化”与“罗素化”。冯友兰指出，杜威和罗素在中国所演讲的内容是主要是他们自己的哲学。他说道：“这给了他们的听众这样的印象，所有的传统哲学体系都受到替代与摈弃。因只有西方哲学史的有限知识，大多数听众并没有明白他们理论的意义。除非他们同时理解得到赞同或反驳的早期传统，否则人们无法理解一种哲学。于是，这两位哲学家，虽为很多人所接受，但仅有少数能

① 冯崇义：《罗素与中国》，三联出版社，1994 年，第 166 － 202 页。

够理解。然而，他们的访华，还是为当时大多数学生开拓了新智力的天际。对此，他们的逗留具有卓越的文化与教育价值。”① 但他们的思想不可能替代马克思主义和列宁主义在中国 20 世纪 20 年代的传播。在杜威与罗素访华之前，在俄国发生了历史转折，并产生了一个新的社会形式。这如毛泽东所说的：“十月革命的一声炮响给我们送来了马克思列宁主义。”② 对现代化的中国知识分子来说，作为自由民主的美国与作为无产阶级专政的俄国都是非常有吸引力，而且对将来也都同样有可能的。

在五四运动期间，胡适、陈独秀以及鲁迅是三位杰出的领导人。但在这场运动以后，他们为中国的未来发展选择了不同的方向。在 20 世纪 20 年代的中国有一种非常有趣的社会现象，在美国和英国受到训练的知识分子几乎都支持个人主义、自由主义以及民主主义；相反，在中国、日本或法国受到教育的知识分子，却有很多拥护马克思列宁主义、苏维埃主义以及共产主义。作为中共创始人的李大钊与毛泽东是中国土生土长的知识分子；陈独秀在日本待过数年；周恩来、朱德、邓小平则在法国勤工俭学。正如拜瑞（T. Berry）所说的：“在那些受到西方训练的学生们并不觉得共产主义有什么吸引力。而那些更激进的人们则是在中国本土受到教育，而且只能说中文。只有少数例外的是那些在法国接受教育，并从法国大革命吸取无政府主义的人们。”③

在开始阶段，那些激进的共产主义支持者或多或少受到杜威与罗素的影响。在新文化运动以及五四运动期间，两位最重要的共产主义领导人陈独秀与李大钊也受到杜威实用主义或实验主义的影响；例如，从《新青年》杂志宣言中，可以看到杜威的实用主义得到大多数中国知识分子领导人物的青睐。当时，马克思列宁主义的理想

① 冯友兰：《中国哲学简史》，北京大学出版社，1985 年，第 329 页。

② 毛泽东：《论人民民主专政》，《毛泽东选集》第一卷，第 1359 － 1360 页。

③ 拜瑞（T. Berry）：《杜威在中国的影响》（Dewey's Influence in China），载布勒维特（John Blewett）：《杜威的思想及其影响》（*John Dewey: His Thought and Influence*, Greenwood Press, 1973），第 207 页。

并非陈独秀和李大钊等《新青年》成员的主宰因素，但不久之后，他们变成了中国共产党缔造者。实际上，在这一期间，作为哲学与科学方法的杜威实验主义比辩证唯物主义更受重视。在当时，陈独秀、李大钊以及多数激进的中国知识分子领导人拒绝了阶级斗争的理论。[①] 杜威有关“社会哲学和政治哲学”的演讲极大影响了陈独秀。当时，追随杜威的陈独秀相信，民主必须有草根似的社会基础，而必须在地方基层开始，然后从那里通过连续的更广阔的应用达到政治权威更高的领域。

贝林顿（M. Billington）指出：“罗素与杜威在中国关键的 1919 至 1921 年期间，一起带领了从孙逸仙博士的共和原则到五四运动转向的努力。这两人著述已经在 1910 年代的中国得到翻译与广泛传播。从他们在北京和上海的讲课中出现共产主义运动的核心领导。”[②] 不过，这个评论并非正确。实际上，那些重要共产主义领导，例如陈独秀、李大钊以及毛泽东等人，对他们的理论彻底失望。在很短的时间之后，陈独秀与李大钊成为真正激进的马克思列宁主义者，并开始推出他们自己全面的哲学以及社会与政治体系来批判杜威与罗素。旅美华裔学者周策纵指出：“在五四运动后的两年中，中国人在有关政治经济制度以及文明观念上的冲突，真正受到杜威与罗素的影响，最初产生了一种个体之间互相赞同的混合局面。然而，后来逐渐在政治经济主张的分道扬镳导致了运动的分裂，这在现实政治的影响下得到加速。”[③]

罗素的理想被一些中国知识分子、传统主义者以及保守分子从各自的利益出发加以解释甚至歪曲的时候，那些激进左翼分子对这

① 周策纵（Tse-tung Chow）：《五四运动》（*The May Fourth Movement*, Harvard University Press, 1980），第 175 － 176 页。

② 贝林顿（M. Billington）：《英国在毛泽东主义兴起时的作用》（The British Role in Creating Maoism），《实施理智评论》（*Executive Intelligence Review*），1995 年，第 22 － 16 页。

③ 周策纵（Tse-tung Chow）：《五四运动》（*The May Fourth Movement*, Harvard University Press, 1980），英文版第 239 页。

个西方思想家失望了，并于1920年和1921年发动了对所谓基尔特社会主义者和无政府主义者的一次严厉攻击。为了这个目的，陈独秀给罗素写了一封信，询问他有关资本主义评论的真正含义。[①]

很多中国知识分子对杜威与罗素的访华有着深刻的印象，例如，在1921年7月11日的晨报上，曾热衷报道并翻译杜威和罗素的孙伏园感慨地写道：

杜威今天离开了，他实际上留下了多少东西？他在中国停留了两年，对中国社会产生广泛的影响，因而他没有真正离开，大病痊愈只有几个月罗素也是如此。感谢他们没有嫌弃我们这样一个落后民族，人们希望再见到他们的时候中国就会变样了。然而，对激进的马克思列宁主义者而言，任何一种西方哲学以及社会和政治的理论，包括杜威与罗素，都是偏见、陈腐，甚至反革命的。在1921年7月1日，就在杜威与罗素离开中国的前10天，中国共产党在上海正式成立。在激进的知识分子中“马克思列宁化”逐渐取代了“杜威化”与“罗素化”。据说原为密友兼五四同路人的胡适与陈独秀在政治上分手时，前者对后者说：“你相信你的马克思，我相信我的杜威，各不相强，何必都走一条路。”

杜威以儿童为中心、以经验的重组为教学本质、以活动和练习为基本教学组织方式等主张，首开现代教学论的先河，但在中国只算昙花一现。就在中华人民共和国建立之后，为了思想需要，中国共产党开展全国性重大运动批判杜威的实用主义及其中国追随者，例如胡适。从1954年到1955年，为了清除和驱邪“胡适的幽灵”以及“杜威实用主义流毒的来源”，一共出版了超过300万字的各种著述。在那些最具批判性的文章上，主要针对杜威哲学和方法邪恶影响的坦率认识，其中也有一些是有关罗素消极影响的评论。

1956年6月7日，陆定一给毛泽东写了一封信，其中有这样一段：“在大学哲学系、经济学系的高年级，我们的意见，应当设黑格

① 陈独秀：《致罗素的信》，《新青年》，1920年12月1日，第8页。

尔哲学、杜威哲学、罗素哲学、凯恩斯经济学等课程，以增长知识，知己知彼。要学点唯心主义，才能在反唯心主义的斗争中反出些名堂来，而不是越反唯心主义越僵化，越学越教条主义。这个主意，如中央同意，那么，现在开始准备，秋季开始就可以做了。”第二天，毛泽东即批语：“退陆定一同志。此件很好，可以发表。”①

从1980年代，中国大陆开始了巨大社会变革与转型。商业化以及大众消费文化的哲学反应——杜威化的实用主义越来越流行。改革开放后，人们开始逐渐重新认识杜威及其教育理论的历史价值。同时，也有一些中国知识分子试图以罗素化来实现更加理想主义的西方价值。

小结

1980年代以来，中国大陆开始了巨大社会变革与转型。商业化以及大众消费文化的哲学反应——杜威化的实用主义越来越流行。改革开放后，人们开始逐渐重新认识杜威及其教育理论的历史价值。同时，也有一些中国知识分子试图以罗素化来实现更加理想主义的西方价值。最近30年来，对于西方大哲，恐怕罗素及其著作在中国大陆不是介绍和翻译最多的，也是排列前几位的之一。在此结语里，主要多谈一点杜威研究的现状，因为在极左年代，他比罗素受到更多的不公平对待，成了西方帝国主义腐朽思想的代名词。

在哲学方面，杜威哲学的研究大致经历了两个阶段，主要以1987年刘放桐发表的《重新评价实用主义》一文和1988年在成都召开的“实用主义哲学讨论会”作为划界。第一阶段，是“左”的模式的影响逐步清除的阶段。刘放桐的体会道出了这个研究阶段的一些普遍性，他说：“我自己近几年来在谈论实用主义时虽然已感到

---

① 毛泽东：《建国以来毛泽东文稿》，中央文献出版社，1992年，第6册。

这种模式不实事求是，也企图有所突破，但终因种种顾虑而未敢迈出大步。”第二阶段，是全面评价阶段。学术界不仅采取实事求是的研究态度，而且拓展了杜威哲学的研究广度。①

在教育方面，赵祥麟在《上海师范大学学报》（社科版）1980年第2期上推出了“重新评价杜威的实用主义教育思想”一文，将杜威思想的研究推向一个新的里程碑。在此之后，涌现了大量的论文，并出版不少的译著和专著。特别应指出，2002年7月，作为全国教育科学”九五”规划教育部重点课题的研究成果，华东师范大学改革和发展研究所单中惠教授的《现代教育的探索——杜威与实用主义教育思想》一书，由人民教育出版社隆重推出。在有关杜威的专著中，它被公认为研究杜威教育思想最为系统和最为完整的一部。此书分6章共46万余字，分别讨论了“杜威的大学时代和教授生涯”、“杜威实用主义教育思想的形成”、“传统教育与杜威”、“进步教育与杜威”、“杜威实用主义教育思想体系”、“杜威实用主义教思想与世界教育”等6个专题，所涉及的内容几乎包括了杜威教思想的每一方面：实用主义哲学、机能主义心理学、教育目的论、程论、方法论、道德教育、职业教育、儿童观、教师观、实验学、杜威与传统教育和进步教育的关系、杜威教育思想对各国的影等等。“对杜威教育思想进行如此广泛的探索，并将探索的成果专著的形式系统地表述出来，该书应是国内的第一本。”②

客观、全面、公正、理性地对待所有的西方大哲及其思想，可为一个开放社会的学术界所必有的治学态度与专业精神。80多年访华的罗素与杜威早已作古，但这两位思想伟人在今天的中国继受到了应得的尊敬与高度评价，也不虚他们当年还算风风光光的州之行。

① 顾红亮:《近20年来杜威哲学研究综述》,《哲学动态》1997年第10期。

② 洪明:《让对杜威教育思想的研究进一步走向深入》,《教育研究》,2004年9月。

第六章

后期人生的咏叹

第一节　优美写作的典范

1950年夏季，罗素再一次访美，有意思的是，这回与大战期间的遭遇似乎完全不同，比如在纽约的一次讲演中，竟挤满了热情的听众，甚至还有不少人无法进入。在美国普林斯顿大学讲演期间，罗素出席一位物理学家家宴时收到11月10日宣布的诺贝尔获奖电话通知。罗素说自己有两点感到特别意外，一是获奖因文学，而并非哲学或数学；二是获奖因《婚姻与道德》一书，[①]但一些文献记载主要是因《西方哲学史》一书。其实，评委会并没有特指哪一部著作。

1950年诺贝尔文学奖授予罗素，授奖原因在于他那些“倡导人道理念与思想自由的多产而有意义的著作”，以及作为“当代理性和人道主义的杰出代言人，西方世界言论自由和思想自由的无畏战士”，而与诺贝尔本人的人生观有着惊人的相似之处，因为“两者皆为怀疑论者和理想主义者，他们对现存世界都抱悲观的态度，但都

① 罗素：《罗素自传》第三卷，英文版第25页。

又同样深信人类的行为规范仍有可能实现”。BBC广播电台将他誉为“人道与自由演讲的使徒”;《新政治家》杂志称他为:“最风趣和最纯正的英文文体家(stylist)”。[1]

根据诺贝尔本人的遗嘱，奖金每年分发给那些在“前一年里曾赋予人类最大利益的人”，其中“一份给予在文学方面创作出具有理想主义倾向的最杰出作品的人”。1900年的6月29日，在瑞典国王批准下，诺贝尔基金会正式成立，并颁布了《诺贝尔基金会章程》，对遗嘱原条款加以解释，详列了具体实施的细则；如将“文学”一词解读为“不仅包括纯文学，而且包括在形式和风格上具有文学价值的其他文学作品”，这样一来便使文学奖包容了整个人文学科；同时将“前一年里曾赋予人类最大利益”则从可实际操作的角度解读为“应该为遗嘱中所提及的学科领域内最近的成就，和那些最近才显露出重要价值的较早的工作进行授奖”。2005年10月20日，在斯特林堡国际学术会议上，瑞典学院院士并曾任秘书长的斯图尔·阿兰教授诵读了本年诺贝尔文学奖颁奖词，他在25年任职期间一共颁发过十三次诺贝尔文学奖。阿兰教授重提了诺贝尔遗嘱的有关文学奖的五个标准：对人类作出重大贡献、为前些年的工作、不考虑国籍、作品有出色贡献、体现出理想主义色彩。他从语义学的角度分析理想主义的含义，并指出并不一定是纯文学才能获得文学奖，这个奖项也曾颁发给作为哲学家的罗素和作为传记作者的丘吉尔。

从今天的眼光再来衡定一下罗素当年获奖的资格，可以看出他是当之无愧的，因为完全符合上述五项标准。五项标准之一是“前些年的工作”，这个标准有点模糊，究竟是最近5年、10年、20年，还是30年或50年？从1940至1949年，罗素共出版了《对意义与真理的探究》(1940)、《让人们思想》(1941)、《西方哲学史》(1945)、《物理与经验》(1946)、《人类知识，它的范围与限度》(1948)、《权威与个人》(1949)、《非通俗文章》(1950)等七部著

① 摩尔海德:《罗素一生》，英文版第466 - 467页。

作；而从他1896年第一部书算起，到1949年他已经出版了约50部著作以及大量文章。确实正如评委会所说的获奖原因之一是“多产”。无疑，罗素的作品充满这理想主义的色彩，并对人类有过重大的贡献。

1950年，罗素接受瑞典国王颁发诺贝尔文学奖

1950年底，罗素来到斯德哥尔摩参加颁奖仪式。当时那里正值严冬，他竟然联想起，300多年前，笛卡尔应克瑞斯婷娜女王之召来到斯堪德那维亚，竟因寒冷而死。与其他获奖者不同，他非常享受在那里与皇家以及媒体接触的每一分钟，并诙谐地说道：“被当作一棵圣诞树的感觉很美妙！”在题为《政治意义上的重要欲求》的受奖演说中，罗素提道：“如果政治能变成科学……那我们的政治思想就必然更深地渗入人类行动的来源”，政治家应当发展和掌握民众心理的科学，因为“政治考虑的是人群而非个人，所以作为政治上重要的激情就是特定人群的各种成员能感觉一致的东西”。政治上重要的欲望就是促使我们与自己人群中其他成员合作的东西，并恐惧和仇恨其他人群。罗素劝导那些不愿与自己人群其他成员合作的人多加宽容，并告诫那些恐惧和仇恨的人不要打仗而要与其他人群和平相处。他总结说：“能使世界幸福的主要东西是理智。这是一个乐观的结论，因为理智是已知的教育方法所培育的东西。”[①] 这篇演说充满了理想主义，但更像一篇诺贝尔和平奖的感言。

在诺贝尔文学奖后，罗素又出版了约30多部著作以及大量

① 蒙克：《罗素：热狂的幽灵》，英文版第334－335页。

文章。1960年代，罗素出版了自己的三卷本自传（1967、1968、1969）。最值得一提的是，在80高龄时，罗素创作了第一部短篇小说集《郊区的撒旦》（1953），它描写了一个邪恶的科学家利用狡猾的手段，使人们在某一人偏离德行后而陷入不能自拔的堕落；第二年又出版了另一部小说集《杰出人们的梦魇》（1954），它表现了某些名人深藏的恐惧。他乐观而自信地说："前80岁献给哲学，后80岁献给小说。"其实，他在1902年，就写过一篇题为《约翰·弗斯提斯的困惑》的小说，因不太满意，而一直没有推出，并且希望在他死后也不要出版。

罗素的大多数著作做到了雅俗共赏，将深刻的理论与通俗的表达完美结合，既充满思辨，又洋溢文采。罗素的《西方哲学史》不断再版并译成了许多种文字，这为他后半生提供了稳定的经济保障。有评论说，这本巨著打破僧侣式文体的晦涩难懂，而充满超俗脱凡的魅力。即便从纯文学标准看，罗素的《西方哲学史》也当属"永恒不朽的力作"。爱因斯坦创立了"相对论"，但绝大多数人却根本不明白说的是什么。爱因斯坦彻底改变了宇宙的概念，而这包含在层层繁复的数学程式之中，而罗素能用最通俗语言解释相对论。《相对论ABC》（1925）与他的《原子论ABC》（1923）一样是他为物理专业学生所写的导读，迄今仍是简明实用的指南。他的散文体写作风格，既使读者得以睿智、清晰、流畅、诙谐的乐趣，又让他们精确而透彻地理解高深的科学奥秘。

他在1931年5月19日的一封信中写道：美国的文学家倾向于像学习死语言那样学习英文，他们没有注意到书面用词可用口语表达。"对我来说，是为了那些优秀作家的韵律，而去读他们的作品，并且也为了丰富我的词汇；我决不会因文法的缘故去读他们的东西。"他还接着提到，没有必要对说与写加以区别，否则就会陷入中国文学家的窘况，"我认识一位中国学者，他非常热望用白话文（the vernacular）取代文言文。我问他这个运动是否取得进展，他回答说，有时取得，有时则没有。他说道：'例如，在13世纪时就有巨大的

进展。'" ①

在《我怎样写作》一文中，罗素谈道："我不能假装知道文字应怎样完成，或某一明智的评论家能开导我改进写作。我最多能做的是有关我自己的打算。直到21岁时，我希望或多或少以穆勒的办法写作，我喜欢他的句子结构以及展开主题的方式。然而，我已有一种不同的理念，我想也许是从数学得来的。我希望用最少量的词来清楚地说明任何事物。我认为，一个人或许你应该模仿贝德格尔手册（Baedeker）而不是文学模式。我会用上数小时力图发现最短的方式而又没有歧义地说明某事，并为此，我情愿牺牲所有对审美的要求。……我的姐夫罗根（Logan Pearsall Smith）提供了一些简单格言也许对散文作家很有用。首先，如果一个短词可以表达意思，就决不用一个长词；其次，如果你想提出一个陈述包含了很多重大的条件，那么其中的某些就要用分开的句子来表达；第三，不要让你句子开头将读者引向一个与结尾相矛盾的期望。" ② 罗素拿自己开心，说他是凭单词的词数来赚钱的，当然每个词越短越好。

台湾著名学者余光中说过："西方的好散文往往出于小说家之手，如康拉德与劳伦斯；哲人之手，罗素的散文乃清畅之典范。"在谈到所谓学者散文（scholar's prose）时，他指出："这一型的散文限于较少数的作者。它包括抒情小品、幽默小品、游记、传记、序文、书评、论文等等，尤以融合情趣、智慧和学问的文章为主。它反映一个有深厚的文化背景的心灵，往往令读者心旷神怡，既羡且敬。……这种散文……它变得清醒而明快像罗素……罗素劝年轻的教授们把第一本著作写得晦涩难解，只让少数的饱学之士看懂；等莫测高深的权威已经竖立，他们才可以从心所欲，开始用'张三李四都懂'的文字来写书。罗素的文字素来清畅有力，他深恶那些咬文嚼字弯来绕去的散文。" ③

① 罗素：《罗素自传》第二卷，英文版第305页。

② 罗素：《我怎样写作》，《罗素重要著作》，英文版第64 － 65页。

③ 余光中：《剪掉散文的辫子》，《左手的缪思》1963年。

罗素曾举过这样一个例子：Human beings are completely exempt from undesirable behavior pattern only when certain prerequisites, not satisfied except in a small percentage of actual cases, have, through some fortuitous concourse of favorable circumstances, whether congenital or environmental, chanced to combine in producing an individual in whom many factors deviate from the norm in a socially advantageous manner.（只有当某些先决条件，除非在实际案例中有很小的百分比未能得到满足，并通过某些有利情况的偶然聚集，无论是天生的还是环境造成的，碰巧结合为有许多因素偏离社会有益人格规范所造成的个人的时候，人类才能完全从不希望有的行为方式中摆脱出来。——本书作者译）罗素指出，此段话原意不过是：All men are scoundrels, or at any rate almost all. The men who are not must have had unusual luck, both in their birth and in their upbringing（凡人皆恶棍，或至少几乎都是；非此类者必在出身与教育上有特殊的运气——本书作者译）。[①]

余光中对此评论道："罗素只用 28 个字就说清楚的道理，社会学家却用了 55 个字，其中还动员了 prerequisites, concourse 一类大名词，却愈说愈糊涂。这种伪学术论文在英文里多得很，表面上看起来字斟句酌，术语森严，其实徒乱人意，并不'精密'。……这种迂回冗赘的语法，正是'精密'的大敌。英文里冠冕堂皇、冗长而又空洞的公文体，所谓'高拔的固格'（gobbledygook），皆属此类文字污染。"

在罗素《宗教与科学》一书的引言中，麦克·洛斯（Michael Ruse）写道："专业哲学家常常对罗素的通俗作品很少重视，而恰由这些作品为他造就了大量的读者。罗素写作的速度令人惊叹，一天能够打出 3000 余词，而无须作一词的修改；他在三周内就能够完成一部 65000 词的著述。然而这种快速写作决不牺牲质量，他的作品明了、坦承、结构合理，方显大师文采，而不愧为诺贝尔文学奖

① 罗素：《我怎样写作》，《罗素重要著作》，英文版第 65 页。

得主。”爱因斯坦就说过，“阅读罗素的作品是我一生中最快乐的时光之一。”罗素的文体风格在英国文学中也占有一席享誉的地位。

1949 年，罗素获得英王六世颁发的不列颠最高声望公民“荣誉勋章（the Order of Merit）”；此外，他还获得加林卡奖（the Kalinga Prize。1958），丹麦索宁奖（Soning Prize，1960），德国奥西斯基奖（Ossietzky Medal，1963），美国汤姆·潘恩奖（Tom·Paine Award，1963），以及耶鲁萨冷奖（the Jerusalem Prize）等。

第二节　国际正义的斗士

麦兹（Rudolf Metz）在《英国哲学百年》一书中，评价：罗素“是这个时代唯一赢得全球尊重的英国思想家”。[①] 罗素的国际声誉，除了学术和思想外，主要来自主持国际正义，呼吁世界和平。

1948 年 11 月 20 日，在对威斯敏斯特学校的演讲中，罗素竟一反常态地疾呼：“我们必须在苏联拥有原子弹之前发动战争先对付它，否则我们就必定跪倒而屈从它的统治。”从而鼓吹应先发制人，用核武彻底摧毁苏联，因为如此作法总比苏联研制出核武后爆发核战争好得多。在回答一个提问者时，他说道，有三种方式对付苏联：一是在苏联拥有原子弹之前发动对其战争，“以西方的胜利得到迅速的和不可避免的正当结局”；二是在苏联拥有原子弹之后发动对其战争，“虽仍以西方胜利为结局，但却是在可怕的大屠杀、毁灭以及苦难之后”；三是屈服。他指出，第三是最坏的选择。[②] 这些说法都是与他以往的观点背道而驰的。然而，不久罗素改变了初衷，认为最佳途径是核武器裁军，并从此致力于这项运动。1954 年，威力更强大的氢弹爆破成功，罗素进一步意识到核武器将可能给人类带来毁灭。

---

① 转引自谢尔普：《罗素的哲学》，英文版第 539 页。

② 蒙克：《罗素：热狂的幽灵》，英文版第 302 页。

冷战开始，整个人类日益陷入社会制度与意识形态两大对立阵营之间核威胁之中。罗素便几乎全力投入反对核战争的活动。1954年12月23日，罗素在BBC广播电台发表针对核威胁的“人类的危险”演说后，全世界都为之受到一定的触动。七天以后，在“我们要选择死亡吗？”的演说中，罗素声言：“我不是作为一个英国人、一个欧洲人、一个西方民主制度的成员，而是作为一个人，作为其继续生存无法得到确定的人类的一员在发言。世界充满了冲突：犹太人与阿拉伯人；印度人与巴基斯坦人；非洲的白人与黑人；以及压倒所有小冲突的共产主义和反共产主义之间的大决斗。”他接着起草声明，并征求科学家签名。1955年1月11日，罗素致函爱因斯坦，告知他由于核武器竞赛，人类前途实在令人担忧，希望以他为首联合6个著名科学家发表宣言避免毁灭人类战争发生；爱因斯坦即复函道：“你擅长这些组织工作，你是将领，我是士兵，你下军令，我当跟从。”并提议可以寻求Niels Bohr的帮助，但罗素在同这位名人联系后，得到的答复是否定的。罗素与著名法国原子能科学家约里奥·居里（F. Joliot-Curie）反复商榷了宣言中的一些提法，例如后者不同意他所写的“我们可以恐惧地看到，倘若许多原子弹被使用，那将是普遍的死亡，而仅有幸运的少数人突然死去，而大多数人将遭受疾病和肢解的缓慢折磨。”居里认为称少数人为“幸运”是不妥的。罗素还给一名华裔科学家写了信，但他估计可能由于地址写错了，而没有收到回音；他还联系了一些苏联科学家，然而由于意识形态原因也没有响应。1955年4月11日，传来爱因斯坦逝世的噩耗，但这位伟大科学家已经签名。这份还有莱纳

与罗素共同发布“罗素－爱因斯坦宣言”的爱因斯坦

斯·鲍林和汤川秀树等11位诺贝尔奖得主和科学家签名的“罗素—爱因斯坦宣言（The Russell-Einstein Manifesto）”指出，他们不代表任何国家、民族，或大陆，也不代表任何一种信仰，而仅作为人类的成员抗议氢弹实验，提醒人类警觉自身面临的空前危机，呼吁裁军，消除核武器以及阻止一切战争；他们表明，无论什么阵营，都无法凭借战争取得胜利；他们劝导人类牢记自己的“人性”而忘却其余的一切。最后“号召世界各国政府体会并公开宣布它们的目的不能发展成世界大战，而我们号召它们，因此在解决它们之间的任何争执应该用和平手段”。

在这之后，罗素作为演说者或组织者参加了一系列有关反核或反战的国际活动，如1955年“世界政府联合议会”讲坛；1957年“普格瓦斯科学家大会”（the Pugwash Conferences of scientists）第一届会议（普格瓦斯组织后获1995年诺贝尔和平奖）；1958年“消除核武器运动”；1960年“百人委员会”成立，并开展“公民反战不服从行动”。1961年8月6日，即广岛纪念日，在伦敦海德公园静坐示威中，89岁高龄的罗素亲自撰写传单、发表演讲，谴责某些国家当局正在“张罗对全人类的屠杀”；罗素夫妇因此同时被捕，被指控非法煽动宣传，判两个月监禁，罗素因病在监狱医院度过七天后提前获释。当宣判时，有人幸灾乐祸的大叫：“可耻、可耻，一个88岁的老头！”而法官则责备道：“您年老得足够做得更好些”。1960年代，在肯尼迪遇刺后，罗素是最早对官方说法提出质疑的几个人之一，列举了案件的16个疑点。

1962年10月至11月间，人类面临了一个最危险的时刻，从未如此接近毁灭世界的核大战。就在这个期间，罗素走上了拯救世界的舞台。10月14日，中情局的U2飞机拍到苏联战略核弹基地非常清晰的照片。苏联在古巴秘密修建了24座中程弹道导弹发射台及16座中远程弹道导弹发射台，同时还驻有4.2万苏军（中情局错估为1万人）。当时，美方有5000枚核弹，苏方有300枚，据中情局估计古巴岛约有30余枚核弹，实际上有162枚。从10月16日肯尼

1958 年，罗素参加“普格瓦斯科学家大会”

罗素与他的第四任妻子在反核示威大会上

1961 年罗素与其第四任妻子因反核被判刑，这是他们前往法庭的路上

1962 年罗素在反核示威中

1960 年罗素在反核集会演说中

迪接到报告到10月28日苏联撤走导弹，史称“危机13天”。美国提出五种对策：一、侵犯古巴；二、轰炸古巴；三、封锁古巴；四、联合国调解；五、听之任之。肯尼迪指出，这最后一种是最坏的选择，并决定以谈判代替开打。10月22日晚，肯尼迪向全美发表广博，下令封锁古巴，对所有驶向古巴的轮船加以检查。获知实情的美国人顿感世界末日的迫近。

除了在纽约参加示威抗议活动外，10月23日，罗素还分别致电美苏两国首脑，怒斥美国威胁人类的继续生存，呼吁苏联停止引发冲突。赫鲁晓夫立即发表一封长信答复罗素，保证其政府不会犯难。罗素复电表示感谢，并吁求他撤回军舰。代表两大阵营的美苏较了几天的劲后，经过密集谈判和交涉，10月28日，苏方宣布自古巴撤出核弹、轰炸机等攻击性武器以及驻军，而美方则保证不入侵古巴，并允诺从土耳其撤出导弹，但为了面子一直未加公开，拖了一段时间后才实施。当赫鲁晓夫下令苏联军舰回航并接受检查后，罗素赞扬苏方的妥协行为。由于罗素的调解以及其他因素，赫鲁晓夫后来允诺，倘若美国保证不再侵犯古巴，苏联将撤除古巴核基地。肯尼迪致电罗素，告知苏联存在秘密导弹，并指责苏联是“窃贼”，罗素答复道，这并非秘密的，美苏双方早就有远程潜水艇，屠杀不仅为“窃贼”。罗素谴责美国也在英国和西欧到处窃取情报。他还致函建议赫鲁晓夫废除“华沙条约”以促进和平；致电卡斯特罗敦促撤除军事基地并接受联合国的视察；致函联合国秘书长吁求联合国视察军事基地，以保障古巴安全。

后来赫鲁晓夫透露，有两件事，即卡斯特罗反复要求对美发射核弹以及驻古苏军自行击落美国U2侦察机，使他顿悟情况马上失控，一旦爆发核战，世界将沦于毁灭，于是下令撤出核弹。这是一场极严重的政治军事双重危机，被国际政治家称为冷战的顶峰和转折点。在冷战中，二次大战的两个战胜国兼超级大国不断使用新型武器来炫耀各自的优势。双方的战略都在于向对方实施先发制人的第一次核打击，使对方瘫痪而无法展开核还击；这是常规武器所不可能达到的。当时美苏的导弹技术可达到18000公里外的目标，因此双方都能够从自己的国土打击对方国土内的目标，并且双方的战略轰炸机机队也可以打击对方领土内的目标，但缺陷都在于其预警时间过长，因此对方有充分时间进行反制。对此，双方必须将其核导弹尽量部署到对方的领土附近。1959年美国在意大利和土耳其部署了中程弹道导弹，如此一来逼迫苏联必须如法炮制，古巴革命提供了这个良机，这就是后来导弹危机的真正起因。在“导弹危机”中，罗素以个人身份充当美苏之间的调停者，而肯尼迪、赫鲁晓夫、卡斯特罗都不敢轻视他，多少都会买一点账。美苏双方的妥协最终出于根本利益的需要与制衡，但罗素的出面，无疑给了两边某种体面下台的“台阶”。

同年，1962年，中印边界发生冲突，这也是当时国际最复杂和敏感的问题之一，除了直接的领土问题，它还涉及了西藏问题，中印两国综合利益问题，美苏两大超级大国争霸问题以及中国本身的国际地位问题等。有的西方学者甚至认为它是亚洲两大文明之间的冲突问题。战争分两个阶段，即10月20日至28日，11月16日至21日。中国赢得了重大军事胜利，而印度举国上下陷入恐慌。罗素致电周恩来和他的剑桥校友兼老朋友尼赫鲁，敦促双方尽速停火撤军，通过外交途径化解争端；并建议印尼苏加诺总统、加纳总统恩鲁玛等参与调停。中国总理周恩来和印度总理尼赫鲁很快对他进行了回复，并都派大使馆官员拜访了他，都还接见了他的代表舒恩曼（R. Schoenman）和鲍特尔（P. Pottle）。不过，这个舒恩曼僵化的做法有辱使命，罗素后来说道：两位代表“在第一次与周恩来总理见面时，气氛是有礼、友好而有益的；但第二次会面因为他们的行为以及愚蠢的轻率而受到中国方面严厉地谴责。作为他们的赞助者，很自然我受到了质疑。对我的苦恼以及我们工作严重的困扰来说，我一直未能恢复与中国政府温暖而友好的关系。”[1] 舒恩曼是一

① 转引自克拉克:《罗素生平》，英文版第606页。

个有点骄横气傲的人，在印度，主人问对这个国家的第一印象是什么，他以问为道："在这么热的地方怎么做爱？"在中国，主人带他到湖上划船，他竟脱衣下水游泳；他想见毛泽东，等不耐烦了，便在下榻的房间里拿起电话叫道："毛主席是一条神牛！"后来周恩来代替毛泽东接见了他们。但因各种原因,两位代表遭到了"驱逐"。[①]不久，尼赫鲁改变了不结盟政策，从而向美国求援，1962 年 11 月，肯尼迪决定介入战争，并援助印度军队。中国方面则迅速撤军并归还了全部缴获的武器。

在《墨脱的诱惑》一书中，中国军旅作家金辉这样评论道，"胜利者和失败者是十分明确的。但是，经过了近三十年之后，结合现在再来看那场战争及其结果，却完全是另一种情况了——胜利者除了没有失败的名义，却具备了失败者的一切；失败者除了没有胜利的名义，却得到了胜利者的一切。胜利者因为胜利的飘飘然，以至连对胜利成果的彻底丧失和巨大的屈辱都无动于衷。失败者因为唯独还没有得到胜利者的虚名，所以一直在摩拳擦掌，发誓要报一箭之仇。也许这就是历史的嘲弄，如果当年印度取得了胜利，那么现在他们在这一地区肯定不会如此占尽便宜，如果当时中国在此地失败，那么现在反而大概不会这么被动和可怜。"在《印度对华战争》（India's China War）一书中，西方记者马克斯韦尔（N. Maxwell）也感叹："当中国军队取得重大胜利的时候，中国政府突然宣布单方面无条件撤军，这与其说让全世界都松了一口气，不如说是让全世界都目瞪口呆。世界战争史上还从没有过这样的事情，胜利的一方在失败者还没有任何承诺的情况下，就单方面无条件撤军，实际上也就是让自己付出巨大代价来之不易的胜利成果化为乌有。"当然，这一切是由于当时各种实际情况决定的，其中有些内幕恐怕很难明了。

不过，当时的罗素显然洞察到了问题的严重性，并相信这场冲

① 摩尔海德:《罗素一生》，英文版第 533 页。

突有可能引起世界大战。他说道："战火将继续，首先对中国有利。美国与英国将出面援助印度，但会发现除非动用核武器，它们无法击败中国。它们将要动用这种武器。中国将显示自己与俄国的不同，而俄国同样也会动用核武器，不止对付印度，而且对付西方。在很短的日子里，整个世界将变得与现在的喜马拉雅山一样空旷而荒凉。" ①

罗素所作的预言并非空穴来风。43年以后，据2005年8月26日《纽约时报》报道，8月25日肯尼迪总统图书馆与博物馆公布了新近解密的录音带，表明在1963年5月，肯尼迪和他的顾问讨论过如果中国第二次袭击印度美国使用核武器的可行性，以及怎样防止印度成为共产主义的多米诺骨牌中另一张倒下的牌。在录音带中，国防部长麦克拉玛纳说："在我们认真帮助印度不受中国入侵之前，我们要意识到，如果我们真的想帮助印度抵抗中国的袭击，我们必须使用核武器。中共对于那个地区任何部分的攻击都会使美国有必要使用核武器，这总比调动大量的美国军人好。"肯尼迪说："我们应当保护印度，所以（如果印度遭受攻击）我们将会保护印度的。"布鲁金斯研究所的高级研究员史蒂文·科恩说："谈话的背景是肯尼迪非常非常非常倾向于印度。他把印度看是中国的天然制衡力量。"科恩回忆了当时的政治气氛，他暗示说肯尼迪的顾问们提到可能使用核武器也许还有一个动机。他说："我们在韩战打了个平手，我们很担心苏联。可见他们提到了'核武器'是因为他们不想让肯尼迪在印度做任何事情。这种方式是把赌注拔很高，以至于你不可能选择它。"据印度分析人士说，他们被录音带的公布惊得目瞪口呆。哈佛大学南亚历史教授博斯（S. Bose）说："很显然，1963年和2005年不乏相似之处。主要基调是怎样遏制中国。"不过分析家指出，美国即使考虑过所谓的核武器选择，在下一年也一定会放弃了，因为1964年中国成功爆炸了第一颗原子弹。

---

① 转引自蒙克：《罗素：热狂的幽灵》，英文版第450 － 451页。

1963年，罗素创立和平基金会，为解救40多个国家的政治犯而工作。1966年5月24日，罗素通过民族解放阵线电台对美国士兵发表演说，宣讲越战的非正义性。1966年11月16日，罗素呼吁建立了由各国的杰出人物组成的国际战争罪行特别法庭（后来称为"罗素法庭"），1967年5月在瑞典和丹麦分别开庭，象征性地传讯美国总统约翰逊。法国存在主义哲学家萨特的《开幕词》庄严宣告：组成特别法庭并起诉越南战争中的"战犯"，并将裁决对美国、韩国、新西兰和澳大利亚政府的起诉是否合理而正义。萨特以纽伦堡审判为史鉴，指出：罗素特别法庭的合法性来自它的绝对无权及其普遍性。一家法国报纸报道说：这是一个只有陪审团而没有法官的法庭！不过，有意思的是，罗素的那个代表舒恩曼又与萨特闹翻了，后者便将罗素的名字从罗素法庭上去掉，并将特别法庭从伦敦迁往了巴黎。还有一件鲜为人知的事，还是那个舒恩曼决定赴玻利维亚投奔格瓦拉（Che Guevara）的游击队，但终究没有成行。格瓦拉原是卡斯特罗的战友，并当过古巴副总理，后到玻利维亚发动游击战争，结果被俘后遭政府军当着美国顾问的面枪杀。格瓦拉在日记中写道："我将给萨特和罗素写一封信，请求他们为玻利维亚解放运动组织一个国际援助基金。"①1968年，罗素发表声明抗议苏联入侵捷克斯洛伐克。1970年，即去世的那一年，他仍出面谴责以色列发动的中东战争。

1967年，罗素撰写了最后一篇只注了"1967"而没有标题的文章，是在他去世前三年，95岁时所写的，也可以说是他对世界的一个最后的"遗嘱"。他再次重申，下一场残酷的战争将灭绝人类，因此，任何一个关注未来的人，必须在毁灭与缓和之间作出选择，并且这种选择不仅一次，而将会贯穿未来所有时代，一直到太阳冷却。很不幸，政客们还不习惯这样的选择。纽约、伦敦、北京或东京的所有居民将全部死亡，接着死亡将扩展到整个国家，然后由于贸易

① 蒙克：《罗素：热狂的幽灵》，英文版第471页。

中断而引起饥荒，而在最后的喘息后，连居住在山野中的人也会孤绝地死去，最终是永恒的沉寂。如果各大国继续奉行当前的政策，上述情景是不可避免的。各种力量必须明白，和平是人们的至高无上的利益。无论如何，应当反对共产主义和非共产主义的划分。同时，个人能够做什么？他们能指出现代战争的危害以及人类灭种的危险，能教导人们不仇恨不同于他们自己的人们，能重视其他人们的价值，能强调合作的优势。每一个民族都不要鼓动对其他民族的憎恨。“应当思考一下，我们的这个星球会怎么样或可能会怎么样。在当前大多数情况下，存在着劳苦、饥饿、不断的危险，以及远多于爱的仇恨。应该有一个快乐的世界，在那里，合作多于竞争，单调的工作由机器代劳；在那里，爱的天性没有泯灭并清除了那些唯一功能是杀人的机器；在那里，促进欢乐比制造尸山要受到尊敬。万勿认为这是不可能的，而这是可能的。这个世界只是等待人们更希望实现它而非痛苦的磨难。”①

第三节　无神论者的毕生

有记者提问罗素：他若死后真见到上帝，那碰面第一句话应如何说？他答道，自己会说：“全能之主呀，为什么仅提供如此少的证据来证明你的存在？”罗素出身一个宗教家庭，但从另类的思想探索中，逐渐形成了怀疑主义的精神和态度，这也是表现其独立人格的特色之一。罗素受到他的无神论的父母以及“教父”穆勒的影响很深，也与某种英国经验主义传统，尤其是新实在论的熏陶有关。休谟就这样宣称过，那些既不能被观察所证实，又不能为数学所计算的东西都是“臆说”，而所谓上帝就是这样的臆说。在漫长的一生中，罗素表现了从不向虚伪上帝（神的或人的）以及盲目的命运妥

① 罗素：《最后的文章：1967》（*Last Essay:* “1967”），罗素研究中心资料。

协的品格，他也不会仅由于某些东西有诱惑力而盲目信从。他使人们之间的关系具有意义，探求人们能够理解的自然真理，并从所欣赏的一些哲学家，如斯宾诺莎那里，发现一种生命价值的哲学。在“无神论者的信条”一文中，罗素学着牧师腔调诙谐地说道：“我们不信上帝，但我们深信人性的至高性。我们不信死后的来世，但我们深信通过善行的永生性。”[①] 罗素遇到的“迫害”与“麻烦”直接或间接与他的无神论有关。纽约法官就斥责他是“一个外国的无神论者”！

他写过大量反宗教的著述，并认真探索了宗教的起源、本质、发展过程、危害作用以及与科学的冲突等。罗素将宗教界定为“一个具有很多意义以及很长历史的词。从来源上说，它关注从远古承续下来的祭祀仪式，这些仪式为了很久以前已被遗忘的理由而演示着，并且为了预想的重要性而时不时与各种神话相关联。很多类似这样的东西仍然保留至今”。[②] 罗素认为，世界全然为一个自然的过程，所有宗教都起源于人们的愚昧与现实的苦难。以基督教为例，它有三大因素，即对上帝的祈祷（worship），对上帝意志的默从（acquiescence）与对所有人的博爱（love），而这三者又是紧密相关的，其中每一个都产生另外两个，并组成了一个整体。“宗教的本质就在于人们生命的有限部分服从无限的部分。人具有两种本性：一是以具象或动物性的本能存在，而追逐肉身及后代的利益；另一是共相或神灵的存在，而寻求与宇宙为一体。”[③] 在罗素眼里，上述三大因素都是谎言的虚构。罗素认为休谟一类的不可知论者并非无神论者，因为它“悬置了对神是否存在的判定”，而彻底的无神论者则明确否定神的存在。[④] 他还明确提出：“我们必须说，只有理智才能克服人类的麻烦，而任何非理智的东西都不能做到。只有更多、更

① 克拉沙 - 威廉姆（Crawshay-Williams）:《罗素回忆》（*Russell Remembered*），英文版第 143 页。

② 罗素:《社会重建的原理》，英文版第 223 页。

③ 罗素:《宗教的本质》，《罗素主要著作》，英文版第 575 页。

④ 罗素:《什么是不可知论者？》，《罗素主要著作》，英文版第 579 页。

聪慧的理智才能建造一个幸福的世界！”[①] 罗素指出快乐人生不必依赖宗教，而是由知识引导，并由爱促动的，从而能够消除死亡与恐惧；他指出基督教对人类文明并无积极的贡献，相反却遭受基督教的阻碍。对罗素而言，从社会与历史的角度观察，基督教主要强调教会而非基督；作为严密组织的教会，从古至今始终是世界道德进步的主要敌人。罗素还揭示：对西方文明来说，一个必要的条件就是“通过基督教所表现出的政府与宗教的关系”。[②]

在《宗教与科学》一书中，罗素认为，科学是探索经验世界的一种尝试，而宗教则先验地断定存在某个终极东西和某种永恒准则。“从社会的层面观察，宗教是比科学更复杂的现象。历史上所有重要的宗教都具备三个条件：（1）教会，（2）教规，（3）个人伦理规范。”[③] 对待宗教与科学有四种立场：其一，强调两者处于一种完全对立的状态，如创世论和进化论的冲突；其二，主张两者完全分离，由于解决不同的问题，因此并不存在冲突；其三，倡导两者的“对话”，对待的问题不同，也有共同之处并互相作用，故可加以调整；最后，试图将两者合为一体，因双方在本质上同一，仅遭到人为地阻隔。罗素是第一种立场的坚定支持者，对他来说，宗教与科学始终处于战争状态，这两个阵营都用自己的思想和原则强占同样的领域，但科学已赢得战争的决定性胜利，而这个战果是一切有良知的人们应大肆庆贺的。在宗教战败后，迷信、压迫和仇恨也随着消失，与此同时，理智、自由和博爱则随着科学的战胜而出现。对罗素来说，宗教上有三个根本问题：有无存在价值的理性知识？人格有价值吗？存在着上帝吗？罗素对所有这些问题的回答都是否定的。在《自由之路》一书中，罗素对基督教同共产主义加以类比，指出，共产主义的与宗教盛行时的基督教相同，它的最危险的特征令人联想中世纪的教会，这就是狂热地接受一本圣经所囊括的教条，严禁批

① 罗素：《宗教能克服我们的麻烦吗？》，《罗素主要著作》，英文版第 604 页。
② 罗素：《闲散颂》，英文版第 187 页。
③ 罗素：《宗教与科学》，英文版第 7 页。

判的态度，并残酷迫害反对者。

在最著名的文章之一《我为什么不是基督徒》中，罗素首先阐述什么是基督徒，接着论证上帝是否存在，对本初动因论、自然法则论、目的论、神灵道德论等各种有神论观点加以分析，从而指出它们都无法进行逻辑的证明，因此真正使人们信仰上帝的原因完全不是任何理智的论证，而主因是从幼儿时期起就受到的教化。罗素还考察了耶稣基督的道德品质，并批评说因其相信地狱，故并非一个真正慈悲的人，何况历史上究竟是否确有耶稣其人仍有质疑。罗素声言:“由教会组成的基督教始终是世界道德进步的主要敌人。”他指明，宗教出于恐惧，并倡导“我们要立足于自身，公正无偏地看待世界——它的善、恶、美、丑，依照世界的本来面目看待它。用理智征服自然而并非仅奴隶般地屈从它的威慑。上帝的整个概念源于古代东方专制主义。对自由者来说，这是一个毫无价值的概念。当你听见人们在教堂中将自己贬低为苦难罪人以及所有其他一切时，这是卑鄙的而为自尊的人们所不齿的。我们应当挺身而起，坦然地面对世界。我们应当尽可能使世界更美好些，尽管它不会如我们所希望的那么好，但总比别人在从前所做的要强得多。一个美好的世界需要知识、良善、勇气，而不必对往昔的懊恼，也不必用很久以前愚昧的人们说过的话语来束缚我们自由的智慧。这需要无畏的观点和自由的理智；这需要对未来的憧憬，而不是对消逝以往的回忆；我们坚信，用人类智慧创造的未来将远远地超过消逝的过去。”①

① 罗素:《为什么我不是一个基督徒》，英文版第23页。

第四节　传奇如戏的寿星

罗素面对死亡是很坦然的，采取一种幽默洒脱的态度。有几次他甚至与死神挨边擦过。1921 年，访华的罗素在保定育德中学讲演后，突然患病，濒临死亡，一家日本媒体便发布了罗素去世的消息。结果以讹传讹，传言散布到了全世界。罗素病愈后，以自嘲的语调说："能亲眼看到自己的讣告，太有意思了。我希望这能实现、而又明白不可能实现的意愿。"一家传教士报纸发布只有一个句子的讣告："传教士们在得知罗素先生之死的新闻后如释重负，而这是可以得到上帝的宽恕的。"4 月 28 日，痊愈了的罗素叹道："没有死在这里，我失去很多。中国人已准备在中央公园为我操办一个隆重的葬礼，然后把我葬在西湖中的一个岛上，那里是伟大诗人和皇帝生活、去世和安葬的地方。或许我能变成上帝。多好的一次机会错过

1959 年，罗素接受英国广播公司（BBC）采访

了。”1937 年，罗素亲笔写了一篇自我讣告：“他的整个一生虽任意妄为，却保持与时代格格不入的一贯性，这令人记起 19 世纪初叶的那些贵族叛逆者们。他的原则就是好奇，并引导他的行动。在私人生活中，他并没有用尖刻的话损害了他的写作，而是作为一个友善并同情人类的健谈者……他是一个死亡时代的最后一个幸存者。”据说他预测自己将于 1962 年去世，而让《泰晤士报》在那一年登出，结果他又多活了 8 年，直到他真正辞世，这家报纸才刊登了这个奇特的讣告。

从 20 世纪 40 年代至 50 年代，罗素在英国 BBC 广播电台做了大量各种内容的演说，同时在许多报刊上发表了大量各种题目的文章，这使他为学术界以外的广大民众所知。

罗素的第四任妻子艾迪丝·芬奇

1952 年，与第三任妻子皮特离婚不久，80 高龄的罗素与离美国费城不远一所学院 52 岁的英语教授艾迪丝·芬奇（Edith Finch）结婚，其实两人于 1925 年就已相识。他们与罗素的一个老朋友露西·多内利（Lucy Donnelly）合住一栋房子，并在那里待了 20 年。艾迪丝对晚年的罗素在反核和平主义运动方面帮助很大，1961 年，她与丈夫一起在监狱里度过了最有意义的一周。她一直伴随他去世，双方的关系还算紧密和相爱。

1948 年飞艇失事后遇救的罗素

1948 年，在从挪威奥斯陆到特隆赫姆大学的讲演途中，罗素竟遭遇风暴而飞艇失事，掉入海中，后被救起。他对当时情景描述道：“我发现在舱内已进入数英尺的水，而四周飘浮着帽子、衣物等。我喊

报纸上有关罗素遇险的报道，英文为“罗素在大西洋游泳”

着‘好啊，好啊’，接着开始寻找我的帽子，但徒劳无功。起初，我寻思是一阵浪头打碎了一个窗子，不会给我带来太严重的麻烦。我是坐在机舱后部，因为那是唯一可以抽烟的部分，而现在却成了最好的地方。几分钟后，乘务员打开了救生门，并将后部的人从一个打开的窗子，一个个推入海中。直到此时，他们的急忙才使我意识到事态的严重。我抓住我的随身手提箱跳入水中，但必须扔掉它才能游泳。当我进入水中后，便看到近处有一条船。我们游向它并被人拽了上去。我环视四周只看见机翼的尖露在水面上。”结果坐在禁烟区的 19 名乘客罹难。罗素被送往医院，在那里记者们追问他在水中的感觉，他仅回答一个词：“冷。”罗素痊愈并四肢无损，不过取消了讲演而返回了奥斯陆。他仅有的损失就是手提箱中的几本简装本惊险小说，即他通常对付夜晚孤独的良方，还有身上穿的裤子。当他在伦敦定做新裤子时，裁缝说道：“我不惊讶。我明白他的爵士

1949 年，77 岁的罗素登山后歇憩

头衔穿那条裤子游泳。”①

罗素在大哲和大文豪中算是相当长寿的。秘诀在什么地方？其一，数十年坚持这样的作息制度：早晨散步作操，上午写作，下午看书，傍晚散步，晚上会客或座谈。其二，保持良好的心态：乐观、前瞻、胸怀开阔、尽量顺其自然。他讲过养生妙法是：“无暇注视自己正在衰老”，以及“欢笑是最物美价廉的灵丹妙药”等。在脍炙人口的《怎样度过晚年》（How to Grow Old）一文中，罗素抒情地描绘：在心理上，晚年应防止两类危险：一是过分沉湎以往，而为失

① 克拉克：《罗素生平》，英文版第 503 页。

去的时光懊悔或因亲友的故去感伤；另一是紧缠着年轻人，希望从其活力中吸取生机，而成为后辈讨嫌的压力或负担。那些具有广泛兴趣并有适当活动的人才能享有成功的晚年。某些老人被死亡恐惧所困扰，这对年轻人是有理由的，但对尝尽人世苦乐并有成就的过来人就低俗而可悲了。克服这种恐惧的最佳途径是，使你的兴趣逐渐开阔，而超越个人；你的自我壁垒将一点点后退，于是你的生命将越来越与全人类的生命相融合。“一个人的平生宛若一条河——最初狭小，由两岸牢牢相夹，激情的水流穿越礁岩和瀑布；河面渐渐拓宽，两岸后退，河水显得更为平静；最终，未见任何断流，便与大海融为一体，而毫无痛苦地失去它个体的存在。”长寿以及个性的特征也给晚年的罗素带来了某种略带悲情的孤独。在他 90 高龄以后，所有的老朋友、老同事和老亲人都已纷纷去世，他原来的世界已离他而去。在他身边，甚至在他每年庆祝寿辰之际，除了第四任妻子，都只是围绕着一帮为他的基金会服务年龄还不到 25 岁的年轻人，而在他孙女露西的丈夫（后来离婚）霍洛维兹看来，这些人并非他的朋友，仅是“从他的名字所看到的政治功利”。罗素周围的社交圈子越来越小，与家人也都隔绝。为了与分离 10 多年的小儿子康拉德相见，他的大儿子约翰又愤愤离他而去。由于各种原因，他与多年的助手分道扬镳。在生命中的最后一段日子里，罗素越来越虚弱，耳朵也更聋了。

1970 年 2 月 2 日晚 7 时，在英国威尔士的朋瑞德拉斯（Penrhyndeudraeth，Wales）一代大师罗素溘然长逝，当时只有爱蒂丝随伺在侧，而没有其他家人在场。1966 年，罗素曾立下遗嘱：不举行葬礼，不放音乐，骨灰撒在公众无法知道的地方。罗素遗体安放在一具未加装饰的橡木棺材里，四天后运往考林湾火葬场。只有大约 20 人聚集在那栋红砖小建筑旁，有 5 个人抬着棺木。根据罗素遗愿，没有摆置鲜花，而在棺木上放了一个由水仙花与蝴蝶花编织的花圈，上面写着一行没有署名的话：“致以哀悼。”火化后，骨灰被撒在威尔士的群山当中。

1956 年，罗素与第四任妻子艾迪斯以及三个孙女

罗素的爵位由其与多拉的儿子约翰·康拉德·罗素继承，为罗素勋爵四世。罗素勋爵四世于 1987 年去世，爵位由罗素的小儿子康拉德·罗素继承，为罗素勋爵五世，他是个著名的历史学家以及英国上议院成员。罗素勋爵五世于 2004 年 10 月去世，爵位由 1968 年出生的他的儿子，也就是罗素的孙子，尼古拉斯·罗素继承，为罗素勋爵六世。

第五节　大师人格的弱点

作为大师的罗素并非不食人间烟火的完人，当然会有七情六欲，甚至还有人性和人格上的弱点。罗素的家人和家庭生活充满着不幸。他去世后，孙女露西在给祖母多拉的信中写道："如果有魂灵在那里，那么就让它们在那些雄伟的群山中伴随我们的童年吧！"撒手人世的罗素留下了家族的“不幸”：前妻们遭受着“苦难”；与他脱离关系的大儿子约翰患上了精神分裂症，约翰的妻子苏珊也有精神上的疾病，而他们的三个女儿，即罗素的三名孙女都感到自己被“躁动狂的幽灵”所困扰，后来罗素与他第四任妻子成了她们的法定监护人。1952 年，罗素与相处不好的第三任妻子皮特离婚后，他们的儿子康拉德一直到 1968 年才见到父亲，正由于这个原因，对康拉德与自己母亲的关系造成了永久的损害。

从他成名开始，不仅其学术和思想，而且其行为和人格就受到来自各个方面人士的抨击和指责。其中之一最有分量的，就是保罗·约翰逊（Paul Johnson）的《知识分子》（*Intellectuals*）一书。这本书对包括罗素在内的卢梭、雪莱、马克思、易卜生、托尔斯泰、海明威、布莱希特、萨特等 13 位“知识分子”加以相当负面的揭露，虽不免以偏概全，但也发人深省。在约翰逊笔下，这些知识分子擅长在自我美化中，又用表面耸人听闻的直率和坦承加以欺骗性

1947 年，罗素与第三任妻子皮特以及小儿子康拉德在剑桥三一学院

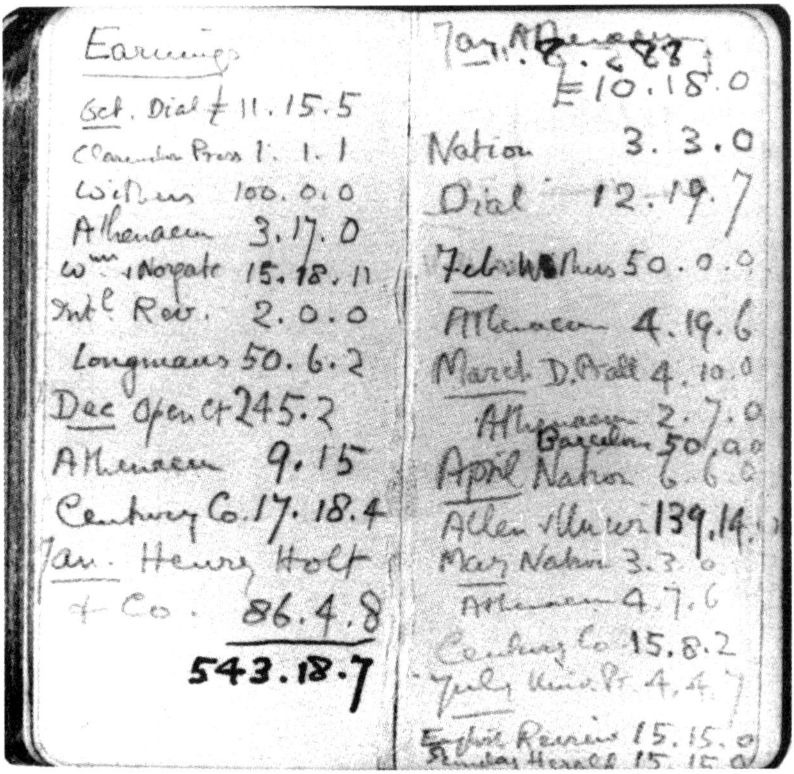
Earnings
Oct. Dial £11.15.5
Clarendon Press 1.1.1
Withers 100.0.0
Athenaeum 3.17.0
Wm + Norgate 15.18.11
Intl Rev. 2.0.0
Longmans 50.6.2
Dec Open Ct 245.2
Athenaeum 9.15
Century Co. 17.18.4
Jan. Henry Holt + Co. 86.4.8
543.18.7

£10.18.0
Nation 3.3.0
Dial 12.19.7
Feb Withers 50.0.0
Athenaeum 4.19.6
March 4.10.0
Athenaeum 2.7.0
Barcelona 50.0.0
April Nation 6.6.0
Allen & Unwin 139.14
May Nation 3.3.0
Athenaeum 4.7.6
Century Co 15.8.2
July Univ. Pr. 4.4.7
English Review 15.15.0

1920 年代，罗素记载稿费收入的笔记本的一页，被约翰逊在《知识分子》一书中竭力嘲讽

的包装，像萨特、德·波伏瓦、海明威一样，罗素所有的回忆也不足采信。中国古人讲究“为尊者讳”，当约翰逊此书一问世，人们为之一震。

约翰逊对罗素颇有微词，并以“罗素：一个逻辑废话的例证”（Bertrand Russell: A Case of Logical Fiddlesticks）为题狠狠讥讽了这位德高望重的智者。他这样发问道：“为什么罗素觉得自己有资格提出如此多的训导？为什么人们又如此听从他？”在约翰逊看来，罗素之所以发表了大量的东西，是因为他意识到自己写作太容易了，稿费收入也很好。他的一个朋友麦乐森（M. Malleson）说过：“每天清晨，伯蒂独自散步约一个小时，盘算并思考当天的工作。然后他回来写作一个上午，行文顺当而轻松，而不必修改一个词。”[①] 名利兼顾的罗素将自己写作或讲演的每一笔进帐都详列在一个小记事本上，并藏于内衣袋内，间或在闲暇或心情沮丧时就取出来细心查阅，并称为“最值得做的消遣（a most rewarding occupation）”。[②] 罗素非常注意自己的财务，这是一个事实，例如罗素开始不相信中国人，1920 年访华前要求中方先预支了 250 磅，这是他相当精明之处。他后来还抱怨过写《中国问题》一书，没有赚到多少钱。不过，这没有什么可过多非议的，因各种“迫害”和“麻烦”，罗素主要靠写作为生，当然关注全家衣食来源的稿费等收入。罗素第一次入狱，就是拒付因反战而遭罚的 100 英镑，这一方面反映了他的理念，另一方面也反映了其经济的窘迫。他也曾因金钱赔偿问题打过官司，如巴恩斯毁约一案。

除了写作、演讲以及参加一些社会活动，罗素几乎不能掌握任何机械性的设计，也不能亲手操作任何最简单的日常生活技能。很少有人像他那样脱离物理世界的现实。恐怕他从来没有自己做过任何一顿饭，或安装过任何最平常的家具器皿。罗素喜饮茶而不会煮茶，他的第三任妻子皮特出门时，把煮茶的程序一一写清，放于厨房石板上，但他仍然操作失败。到了老年，罗素开始耳聋，但他若无人相帮始终不会自己安上助听器。人类社会与物理世界都在不断地困扰着他，而人们常常会纳闷，一个如此聪明的人对社会和人性竟如此盲目。这些人类精神的导师却远离人类，陷于空谈。尤其是罗素，他几乎无所不包的写作和演讲，大至宇宙的演化，小至雪茄的挑选，都要为人们把握方向。罗素在成名之后便开始抢占其他领域的“地盘”，夸大自己的知识和智慧，自诩包揽一切的专家权威，致使普通大众盲目听从，甚至因他的误导，而走了弯路。难怪乎，约翰逊在书中发出了“谨防乌托邦”的疾呼。他的第二任妻子就这样评价罗素：“尽管他热爱大众并为其苦难而悲愤，但他仍然远离他

① 克拉沙 - 威廉姆:《罗素回忆》，英文版第 151 页。

② 保罗·约翰逊:《知识分子》，英文版第 197 － 198 页。

们，因为他身上的贵族气质，而同普通人缺乏接触。”①

在生理上，罗素并非能满足每一个人的口味。他会发出一种尖利的咯咯笑声，对此，他的一个剑桥学生艾略持（T. S. Eliot）形容为“啄木鸟的鸣叫”，而桑塔亚那（G. Santayana）则认为更像鬣狗之吠。他穿着深黑旧式三件套装，并鲜有更换（他难得同时有超过一套的服装），他带鞋罩，衣领高而挺。比阿特利斯·韦布（Beatrice Webb）在她的日记中写道，在罗素第二次婚姻中，他是个“不整洁、不健康而又玩世不恭的人物，一个不成熟的老头”。不过多拉欣赏他“浓密而相当美丽的灰发……飘立在风中，大而挺直的鼻子，奇特窄小的下巴，很长的上唇”；她还注意到他“宽而短的双脚朝外撇”，看起来“的确很像疯狂的制帽匠”。作为命定的欲望，她想“保护他免受他自己因脱凡超尘而引起的麻烦”。②

有时，罗素为了保持某种英国绅士的风度，相当注意某种礼貌，例如在书中和在私人信中对中国的印象还是有着区别，他在信中写道：“中国人没有心肠、懒惰、不诚实。他们将赈灾事务全部推给欧洲人，而且他们的政府极端腐败。绝大多数学生愚蠢而又胆小。我并不真的认为我在此间所做的一切有什么价值。杜威夫妇在此待了一年，他们已完全失望。”③

对罗素私生活批评最多的是他的第二任妻子多拉。多拉曾谈到一个女厨子拒不让家庭女教师接近主人的两个孩子，因为她已“同男主人睡过觉”（这个可怜的厨子遭到解雇）。多年后，多拉发现，在她外出之际，罗素让他的老情人康斯坦斯夫人为了性欲而留宿。当她带着新生儿回家时，罗素告知自己已移情别恋于来照看一双子女的皮特·斯本斯。1932 年，罗素在法国西南部度假，夫妇两人都带上了各自的情人。但他那无嗣的哥哥去世，罗素继承了伯爵头衔。多拉嘲讽地说，“于是，他便神气起来了。”皮特急于得到婚姻身份，

① 多拉·罗素：《我对自由与爱情的探索》，英文版第 245 页。
② 多拉·罗素：《我对自由与爱情的探索》，英文版第 53 页。
③ “罗素致柯莉的信”，1920 年 12 月 3 日，原件存罗素档案馆。

1938 年罗素在海边嬉戏，右边是后来成为他第三任妻子的皮特

罗素便将她领至家中共居一处。多拉说，“开始我不信伯蒂对我做这样的事。”她又说，这是“无可避免的”，这样的男人“一生中会伤害不少人”；而他“悲剧性的弱点”是他“太少的忏悔”。经历惨痛的教训，多拉发现罗素替换妻子的时候，相当老道，同那个阶层的所有有钱男人一样，马上雇用一帮精明强干的律师为他获取自己的利益。离婚案复杂而费时，因早先双方曾有一份分居契约，承认各有婚外恋行为并共同认可，在任何诉讼中都不得提起 1932 年 12 月 31 日以前的任何不当行为。结果，罗素赢得了儿女监护权。他的律师们让一个被多拉解雇但当下又为罗素所雇的汽车司机作了一份证词，大意是，多拉酗酒，其屋有破碎的威士忌酒瓶，并同她父亲和一个男客共睡一室。1935 年，离婚法庭庭长宣布，在多拉通奸之前，其夫至少也有两次，而实际上还有大量的通奸罪。其实这是一次两败俱伤的官司。在多拉一方，她始终遵循自己的准则，而罗素一旦觉得准则对自己不利，便诉诸法律。起初多拉从未想要结婚，但“直到 1935 年 3 月我才最终摆脱了法定婚姻。我已近 40 岁了。离婚耗费了我一生中的三年，使我蒙受了很多悲剧，而一直未能彻

底地恢复过来”。[1]

罗素的第三任妻子皮特·斯本斯

罗素的性受害者们通常是卑微者：女仆、保姆，以及偶然出现在房子周围任何年轻、漂亮的女性。胡克（S. Hook）声称，这正是罗素第三次婚姻破裂的根本原因，并说自己听到了“很权威的”说法，提及罗素“不顾高龄，仍追逐在路上遇到的每一个穿裙子的人，他做这种事臭名远扬，甚至与年轻女仆，并非背着皮特，而就当着她以及那些客人的面”。[2] 罗素与第三任妻子皮特的婚姻维持了 15 年。他说道：“当 1949 年我的妻子决定不再需要我时、我们的婚姻就走向终结。”约翰逊揭露说，在这令人误解的声明背后，有一长段有关他婚外恋的卑劣传闻。罗素从来并非一个主动的罗塔里欧（Lothario）[3],搜索着捕获女性猎物的高速公路，但他会毫无顾忌地勾引任何一个女人。[4]

罗素的女儿凯瑟琳一生都被人们问到这样一个问题：有罗素作为父亲，怎么样？她回忆了，描述了，分析了，批评了，甚至还“揭露”了自己的父亲，如他的空谈、自负、过分严厉以及对婚姻的不忠诚等等，但最后还是承认：“我将告诉整个世界，他是怎样一个伟大的父亲，多么的智慧、风趣、慈善，而使孩子们总感到有趣，他们不会把他看作永远是一个冷静和理智的哲学家。为此，我思索着，并开始写作。……他热爱真理，你不能用谎编的记忆来抬高他，

① 多拉·罗素：《我对自由与爱情的探索》，英文版第 286 页。
② 保罗·约翰逊：《知识分子》，英文版第 218 页。
③ 英国剧作家洛维（N.Rowe）于 1703 年创作的一个专门勾引女性的角色。
④ 保罗·约翰逊：《知识分子》，英文版第 217 页。

你必须处理好所有错误的东西，所有困难与失望的东西，然后你才能说：他是我迄今所遇到的最有魅力的人，这唯一我热爱的人，我所遇到的最伟大、最风趣、最美好、最可爱的人。这是一个特权能知道他，感谢上帝，他就是我的父亲！”[1]

① 凯瑟琳·泰德:《我的父亲罗素》，英文版第202页。

第七章

理想人性的追求

罗素是世界著名的学者和社会活动家，也是现代西方分析运动的开拓者，他把一种哲学思潮引上了一个非常狭隘的方向。他在1914年宣称：一种真正的科学哲学不主张解决人类或宇宙命运的问题，一切哲学问题经过必要的分析和提炼，都只是逻辑问题。[①]后来，分析哲学中的某些派别把这些思想贯彻到底，使之成了极端的形式主义。而罗素本人并没有沿着这个方向走到极端，在分析哲学中，人们往往把他称作最“形而上学”（指玄学）的一位人物。罗素虽然主张哲学不解决根本问题，却又认为由于不可避免仍需要解决。他就是以这种态度来对待所谓心物关系的。第一次世界大战使他觉得无法回避人和人类命运的问题，从此他便投身于社会改革的活动，并且对此进行了系统的理论概括。

可以说，从抽象的哲学转到对人生和社会问题的研究是罗素一生的一个最大转折。罗素晚年曾说，爱情、求知和对人类苦难的同情是自己一生的三大激情，爱情和求知使他升入天堂，而同情又使他降入尘世。实际上，这三大激情都促使他关心着人和人性的问题。罗素的人性论是其整体思想的一个重要部分，他的历史观、社会观、政治观、伦理观和教育观等都是从这种人性论出发的。

① 罗素：《我们对外界的知识》，英文版第33页。

第一节　个人主义

罗素的人性论是建立在个人主义这一基点之上的。在他看来，人类进步的起点和归宿都是个人主义，也就是说，社会发展的原因在于追求个人的自由、平等和幸福，而社会发展的结果也必然表现为上述个人理想的圆满实现。正如罗素所说的，政治理想就是有关个人生活的理想，政治目的就在于谋求个人生活的幸福。由此便引出“社会究竟应该造就个人，还是公民？”[①] 这一问题。罗素认为，这个问题在政治、伦理、教育以及形而上学（玄学）等方面都很重要。他反对黑格尔主义把个人与公民看作是一致的，而把这种观点看作是一种最终的形而上学真理，这在分析哲学家那里是最重的批评了。

罗素承认，主张社会合作与主张个人独闯的人们之间始终存在着激烈的斗争，“道德与政治的根本问题是寻求某种方式协调社会的需要与个人欲望之间的关系”。[②] 人性中的确存在着个体性与社会性两种缺一不可的因素，但它们绝不是有机联系的。罗素指出，造成“公民”，就会失去个人价值和自我存在，使个人成为他人的依存者，于是，个人心理与政府组织就产生了一种悲剧性的结合，人们在机械的模式下，将会逐渐丧失个性。实际上，人本身应该是一种自我存在的个体，个人事业是人类最好的活动，虽然在现代，任何人都得沦为公民，但必须首先意识到个人价值和个人所有的潜在本能，这样才不至成为毫无个性的“公民”。

罗素在《权力》一书中试图解决个人与社会组织的关系问题。他并不像存在主义者那样把任何社会制度和组织都看作是个性自由发展的锁链。他认为有一类组织是为了实现个人的利益，还有一类

① 罗素:《政治理想》，英文版第 1 页。

② 罗素:《哲学与政治》，英文版第 1 页。

则是为了扼杀个人利益。真正理想社会的组织完全是为了维护个人的自由和利益的。个人对组织可以构成主人、自愿者、无心者和仇敌四种关系，任何个人都必定属于其中一种。其实，罗素所罗列的只是一些非本质的社会关系。罗素还试图解决"有利进步的个人独创性"与"有利生存的社会合作性"的关系的问题。

罗素主张，一切美好的东西必须体现在个人身上，一个理想的政治制度的最终目标是个人的自由发展。但问题在于以什么途径达到这个目标，随着生产力的发展，狭隘地域性的个人必为世界历史性的、真正普遍的个人所代替，个人解放的程度是与历史完全转变为世界历史的程度一致的。在一次讲演中，罗素疾呼："我们在精神世界需要个人主义，在物质世界则要社会主义。"[①] 罗素虽然也赞同社会主义，但他所向往的理想社会是费边派和基尔特主义改良思想所空想的一种社会。

罗素指出，造就"公民"，就会使人们缺乏科学态度，盲从传统和权威，毫无创新和进取精神。而实际上，个人的价值在于具有大胆的怀疑精神、蔑视一切迷信和神秘主义、对人类做出创造性的贡献。一切文化之所以不朽是因为它建立在个人自由之上，例如当诗人、科学家的冲动强烈的时候，如果他们坚信自己正确，就不会屈从权威，也就不会畏惧迫害，他们因此而受到了人类的尊敬。这些观点反映了罗素人生观中某种积极的因素。的确，罗素自幼就表现出一种可贵的叛逆精神。他怀疑几何公理，怀疑宗教，怀疑一切没有得到验证的东西。他早年就指出："一个更高级完善的世界是不能被陈腐的伦理体系所束缚的。"罗素一生都在向社会的强者、传统偏见和宗教迷信挑战，他的许多思想都被当局和顽固势力看作是大逆不道的。然而，罗素的这种个人自由主义的奋斗不可能根本改变不合理的社会现状。后来，他逐步看到在现代社会中，个人的作用再也不像从前那样大了。但他仍坚持认为有四种情况是对个人开放的，

① 罗素：《怎样获得自由和幸福》，英文版第 43 页。

即政治领袖、工业巨头、大科学家和江洋大盗。不过，他还是清醒地看到，科学家往往也成了统治集团的一种工具，等于失去了个性的存在。罗素正确地认识到由于政治和经济的压迫，人的个性会被摧毁，社会会失掉进步的希望，例如大机器的统治者可以摧残个性和心灵的自由，使人们日益变成统一的模式。罗素以洛克菲勒和俾斯麦两人分别代表近代的经济垄断和政治独裁，并指出他们“打破了通过个人竞争带来普遍快乐的自由幻梦”。[①]

到晚年，罗素产生了一种像谭嗣同那样“有心杀贼，无力回天”的悲观情绪，他感叹地说，人类惨痛的呼号震撼着我的心灵，“我渴求除暴安良，但又无力实现，连我自己也难逃其害”。[②] 这道出了罗素的心声。特有的局限性使他只能以一种居高临下的悲悯态度对待下层民众的疾苦。他说过“一个达尔文能胜过三千万男女劳动者”。[③] 因此，他只能在知识分子和某些名人的小圈子中奔走呼吁，企图用个人和小团体的力量来扭转不合理的乾坤，而远远脱离了一般民众，他充其量只代表中高级知识分子中不满垄断统治、要求民主自由的人们。

罗素指出，造就“公民”就会使个人成为政府的工具、政治牺牲品和不义战争的炮灰。个人为了防止自我价值遭到摧毁，必须反对战争、专制、法西斯和霸权。第一次世界大战使他发现表面上有理智的人，却在以最大的快感屠杀同类，而且这种浩劫就发生在“西方文明”中。他奋然宣布自己反对战争，并斥责那些屠杀的罪行。他热爱祖国，从情感上也希望英国取胜，但对他来说，真理比民族情感更重要。在这一点上，他比号称第二国际某些头子们要高明得多。他强烈反对民族沙文主义的喧嚣，因为它用荣誉和英雄主义的伪装遮掩了残酷的屠杀。他希望将和平的愿望变成有理智的决心来阻止未来更大的战争。他反对在学校施行狭隘的民族主义和尚

---

① 罗素:《自由与组织》，英文版第 357 页。

② 罗素:《自传》第 1 卷，英文版序。

③ 克拉克:《罗素生平》，英文版第 5 页。

武精神的教育，认为对个性的压抑产生于对抗世界的强烈敌意，甚至会引起野蛮残忍的行为。好战是由教育等种种社会弊端造成的，只要有了合理的政治经济和教育制度，就可以消除因竞争心、权力欲和嫉妒感等造成的国际争端。只有使人性充满快乐，才能建设起和平美好的世界。人们应当受到一种发展健康心理的个人主义教育，而不要盲从政府充满偏见的教育。罗素一生积极参加反战、反核武器以及争取和平的运动，曾多次遭到当局的迫害。20 世纪 50 年代，罗素在 BBC 发表了著名的讲演《人类危机》，在结语中他说："保持人性，舍弃其余一切，新的天堂之门将会向你敞开，否则只有毁灭。"罗素从抽象的人性和个人自由主义的立场出发来解释和反对战争，虽然当时在保卫和平中起过积极作用，但他的想法却过于天真。

罗素个人主义的形成主要有以下几个原因。

1. 哲学世界观和方法论。坚持多元论、外在关系说和分析方法是罗素哲学的一个重要特点。1898 年，罗素由所谓新黑格尔主义的"绝对一元论"者变成了"经验主义多元论"者。在他看来，黑格尔认为宇宙是胶汁而非子弹，因此分割物都是虚假的；他则强调，宇宙正像子弹，一切分割物都是真实的。他声明多元论是科学的常识，而黑格尔派的一元论却是从神秘主义伪逻辑派生而来的。罗素提出可分组合体的思想来反对新黑格尔主义把绝对看作不可分的统一体的思想。他认为，世界之所以多元，是因为它是由具有外在关系的终极要素的逻辑原子所构成的。这种多元论有一个特点，就是发生关系的元和元之间是平等而毫无差别的。罗素把他的多元论典型地称为"逻辑原子论"，后又改称为"中立一元论"。他断言哲学的本质就是分析，而自己最重要的一个哲学"成见"就是分析方法。什么是分析？分析就是"发现一种组合体构成要素的方法"，就是从整体 W 得知 P 是 W 的一部分。这种世界观和方法论在社会观上表现为个人主义。因为在罗素看来，一个社会也是可分组合体，它的终极要素就是孤立的个人。总之，“个人也和莱布尼茨的单子一样”。[①] 在某种意义上，罗素的个人主义正是逻辑原子论的人格化，也正是分析法对于社会观的应用。当然，这种个人主义反过来也影响着他的多元世界观和分析方法论。

2. 继承和发展了英国人性论的传统。罗素的人性论吸取了历史上一些进步人性论的思想，尤其是他注意吸取了英国经验主义的人性论，其中个人主义是最重要的内容。例如培根把所谓人类哲学的对象看作是单个的个人，认为个人利益不同于社会利益；霍布斯把自然状态中的孤立个人看作是国家的构成要素等等。罗素十分信奉他父亲的挚友穆勒（也是他本人非宗教意义的“教父”）的思想，后者强调必须给个人以彻底的活动自由，个人发展只有在本人自由采取最快乐的生活方式时才能实现。罗素极为欣赏上述主张，在他眼里，黑格尔的绝对一元论是代表专制主义的，一定会抹杀个人的一切，而英国的经验主义多元论则是代表民主主义的，它充分尊重个人的利益、自由和权力，正像他所指出的，唯一为民主做出合理论证的哲学就是经验主义。[②] 这种看法充分反映了罗素的唯心史观。

3. 新贵族家庭的某种思想影响。第一章说过，罗素的家族史是资产阶级新贵族的发家史。罗素本人认为自己的家族史就是反对国王、争取立宪自由的斗争记录。他非常崇敬因为参加革命而被查理二世处死的一个祖先威廉·罗素。罗素的父母是热情的自由思想者。罗素年轻时就感到自己也有与父亲相似的思想和情感的发展过程，当然其中最重要的就是尊重个人价值、争取个性的充分自由和解放。

4. 特定的教育环境。罗素当时就学的剑桥大学是英国培养自然科学人才的中心，在学者和青年学生中充满了一种崇尚科学、追求真理的进取精神。由于学生和教授在学术上是平等的，因此学生可以自由抒发个人的任何见解。在这样较为自由的气氛中，罗素感到个人价值开始受到重视，而生活在这样一种理性被尊为上帝、智慧

① 罗素:《教育与社会秩序》，英文版第 10 页。

② 罗素:《哲学与政治》，英文版第 70 页。

被奉作德行的天地里是何等的快事！在那里，他参加了由一些具有个人自由思想的人所组成的学生团体，并受到了很大的影响。罗素把团体内的讨论看作是自由赋予个人的一件珍贵礼品。当然在那里所谓个性的自由只局限在某些高级知识分子的小圈子里，并以一种清谈的形式表观出来，它并不危及统治集团的根本利益。

5. 个人特殊的政治经历和信仰。19 世纪末，自由党和保守党是分霸英国政界的两大政党。罗素很自然地加入了前者的阵营。不久，费边派产生了，它主张以无产阶级和资产阶级的合作，缓慢、耐心地和平长入社会主义。后来，在这个派别的支持下成立了工党，罗素也成为了它的成员。在费边派的影响下，罗素开始对社会主义产生兴趣，他曾在德国专门研究德国社会民主党，并与倍倍尔和李卜克内西等人来往，他很欣赏他们争取民主和反对德皇专制的事业。他曾认真钻研了马克思主义，认为它摈弃了一切传统思想和正统的道德和宗教。他同意共产主义充分发展人的个性等思想和其他某些原则，但又反对马克思主义的根本原则和进行革命的途径。20 世纪初，随着工党的执政，费边派公开维护垄断资本的利益，支持重新瓜分世界的战争。罗素认为费边派走向了扼杀人们个性的邪途，于是他又改信了基尔特主义。这个派别企图以中世纪的行会制度来改良社会。罗素认为只有这个主义才能使个人获得自由、平等、权力、幸福以及最充分的发展。一方面，个人主义和自由思想促使他加入了自由党和工党，并信奉了费边派和基尔特主义；另一方面，这些政治经历和信仰反过来又促使他系统地发展了个人主义。他的不少人性论思想正是在这种情况下应运而生的。

第二节　人性的非理性倾向——“冲动说”

罗素在其自传中说，自己曾把政治学建立在冲动比有意的目的能更好地控制人类生活这一基点上。罗素对“冲动说”进行过详细的论述，甚至到晚年，他仍坚持这个思想。“冲动说”在英国传统人性论中是屡见不鲜的，例如培根认为人类有一种自私的冲动，休谟也认为人的各种欲望，包括让敌人受害、友人得福的心理往往发生于一种自然的冲动。而罗素则把“冲动说”加以理论系统化了。罗素认为一切哲学和伦理都含有一种冲动的思想，它的目的在于使冲动的放纵有一个合理依据。冲动使人有求知的愿望，甚至“人的一切活动都来自冲动和愿望”。[①] 因此，“应首先找出普通人的根本冲动及其利用环境发展的方式”。[②]

罗素把冲动分为占有的和创造的两种。占有性冲动表现在：（1）它追求私人独占财产，表现为财产冲动，造成了私有制和贫困；（2）它为了攫取更大的权力，实行专制，造成了残酷的政治压迫；它以武力进行掠夺和侵略，成为一切战争的根源，造成了不幸与死亡；它专门扼杀创造性，剥夺个性，导致了人类精神财富的毁灭；（3）它把人们投入到疯狂的竞争之中，追逐虚假的荣誉，造成了敌对的关系，使善行消失。而创造性冲动则表现为：（1）它能无限地发挥才能，激励社会改革；（2）它是爱的来源，能建立最善和最有益的生活，使人们获得最大的精神快乐；（3）它最大限度地促进科技和文化的发展，使社会得到进步；（4）它造成生命和发展，并强烈反对导致死亡的战争；（5）它造就了许多杰出的历史人物，保留了人的最完善的个性；（6）它使人既尊重自己又尊重他人，协调了人们之间的关系。尽管罗素认为前一种冲动是有害的，但又认为有冲动总比无冲动好，因为缺乏冲动就是死亡，而即使具有坏的冲动，也有可能引向生命和发展。如果人生只有目的和愿望而没有冲动，那么，人的生命就会枯竭。冲动必须是自发的，而不是强迫的，否则，一个艺术家或科学家的工作就会毫无意义。

罗素声称，一切政治制度的最大目的就是保持造成个性的冲动，使之更加完备和稳固。由于理智与冲动存在着矛盾，道德规范是必

---

① 罗素：《社会重建的原理》，英文版第1页。

② 罗素：《怀疑论集》，英文版第208页。

要的，“一种使人快乐的道德必须在冲动和抑制两股力量之间寻找一个中点”。[①] 这个中点就是在政治和私人生活的最高原则下尽量减少占有的冲动，增大创造的冲动，即是把不良冲动变为有益冲动。冲动还分为内抑与开放的两种，前者是消极的，包括野蛮、恐惧、嫉妒等；后者是积极的，包括希望、怜悯、友善、好奇等。伦理的真正本质是由开放性冲动组成的。[②]

罗素在《政治理想》一书中提出了理想政治制度消除不良冲动的两种办法：（1）增加创造性的冲动，它通过改革教育来实现；（2）减少占有性冲动，它通过废除资本主义与工资制度，去掉恐怖和贪财的动机来实现。总之，改革一切制度就能把冲动引向正确的方向，而判断一个政治制度的好坏就在于它是否鼓励创造性冲动、消除占有性冲动。罗素把社会的种种弊端与社会制度联系起来，这是正确的，但他颠倒因果关系，错误地把私有制及其种种罪恶看作是由人的本能冲动引起的，这是一种既反历史又非理性的观点。

罗素指出：人的活动有本能、思想和精神三个来源。人的冲动属于第一种来源的本能，这是人与低等动物所共有的；“人类就像动物一样，有一种自然进化的冲动，它在心理上的发展与生理上的发育是一致的”。[③] 罗素认为属于生物范畴的人群是由本能的喜爱而聚集在一起的，不过，人类的冲动比一般动物更复杂，他们既不像蚂蚁和蜜蜂那样完全喜欢群居，也不像狮子和老虎那样完全喜欢独居，人类是一种“喜欢半群居的动物”。[④] 罗素甚至认为善的冲动产生于生理上的腺体。这样，他就：（1）把人的社会活动降低到动物的自然活动；（2）把人的心理活动降低到生理活动；（3）把人的高级思维活动降低到低级意识和本能活动。罗素最根本的错误就在于：他把人类的活动与社会的具体发展方式、利益关系割裂开来。

---

① 罗素：《在道德和政治中的人类社会》，英文版第 16 页。

② 罗素：《怎样获得自由和幸福》，英文版第 24 页。

③ 罗素：《政治理想》，英文版，第 2 页。

④ 罗素：《在道德和政治中的人类社会》，英文版第 16 页。

罗素有时似乎也察觉到了自己的非理性倾向，他补充说，要把思想与冲动密切结合起来，使它们成为一种有客观目标的活动，否则对于两者都只有害处。例如，他认为爱属于本能，而恨则属于理性。但这样一来理性和思想就并非在人类一切社会活动中起必要作用了。虽然他承认人类的行为并不都是直接产生于直接的冲动，而有些是有意识的目的所支配的，但他又指出在一定意义上，某些高等动物也具有这种能力。① 有一次，罗素在引用了休谟的"理性是而且只能是激情的奴隶"之后说，"它表达了一个我所同意的观点"。② 由此看出，罗素人性论的非理性化倾向直接来源于休谟关于本能和激情的思想。理性在休谟看来只是人们灵魂中一种神奇而不可理解的本能，人类心灵的统一性类似于植物动物的统一性，所谓慈善、愤恨、爱生命、爱儿女等都是植根于我们天性中的本能。有关道德的善恶标准不是由于理性，而是由于心灵凭一种原始的本能企图趋福避祸。直接的激情，如欲望、厌恶、悲喜、希望、恐怖、失望、安心等来自难以说明的本能。③ 此外，罗素的冲动说与唯意志论和生命哲学等非理性主义派别也有着某种联系。

第三节　摆脱对人性的压抑

罗素正确指出，一切社会制度，尤其是经济制度，对人性有着深刻的影响，而资本主义制度严重地压抑着人性。但他又错误地认为经济制度的好坏主要看人的本能是否不受阻碍、个性是否不受束缚、创造性冲动是否有最大的发挥，而分配是否公平则是次要的。同样，政治制度的好坏也主要看是否摆脱了对人性的压抑，它的最重要目标是充分发挥个人的创造性、活力和快乐。在不良的经济制

① 罗素:《在道德和政治中的人类社会》，英文版第 17 - 18 页。
② 罗素:《在道德和政治中的人类社会》，英文版第 17 - 18 页。
③ 休谟:《人性论》，商务印书馆，第 201、283、455、495、471 页。

度下，贫困者是不可能得到人性的解放的；在不良的政治制度下，统治者限制了人的自主性和个性，由此，常常会爆发社会冲突。

培根认为不能压抑人的天性，即使它暂被压抑也不会绝灭，天性一旦冲破压抑就会更加强烈。罗素很赞同这种看法。摆脱人性压抑的思想正反映了他对不合理社会的某种叛逆精神。罗素认为社会有自然、权力和性格三大灾难。前两种可以用科技和社会改革来克服，而后者的克服则要靠教育来摆脱对本能的压抑，保全人们的独立性和冲动，使它们得到良好的教化，并使人的正当活动有实现的可能。要想充分发展人性，必须将他的知性、情感、意志三者发挥到最大的限度。[①]

罗素用一种快乐主义来解释人性，这与自由主义者边沁和穆勒有着密切关系，这两个人都主张追求个人利益和快乐是符合最大多数人的最高幸福原则，一切社会关系的基础和道德的标准就是个人的利益与快乐。在罗素眼里，摆脱压抑的结果就是获得了快乐。他认为第一次世界大战就是由于人的内心不快乐，因此人想借毁灭性的屠杀得到发泄。压抑天性就会产生对抗世界的强烈敌意，甚至会间接地引起残暴的罪行。只有传播本能的快乐，才能创造美好的世界。人生为什么会不快乐？罗素认为：一是由于社会制度，另一是由于个人心理。[②] 罗素还着重分析了个人的心理，他认为正是一种向内滞结的情绪，使人的心思只集中于自我，于是产生了恐惧、嫉妒、自罪、自怜等情绪而不得解脱。天性受到囚禁，完全割断了向外发展的情绪和兴趣，例如中世纪的禁欲主义把人拘泥于自我而牺牲其余一切，使人既不能享受现实的快乐，也不会达到最终的目标，造成人生极度的乏味，最终会产生意识与潜意识、自我与社会的两种冲突，接着又带来自我本身和自我与社会的两种分裂。这些冲突和分裂势必会产生种种恶劣的社会后果。而快乐的人格就不会产生冲突和分裂，这种人的生活是客观的、情感是豪放的、兴趣是广泛

---

① 罗素:《教育与社会秩序》，英文版第1页。

② 罗素:《在道德和政治中的人类社会》，英文版1页。

的，并且意识到自己是世界的一个成员，有权享受一切快乐。人的根本快乐就是对外界有一种广泛的兴趣，它是从同情感而不是从仇恨感出发的。

罗素主张用疏导法把兴趣引向外界，使人的行为能自然而合乎道德地进行，而快乐主义的行为与真正的道德家所主张的行为是一致的。罗素意味深长地说：一个快乐的人死的时候是坦然的，因为他“与具有最大快乐的生命之流是自然而紧密地结合在一起的”。[①]罗素很欣赏一种“开明的自利心”，他预言：“只要人民追求自身的快乐而不造成他人的苦难，就可使我们的尘世变为天堂。”[②]

罗素还把“冲动说”引进了快乐论，提出：“一个对旺盛生命力所具有的本能的冲动持排斥态度的人是得不到快乐的。”[③]他认为真正的快乐必须体现在精神与肉体两个方面。前者在于创造力的发挥、思想的自由、事业的顺利、爱情的美满、亲友的尊敬等；后者则在于衣食的丰足、身体的健康等。例如科学家就是一种最快乐的人，因为他们基本上具备了快乐的各种条件，尤其是精神条件。罗素正确地认识到个人心理也大都是社会的产物，因此“如果想发展人的快乐就必须改革社会”[④]。罗素生活在垄断逐渐形成的年代。由于垄断开始控制了社会生活的每个角落，资本主义的各种矛盾和危机更加剧了。为了谋生，人们终日疲命于高度现代化机器的飞速运转，因此出现了许多被扭曲、甚至完全变态的人格。两次世界大战造成了空前的浩劫，军国主义、法西斯主义和霸权主义日益威胁着世界。一切正直的人都感到了不同程度的压抑。

因为反战，罗素被斥为败类、间谍、卖国贼，并三次被判刑。某些离经叛道的伦理观使他在“最民主的”美国也遭到了种种迫害。作为追求自由民主、同情人类苦难的人，作为向社会强者和传统势

① 罗素:《在道德和政治中的人类社会》，英文版249页。

② 罗素:《怀疑论集》，英文版第25页。

③ 罗素:《怎样获得自由和幸福》，英文版第30页。

④ 罗素:《赢得快乐》，英文版第1页。

力勇敢挑战的活动家，罗素感到格外压抑，是不难理解的。罗素的愿望是善良的，他一生都在为摆脱压抑而斗争，但却找不到一条正确的道路。

在某种意义上说，人类历史就是人性不断摆脱压抑的过程。但人们对“人性”和“压抑”的理解是不同的。罗素一类的快乐主义者在反对禁欲主义的文艺复兴时期有着积极意义，在精神追求上，它反映了善良人们的空想；在物质追求上，它反映了某种消极的人生观。罗素把自己的快乐论标榜为人类的快乐标准只是一厢情愿的想法。

第四节　人性的可塑性

英国经验主义者大都是主张人性可变的。培根坚信可用某种教育方式来改变人性；洛克则把人性看作是可以任意刻画的白纸或蜡块；穆勒父子也都主张人性是通过环境和教育形成的。罗素发展了这一思想。他在早年认为成年男女的性格并不是一个数学上的固定的已知数，人的性格具有极大的可塑性，它是环境、教育和机遇影响的结果。他在晚年仍坚持：所谓人性，基本上是习俗、传统和教育的产物。罗素曾把这种思想作为自由平等的理论依据，例如他从穆勒有关男女在能力上的差异是由后天形成的这一思想中得到启发，从而投入到了争取妇女参政权的运动中。人性的可塑性是罗素人性论中最有价值的思想，主要体现在以下几个方面。

1. 强调外界影响与后天培养。罗素认为人性在环境影响下发生变化，人的本性与外界结合便产生了人的性格。经济等制度对人性有巨大的作用，因为人性中的爱、快乐和创造性冲动极大地受到物质条件的限制。与公有制相反，私有制对人性产生坏的影响。例如大机器的兴起使工人的个体所有制解体，人们为了工资而奋斗，因而失去了人生的许多乐趣。但发财欲望并不是人性固有的，可以用一种合理的社会制度来消除它。人性至少有十分之九是后天形成的，即使那十分之一的天生本能也可以改变，例如它可以为宗教信仰所影响，再如本能中的恐怖也是后天造成的。人的冲动不为本性所固定，它可以在后天环境里得到改变，“协调原始冲动与文明生活方式是可能的，人类学研究已经证明人性对不同的文化有着广泛的适应性”。[①]

2. 提出人性改变的根本原由。罗素认为造成人性改变的根本原因在于控制物质世界的变化程度，人依靠科技进步来日益有效地控制物质世界，而只有这种变化打破了人们本能与生活状况的平衡，才能促使社会物质条件的变化，以改变人性。

3. 研究人性的科学。罗素基本上承认休谟的人性科学的思想。休谟认为人的科学是其他科学唯一牢固的基础，一切科学最终都回归到人性，人们一旦掌握了人性，就会在一切方面获得胜利。不过，罗素并不同意休谟把人性科学夸大到科学之王的地步，也不同意休谟的所谓人性恒常的原则。罗素认为当科学像控制自然界那样也控制了人性，那它就会从根本上改变人性，并给人一种非物质科学所能带来的空前快乐，甚至有可能用科学来改变天生的本能。在罗素看来，心理学和优生学才是达到这种结果的理想方式。

4. 鼓吹教育决定论。罗素与近代一些进步思想家一样把教育看作是改变人性的最重要方式。他指出：“教育是打开新世界的钥匙。”[②]它既能带来好的品性，又能带来坏的德行。人们幼时的教育最先决定了人性，这个过程甚至在人们出生的瞬间就开始了。最初的教育应该是性格的教育，其次才是知识的教育，这两种教育是不同的，因此“对我们的孩子的教育必须从培养人的性格出发”。[③]所谓求知欲、谦虚、信仰、忍耐、勤勉、恒心和精确性等性格都是通过教育培养的，因此，人们必须创造一种教育方法来改变青年人的欲望和

① 罗素：《权威与个人》，英文版第 21 页。
② 罗素：《论教育》，英文版第 66 页。
③ 罗素：《性格的教育》，英文版第 6 页。

冲动。

改变人的本性是要有一定的教育和训练，但问题在于:（1）由什么性质的社会经济、政治和教育制度来改变人性;（2）改变成什么样的人性。在这两点上，罗素带有偏见和局限性。应当注意，人性可变的思想并不一定是为进步势力服务的，它也可以企图主观随意地改变人性，从而扩大统治者的阶级基础。实际上，在近代社会，极端主张人性不变的人是极少的。当权者总是妄图用符合自身需要的思想规范来改变人性，使之为其利益服务。罗素人性教育论多少对此也有一定的影响，以“五四”之后的中国为例，新民学会的个别成员就主张:“用罗素的温和办法，先从教育入手，作个性之改造。”[①] 以此反对采取暴力革命的方式。

为了实验自己的理论，罗素创办了一所小学，幻想在一个世外桃源里从事理想化的人性教育和改良，但是他失败了。这正说明环境是由人来改变的，而教育者本人一定是受教育的。罗素把环境和教育的作用片面夸大，却恰恰忽视了人首先要把最主要的环境即经济政治等制度改变成合理的。虽然罗素也看到了社会改革的必要性，但他所采取的却是一条改良主义的道路，他本人的实践就证明了这条道路是行不通的。经济政治制度没有发生改革，教育也不会得到根本改变。罗素充满偏见地说:“只有受过良好个性教育的人，才能知道哪一种个人教育有利于培养公民。”[②] 这无异说，只有他那样受过良好贵族教育的人才能知道怎样教育人。但是，如果教育者本身所受的教育拘于某种特定范畴的教育，那么就不可能造就真正完全的人性。罗素的人性教育论有两个错误：一是夸大了教育者的作用，鼓吹教育万能论；二是把教育对人的影响加以机械的理解。

罗素人性论的形成既由于英国社会条件的决定作用，也由于罗素本人特定的出身、经历和个人的某种思想特征。他的人性论有着自己的特点，我们所说的它对传统人性论的发展就是指这一点，它

① 《新民学会会务报告》，第 2 号。

② 罗素:《教育与社会秩序》，英文版第 2 页。

表现在：（1）打着科学的旗帜，强调跟上自然科学发展的潮流。例如罗素试图运用生理学、心理学等学科的最新成就来说明人性。（2）注意结合多种知识领域。罗素是百科全书式的多产作家，在知识广度方面很少有其他西方学者能与他相比。他广泛利用了教育学、伦理学、社会学、宗教学、政治学以及国际关系等社会学科的知识来研究人性问题。（3）企图解决社会上各种复杂的现实问题。罗素从两次大战的教训，从军国主义、法西斯主义、霸权主义、专制主义以及人类普遍的现实中，寻求对人性问题的回答。

在罗素将近一个世纪的生涯中，他的丰富经历和社会活动是历史上任何西方哲学家都难以比拟的，因此，他的人性论也有着同样丰富的内容。但必须看到罗素人性论带有某种反历史的观点、非理性的倾向、机械性的思想方法甚至伪科学的色彩。尽管罗素本人是一个正直、善良、勇于追求真理的学者和社会活动家，但他的人性论在客观上并未达到预想的积极成果，他和许多杰出的思想家一样陷入了自己所无法解决的矛盾之中。

第八章

数学原理的探邃

《数学原理》的根本宗旨是揭示所有纯数学单纯从逻辑的前提推演而来，而且仅应用以逻辑术语界定的概念。这种提法是康德的学说的反题（antithesis）。有意思的是，在起初阶段，罗素并未看到自己研究结果的分量，仅以为这只是批驳康德的一个插曲。在数学领域，罗素等讨论了整个新题目，并使用了新型记号法，这样一来，就可以用精确的符号来处理以往用冗赘模糊的日常语言所表达的事物。《数学原理》在第一卷中，主要探讨了数理逻辑的重要内容：一、演绎论，如初始概念与命题，初始命题的直接结果，两个命题的逻辑积以及等值与形式规则等；二、表观变项学说，如从低类型到高类型的演绎论，含有表观变项的命题论，二项表观变项的学说，类型的层次与归原公理以及等同与摹状等；三、类与关系，如类与关系的一般理论，类与关系的计算，全类、无效类的存在以及普遍关系、无效关系与关系的存在等；四、关系逻辑，如摹状函项与反义关系，给定项与给定关系，域、反域与关系的范围，两项关系的关系积，有限域与反域的关系，有限范围的关系与多元摹状函项以及关系与来自双重摹状函项的类等；五、类的积与和，如类的类的积与和，关系类的积与和，关系积与其因数的关系等。

第一节 数学原理的宗旨

罗素企图从逻辑基础演绎出纯数学的首发阶段，这就涉及演绎法本身，即那些从前提能够推出结论的那些结论。罗素说过："演绎逻辑的最重大的例子就是纯数学。……纯数学是一个巨大的知识整体，甚至最伟大的数学家也仅知道很小的一个部分。"[①] 罗素点出了一切演绎推理（其实归纳推理也是如此）的实质，这就是当一个 q 是一个 p 的结论时，那么就可以说 p 蕴涵 q，用符号法就是 $p \rightarrow q$。

根据本书作者本人多年符号逻辑的教研经验，特将罗素这种说法扩展一下，并加以通俗的解释。我们先确定一下所谓五种关系的符号记法，一、否定（negation），可用"～"、"—"、"¬"等（本书倾向用第一种），意思是"非"、"不"；二、合取（conjunction）可用"∧"、"&"、"·"等（本书倾向用第一种），意思是"和"、"与"；三、析取（disjunction）可用"∨"，意思是"或"；四、蕴涵（implication or conditional）可用"→"、"⊃"等（本书倾向用第一种），意思是"如果……那么"；五、等值（equivalence or bi-conditional）可用"↔"、"≡"等（本书倾向用第一种），意思是"当且仅当"，"两边真值函项相等"或"甲蕴涵乙，乙也蕴涵甲"。此外再用小括号（ ）、中括号 [ ] 以及大括号 { } 来限制符号之间的关系，也可以全用界定好的不同层次的小括号来表示，如 ((( ))) 等。

对任何一个推论来说，前提应当是足够的。我们假定有很多前提，如 p、q、r、e、f，以及一个结论 w，那这些前提间的关系就是合取关系，即 $p \wedge q \wedge r \wedge e \wedge f$，可以说不管有多少前提，这些前提之间都是合取关系；整个推理关系就是（$p \wedge q \wedge r \wedge e \wedge f$）蕴

① 罗素:《哲学化的艺术》(*The Art of Philosophizing : and other Essays*, Littlefield,Adams & Co., 1977)，第 39 页。

涵 w，即（p ∧ q ∧ r ∧ e ∧ f）→ w。再假定各前提的关系较为复杂，如～ p、q ∧ r、～（p ∨ r）、～ q → e、e↔ ～ f，以及结论（p ∨ ～ q）～（e → r），那么这些前提的关系就是～ p ∧（q ∧ r）∧ ～（p ∨ r）∧（～ q → e）∧（e↔ ～ f）；整个推理关系就是 {[～ p ∧（q ∧ r）∧ ～（p ∨ r）] ∧ [（～ q → e）∧（e ～ f）]} → [（p ∨ ～ q）～（e → r）]。可以总结出三点，其一，不管演绎还是归纳，任何推理（arguments）都是由前提（premises）与结论（conclutions）两部分构成的，缺一不可，而它们之间的关系就是蕴涵关系；换句话说，若非蕴涵关系就不是推理。其二，所有前提之间的关系都是合取关系。其三，所有前提或结论都必须由具有真假值的命题（propositions）或判断（statements）构成。

罗素企图建立命题的性质、命题的函项以及类与关系等，它表现两个方面：一是作为依赖于初始命题的演绎链，二是形式演算。因此，他指出："在数学中，作为未定义的观念在某些范围内是可以选择的，指导我们选择的动机是：一、将未定义的观念尽可能地减少；二、当两个系统间有相同数目未定义的观念时，我们就挑选较简易的那个。"[①] 为此，我们必须从有关命题演绎或来自另一命题函项得到确定的命题函项的公理开始，从那些初始命题，可以用上述五种方式来不断获得新的命题。而且这五种方式可以互相界定，从而得到一系列替代（Replacement）规则或真值函项等值（Truth Functional Equivalence）规则（仅以命题逻辑为例）：

（1）p 定义为～～ p，即双重否定规则（Double Negation），可记为 p↔ ～～ p。以日常语言为例："她是一个好学生"与"她并非不是一个好学生"意义与真假值相同。

（2）（p ∧ q）定义为（q ∧ p），（p ∨ q）定义为（q ∨ p），即交换规则（Commutation），可记为（p ∧ q）↔（q ∧ p），（p ∨ q）↔（q ∨ p）。以日常语言为例："她是一个好学生，也是一个好歌手"

① 罗素、怀特海，《数学原理》第 1 卷，英文版第 91 页。

可以交换顺序为“她是一个好歌手，也是一个好学生”而不改变意义与真假值。

（3）$p \to q$ 定义为 $\sim p \lor q$，即蕴涵规则（Implication），可记为 $(p \to q) \leftrightarrow (\sim p \lor q)$。以日常语言为例：“如果他在北京，那么他一定在中国”可以表达为“他不在北京，或他在中国”，意义与真假值相同。

（4）$p \to q$ 定义为 $\sim q \to \sim p$，即反位规则（Contraposition），可记为 $(p \to q) \leftrightarrow (\sim q \to \sim p)$。以日常语言为例：“如果他在北京，那么他一定在中国”可以表达为“如果他不在中国，那么他一定不在北京”，真假值相同。

（5）$\sim(p \land q)$ 定义为 $(\sim p \lor \sim q)$，$\sim(p \lor q)$ 定义为 $(\sim p \lor \sim q)$，即狄摩根规则（DeMorgan’s Law），[1] 可记为 $(\sim p \land q) \leftrightarrow (\sim p \lor \sim q)$ 或 $\sim(p \lor q) \leftrightarrow (\sim p \lor \sim q)$。以日常语言为例：“并非这种情况她既是好学生又是好歌手”可以换为“她不是好学生或他不是好歌手”；“并非这种情况她是好学生或是好歌手”可以换为“她既不是好学生又不是好歌手”，意义与真假值相同。

（6）$[p \to (q \to r)]$ 定义为 $[(p \land q) \to r]$，即输出规则（Exportation），可记为 $[p \to (q \to r)] \leftrightarrow [(p \land q) \to r]$。以日常语言为例：“如果他刻苦，如果他聪明，那么他一定取得杰出的成就”可以换为“如果他刻苦，而又聪明，那么他一定取得杰出的成就”，意义与真假值相同。

（7）$[p \land (q \land r)]$ 定义为 $[(p \land q) \land r]$，$[p \lor (q \lor r)]$ 定义为 $[(p \lor q) \lor r]$，即联合规则（Association），可记为 $[p \land (q \land r)] \leftrightarrow [(p \land q) \land r]$，$[p \lor (q \lor r)] \leftrightarrow [(p \lor q) \lor r]$。以日常语言为例：“他刻苦，而且既聪明又勇敢”可以换为“他既刻苦又聪明，而且勇敢”，“他或刻苦，或者他聪明或勇敢”可以换为

① 由英国著名逻辑学家和数学家狄摩根（Augustus De Morgan, 1806－1871）所发现，并以他的名字命名的逻辑规则。

“他或刻苦或聪明，或者勇敢”，意义与真假值相同。

（8）$p \wedge (q \vee r)$ 定义为 $[(p \wedge q) \vee (p \wedge r)]$，$[p \vee (q \wedge r)]$ 定义为 $[(p \vee q) \wedge (p \vee r)]$，即分配规则（Distribution），可记为 $[p \wedge (q \vee r)] \leftrightarrow [(p \wedge q) \vee (p \wedge r)]$，$[p \vee (q \wedge r)] \leftrightarrow [(p \vee q) \wedge (p \vee r)]$。以日常语言为例：“他刻苦，而且聪明或勇敢”可以换为“他既刻苦而又聪明，或者他既刻苦又勇敢”；“他或刻苦，或者既聪明又勇敢”可以换为“他或刻苦或聪明，而且他或刻苦或勇敢”，意义与真假值相同。

（9）$p \leftrightarrow q$ 定义为 $(p \rightarrow q) \wedge (q \rightarrow p)$，即等值规则（Equivalence），可记为 $(p \leftrightarrow q) \leftrightarrow [(p \rightarrow q) \wedge (q \rightarrow p)]$。以日常语言为例：“他在北京当且仅当他在中国的首都”可以换为“如果他在北京，那么他就在中国的首都，而且如果他在中国的首都，那么他就在北京”，意义与真假值相同。

（10）$p \vee p$ 定义为 p，$p \wedge p$ 定义为 p，即重言规则或翻印规则（Tautology or Duplication），可记为 $(p \vee p) \leftrightarrow p$，$(p \wedge p) \leftrightarrow p$。以日常语言为例：“他在北京或者他在北京”，其实就是一个选择“他在北京”；“他在北京而且他在北京”，其实就是一个信息“他在北京”。人们经常反复重复某一选择或信息，只是为了不断地强调，如人们常引用的“学习、学习，再学习！”

有意思的是，上述这些规则大都可以用来相互定义、转换和替代的，如 $p \rightarrow q$ 可以变形为下列各种形式：1. $\sim p \vee q$（对 $p \rightarrow q$ 用蕴涵规则），2. $q \vee \sim p$（对 1 用交换规则），3. $\sim\sim q \vee \sim p$（对 2 用双否定规则），4. $\sim(\sim q \wedge p)$（对 3 用德摩根规则），5. $\sim q \rightarrow \sim p$（对 3 用蕴涵规则或对 $p \rightarrow q$ 用反位规则），6. $\sim(p \wedge \sim q)$（对 4 用交换规则），7. $\sim p \vee \sim\sim q$（对 6 用德摩根规则），8. $p \rightarrow \sim\sim q$（对 7 用蕴涵规则），9. $\sim\sim\sim q \rightarrow \sim p$（对 8 用反位规则），10. $\sim q \rightarrow \sim p$（对 9 用双否定规则），11. $\sim\sim p \rightarrow \sim\sim q$（对 10 用反位规则），12. $\sim\sim q \vee \sim p$（对 10 用蕴涵规则），13. $q \vee \sim p$（对 12 用双否定规则），14. $\sim p \vee q$（对

13 用交换规则）15. $\sim(p \wedge p) \vee q$（对 1 和 14 用重言规则），16. $(\sim p \vee \sim p) \vee q$（对 15 用德摩根规则），17. $\sim p \vee (\sim p \vee q)$（对 16 用联合规则），18. $p \rightarrow (\sim p \vee q)$（对 17 用蕴涵规则），19. $p \rightarrow (p \rightarrow q)$（对 18 用蕴涵规则），20. $(p \wedge p) \rightarrow q$（对 19 用输出规则），21. $\sim q \rightarrow \sim(p \wedge p)$（对 20 用反位规则），22. $\sim q \rightarrow (\sim p \vee \sim p)$（对 21 用德摩根规则），23. $\sim q \rightarrow (p \rightarrow \sim p)$（对 22 用蕴涵规则），24. $\sim(p \rightarrow \sim p) \rightarrow \sim\sim q$（对 23 用反位规则），25. $\sim(p \rightarrow \sim p) \rightarrow q$（对 24 用双否定规则），26. $\sim(\sim p \vee \sim p) \rightarrow q$（对 25 用蕴涵规则），27. $(\sim\sim p \wedge \sim\sim p) \rightarrow q$（对 26 用德摩根规则），28. $(p \wedge p) \rightarrow q$（对 27 用双否定规则），29. $\sim(p \vee p) \vee q$（对 1 和 14 用重言规则），30. $(\sim p \wedge \sim p) \vee q$（对 29 用德摩根规则），31. $q \vee (\sim p \wedge \sim p)$（对 30 用交换规则），32. $(q \vee \sim p) \wedge (q \vee \sim p)$（对 31 用分配规则），33. $(\sim p \vee q) \wedge (\sim p \vee q)$（对 32 用交换规则），34. $(p \rightarrow q) \wedge (p \rightarrow q)$（对 33 用蕴涵规则），35. $p \rightarrow q$（对 28 用重言规则，或对 14 用蕴涵规则，或对 5 和 10 用反位规则，或对 8 和 11 用双否定规则，或对 20 用重言规则，或对 34 用下一节将要讲到的推理简化规则）。如此一来，经过不断地变形和代换又回归到原来的形式 $p \rightarrow q$。

根据罗素的设想，我们可以利用这五种方式还能够表示一系列推理（inference）规则（仅以命题逻辑为例）：

（1）连接规则（Conjunction），简称 Conj。

p

q

$\therefore p \wedge q$

也可以表达为 $(p \wedge q) \rightarrow (p \wedge q)$。

（2）另加规则 Addition，简称 Add。

P

$\therefore p \vee r$

也可以表达为 $p \rightarrow (p \vee r)$。

（3）简化规则（Simplification），简称 Simp。

$p \wedge q$

$\therefore p$

也可表达为 $(p \wedge q) \rightarrow p$。

（4）泼仑规则（Modus Pollens），简称 MP。

$p \rightarrow q$

p

$\therefore q$

也可表达为 $[(p \rightarrow q) \wedge p] \rightarrow q$。

（5）托仑规则（Modus Tollens），简称 MT。

$p \rightarrow q$

$\sim q$

$\therefore \sim p$

也可表达为 $[(p \rightarrow q) \wedge \sim q] \rightarrow \sim p$。

（6）链推规则或假言三段论规则（Chain Argument or Hypothetical Syllogism），简称 CA。

$p \rightarrow q$

$q \rightarrow r$

$\therefore p \rightarrow r$

也可表达为 $[(p \rightarrow q) \wedge (q \rightarrow r)] \rightarrow (p \rightarrow r)$。

（7）析取三段论规则（Disjunctive Syllogism），简称 DS。

$p \vee q$

$\sim p$

$\therefore q$

或

$p \vee q$

$\sim q$

$\therefore p$

也可表达为 $[(p \vee q) \wedge \sim p] \rightarrow q$ 或 $[(p \vee q) \wedge \sim q] \rightarrow p$。

（8）构建两难规则（Constructive Dilemma］，简称 CD。

$p \to q$

$r \to e$

$p \vee r$

$\therefore q \vee r$

也可表达为 $\{[(p \to q) \wedge (r \to e)] \wedge (p \vee r)\} \to (q \vee r)$。

（9）消解两难规则（Destructive Dilemma），简称 DD。

$p \to q$

$r \to e$

$\sim q \vee \sim e$

$\therefore \sim p \vee \sim r$

也可表达为 $\{[(p \to q) \wedge (r \to e)] \wedge (\sim q \vee \sim e)\} \to (\sim p \vee \sim r)$。

（10）排中引介规则（Excluded-Middle Introduction），简称 EMI。

P

$\therefore p \vee \sim p$

也可表达为 $p \to (p \vee \sim p)$。

（11）重复规则（Repetition），简称 Rep。

P

$\therefore$ P

也可表达为 $p \to p$。

（12）同化规则（Absorption），简称 Abs。

$p \to q$

$\therefore p \to (p \wedge q)$

也可表达为 $(p \to q) \to [p \to (p \wedge q)]$。

第二节 解决悖论的努力

在哲学领域，罗素指出了令人欣慰和烦恼的两种对立发展。欣慰的是，实际上必需的那套逻辑系统比他预期的要小，尤其知道了所谓类是不必要的。由于《数学的原则》用了许多部分讨论作为一的类和作为多的类之间的区别，因此《数学原理》的新成果证明了前一本书有关这点的整个讨论以及很多繁复的论证也是不必要的。然而烦恼却是在亚里士多德之后，所有学派的逻辑学家都能从公认的前提中推出某些矛盾来。这表明某些方面有差错，然而却无法指出纠正的方法。1901 年春，罗素发现了一种矛盾，当他把这个背运之事告知怀特海时，后者说了一句引言："不再会有快乐而自信的清晨了。"

康托（Georg Cantor）证明了不存在一个最大的基数。罗素在对全类（universal class）运用这个证明时，得出了关于不是自己分子的那些类的矛盾，即著名的罗素悖论。罗素悖论简述如下：通过由非自身元素的集合所组成的集合 S，就会从抽象公理引出矛盾，即 S 是 S 的元素，S 又不是 S 的元素，换句话说，它既是自身，又不是自身；也可转换为这样一个定理："不存在这样一种普遍集合（universal set），就是说不存在包含将所有集合作为元素的集合。"[1] 罗素考虑到一个特殊的类，它有时是，有时又不是它自己的一个项。例如，汤匙这个类并非另一把汤匙，但并非汤匙的那些事物的这个类却是并非汤匙的那些事物之一。似乎某些例子本身并非负的：例如，所有类的这个类是一个类。这一个类是否是它自己的一项，若是，它必定具有这个类所界定的属性，即它就不是这个类的一项。相反，若不是，它就必定不具有这个类所界定的特性，即它就是它

① 乔治与维勒曼，《数学的哲学》（A.George and D.Velleman, Philosophy of Mathematics, Blackwell, 2002），英文版第 55 页。

自己的一项。如此一来，无论二者之中任何一个都会走向自己的对立面，这就产生了矛盾。不久，罗素越来越清楚，这只是无穷类矛盾中的一个。

当罗素悖论提出后，在数学上引起了如同当时物理学危机一样的危机，使整个欧美数学界和哲学界为之震惊，因为它触动了数学与逻辑这两门被人们视为最严谨的科学。罗素写信给弗雷格，后者在回信中非常严肃地说："算术陷入了困境。"并指出自己的第五个定律因而不得成立。弗雷格还提到："对一个科学作者来说，没有任何一件事比自己的著作完稿后，而它整个大厦的基础发生了动摇更不幸的了。这就是我收到罗素的信之后的处境，而当时我的书即将印刷问世。"[①] 极度懊丧的弗雷格放弃了自己打算毕生从事的从逻辑演绎出算术的计划。大数学家希尔伯特（D. Hilbert）就曾惊呼：罗素悖论对数学世界仿佛是直接的和毁灭性的打击。哲学家和数学家们意见纷纷，各不相同。例如本来就非难数理逻辑的彭加勒（J. H. Poincaré）幸灾乐祸地说："它有结果了，这就是出现了矛盾。"此话很精彩，但对解决问题毫无助益。另一些本来也不赞同康托的数学家闪烁其词地说："对它厌倦了，还是换个论题吧！"尽管如此，还是有不少看重数理逻辑的人们探索问题的解决之道。其中首推拉姆塞（F. P. Rammsey）。罗素不无遗憾地叹道："可惜的是他因去世过早，而中断了他富有成效的努力。"罗素说："在《数学原理》问世前的那些时光里，我并不清楚对解决这个问题随后应当做什么样的努力。实际上，我只是孤身一人地苦思冥想。"[②]

正像物理学的新发现引起的革命打破了旧物理观一样，罗素悖论的发现并没有导致数学的危机，而只是打破了旧的数学观，从而使人们的认识更加深入发展。

有了矛盾，就会有解决矛盾的办法。为解决问题，人们进行了

---

① 弗雷格，《弗雷格的哲学文选》(*Philosophical Writing of Gottlob Frege*, edited by P.Geach and M.Black)，英文版第 214 页。

② 罗素，《我的哲学发展》，英文版第 77 页。

不断的探究。20 世纪初，罗素和怀特海在三卷本《数学原理》中提出的逻辑类型论，或称层次演算，就是为消除悖论做出的一个积极而富有成效的初步尝试。后来人们在这方面更进一步的努力，大都可以说是建立在这个原则之上的。

在早期小部头的《数学的原则》里，罗素并未自诩已经找到了悖论的根本解决之法。他在此书的序中提到："出版这本仍有不少还未得到解决的争论的著作，我的看法是，在探索后，对于第十章所讨论的矛盾，并未发现不久的将来有获得妥善解决的希望，也看不到希望能把有关类的特性研究得更透彻。某些解决的办法可以让我得到片刻的满足，但不久便觉察出它们常常错误连连。这就使人感到，经过费时的思索或许能够获取某些似乎表面令人陶醉的学说，因而使问题掩藏起来。正因为如此，仅将困难提出，比一直等待到相信某个几乎必然错误的学说含有真理，似乎会稍好一些。"① 在讨论矛盾的第十章之末，罗素又指出："上述矛盾并不包含特殊的哲学。此类矛盾直接产自常识，对之加以解决的唯一之途就是摈弃某种常识的假设。只有那种用矛盾孕育出的黑格尔哲学才会等闲视之，因为它随时随地碰到类似的问题。而对于另外学说来说，如此正面的挑战逼迫你必做某种答复，否则就是自认束手无策。庆幸的是，据我所知，在《数学的原则》另外任何章节中，并无产生相同的困难。"② 在此书的附录里，罗素指出：对类型论能够赋予某种自圆其说的解释。他甚至深信不疑地声称，这个方法可以解决相关的问题，但《数学的原则》只把它制定得粗具雏形。在这本书的最后一段里，罗素宣称："总而言之，第十章所讨论的那个特殊矛盾似乎被类型论解决了。然而，可能还有至少一种很类似的矛盾无法用此学说解决。由此可见。全部逻辑的对象或命题都包含某种根本逻辑上的困难。我至今还未达到此类困难的完满解决，然而，正由于它影响到推理

① 罗素，《数学的原则》，英文版 xix 页。

② 罗素，《数学的原则》，英文版第 105 页。

的基础,因而我衷心希冀每一位从事逻辑的学者对之更努力研究。”[①]

在《数学的原则》出版后，罗素曾下决心用下半辈子解决这些悖论；但从1903年至1904年，他的尝试毫无进展。1905年春季，罗素得到一个建树就是“摹状论（The Theory of Description）”，不过它与那些悖论并没有直接关联。不久，他终于发现了一种新的学说，这就是“逻辑类型说”（The Theory of Logical Types）。

罗素在自传中回忆，那时自己始终努力奋斗，力图解决这个悖论，但每日从早到晚瞪着一张白纸，但只字未写，因不知如何下手。他很清楚，若不能有所突破，就会止步不前。虽狠下决心克服一切困难来完成《数学原理》的撰写，但很可能会在那张白纸上耗尽余生。终于，罗素本人觉得问题出自逻辑，而并非数学，因而对逻辑必须进行改造。罗素也自认掌握了一个秘诀，用它能够揭示出无穷多样的悖论或矛盾。[②]

在写作《数学原理》的同时，罗素于1908年在《美国数学杂志》上发表了题为“建立在类型论上的数理逻辑”一文，并提出了有关解决悖论的一套著名方法。其中最主要的类型论原是他在小部头《数学的原则》附录B中作为对付悖论的可能解决方法而“尝试性地抛出的”。当时，他提出了这个理论的两大要领：一、每一个命题函项Φ(x)具有一个意义（significance）的范围（range），即在其中如果$\Phi(x)$无论真假都是一个命题，那么x就是一个谎言；二、意义的诸范围形成了类型，即如果x属于$\Phi(x)$的意义范围，那么就会产生诸对象的一个类，也就是x的类型，所有这一切都属于$\Phi(x)$的意义范围，但Φ则可能会改变的；而且这个意义的范围总既是单一的类型或几种整体类型的总和。[③] 从历史观点看，类型论是一个很有价值的讨论，因为它以在20世纪初，罗素首先考察这个理论后不久所应用的形式抒发这些观点，尽管（用1937年他在《数学原理》

① 罗素,《数学的原则》,英文版第528页。

② 罗素经常将“矛盾”（contradiction）当作“悖论”（paradox）的同义词。

③ 罗素、怀特海,《数学原理》第1卷，英文版第523页。

第二版导言中的言语）“仅为一种粗浅的勾勒”。《逻辑与知识》一书的编者认为，1908年的这篇文章提供了事实上已完成的理论，尽管在1910年《数学原理》第1卷中，这些观点在更大的范围内得到展示。“类型论在现代哲学中产生了如此重大的作用，以致对它重要性再作评论都是多余的，这篇文章是罗素最精致的文章之一，并公认为当代哲学思想的一篇杰作。”[①] 著名哲学家蒯因（W. V. O. Quine）承认，罗素的类型论使自己的《逻辑方法》等著作在认识论上颇多受益，因为它“引导自身走向一个似乎更正确的产生高层次类的重建”。[②]

罗素列举了七种悖论，甚至某些古老的悖论，并力图说明自己的类型论对解决它们是如何有效：

一、据历史记载，早在2500多年前，克里特哲学家就发现了一个令人困惑的问题，即一个克里特人爱比美尼德斯（Epimenides）说“凡克里特人都是说谎者”。[③] 倘若首先肯定他说的是真的，那么，由于说谎者本身就是克里特人，因此，他说的话也应该是谎话，谎话为假，于是这句话的内容也必定是假的，从而，就由断定其真而导出了其假；另一方面，倘若断定此话为假，那么，就可推出并不是所有的克里特人都是说谎者，其中某些人是说真话的。这就形成了一种逻辑矛盾。这个命题，就是人们所熟知的“说谎者悖论”。罗素通俗地加以限定性解释：倘若某人说“我在说谎”，这就是此悖论的最简单的形式。如果他真在说谎，那么他是说谎就是一个谎，因而他在说实话；然而如果他在说实话，他就在说谎，因为那是他在说他正做的行为。如此一来，矛盾必然产生。中世纪的圣保罗曾谈及过这个悖论，但对其逻辑层面无动于衷，而仅注重它可以证明异教徒的罪恶。历来的数学家们大都回避这个难以解答的难题，认为与自己的领域并无关联，尽管他们无法全然忽略是否有一个最大

① 罗素，《逻辑与知识》，英文版第57页。

② 见蒯因《从一个逻辑的观点》前言，英文版，第ix页。

③ 爱比美尼德斯，公元前6世纪一位传奇性的希腊诗人，居住在克里特岛上。

的基数或最大的序数这样的问题，而正在这方面他们陷入矛盾之中。有关最大序数的悖论是在罗素悖论之前由布拉里 - 弗蒂（Burali-Forti）所发现。罗素认为这个悖论比自己的悖论复杂得多，只不过猛一看它所产生的摧毁力似乎不那么强烈，但其实后果的严重性并无差别。

二、令 w 作为所有并非本身元素的类的类，那么，无论类 x 可能是什么，“x 是 w”与“x 不是 x”是等值的。因此，对 x 给值 w，则“w 是 w”与“w 不是 w”等值。

三、无论 R 对 S 有无 R 关系，令 T 是存在于 R 与 S 两个关系之间的关系。那么，无论关系 R 和 S 可能是什么，“R 对 S 有关系 T”与“R 对 S 不具关系 R”等值。因此，对 R 和 S 都给定值 T，“T 对 T 有关系 T”与“T 对 T 不具关系 T”等值。

四、有穷整数的英文名称中音节的数目随着整数的加大而加大，而且必定是不确定地逐步加大，因为仅有有限的名称可以通过一些给定的有限的音节构成。因此，某些整数的名称必定至少由十九个音节构成，而这些整数中必会存在一个最小数。如此一来，“无法用小于十九个音节命名的最小整数”必定指称一个确定的整数。事实上，它指示着 111777。然而，“无法用小于十九个音节命名的最小整数”的本身却是一个由十八个音节构成的名称，因此，无法用小于十九个音节命名的最小整数却能够用十八个音节来命名，这就是一个矛盾。

五、超穷序数（transfinite ordinals）中有一些能够加以定义，而另一些则不可定义。因为可以定义的总数是 X_k0，而超穷序数的数目却超过 X_k0。因此，必定存在不可定义的序数，而在它们中必定存在最小的一个。然而，正是这一点被定义为“最小的不可定义的序数”，这就是一个矛盾。

六、理查德（Richard）悖论与最小不可定义序数的悖论相类似。它表现如下：考虑可通过有限书的词定义的所有小数；令 E 是这些小数的类。那么 E 具有 X_k0 项；因此，它的元素能按第一、第

二、第三……顺序来排列；令 N 为定义成如下的一个数：如果在第 n 个小数中的第 n 个数字是 p，令在 N 中的第 n 个数字是 p+1（或者 o，如果 p = 9）。那么 N 与所有 E 的元素不同，因为，无论有穷值 n 可能有什么，N 中的第 n 个数字不同于组成 E 的第 n 个小数中的第 n 个数字，因此，N 与第 n 个小数不同。然而，我们已用有限的词定义了 N，因此，N 应当是 E 的一个元素。那么，N 既是又不是 E 的一个元素。

七、布拉里 - 弗蒂（Burali-Forti）矛盾可表述如下：每一个良序的数列都有一个序数，它达到并包含任何给定序数，并比给定的序数要超出一个，而且（据某些相当自然的假设）所有序数的数列是（按大小排列）良序的。由此可见，所有序数的数列具有一个序数，如 Ω。但在这种情形下，所有包括 Ω 的序数的数列据有序数 Ω+1，而它们必定大于 Ω，因此 Ω 并非所有序数的序数。[①]

罗素还提出“理发师悖论”来使自己的发现更通俗易懂。一名理发师的招牌上申明：“城里所有不自我刮脸的男人都由本人替他们刮，本人也只给这种人刮。”问题来了，何人替这位理发师刮脸？倘若他自我刮脸，那他就属于自我刮脸的那种人。然而，他的招牌强调他不替这种人刮脸，因而他不得自我刮脸。倘若其他人来替他刮，那他本人就属于不自我刮脸的人。然而，他的招牌指明他要替所有这类人刮脸。因而所有其他人都不能给他刮脸。如此一来，不会有任何人可以替这位理发师刮脸了！

罗素指明上述所有矛盾只是从大量矛盾中挑选出的几例，但它们都有一个共同的特点，即都可以描述为自我指示或自返性（self-reference or reflexiveness）。爱比美尼德斯之语在其自身范围内必定包含自身。如果所有的类只要不是自身的元素，就都是 W 的元素，这必定也对 W 适用，与此类似的关系矛盾也是同样的。在名称和定义的例子中，悖论来自把不可命名性和不可定义性当成名称和定义

① 参阅罗素、怀特海，《数学原理》第 1 卷，英文版第 60 － 62 页；以及罗素：《逻辑与知识》，英文版第 59 － 61 页。

中的要素。在布拉里 - 弗蒂悖论的例子中，那些引起困难的序数的数列是所有序数的数列。在每个矛盾中，都是某事物被说成对某种所有事例，但从所说的又产生了新的事例。当所有的事例由所说的进行考虑，这新的事例既属于又不属于这类事例。

在《数学原理》专谈逻辑类型论的一章中，罗素以所谓恶性循环原则（the vicious-circle principle）为切入点揭示了所有各种悖论全都起因于某种恶性循环，即对象构成的集合（collection）可包含只能由作为整体的集合来界定的某些元素。例如命题的集合被设想包含“所有命题或真或假”这一陈述。然而，只有在“所有命题”所指的是已被确定的某些集合，上述这句话才能是正确的。否则相反。但实际上，这一点无法实现，因为对“所有命题”所作摹状的新命题是被生造出来的。这样一来，有关“所有命题”的表达毫无任何意义。从更普遍的意义说，倘若假设任何给定的集合都有一个总体或总数（total），它必将包括某些假定这个总数的元素，若真如此，这个集合就不可能具有总体。人们说某一集合不具总体，那就是指，对“所有这个集合的元素”这句话来说，它没有任何意义。一个结果是，命题必然成为一个没有总体的集合。掌握了这一原则，就可以帮助人们去避免造成悖论的那些不合理总体（illegitimate totalities），因此可以这样理解：“无论如何一个集合的所有元素必不得成为此集合的一个元素”，或反之而言“如果一个集合具有由总体各项所界定的元素的一个总体，那么这个集合就没有总体”。若违背了这个原则，就会陷入不合理总体中的循环，从而导致悖论。有时也会产生这样的情况，尽管论据是假的，但它推出的结论却在事实上是真的。例如排中律指出：“凡命题为真或为假”，若据此，就会导致一个循环的错误。因此，在将“所有命题”组成一个合理总体之前，必须对某些方面进行限制，并让其成为合理的任何界限必须让有关此总体的任何表述处在此总体的范围以外。假设某一怀疑论者说自己什么都不知道，但他知道自己什么都不知道的这个断言本身就是一个循环的错误，因而毫无意义。为了让他的断言有意义，就必须对其所肯定无知的那些对象设定某种界限，因为他可能不知的那些事物组成了一个不合理的总体。只有这个怀疑论者对判定为自己所不知的那些命题的集合设定了正当的界限时，他判定自己不知这一集合中所有元素的那个命题本身，才会不成为这个集合中的一个元素。做到了这一点，任何有意义的怀疑论者就能自圆其说。[①]

罗素指出，“符号逻辑的悖论关系到各种对象，如命题、类、基数与序数等，而它们全部都显示了不合理的整体性，因此造成恶性循环谬误。”[②] 为此，他进一步探讨了“命题函项的性质”，“真假值的定义及歧义”，“为什么一个给定的函项需要某种类型的推理”，“函项与命题的层次”以及“归原公理”等论题，最后对一些典型的悖论进行了分析，并提出解决的方式。对此，罗素更深一层地看到，对命题函项来说，情况也是这样。因此，就有必要将集合细分为若干小集合，而它们则可以具有总体。在罗素看来，各种矛盾或悖论的出现总是由于词语中暗含典型的歧义，而这些矛盾和悖论的解决就是揭示这些歧义。词语和符号实际上囊括所有数学及数理逻辑所关注的概念，而系统性的歧义起因于系统性的类推（analogy）。这就是说，在几乎所有构成数学和数理逻辑的推理中，人们利用了由无穷不同典型的断定所得来的概念，而它们都背离了推理的有效性。

绕开那些繁琐的细节，也许研究类型论的最佳方法是考查什么是某一“类”的意义。可以先以一个普通的例子来阐明。设想应邀出席晚餐后，主人摆出三道甜食随客人选择，挑其中一种、两种，甚或三种。这样会有下列四大类方式：其一，三者全不选；其二，三者只选一（这有三种可能的选择）；其三，三者选二（这也有三种可能的选择）；其四，三者全都选。如此算来，就会有八种可能的选择。倘若将这个程序形成通则：设想有 n 数的事物，对之全部不选，或选几个，抑或全选。试问共有多少选择？很显然，选择法的数目是 2n。从逻辑角度来看：一个有 n 项的类会有 2n 次一级的类。倘若 n

① 罗素、怀特海，《数学原理》第 1 卷，英文版第 37 － 38 页。
② 罗素、怀特海，《数学原理》第 1 卷，英文版第 37 － 38 页。

为无限，此命题依然正确。康托所作证明在于，即便在此例中，2n大于n。倘若如同罗素所做的将此应用到宇宙间的所有事物，便可得出以下结论：事物的类多于事物，因而“类”就不是“事物”。然而，由于无人可以完全明白上述“事物”一词的意思究竟如何，因此，将已证明出来的东西很确定地表述出来会相当困难。

就此而论，所谓类仅是言谈时的某种方便。在《数学的原则》写作之时，罗素对“类”这个问题曾几乎一筹莫展。他把这种情况归结为，当时表达意思所用的语言，带有太多的实在论色彩（经院哲学意义上的）。为此，在此书的序中，罗素提到：“对那些不易界定事物（哲学逻辑的主体）的探究是设法将其看得明晰，也是让他人看清楚它们。如此一来，我们的心理有可能认识这些实体，正如认识红色或菠萝的滋味一样。所有我们所获到的那些难以界定的事物，主要处于分析过程中必然遗存残余的时候（当下的例子就是如此），知晓必存这样的实体常常比实际觉察它们会较容易一点。有某种过程与发现海王星的过程很相似，只有一个差别，这就是，用精神的望远镜来探寻那种已推论而出的实体，而这最终的阶段经常是操作此事最困难的部分。有关类这个例子，必须坦率地说，我本人并未发现存在着任何概念能够成为满足类这个概念的必要条件。在第十章中，所讨论的矛盾证明了某些东西不太正确，然而，这到底为何我始终不得而知。”①

罗素后来改变了自己的想法。他认为，假设存在任何命题函数（propositional function）② fx，x的值会存在某一相应的范围，也只有在其中，此函数具有“意义”，就是非真即假。倘若a属于此范围，作为一个命题fa就非真即假。除用某一常数代换变数x外，对于某一命题函数，仍可有两种作法：一是称它为永真；另一是称之有时

① 罗素，《数学的原则》，英文版第xix与第xv－xvi页。

② 蒯因曾批评罗素在《数学原理》中所使用的“命题函数”一词有歧义，因为“它有时指一个开放句（open sentence），有时却又指一个属性（attribute）”。见蒯因《从一个逻辑的观点》，英文版第122页。

为真。“如果 x 为人，x 就一定会死”此一命题函项永真；而“x 为人”此一命题函项则有时为真。因而对于某一命题函项可有三种作法：一是以某一常数代换变数；二是将此函项的所有值进行断定；三是对某些值或至少其中一值进行断定。所谓命题函项本身仅为某一式子，而并非对何种东西进行断定或否定。以此类推，某一类也仅为某一式子，而只作为让此函项为真的变数有关值的某种便利之法。

针对这个目的，罗素又提出一种学说如下：当对 fx 函数的所有值进行断定之际，若使所断定的东西明确，x 的所取值就必须明确，亦即 x 可能的所有值必存某一总体。倘若用这个总体进一步来说明新的值，此总体似乎得以扩大，并且那些新值也随之与这个扩大了的总体产生关联。由于那些新值必须被这个总体所囊括，因而这个总体会无法追上这些新值。罗素用说谎者悖论为例来说明自己的这一学说。那个说谎者说：“无论我说任何话皆为假的。”实际上，这本身即是他所说的一句话，此句话就是指他所说的话的总体，但只有将它包括进那个总体之际才出现悖论。因此，必须区别两个层别的命题，即涉及命题总体的命题和不涉及命题总体的命题，而前者决非为那个总体之中的元素。可以将第一层命题看作不涉及命题总体的那些命题；第二层命题就是涉及第一层命题之总体的那些命题，以此相推，可至无穷。这样看来，那个说谎者必须如此说：“现在就是肯定某一第一层的假命题，它是假的。”然而，这句话本身就是一个第二层的命题。他并非说出任何第一层的命题。如此一来，他所说的那种即假又真的矛盾似乎得到化解。[①]上述这种方法完全能够适用任何高一层的命题。对所有逻辑悖论而言，其均有某种反身自指，对这种状况都可以用同样的方式进行辩驳。即是说，这种所谓反身自指包含着表达那个总体的罗素的逻辑类型论的根本原则，通俗地说就是把命题和它所指的对象区分为不同的层次，即命题自身

① 罗素、怀特海，《数学原理》第 1 卷，英文版第 60 页。

并不包括在它所指的对象中。罗素指出:“假定个体的总数为n，那么个体类的总数就是2n，于是个体类的类的总数就是2的2n次方，以下类推。在这里，n可以是有穷或无穷，但在这两种情况下2n都大于n。于是，大于n但并不大于2n的基数便适用于类的类而存在，但并不适用个体的类。因此，无论我们假定什么样的个体数，都将会有为高一层次而非低一层次的存在公理（existence-theorems）。”①

我们将说谎者悖论先化为一个简单而严格的形式，即一个人说：我在说谎。人们可将其解释为“我肯定着一个命题，而它是假的”，即断定了“我肯定P，而P是假的”。但“假的”这个词是含混的，为让其成为清楚的，就必须详细阐明这个假的层次，以及此假所从属的命题的层次。如果其中的P为第n层，那么，以P为变项的上述整个命题就是更高一层的，即$n+1$层。也就是说，我们断定一个命题p，但它为一个第n层的假命题，此命题的真或假，与第n层比较而言，乃高一层的命题。因此说谎者的表述不包含在其所说的范围内，因此没有产生矛盾。换种方式说，人们把某一总体命题所指的对象作为一个层次，而把总体命题本身作为比上述层次更高的第二个层次，并以此类推。一切有关对象的陈述，只在其本身类型层次中才有意义。“我在说谎”这一命题自身不属于它所指的谎话的那个层次，因此，“说谎”这一陈述对于“我在说谎”这个命题就没有意义。这样，悖论就似乎得到了解决。

罗素认为，悖论的出现是由于它假定了一个事物的集合可以包含只能由其总体来定义的那些元素，而把涉及某一总体的命题作为该总体的一个元素，结果导致了认识上的混乱。因此，类型论要求所有涉及某一总体的命题，都不能成为该总体的分子，它力图把大集合分为若干具有自己总体的小集合，并把包含有一个表面变项

① 罗素、怀特海，《数学原理》第1卷，英文版第65页。

（variable）[①] 的任何表述看作是比这个变项更高的层次。当人们对一个总体赋予新值时，总体就会扩大，而原来的总体永远赶不上扩大后的总体。对于这种关系，罗素曾诙谐地说，就像光线从背后把人的影子投在地上时，人们永远不能跳到自己头部的影子上去一样。

在罗素的启迪下，人们通过不断地探索，给悖论作了一个规定：如果对一个命题的肯定便意味着否定，否定便意味着肯定，即由其真可得出其假，由其假可得出其真，那么，就构成了悖论。上述“说谎者”还不是严格意义上的悖论，而仅作为古代的一种原始说法，因为它固然可以从真引出假，但从假并不能推出其全部真，而仅能推出部分真，即并不能推出所有的克里特人都不说谎。这里，我们可以按照悖论的精确含义，赋予这类悖论以更严格的形式，例如我们以单数第一人称为主语列出几个命题：“我总是说谎”；“我从来不讲真话”；“我此时写的正是一个假句子”；给人看一张纸，纸的正反两面都写着“这张纸背后的那句话是假的”；或者，我们在一个方框中写上这么一句话“在本方框中引出的这个陈述是假的”等等。由于这些命题恰好都是指其自身，因此，就可以由肯定其真推出其假，由其假推出其真（而不仅仅是推出部分为真）。受到这种严格限制的悖论，也就显得更加神秘莫测了。

到了近代，随着人类认识的发展，在数学集合论和语义学上，人们接连不断地发现了许多新的悖论，如 1897 年布拉里 - 弗蒂悖论、1899 年康托悖论、1902 年罗素悖论、1965 年瑞查德悖论以及格瑞灵悖论等等，其中以罗素悖论和格瑞灵悖论影响最大。还应指出，我国学者于 1958 年发现的沈氏悖论在学术界也产生了很大的影响。

由于有些悖论牵涉到的符号和公式太多，一般读者不易看懂，为了通俗介绍，我们就以属于语义学而不属于逻辑或数学的格瑞灵悖论为例。这个悖论可以概括如下：形容词可以分为自述的和非自

---

① 在蒯因看来，以罗素等人为代表的逻辑主义（logicism）不加选择地容忍了将变项用于说明抽象实体的做法，而不管这些实体是已知还是未知，特殊还是非特殊。见蒯因《从一个逻辑的观点》，英文版第 14 页。

述的两类，凡一个形容词既适用于它所形容的对象，又适用于它本身；或者说一个形容词所形容的对象与其自身一致，就是自述的，反之，就是非自述的。例如，“汉语的”这个形容词是汉语中的一个词，所以，可以说，“汉语的”一词本身就是汉语的，同样“形容词的”这个词本身就是形容词；“抽象的”这个词本身也是抽象的，因此这些词都是自述的。但是，大部分形容词却是非自述的，如在汉语中，“英文的”这一词本身并不是英文的，而是用中文表达的，因此，它只能指它所形容的对象，而不能指它自身，同样，“动词的”这个词本身是形容词，“具体的”这个词本身是抽象的。有趣的是，虽然几乎所有的形容词都可以这样分类，但当“非自述的”这几个字构成形容词时，却偏偏出现了麻烦：“非自述的”这个形容词究竟是自述的还是非自述的？如果它是自述的，那么，它就应该是非自述的；如果它是非自述的，那么，它就应当是自述的。这样一来，“非自述的”一词就既是自述的，又是非自述的，从而陷入了悖论。

上述所有悖论与不太严格的说谎者悖论一样，实质上可以说都是事物某些复杂关系在人们思维中的虚幻反映。具体一些说，是人们对命题作自返性的描写，因而引出了恶性循环论证的一种悖谬。悖论造成了人们的思维混乱，它不仅表现在数学和逻辑方面，也表现在哲学甚至日常生活中。例如人们常说的“一切事物都不是绝对不变的”这一哲学命题，我们如果反问：既然一切事物绝对会变，那么这命题本身也会变，变的结果，岂不就成为“一切事物都是绝对不变的”了吗？这样一来，就陷入了悖论之中。再如“怀疑一切”这一说法，既然一切都可怀疑，那么这一说法本身也可对之怀疑，如此一来就变成了“不能怀疑一切”了。

虽然不能说逻辑类型论已经完全解决了，但却可以说它极大地促进了逻辑的发展。因为在一定意义上，它正确地反映了客观外界的无限多样性。这种多样性可以以一种多层性的形式反映在人们思维中。作为人类思维的外在表现形式的语言势必在某种程度上间接反映着这种客观的多样性或多层性。当人们的语言层次或思维层次与客观外界的层次不协调时，就可能出现悖论，而通过对语言和思维的层次分析，可以帮助我们了解事物的各种规定性。当然，我们应当指出：客观世界的所谓“多层性”绝不像罗素的逻辑层次那样壁垒分明，而是呈现出极复杂的状态，而且，命题的层次说只是从思维的形式和结构方面来讲的，它仍是一种有待进一步检验的假说。

那么，人们试图解决悖论的种种努力究竟有什么意义呢？简单概括起来大概有以下三个方面：（1）从数学上看，悖论迫使人们从逻辑和哲学的角度对数学基础问题重新进行了全面而深入的研究，这种努力正是企图给数学以相对更加牢靠的基础；（2）从逻辑上看，单以二值逻辑来说，它的值必须或真或假，即不能既真又假，然而，逻辑悖论却破坏了矛盾律和排中律，使命题的值既真又假，无法确定，解决悖论的努力可以说是在企图维护形式逻辑的基本律；（3）从哲学上看，人们在解决悖论的探索中，使自己的认识不断深化，从而对相对静止的思维形式和结构，以及它们之间错综复杂的层次和关系做了更进一步的剖析。此外，上述努力对于反对诡辩论和相对主义也有一定的意义。

第三节　摹状论对逻辑的贡献

罗素“摹状论”是在发表于 1905 年《心灵》杂志的《论指称》一文中第一次提出的。当时的编辑认为这个学说站不住脚，故请罗素重新思考而加以修改，但后者坚持己见，毫不退让。《心灵》的编者斯托特（G. F. Stout）教授到底还是作出了登载此文的正确抉择。《逻辑与知识》编者马什（R. C. Marsh）高度评价说：“《论指称》在当代哲学的发展中是一个里程碑，它再次显示了罗素思想上的革新和惊人的原创性。”后来的事实证明，此学说得到广泛的赞同，学术界称它是罗素对逻辑的最杰出贡献。[①] 罗素自信地声称，某些反对名称与其他词之间是有区别的人们对这个学说会有某种负面反应，但只有那些不懂数理逻辑的人才如此，而在这些人的批评中自己无法发现有什么合理性。有一个小插曲，摩尔（G. E. Moore）曾指出此文一个微小的失误：由于动词“写（to write）”的歧义性，罗素在文后结尾处的“最简陈述（shortest statement）”是一种缺陷；既然司考特（像盲人密尔顿一样）可以是《卫弗利》一书的作者，而并非文字上第一次写了此书的人，因而，“司考特是《卫弗利》的作者”就不会与“司考特写了《卫弗利》”有相同的意义。对此罗素以“平和”的心态接纳了此一纠正。[②] 罗素还承认，名称说要比自己早期所设想的可能多一些困难，于是他特地从日常语言的角度谈了谈他的想法。许多人认为摹状词是罗素最有成果的逻辑革新。这一技术揭示了一种藏于错误语法形式之中的逻辑形式，并帮助人们认识那些不可习知的事物，例如太阳质量的中心点、他人的思想等。

对罗素来说，“指称词组（denoting phrase）”是指下列词组中的任何一种：一个人、某个人、任何人、每个人、所有人，当今的英国国王、当今的法国国王、20 世纪第一瞬间太阳系的质量中心、地球围绕太阳的旋转、太阳围绕地球的旋转。因此，一个词组仅凭其形式而成为指称词组。一个词组可分为下列三种情况：（1）它能够进行指称，但还没有指称任何事物，如“当今的法国国王”；（2）它能够指称一个确定的对象，如“当今的英国国王”是指某一个人；（3）它能够含糊地地指称，如“一个人”并非指许多人，而是指一个含糊的人。对此，罗素承认对这类词组的解释会是非常困难，并说道：“指称的论题不仅在逻辑和数学方面，而且在知识论方面都极其重要。例如，我们可知太阳系在一个确定瞬间的质量中心是某

① 一个世纪以后，于 2006 年，以罗素协会主办，哲学界又专门召开了罗素“论指称”研讨会 .

② 参阅罗素，《逻辑与知识》，英文版第 39 页，以及摩尔，“罗素的摹状论”，载《罗素的哲学》，英文版第 177 － 225 页。

个确定的点，并且能够确认有关这个点的一些命题，然而，我们并未直接亲知（acquaintance）这个点，而仅利用摹状词（description）才知道它。亲知与关知（knowledge about）之间的区别，就是直接呈现的事物与仅可利用指称词组才能达到的事物之间的区别。”[①] 对这些论点加以更全面发展的是著名的摹状词理论，罗素五年后出版的《数学原理》第一卷对此进行了详尽的讨论。

罗素指出：“一个摹状词是以这个词是什么等等（the term which etc）为形式的词组……”[②] 分析摹状命题的原则是，每一命题都必须以人们所认识的元素由一种外在关系组成，如人们并不直接认识凯撒，而是靠认识的殊相和共相所组成的关涉恺撒的摹状来了解他。罗素不同意摩尔把语言的直观性和正确性当作逻辑分析的标准，他对语句形式进行了分析，企图发现各种经验认识的逻辑外在关系。罗素错误地认为摹状能使人们获得未曾经验过的知识，并可以解释那些未曾定义过的初始命题和概念。因此，他把摹状作为反对狭隘经验论和神秘主义的有力武器。但他也暴露了不可知论的倾向，如认为摹状命题即便为真，人们对其本身仍可一无所知。最重要的错误是，罗素企图用这个方法来解决本体论的存在问题。

罗素采取“司考特”这一名称和“《卫弗利》的作者”这一摹状之间的对照来用于自己的论证。他首先划分了“名称”与“摹状”，前者是直接表示个体的单纯记号，它不依赖其他记号而有意义，如“司考特”；后者是各有自己意义的若干记号，如“《卫弗利》的作者”。“司考特是《卫弗利》的作者”这一命题是表达某一同一性，而并非表达某一重言式或同义反复。乔治四世只想知道司考特是否是《卫弗利》的作者，而不想知道司考特是否是司考特，这对逻辑是个困惑的问题。尽管对此任何一个不专门研究逻辑的人都不难理解，但却使逻辑学家感到困惑不解。在逻辑学家们看来，倘若两种说法都指同一对象，包含其一说法的这个命题就永远能够被包含另

① 罗素，《逻辑与知识》，英文版第 41 页。
② 罗素，《逻辑与知识》，英文版第 173 页。

一说法的那个命题所替换，而始终为真，倘若原本那个命题为真；或始终为假，倘若原本那个命题为假。然而，前面已表明，用“司考特”替换了“《卫弗利》的作者”之后，便能够将某一真命题变为某一假命题。很显然，这就要求必须将某一名称与某一摹状加以辨别：“司考特”为某一名称，但“《卫弗利》的作者”却为某一摹状。“司考特是一个人”就是“X 是一个人”的陈述，它以司考特为主语，而“卫弗利的作者是一个人”则不然，它也不以卫弗利的作者为主语。人们可说“一个并只有一个实体写过《卫弗利》，而它是一个人”，设作者或《卫弗利》具有性质 Φ，那就等于“一个并仅一个实体写过《卫弗利》，而它有性质 Φ”，也可说“一个并仅一个实体写过《卫弗利》，而司考特与它等同”或“X 写过《卫弗利》并不总是假的，Y 写过《卫弗利》总是真的，Y 等于 X，而司考特等同于 X”，抑或“对 X 的所有值，X 写《卫弗利》与 X 是司考特相等”，还可说“一个并只有一个人写过《卫弗利》，而乔治四世希望知道司考特是那个人。”如果“《卫弗利》的作者”表示司考特之外的事物，那么，此命题将是假的；如果“《卫弗利》的作者”是指“司考特”，这个命题就是重言式（tautology），但二者都并非如此。因此，“《卫弗利》的作者”既非指司考特，也非指其他事物，也就是它无所指。罗素把上述命题分为三个陈述：

（1）至少有一人写过《卫弗利》；

（2）最多有一人写过《卫弗利》；

（3）因此，写作的《卫弗利》的人不可能不是司考特。如此一来，似乎问题便解决了。

在罗素看来，所谓“存在”，只是为摹状服务的一种判断。名称与摹状之间还有另一种重要的区别是，倘若某一名称并无所指，它在某一命题中就不会有意义，而某一摹状却不受此类局限。罗素还指出了摹状的另一特征，像“金山”、“圆的方”、“法兰西现国王”等，虽无所指，但在命题中却有意义。这些词有一种非实在的奇怪性质，并在语法上可为一有意义的命题的主语。他批评说，梅农

(A. Meinong)却分不清这种区别，如他曾提到，人们能够找出其逻辑主词为"金山"的某种命题，尽管金山并非存在。他的立论在于，倘若说金山并非存在，显然所说的某一东西是不存在的，即金山不存在，因而金山必定存在于某种柏拉图式的世界中，若非如此，那个金山不存在的命题就毫无意义。

罗素承认，在他想出摹状论之前，很相信梅农的这种论证。摹状论的意义是，尽管"金山"在文法上可为某一有意义命题的主词，但加以正确分析后，这样一个主词就荡然无存了，这一命题就转换为"对 x 的所有值，'x 为金的并且为一座山'这一命题函项是假的"。同样，"司考特为《卫弗利》的作者"这一命题改换成"对 x 的所有值，'x 写了《卫弗利》'等于'x 为司考特'。"在这里，"《卫弗利》的作者"的措辞就从此消失了。所以，一个指称的短语即摹状词，可对一命题有意义，而在独立时却失去了意义。"法兰西现国王"并非表示一种非实在事物的名称，而是一种以逻辑关系连接、只在上下文中才有意义的不完全记号。"法兰西现国王是个秃子"，其第一层意思是，有一个人现在既是法兰西国王，又是秃子；第二层意思是，现在并无两个法兰西国王。

更进一步，摹状论还理清了"存在"的意义。"《卫弗利》的作者存在"意思是"有一个 c 的值，对这一值，x 写了《卫弗利》'永远等于'x 为 c'这一命题函项为真。"以此意义而论，存在仅可用于表达某一摹状，而在分析之后，就能看出它只是某一命题函项的例子，起码对变项的一个值为真。人们能说"《卫弗利》的著者存在"，也能说"司考特为《卫弗利》的著者"，不过"司考特存在"说法并不正确。这一说法只能有这样的意思："那个名叫司考特的人存在"，但"那个名叫司考特的人"仅是一个摹状，而非一个名称。只要将某一名称恰当地作为某一名称所用的时候，称"它存在"是不对的。

摹状论的最大要点在于，某一短语对某句话的意思能够有所助益，但在单独使用时就毫无意义。对于摹状，倘若"《卫弗利》的作者”是指“司考特”之外的其他事物，“司考特为《卫弗利》的著者”即为假的，但事实上，此一命题并非为假。倘若“《卫弗利》的作者”是指司考特，“司考特为《卫弗利》的作者”即为同义反复，但事实上不是这样。因此，“《卫弗利》的作者”既非指“司考特”，也非指其他任何事物。也就是表明，“《卫弗利》的作者”什么也不指。

26 岁就早逝的英国天才数学家、哲学家兼经济学家拉姆西（F. P. Ramsey, 1903 - 1930）曾将罗素的摹状论称作“哲学范式（paradigm of philosophy）。[①] 摩尔（G. E. Moore）赞同这种提法，因为他认为罗素是在两种意义上使用摹状词的：一是《数学原理》中的用法；另一是后来《数理哲学引论》以及“逻辑原子论”的讲演稿中的用法。而后一种用法比前一种有更广泛的意义。[②] 如罗素说道：“一个摹状词可以有确定与不确定（歧义）的两种。一个不确定的摹状词是一个以‘一个如此如此（a so-and-so）’为形式的词组，而一个确定的摹状词则是作为单数的’这个如此如此（the so-and-so）为形式的词组。”[③] 而在《数学原理》只强调所谓确定的摹状。

罗素的摹状论很有价值，作为一种合理的逻辑方法，无论是各种哲学都可以利用它，但问题在于究竟是被正确地利用还是被歪曲地利用。有人可以是以实践中得来的知识来描述一个概念或名称所代表的事物；也有人也可以单凭感觉和意识来描述一个单纯的名称或概念；而神秘主义和直觉主义则完全不使用摹状，因为它主张心灵直接与对象沟通。

我们试以“曹雪芹是《红楼梦》的作者”为例。“曹雪芹”的确代表一个曾经存在过的实际人物，但人们对这个名称的意义并不能直接了解，因为它是前人经验的记载，于是便要对其进行摹状，否

---

① 拉姆西，《数学的基础及其他逻辑论文》（*The Foundation of Mathematics and other Logical Essays*, London: Kegan Paul, 1931），英文版第 263 页。

② 摩尔，《罗素的摹状论》，载《罗素的哲学》，英文版第 177 - 178 页。

③ 罗素《数理哲学引论》，英文版第 167 页。

则没有见过曹雪芹的人就无法知道他。经过摹状，如“曹雪芹是具有精深文化修养和卓绝艺术才能的《红楼梦》的作者”、“曹雪芹是揭示了封建社会某些矛盾的《红楼梦》的作者”，这是对“曹雪芹”这个名称所表示的人物的事迹和品格的摹状。而“曹雪芹是名霑，字梦阮，别号芹圃、芹溪的那个人”、“曹雪芹是属于满洲正白旗包衣人”、“曹雪芹是喜欢喝酒、健谈的《红楼梦》的作者”则是对这个名称所表示的人的某些特质的摹状。而这一切都脱离不了前人的直接经验，并且有的摹状是前人对感性认识的直接记载，有的则是前人在实践中对具体事物加以抽象而上升为理性认识的结果。这表面上是一种语言问题，但实际上却包含着深刻的认识论的意义。

此外，在语言中，的确有许多名词和概念并不直接代表某一客观存在的事物，而是对许多本来并不相干的事物进行抽象虚构的结果，如“麒麟是闻太师的那个坐骑”、“孙悟空是唐僧的那个拿着个金箍棒的徒弟”这类命题。“麒麟”在神话传说中被描写成具有龙头、狮身、虎爪和马尾的奇兽，这些特征都可以间接从某些兽类的原型中找到，人们从这些特征中抽象出了一种神奇的动物，而“孙悟空”则是把猴子拟人化与神圣化的结果。这些名称本身不直接代表某事物，但在上述命题中通过“闻太师的坐骑”与“唐僧的那个拿着个金箍棒的徒弟”这些摹状词便有了意义，即使这个摹状本身也许是假的，而整个命题却有意义，否则它就没有存在的必要，脍炙人口的《封神演义》和《西游记》也就不可能流传于世。此外，如果将“麒麟”、“孙悟空”加上另一个摹状构成命题“麒麟是人们虚构的一种龙头、狮身、虎爪、马尾的动物”或“孙悟空是人们塑造的理想化的人类的具有叛逆精神的英雄”，那么名称虽假，而这个命题却不但具有意义而且是真的，因为它表示了一种事实。

第四节 《数学原理》中的数学意义

学者们大都只从哲学观来看待《数学原理》，对此，罗素与怀特海深表遗憾。对有关矛盾如何解决与普通数学可否从纯逻辑前提正确地演绎出的问题，人们大为关注，但对本著作所创制的数学技巧却往往忽略。罗素就说过，仅有六个人读了这部巨著的后面几部分，其中三个为波兰人，后来遭到希特勒的残杀；还有三个是德克萨斯州人。另外还有些人的研究与罗素两人的几乎全一样，却认为用不着从《数学原理》中得到什么启发。罗素还举了两个例子：其一是在《数学原理》问世十年后，《数学纪事》发表了一篇长文，其中一些研究成果在罗素两人书里的第四部分早已得出，而其中有些错误，在后者那里却避免了。此文的作者显然完全不知他的工作早已有人完成了。其二是罗素在加州大学时，莱辛巴哈告诉他，自己有一项发明，即“超限归纳法”。罗素对他说，这个问题在《数学原理》的第三卷里已充分讨论过。果然过了一周，莱氏证实了这一点。①

《数学原理》的数学部分有几个重要方面。

首先是关系（relations）的研究，这既是哲学问题，也是数学问题。在论莱布尼茨的书里，罗素曾着重探讨了有关系的事实和命题的重要性，并注意到对关系的偏见在哲学和数学里都产生了不良影响。正如莱布尼茨的努力未能成功一样，布尔的数理逻辑讨论类，但仅为三段论法的某种发展。皮尔斯（C. S. Peirce）虽创立了一种关系逻辑，但只是将关系认作一种由“偶”（couples）而成的类。然而，关系逻辑所讨论的内容应是于类逻辑不同的东西。罗素认为自己在哲学上的想法也有助于解决关系问题。早在1901年的

① 罗素，《我的哲学发展》，英文版第86页。

"关系逻辑"一文中，他就指出："皮尔斯和施罗德（E. Schröder）著作中的关系逻辑的困难和复杂是如此之大，以致人们很可能质疑它的功用。因为忽略了∈与⊂之间的差别，这两位作者将某一类视为个项的简单总和。由于这个缘故，对他们来说，关系就好比一对双个项之和。由此可得出：关系的基本属性能用很长的求和公式加以表述，但此公式的意义在符号记法上并非相当见效。然而，正是这种关系逻辑必须当成数学的基础，因为在符号推理中人们所考察的总是关系的类型，这就是，除了对逻辑是基本的那些关系（如∈与⊂），我们无须检验如此的特殊关系，而只要关注某一类型的关系，例如，传递的和非对称的关系，或一对一关系。在本篇论文中，我要指出的是，凭借皮亚诺的符号法很可能极大地简化关系逻辑，而这一知识将在下文中得到采用。然而，可以见到，若无明确地引介关系，皮亚诺的逻辑很难是完全的。"①

伟大的逻辑学家、数学家和哲学家哥德尔（Kurt Gödel，1906－1978）曾评价说，"罗素的工作是沿着弗雷格与皮亚诺的路线走的。弗雷格对证明经过艰苦的分析，但没有能够超越整数数列最基本的性质；而皮亚诺虽完成了以符号主义所表示的数学公理的巨大集合，却没有提供证明。只有《数学原理》为从极少的逻辑概念和公理中得出大部分数学运用了新的方法。另外，这门年轻的科学被一种新的工具所丰富，这就是关系的抽象理论。在这之前，关系的演算曾被皮尔斯与施罗德所发展，但很有限，而且代数很类似。而在《数学原理》中，不仅康托（Cantor）的集合论，而且普通算数与测量法都可以从这个抽象的关系观念加以对待。"②

罗素在《数学原理》第一卷中详尽讨论了关系的一般理论，关系与类的关系，关系演算，关系的分类，以及有关关系逻辑的内容，如摹状函项与反义关系，给定项与给定关系，域、反域与关系的范

① 罗素，《逻辑与知识》，英文版第 3 － 4 页。

② 哥德尔，《罗素的数理逻辑》，载谢尔普编《罗素的哲学》（*Philosophy of Bertrand Russell*），英文版第 125 － 126 页。

围，两项关系的关系积，有限域与反域的关系，有限范围的关系与多元摹状函项以及关系与来自双重摹状函项的类等；而第二卷则进一步讨论了所谓关系算数。

对罗素而言，关系与类一样，如果它们是各自具有意义的符号，就会具有所有形式的性质。除非某一符号在只有一种关系有意义地发生时才发生，我们并不需要裁决它是否表示一种关系。对我们的命题有较高的概括性来说，这个结果是很重要的。[①] 所谓普遍关系（the universal relation）就是无论采取什么类型和处于什么环境下，在任何两项之间发生的那种关系；所谓无效关系（the null relation）就是不管其类型如何，在任何两项之间都不发生的那种关系；而所谓关系的存在则是指当它发生时至少一对项存在。[②]

在关系逻辑中，罗素强调了关系与类所不同的一般性质。他认为，与普通数学函项不同，关系函项大都是命题函项，也就是说这种函项总意味着“此项对 x 有如此如此的关系”。由于这个缘故，这种函项便称为摹状函项，因为它们利用某项与其推理关系的方式来摹状这一特定的项。罗素还揭示了以下几点：

一、多是少的反义关系（converse of relation），之前是之后的反义关系，丈夫是妻子的反义关系等。但当某一关系与其反义关系相等时，如等同是等同的反义，多元是多元的反义，此关系就是对称（symmetrical）的，否则就是非对称的，如堂兄妹（cousin）是对称的，而兄弟则是非对称的，因为当 x 为 y 的兄弟时，y 可能既为 x 的兄弟也可为姐妹。[③]

二、对具有 R 关系 y 项的各项类可称作 y 的对象物（referents），而对具有 R 关系 x 项的各项类可称作相关物（relata）。[④]

三、某 R 关系的域（domain）就是具有对某物或其他物构成 R

---

① 罗素、怀特海，《数学原理》第 1 卷，英文版第 204 页。

② 罗素、怀特海，《数学原理》第 1 卷，第 229 页。

③ 罗素、怀特海，《数学原理》第 1 卷，第 238 页。

④ 罗素、怀特海，《数学原理》第 1 卷，第 242 页。

关系的各项的类；某 R 关系的反域（converse domain）就是对其而言某物或其他物有 R 关系的各项的类；而某 R 关系的范围（field）则是域与反域的总和，但必须注意的是，只有当 R 为同类关系（homogeneous relation）时，范围才有意义。[①]

四、两个关系 R 与 S 的相对积（relative product）就是，当有一直接 y 项，而 x 具有对 y 的 R 关系，并且 y 具有对 z 的 S 关系时，发生在 x 与 y 之间的关系。例如，兄弟与父亲的相对积就是父系叔父，而父亲与父亲的相对积就是父系祖父等等。[②]

五、兄弟与姐妹显示了同样的关系，但前者处于男性的有限域，而后者则处于女性的有限域。同样“白人雇佣者与其他有色雇佣者的关系”是一种有关他们各自域或反域的有限关系。[③] 关系的有限范围与有限域和有限反域想类似。

罗素指出，有三种关系的特征最为重要：一是能提高摹状函项；二是能建立不同类之间的相互关系；三是能产生系列。[④]

在《我的哲学发展》一书中，罗素说自己当时几乎仅将关系看作为内涵（intensions）。例如这样一些句子：“x 在 y 之前”、“x 大于 y”、“x 在 y 之北”。他觉得，“尽管从形式算法的观点看，能将关系认作一套有序的偶，但让这一套成为一个统一体的只是内涵。”[⑤] 同样让某一类成为一个统一体的只有那个为类中的各项所共有，又为各项所特有的内涵。当某一类中的项处于无法列举的状况，就不难理解上述的道理。但有意思的是，在《数学原理》中，罗素却说道：“我们对关系一词的使用，是在外延（extension）中加以理解的，即认为它是偶（x，y）的类，而且对它来说函项（x，y）为真”。[⑥]

---

① 罗素、怀特海，《数学原理》第 1 卷，第 247 页。
② 罗素、怀特海，《数学原理》第 1 卷，第 256 页。
③ 罗素、怀特海，《数学原理》第 1 卷，第 265 页。
④ 罗素、怀特海，《数学原理》第 1 卷，第 299 页。
⑤ 罗素，《我的哲学发展》，英文版第 87 页。
⑥ 罗素、怀特海，《数学原理》第 1 卷，英文版第 200 页。

罗素指出，对某一无穷类（infinite classes）来说，显然它是无法列举的，甚至大多数有穷类也是如此，例如很难列举蠼螋这个类中的各项。尽管这样，还是能够提出某些有关所有蠼螋或真或假的命题，这正是由于使这个类可以成立的内涵。上述一切也同样能够用于关系。由于我们明白“在先（precede）”一词的意义，因而可以谈及关于时间上的次序，尽管像 x 在 y 之先这样的 x，y 所有的偶是无法列举的。然而对关系为偶的类这种看法还有一个对立的观点，即这些偶必须是有序的，也就是说，必须能够分别 x，y 和 y，x 这两个不同的偶。倘若不靠内涵上的某种关系，就无法做到。倘若仅限于类和宾词，就无法解释次序，也无法对某一有序偶和某一无序两项的类进行区分。

这些都是《数学原理》有关关系算法的哲学背景。这里涉及的各种概念必须用符号来表示，其中最重要的是：

（1）由某些项构成的类，它们对某一既定的 y 项有 R 关系；由某些项构成的类，它们对某一既定的 x 项有 R 关系；

（2）由一个类构成关系的“范围”，此类中全部的项对某种对象有 R 关系；

（3）由某一类构成的 R 的“相反范围”，某种对象对此类中全部的项有 R 关系；

（4）由上面所说的那种“范围”和“相反范围”构成的 R 的“领域”；

（5）某种 R 关系的“反义”，这是当 x 和 y 之间有 R 关系的时候，y 和 x 之间所产生的某种关系；

（6）R 和 S 两种关系的“关系产物”，这是当有某一 y 中项的时候，x 和 z 之间的某种关系，x 对于 y 有 R 关系，y 对于 z 有 S 关系；

（7）复数，其界定是：有既定的某 a 类，构成某一由若干项构成的类，所有这些项对 a 的某项有 R 关系。

我们可用人与人的关系当作以上各种概念的例子。设 R 是父母与子女的关系。那么上述（1）是 y 的父母；（2）是 x 的子女；（3）

是一切有子女的人的类；(4)是一切有父母的人的类，即是说，除亚当和夏娃外，全体人都包含在内；(5)“父母”关系的领域包含所有人，他或是某人的父母，或是某人的儿女；(6)“的父母”关系的反面是“的儿女”关系；(7)“祖父母”是父母与父母的关系产物，“兄弟或姐妹”是“子女”与“父母”的关系产物，“堂兄弟或姐妹”是孙辈与祖父母的关系产物，其他可类推；(8)“某学院学生的父母”是照这个意义来说的复数。

不同关系有不同用处。首先是“一对多(one-many)”的关系，即最多只有一项对于所有他项所能有的那种关系；也可以说是一种产生“摹状函项(descriptive functions)”的关系，即最多仅有一项对于给定的一项所可有的一种关系。此种关系构成定冠词“the”的短语，如“the father of x”(x的父亲)，“the double of x”(x的两倍)，“the sine of x”(x的正弦)，以及数学中的全部普通函数。例如，父亲与儿子的关系是一对多的关系。但倘若在某一信仰基督教的国家可以说“x的妻子”，但倘若在某个一夫多妻制的国家，此一短语的意思就很不清楚。在代数中，x2对x是一对多的关系，而x对x2则不是这种关系，因为x有两个不同的数值。① 上述所提的“范围”、“反义范围”和“域”都会造成摹状函项。

第二种是“多对一(many-one)的关系，即“一对多”的反义关系。

第三种是“一对一(one-one)”的关系，即在两个类之间构成某种相互关系的那种关系，也可以说，当某一关系既是“一对多”又是“多对一”，或无论这个关系本身和它的反义都是“一对多”。② 在这种关系中，不仅最多仅有一个对某一给定的y有R关系的x，而且最多也仅有一个y，对这个y某一给定的x有R关系。例如，在西方国家里，法律禁止一夫多妻的婚姻。所有两个类之间都会有这样一种相互关系存在，任何两个类中的项数一样。例如，用不着

① 罗素、怀特海，《数学原理》第1卷，第418页。

② 罗素、怀特海，《数学原理》第1卷，英文版第419页。

计算，就能得出妻子的数目与丈夫的数目相等，人鼻子的数目与人的数目相等。还可以发现某种非常重要，而且具有特殊形式的相互关系，其缘由是：有两个类是 P 和 Q 两个关系的领域，而且它们之间有某种相互关系，这就是只要两个项有 P 关系，它们的相关者就会有 Q 关系，反之亦然。以已婚官吏的地位与他们夫人的地位为例：倘若这些夫人与贵族没有关系，或者倘若这些官吏并非主教，那么两者地位就是一样的。可以将这种相互关系造就者称作"顺序相互关系的造就者（ordinal correlator）"，因为无论 P 领域中的各项有什么样的顺序，此种顺序总保持在 Q 领域的相关者中。

第四种是造成级数或数列（series）的一种关系。"级数"（或系列）是一个人人熟知的老词，但罗素自认是赋予它明确意义的第一人。一个级数就是含有若干项的组合，项与项之间有产生于某种关系的一个次序，而这种关系具备三种特性：（a）它必定是不对称的，即是说，倘若 x 对 y 有此关系，那么 y 对 x 就没有此关系；（b）它必定是及物的，即是说，倘若 x 对 y 有此关系，而且 y 对 z 有此关系，那么 x 对 z 就有此关系；（c）它必定是连接的，即是说，倘若 x 和 y 是此关系领域中任何不同的两项，那么不是 x 对 y 有此关系，就是 y 对 x 有此关系。倘若某种关系具备所有这三种特性，那么它领域中的各项就会排列于某一系列。这三种特性都不难从人与人关系中找到例证。"丈夫"这种关系一定为不对称的，显然倘若 A 是 B 的丈夫，B 就不会是 A 的丈夫，而"配偶"这种关系一定是对称的；"祖先"是及物的，因为 A 的某一祖先的某一祖先必定是 A 的一个祖先，而"父亲"却是不及物的。在某一系列关系所必具备的三种特性之中，祖先仅具备两种，而缺少第三种即"连接"，因为并非任何两个人之中，一个必为另一个的祖先。还可用王位继承为例，因某王系的祖先关系是连接的，儿子当然继承父亲，因而由这些国王构成了某一系列。

罗素把上述这四种关系看作是逻辑和普通数学之间过渡极其重

要的关系。[①]

在罗素看来，将数学界定为关于数字和量的科学或关于数字和度量的科学，都是过于狭隘。

首先，传统数学所谈及的各种数字仅占数学方法应用范围中很小部分，而且为奠定算术基础所必需的推理与数字并无很紧密的关系。

其次，对算术和算术的绪论而言，某些定理对有穷与无穷的类或数都同样为真。在较普遍的范围内能够证明一些定理，但在某些特别类的实例中证明它们则相当浪费时间。

第三，对于某些算术中的传统形式定律，如结合律（the association law）：（a+b）+c ＝ a+（b+c）；交换律（the commutative law）：a+b ＝ b+a；以及分配律（the distributive law）：a×（b+c）＝（a×b）+（a×c）等，那些初涉数学的人仅学了这些定律而未加证明，即便作了证明，也只运用了数学归纳法，因而仅对有限数有效。

加法和乘法上的普通定义假设因数的数目是有限的。这就是我们企图清除的那些限制中的一种。用“选择（selection）”的手段能够将乘法扩展到无限多的因数。以选举国会的议员为例最便利了解什么是选择这一说法。设想某国所有选举产生的议员必须为选民之一，整体议会就构成了来自选区一个“选择”。一般概念如下：给定由若干类而成的一类，此若干类中没有任何为零，选择就是这样一种关系，即从每类中挑出某一项做此类的“代表”。这种方式的数目（给定两类没有共同成员）就是这些类数目的积数。例如，假定有三个类，其一由 x1，x2，x3 组成，其二由 y1，y2，y3 组成，其三由 z1，z2，z3 组成，所有包含一个 x，一个 y 和一个 z 的类就是

① 罗素在《数学原理》第 1 卷（参见英文版第 386－634 页）中，用 200 多页极详尽地讨论了“一对多”、“多对一”和“一对一”三种关系，但他在《我的哲学发展》（参见英文版第 89–90 页）中总结《数学原理》对关系的论述时，却没有提“多对一”的关系，而将级数数列作为第三种关系。作者在此处将两书提到的合并为对逻辑和普通数学之间过渡极其重要的四种关系。

来自三类的类的一个选择。如此一来便有二十七种办法进行这种选择。

在采取了这种乘法的定义之后，便会遭遇一种无法预料的困难。倘若类的数目无限，似乎就难以肯定选择是可能的。倘若这些类的数目有限，就能够从每一类里任意挑选一个代表，在大选时就是如此；然而，倘若这些类的数目无限，就不可能对无限数目进行任意挑选，而且无法断定是否能够做成一个选择，除非有一个内涵来获得期待的结果。

举出一个例证：从前一个百万富翁买了无数双鞋，而且，在买一双鞋的同时也买一双袜子。我们能够作一个选择，从每双鞋里挑一只。我们总能够挑右鞋或挑左鞋，因而，对鞋来说，选择是存在的。但袜子却无左右之分，我们就无法用上述选择的规则。倘若企图对袜子加以选择，我们就必须应用一种更精密的手段。例如，设法寻找一个点来，使每双袜子中有一只比另一只更近于这个点。如此一来，从每一双中选出一只比较近于这个点的袜子，于是就挑选出了一套。

某次，罗素曾将这个谜讲给在三一学院教师餐桌碰巧坐在他旁边的一位德国数学家听，然而他唯一的评语是："为什么提百万富翁？"

有人认为这种说法显而易见，即倘若一些类中没有任何一个为零，从中挑出一个来就当然可能。对此，也有人并不同意。在罗素看来，有关这一点，皮亚诺说得好："这一原则对还是错呢？我们的意见毫无价值。""乘法公理"可被定义为：假设总是可能从若干类组成的一个集合中（这些类没有一个是零）选出一个代表来。由于无法找到支持或拒斥这个公理的论证，因而我们把它明确地包含在应用任何命题的假设中。在解决这个问题的同时，泽尔梅乐（E. Zermelo）提出了他所说的"选择原理"，这是一个稍有差别但在逻辑上相等的假设。他与另外一些人将之当作一个自明的真理。但罗素并不采信这一看法，而努力找到一些方式来对付乘法而无须假设这个公理。

有关选择的逻辑理论无论在任何一点上都不依靠“数目”这一概念。在《数学原理》里，我们是在定义“数目”之前就发展那个逻辑理论的。这同样也能够用于另一个非常重要的概念，即在普通语言里用“等等（and so on）”这些词所表达的那个概念。

假设你想用“父母”这个概念来表达“祖先”这个概念。你可以说，A 为 Z 的祖先，倘若 A 为 B 的父（或母）亲，B 为 C 的父（或母）亲等等，在有限的步骤后，你可达 Y 这个人，即 Z 的父（或母）亲。但“有限的（finite）”一词必须加以定义，而仅可能以某一全然一般说法的特定应用，来界定“有限的”才有可能，即来自任何给定关系的祖先关系那个说法。这有关祖先关系的说法由弗雷格远早在 1879 年就提出了，然而直到罗素和怀特海发展出这个说法之际，他的工作始终被世人所忽视。罗素力图定义的这个概念能作这样的初步解说：倘若 x 对 y 有 R 关系，可将 x 到 y 称之“R 步”；然后能从 y 到 z 再走一 R 步。所有从 x 始发的那些 R 步所可达到的东西，都可称为有关 R 的 x 的“后代”。我们不可说出任何经某一“有限数目的 R 步”所达到的东西，因为还未界定“有限的”一词。我们仅能用“后代”这一概念给它加以定义。有关 R 的 x 的后代可以作以下界定。我们可先界定有关 R 的一个“世袭的”类。此类有如此性质：即所有从这个类的某项经一 R 步所达到的东西就是本类的一项。例如，称作“斯密斯”这一存在的性质是由父子关系世袭的，而成为人类的性质则由父母对子女的关系所世袭的。“倘若 y 属于 x 所属于的每一有关 R 的世袭的类，y 就属于有关 R 的 x 的后代”。

对此，罗素作了进一步的解说。我们将之应用于普通的整数，用某一数目同与之紧连着的下个数目的关系取代 R。在这一数目的 0 的后代中，可以发现 1，因为 1 ＝ 0 +1；而由于 1 属于 0 的后代，2 也不例外；而 2 是这样，3 也必定是这样。如此一来下去，就可获取全体属于 0 的后代的一套数目。我们可将“数学归纳法”的证明应用于所有这些数目。

数学归纳法是这样的一种原理：倘若某一性质属于0，而又属于具此一性质的任何数目后紧接着的那个数目，那么，这个性质就属于全体有限数。将“有限”数解释为0的后代，就是此一定义的直接后果。以往人们将数学归纳法视为一个原理，因为昔日公认凡是数目必为有限。罗素指出，这是错误的看法。实际上，数学归纳法并非原理，而仅为定义。它对某些数目正确，但对另一些数目就不正确。所有它所能适用的数目都是有限数。例如，将1加于某一有限数，后者就增长了；而一个无限数决不会如此。在罗素看来，这一祖先关系的完整理论并不仅对数目非常重要。由于这个缘故，我们在引介数的定义之前就发展了这个理论。

在《数学原理》第二卷中，罗素用了三分之二的篇幅详尽讨论了“关系算术（relation-arithmetic）”和级数（series）。从数学观来看，这是他对本书最有意义的贡献。罗素指出，算数的形式使用于所有的关系。① 罗素强调关系算术的重要性，指出，这不仅因为它是一个有趣的概括，而且也因为它提供了对付结构所必需的一种符号技术。他一直断言，对数理逻辑不熟悉的人很难了解“结构”的意义，而正由于这种难度，在打算了解经验世界之时，容易误入歧途。因此，罗素为关系算术一直不为世人重视而感到相当遗憾。②

罗素讨论了顺序的相似性与关系数，关系的加法，两项关系的乘积，关系的乘法与取冥（exponentiation），关系数的算数等。罗素所涉及的“关系数”可以视为某种全新的数，而普通数则是这种数的某种特例。他发现，凡可用于普通序数的所有规范定律均可用于这种更一般的数。他也发现，关系数对了解结构相当关键。“结构（structure）”属于类似“等等”或者“级数”这一类用语中的一个，尽管被人们熟练地应用，但它们并无精确的意义。不过，以关系算术作为手段，就可将“结构”这一概念加以精确地定义。

罗素指出，在这一论题中的基本概念就是“顺序的相似性

① 罗素、怀特海，《数学原理》第2卷，英文版第293页。

② 罗素，《我的哲学发展》，英文版第100－101页。

（ordinal similarities）”或“类似性（likeness）”，它可以界定为关系之间的关系。例如，当 P 与 R 两个关系中的各项不必改变秩序而相关时，它们所造成的系列在顺序上是相似的。[①] 或者说，当 P 与 Q 的范围能如此相关时，它们的顺序就是相似的，即具有 P 关系的两项总是与具有 Q 的两项相关联，反之亦然。[②] P 关系的关系数可以被界定为对 P 来说是“顺序相似的关系类”。[③] 只有当某一关系数产生于类似的同类关系，即当其包含类似 P 关系和与 P 相同类型的关系时，它才被认定为同类的。而这种同类的关系数在关系算数中起到重要的作用。[④]

罗素自认证明了所谓顺序的相似性是自返的（reflexive），对称的（symmetrical）以及可传递的（transitive）。[⑤] 他还提出所谓双重类似性或双重相似性（double likeness or double similarities）就是这样一种发生在 P 与 Q 之间的关系，即（1）P 与 Q 类似；（2）在有给定相关者的条件下，P 与 Q 范围中的相关各项类似。[⑥]

罗素进一步论证，在任何与关系有关之处，这种东西与在类与类之间相似性所起的作用是一样的。类与类之间的相似性可以定义为某种一对一关系的存在，将某类的每一项和另一类中的相关者配对到一起。P 和 Q 两关系之间顺序的相似性可被定义为：“P 域对 Q 域可被某个一对一的关系所相关，如果任何两项有 P 关系，它们的相关者就有 Q 关系，反之亦然。如果 P 与 Q 构成了系列，只要 P 域与 Q 域不必改变秩序而得以相关，我们就可说 P 与 Q 类似。在界定相似性之后，下一步就是将 P 关系的关系数界定为与 P 类似的关系的类。”[⑦] 举例为证：假设 P 为已婚的政府官员的席次关系，Q 是

---

① 罗素、怀特海，《数学原理》第 2 卷，英文版第 295 页。
② 罗素、怀特海，《数学原理》第 2 卷，第 316 页。
③ 罗素、怀特海，《数学原理》第 2 卷，第 320 页。
④ 罗素、怀特海，《数学原理》第 2 卷，第 334 页。
⑤ 罗素、怀特海，《数学原理》第 2 卷，第 310 页。
⑥ 罗素、怀特海，《数学原理》第 2 卷，英文版第 365 页。
⑦ 罗素、怀特海，《数学原理》第 2 卷，第 293 页。

他们太太的席次关系，太太与丈夫的关系就使P领域和Q领域发生如此相互关系：只需这些太太们有Q关系，她们的丈夫就有P关系，反之亦然。当P和Q两种关系在顺序上相似之时，倘若S是相互关系，那么Q就是S和P的关系产物，并且还是S的反义（converse）。例如，倘若x和y是两个妻子，并x对y具Q关系，而且，倘若S为妻对夫的关系，那么，x即对y的丈夫具P关系那样一个男子的妻子，也即是说，Q和S与P的关系产物是同样关系，而且是S的颠倒，S的颠倒即是丈夫对妻子的关系。无论何时P与Q为系列关系（serial relations），两者的相似在于其各项不必变更顺序而发生相互关系。然而，相似这一概念能适用于所有具备范围（field）的关系，即是说，能适用于领域（domain）和颠倒领域为同一类型的所有关系。

某一P关系的关系数可以界定为在顺序上与P类似的那些关系的类。这正如用顺序的相似取代类的相似，并用关系取代类的那种基数算数。加法、乘法和指数的定义或多或少有些像基数算术里的定义。罗素本人看到了以下这一点：加法和乘法都遵奉结合律，而分配律在某种形式下有效，但总起来说，在另一种形式下却可能无效。

罗素逻辑主义主要目的之一，就是企图将整个数学归结到逻辑。但这仅能在某些程度上可做到，而无法绝对做到。以上述一些逻辑规则与某些算数规则为例。如有人将逻辑连接符号∨对应于算数连接符号+，∧对应于×，这样一来，算数的联合律（the association law）：（a+b）+c = a+（b+c）或（a× b）× c = a×（b× c）与逻辑的联合规则（Association）：[p ∨（q ∨ r）][（p ∨ q）∨ r] 或 [p ∧（q ∧ r）][（p ∧ q）∧ r] 相吻合；算数的交换律（the commutative law）：a+b = b+a 或 a × b = b × a 与交换规则（Commutation）：（p ∨ q）（q ∨ p）或（p ∧ q）（q ∧ p）相吻合；但算数的分配律（the distributive law）：a×（b+c）=（a×b）+（a×c）与逻辑的分配规则（Distribution）：[p ∨（q ∧ r）][（p ∨ q）∧

$(q \vee r]$ 或 $[p \wedge (q \vee r)]$ $[(p \wedge q) \vee (q \wedge r]$ 仅有部分吻合。例如算式 $3 \times (4+5) = (3 \times 4) + (3 \times 5)$ 成立，但 $3 + (4 \times 5) = (3+4) \times (3+5)$ 决不成立。

罗素还看到，除相关关系的范围有限，上面所提及的交换律也是无效的。例如，采用类似自然数系列的一个系列，并且在其上再加两项。倘若将此两项加于开头，那么此新系列就如同那个旧系列；然而，倘若将此两项加于末尾，那此新系列就不一样了。无论何时，倘若 x 对 y 具 P 关系，或 x 对 y 具 Q 关系，或 x 属于 P 的范围，y 属于 Q 的范围，那么，P 与 Q 两种关系之和即可是在与 y 之间有效的一种关系。根据这一定义，一般说来，P 与 Q 之和不同于 Q 与 P 之和。不仅一般的关系数是如此，并且当其中之一或二者是无限之时，序数也是如此。序数是关系数的次类（sub-class），即适用于"良序"（well-ordered）数列。在这种数列中，任何具有某些元素的次类都有一个第一项，或具有后继者的所有类都有序列；而且它也是一个具有良序关系的数列。[①]

罗素自信地宣称，康托曾研究过超限序数，但一般的关系数是在《数学原理》中首次得到界定和研究的。[②]

罗素设想有某些双或偶（couples）的数列，并且用选择公理的意义加以解释，而从这些双中构成选择的数列。除了企图将这个选择列为一个秩序，这个程序与基数算术里的程序相当近似，而在此之前仅把它们当成一个类。再设想，正如考虑类的选择那样，有三个集合：（x1，x2，x3）、（y1，y2，y3）以及（z1，z2，z3），并从这些选择中产生一个系列。对此，我们可以采用多种方式。或许最简单的方式是：所有含有 x1 的任何选择产生于所有不含有它的选择之前。在二者都含有或都不含有 x1 的选择当中，那些含有 y1 的选择产生于不含有 y1 的选择之前。在二者都含有或都不含有 x1 和 y1 的选择当中，那些含有 z1 的选择出现于那些不含有它的选择之前。

① 罗素、怀特海，《数学原理》第 3 卷，英文版第 1 页。

② 罗素，《我的哲学发展》，英文版第 97 页。

我们为尾数（suffix）2和尾数3立下类似的规则；以如此方式，就可得到排成一个系列的所有可能选择，这一系列的开首为（x1，y1，z1），而结尾为（x3，y3，z3）。显然，这一系列具有二十七项，但此数目二十七已非一个基数，而成为一个序数，即一个特种的关系数。由于在那些选择当中建立了一个次序，故这个关系数就不同于一个基数，因后者不会建立这样一个次序。只要仅限于有限数，在序数与基数之间不会有重要的形式区别；但在无限数介入时，由于交换律的失效，两者之间的区别就变得重要起来。

针对“双”，罗素还提出所谓两项关系积（the productive of two relations）的问题，他认为P×Q是在其范围内所有“双”可以被选择的对象物和相关物所形成的一种关系，这些双在以下原则下被P×Q所排列：如果某一双的相关物具有对另一个双相关物的Q关系，我们便将这一个双置于另一个双之前；如果这两个双的相关物相同，而第一个双的对象物具有对另一双对象物的P关系，我们便将这一个双置于另一个之前。①

罗素还继续界定了一个范围的关系积以及有关关系乘法的问题等，因篇数有限，本书不再赘述。

罗素在界定关系数的算数操作时提出两点要求：一、采用适当数目的类型；二、建立所谓分离关系（separated relations），即来自给定关系并与其有顺序的相似性，而且相互排斥的关系。② 在证明关系算术的形式律时，人们常有机会对付数列的数列的数列（series of series of series）。什么时候关系会变为数列？罗素补充说：“当具备以下3项特征时，一个关系就可称为级数数列，或产生了级数数列：（1）多元性（diversity），（2）及物性（transitiveness），（3）连接性（connecxity），即这样一个性质：在其范围中任何两个不同项之间的关系或此关系的反义。” ③ 罗素又补充说，不必一定要完全具

① 罗素、怀特海，《数学原理》第2卷，英文版第384页。

② 罗素、怀特海，《数学原理》第2卷，第459页。

③ 罗素、怀特海，《数学原理》第2卷，第497页。

备这三项条件，只要有其中一项或两项就行了。多元性具有类似性转换（likeness-transformation），因而它所包含的存在性质是不变的。[①] 所谓及物性关系可分对称和非对称两种：前者具有平等性（equality）的形式性质，如等同性、相似性和类似性等，而后者则相反。[②] 至于连接性则是指：某一关系或其反义关系发生在它范围内两个不同项，而一个连接关系的范围则是由单一组合构成。因此，为使一个关系产生一个数列，连接性是必要的。[③]

罗素作了一个生动的假设，假设排一行砖，将后一块置于前一块的东面；接着再排一行，并与前一行相碰，但在它的北面；如此继续，直到排到适当的行数而止。而后于第一层之上排第二层，第三层，……直到全部砖都堆完为止。这样一来，每一行均为一数列，每一层均为一数列的数列，而此整堆即为一个数列的数列的数列。这个过程可用符号表示如下：假设P在各层中为上对下的关系；P的范围是由各层而成；每一层为若干行的数列。假设Q1在顶层各行中为南对北的关系，Q2为第二层各行的此种关系，余下类推。Q的范围是若干行的一个数列。R11为在顶层最南面的一行中东对西的关系；R12为顶层第二行中东对西的关系；余下类推，最终为R m n（假设m为层数，n为每一层的行数）。在此例证中，假设层数和行数均为有限，但这是一种很不必要的限制，它仅是为把问题简化一点。在日常语言中，所有这些都过于繁琐和冗长，但用符号表达就变得简易。假设F为x对P的关系，这个关系在于x为P范围中的一项。于是，F3就是F和F和F的关系产物。例如，分开的砖是对P有F3关系的若干项，即是说，每块砖为P范围中一项的范围的一项的范围的一项。在证明加法和乘法的结合律的时候，需要这样数列的数列的数列。

当两个关系数在顺序上相似时，它们便产生相同的“结构”，但

---

① 罗素、怀特海，《数学原理》第2卷，英文版第503页。

② 罗素、怀特海，《数学原理》第2卷，英文版第508页。

③ 罗素、怀特海，《数学原理》第2卷，英文版第516页。

结构并不局限于二项关系，因而比较宽泛。罗素指出，对几何学而言，三项或四项之间的关系很是重要，因而，怀特海原打算在《数学原理》的第四卷里讨论这些关系，但做了不少准备工作后，他的兴趣消退，而放弃了这个宏伟计划。[①] 结构的概念是如何一般化的？假设P和Q不再是二项，而是三项的关系，此类的关系便有许多熟知的例子，如“之间（between）”和“嫉妒”。我们可以说P与Q有相同的结构，倘若它们的范围相互关联，以致无论何时在那个秩序里xyz有P关系，那么它们的关联者在相同的秩序中就有Q关系，反之亦然。结构的重要有经验的原因，但同样也有纯粹逻辑的原因。当两项关系具相同的结构，其逻辑性质（logical properties）是等同的，但排除对它们范围中各项的依赖。所谓“逻辑性质”是指可用逻辑术语表达的那些性质，而不仅是指可用逻辑证明的那些性质。例如，用来界定数列关系的那三个特征，即不对称的、及物的、连接的，都可用逻辑术语表达；倘若某一关系有这三者中的任何一个特征，那么在次序上与它相似的每一个关系也会有这一个特征。每一关系数，不管其有限或无限，都是具有此数任何关系的一个逻辑性质。广泛而言，有关某一关系的所有谈论，对与人们启动的关系而相似的任何关系来说，都是正确的，既不必涉及这一关系的各项，也不必涉及无法用逻辑术语表达的任何性质。逻辑性质和别的性质之间的区别非常重要。例如，倘若P是颜色之间的某一关系，如彩虹颜色的次序，那么，作为颜色之间某一关系的性质将不再属于在次序上与P类似的所有关系；然而，作为数列的性质却是如此。再举一个更加复杂的例证：留声机与它所放的音乐，在其逻辑性质上是无法分辩的，尽管这两类东西所组成的经验材料非常不同。

罗素还举出另一个例证来帮助把结构这个概念解释清楚。假设你知道某一语言的句法规则，但除了用于逻辑的一些词之外，你不识一词，再假设有人提供以这种文字所表达的一个句子：什么是这

① 罗素，《我的哲学发展》，英文版第99页。

句话所具有的不同意义？这些意义的共同点又是什么？只要在逻辑上不是胡说，为了使整个句子具有意义，便可以对每一单词赋予任何意思。这样一来，这句话就会有很多可能的意义，甚或无限多，但它们都有同样的逻辑结构。如果你的语言具有一定的逻辑必要条件，那么在使你某些句子为真的那些事实中也就会有相应的结构等同性。多年后，罗素在其另一部有关数理哲学的书中，仍然十分重视关系的问题。他继续强调，数学哲学的一大部分是讨论各种关系，以及不同关系的不同用途。他认为所有关系的一个重要属性就是关注某些种类的关系，为此，他重新检验了所谓数列关系。①

1956 年，美国卡内基大学—兰德公司协作组在电脑上成功地证明了罗素和怀特海《数学原理》第二章 52 条定理中的 38 条。这就是机器证明的开始。1959 年，美籍华人王浩教授只用 9 分钟的机器时间，就在电脑上证明了罗素和怀特海《数学原理》一书逻辑部分的全部定理 350 多条，引起数学界的轰动。

莱布尼兹勾画了一个雄心勃勃的蓝图，在其去世 100 多年后，布尔沿着他的方向创制了一种可用的符号逻辑，并将逻辑变为代数，证明了逻辑演绎能够看成数学的一个分支。1879 年，弗雷格在小册子《概念文字》中，首次建立起在原则上能够包含数学家们通常应用的全部推理的精密的数理逻辑体系。

罗素与怀特海的《数学原理》，企图表明所有的普通数学都能够在一个形式逻辑系统内部推导出来。20 世纪 20 年代，希尔伯特提出元数学纲领，试图运用严格受限的数学方法去从外部研究这样的系统。1931 年，哥德尔得到不可判定命题，葬送了希尔伯特纲领。四年后，图灵思考是否任何数学问题都可以通过一种算法来解决希尔伯特判定问题；于是他应用康托的对角线方法得出了否定的结论，判定问题的算法是不存在的。对莱布尼兹的蓝图而言，这并非一条好消息。然而，正是在证明这条否定性结论的过程中，作为副产品，

---

① 罗素，《数理哲学引论》，英文版第 42 页。

图灵发现了某种会令莱布尼兹欣喜的东西：他发现了一个原则上能执行所有可能计算的通用机器的数学模型，即通用图灵机。1945 年，冯·诺伊曼提出以“冯·诺伊曼结构”闻名的逻辑计算机的基本设计。

在跨越近 3 个世纪后，这众多伟大数学家“通力合作”带来的划时代成果，即通用电脑的问世。[①]

① 参见戴维斯:《逻辑的引擎》,张卜天译,湖南科学技术出版社,2005 年 5 月第 1 版。

第九章

理想语言的构思

罗素从来对语言相当重视，曾说过："我相信，语言的影响一直是深刻的，而又几乎不被人们认识到的。"但他对语言意义的理解分两个阶段。在早期，罗素将语言的哲学研究看成是"哲学语法的构建"，也是形而上学（指玄学）的一个准备阶段，即作为实现形而上学目标的实在特性的途径。他说道："语言的属性能够帮助我们了解世界的结构。"[①]后来，罗素把语言放在与逻辑、认识论、本体论以及方法论的相互联系中加以考察。

罗素看到了有关语言的几种关系：（1）语言与经验事实的关系；（2）语言与形而上学的关系；（3）语言与心理内省的关系；（4）语言与其他语言的关系。在罗素看来，把哲学问题转化为逻辑符号，就能够更易于推导出结果，而不会为自然语言的不精确性所误导；哲学与其他自然科学的根本区分就在于研究方向的不同，因前者的内容更广泛，但两者之间研究方法却并无二致；同数学一样，哲学凭借逻辑方法也能够得到精确答案，因而哲学家的职责就是发现一种可以说明世界本质的某种理想逻辑语言。理想语言或人工语言的影响和作用"在罗素哲学分析上是格外重要的，正像它在逻辑经验主义者的工作中一样，一种人工语言的建构与使用成为逻辑分析与语

① 罗素：《对真理与意义的探究》，英文版第 341 页。

言说服之间主要的冲突点。”①

第一节　语言的用途

什么是语言的用途？对罗素来说，语言就同呼吸、血液、性别以及闪电等所有带有神秘色彩的东西一样，从开始记述思想之时，人类就始终从迷信的角度对待它。哲学家出于阅读与订立理论的需要，因而将语言视为某种能够阐述与传播知识的工具。然而，除此之外，它还有其他不少功能。对一个军曹而言，语言一是为发号施令，让很多听命的士兵同时作同样的操作；另一是咒骂，让那些没有随口令作出预期操作的士兵受辱。而这两种状况都同哲学家所重视的语言功能不同。语言能够用于表达情感，或用于改变他者的行为，但这些都能够用先于语言的方式进行，如动物用尖嚎表达痛苦，婴儿用各种哭笑声表达气愤、难过、欲求和欢快各种情感。如果某动物因自身结构使某些外在因素对其造成某种情感，而接着由此又造成某种声音，那么这就对某一观察者显示了两种知识：一、这个动物具有某种情感；二、存在某种外在因素。

罗素认为，语言有表达（expression）和交往（communication）两种目的，但它们并非相互割裂的，甚至有时两者密不可分。语言有两种相互联系的长处：其一，它是社会的，其二，它对“思想”提供了公共的表达方式，否则，这些思想就永远是隐私的。若无语言或某种先于并类似语言的东西，人们对环境的知识就会局限于感官所显示的东西，加上那些先天生理构造带给的推理方式。然而，由于语言的帮助，人们就可以明白他人所说的话，还可以说出在感觉上已非当下而仅存于记忆中的事物。若无语言，人们仅能传达具有共同感觉的那一部分生活，而且也仅能传达给那些由环境因素决

① 伊姆斯(E. R. Eames):《罗素的知识论》(*Bertrand Russell's Theory of Knowledge*, George Braziller, 1969)，英文版第 59 页。

定而有这些共同感觉的人。

罗素将语言的用途分为共有经验与个人经验两类。这种区分部分依赖生理学，部分依赖声波和光量子的持续存在，并使说与写两种语言形式成为可能。语言不仅要依赖物理学，而且必须依赖因果联系才可能有物理学的知识。由于人们对能够可感客体的共同感觉只是大致相似，因而从社会角度看，用于表达这些客体的语言就可能不够准确。但罗素错误地主张即便没有语言也可能有思想，甚至还可能有真假的信念。不过，他还是强调，凡是比较复杂的思想都必需语词。例如，在数学上，可以从可理解的简单句子出发，并依据可理解的推理规则，逐步组成更加复杂的符号命题，只要原发的假定正确，那么这些句子就必定正确，而无论其意义为何。

对罗素来说，语言还有另外两种很重要的用处，它可以让人们应用符号处理与外界的相互作用，这些符号必须具有：（1）时间上一定程度的永久性，（2）空间内相当程度的离散性（discreteness）。这两种优势在写作上比言谈更加显著，但在言谈中并非完全缺乏这两种优势。语言是一个有用甚至是必不可少的工具，但也是一个危险的工具，因为它是从提示客体具有一种确定性、离散性以及准永久性而发端，然而物理学则似乎表明客体并非具有这些特性。因而，哲学家就必须利用语言去担当清除语言所提示的错误信念的艰难使命。有些哲学家为了避免这个使命中的各种问题、不确定性以及复杂性，他们宁愿将语言视为一个自立的领域，并企图舍弃语言的意图就是与事实发生关系，以利于我们对付环境。从这一点说，此种处理法大有益处：倘若逻辑学家和数学家始终牢记符号应当意指某种事物，那么逻辑和数学就不会得到如今的成功。罗素说道："……哲学家一定要追求真理，甚至以美作为付出的代价，在研究语言时，他必须不能让数学的动人歌声将自己诱惑。在开初阶段，语言是平凡而实际的，它利用某些粗糙，起初并不具有美感的大致作法，而且其仅包含很有限的真理。语言后续的精致化常常注重美学的而非科学的，然而，在从事这个探索时，无论如何困难，也应当毫不犹豫地摈弃任何审美的动机。”①

第二节 经验主义的语言观

1918年，罗素对“意义”的定义和语言与事实的关系开始感兴趣。而在此之前，他只是认为语言是“一目了然的”，从未将语言与非语言世界的关系是如何构成的这个问题加以考察。在他看来，极显然而又被人过于忽略的第一件事就是：一个词即为一个“共相（universal）”，当说、听、写或读一个例证的时候，就是这个“共相”的例证。那些将“共相”加以哲理化的人知道“狗”是一个“共相”，因为存在很多的狗，然而他们却没有看到在完全相同的意义之下，“狗”这个词也是一个“共相”。那些否认“共相”的人总似乎在说，一个词能够适用于所有的例证。而这正与事实相背离。存在无数的狗，也存在“狗”一词的无数例证。这个词的每一例证都对这种四足动物的每一例证具有某种关系。但这个词本身仅具有从属柏拉图式狗的那种形而上的状态（不管这种状态是什么）。显然，“意义”必定是一个词的某一个别的例证与那个词所指的某一个别的例证两者之间的某种关系。也既是说，如果要解释“狗”一词的意义，就必须检验这个词特定的发声，还要必须考察这些特定的发声与狗类的特定成员是怎样相关的。在对“意义”加以定义的时候，罗素所采用的方式是尽可能依照行为主义的原则来操作，同时也考虑到这些原则最终是不充分的。罗素说道：“语言的本质并非依靠这种或那种交往特殊手段的用途，而是为了当下可感的某种事物而利用固定的联想……无论何时完成这个过程，那种可感的东西可称为一个记号‘（sign）’或‘符号（symbol）’，而‘理念’可称为‘意义’。”②

① 罗素：《人类知识》，英文版第63页。
② 罗素：《心的分析》，英文版第191页。

罗素曾对一个词“正确使用”是什么意思，作过以下的界定：“当一个普通听众受到一个词本来意图的影响，这个词就算正确使用。但这仅是有关‘正确’的心理学定义，而非文字上的定义。文字的定义就是将一个普通听众代之以一个生活在很久以前并受过高深教育的人；这个定义的目的就是让这个词说得正确或写得正确变得困难。一个词与其意义的关系，就是支配我们使用这个词以及听到它而行动的因果律性质。对于为什么将一个词用得正确的人应当能够说出这个字的意义，并不比下面这一情况有更多的理由，即为什么一个运行正确的行星应当知道开普勒定律。”①

在理解一个客体词（object-word）时，最根本的事是这个词分有（share）其意义的某些性质。罗素指出：“那些不包含客体词的句子是属于逻辑和数学的。所有的经验陈述都包括客体词……因此，客体词的意义在经验知识的理论中是根本的，因为通过这种词，语言凭借能表达经验性真假的方式而与非言语的现象联结在一起。”“客体词是一个由一些相似声音或发音构成的类，这些声音来自习惯，并与由同时常从经验而发生的相似东西构成的类相联结”。②如果一个人在半夜被“失火了”的喊叫所惊醒，那么他的行为与他闻到燃烧气味之后的行为并无什么分别。当然一个词与它的所指是有区别的。“火”这个词不能使人感到热或致人死命，但在涉及界定意义的时候，它是因果的相似性，而非因果的差异性。虽然罗素认为这种“意义”的定义相当正确的，但并没有将它讨论得彻底，因为它仅可适用于客体词。他举例说，假定在动物园里，你可以在孩子正凝视老虎之际，说“老虎”；然而却不存在一个你能够对孩子指出“比（than）”这个词义的“动物园”。上述理论还有另一种局限，这就是，它仅在词的指示或感叹用法上才算够用。因此。除非这个理论得以充实，否则它就不能解释那些用于讲述、想象、欲望或命令的词语。在知识论中，上述理论就是语言的指示用法，但在

① 罗素：《心的分析》，英文版第 198 页。

② 罗素：《对意义与真理的探究》，英文版第 29 页、75 页。

其他情况下，它的另外用途也是同样重要的。

罗素提到："我想一个词的基本用途能被区分为指示的、命令的以及疑问的。当一个孩子见到母亲走来的时候，他也许叫：'妈妈'；这是指示性用途。当他要妈妈的时候，他喊：'妈妈！'这是命令性用途。当母亲假扮为一个巫婆，而他揭穿伪装的时候，他也许叫：'妈妈！'这是疑问性用途。在起初学语言的时候，指示性用途必定出现最早，因为词与其所指的客体之间的联想仅可在两者同时出现之际才能产生。然而命令性用途马上接踵而来。在考察我们所谓'想到'一个客体到底指什么的时候，这是有关联的。很明显，刚学会了叫母亲的这个孩子，为经常遇到的一种状态，找到了一个口头表达，并且这种状态与他的母亲相联结，而现在这种情形与'妈妈'这个词相联结了。在学习语言之前，他的状态仅能部分地进行沟通，一个成人听到他的哭声，可以知道他想要什么，但仅能猜测他想要的到底是什么。然而'妈妈！'一词能表达他的状态这一事实显示，甚至在学习语言之前，他的状态就与其母已有一种关系，即'想到'的这种关系。这种关系不是被语言所创造的，而是先于它就有的。语言所做的是使这种关系能够进行沟通。"①

罗素嘲笑那些哲学家和书呆子往往出现一种倾向，即他们的生活为字语词所掌控，甚至忘记词的本质的功能是与事实总有某种关系，而一般而言，事实是非语言的。什么是所谓事实？罗素解释道："我所谓的'事实'是指：无论人们想到或没有想到，它都是存在的。……大部分事实是独立于我们的意志，这就是为什么称它们为'硬的'、'顽固的'或'不可避免的'。对于大多数的物理事实来说，它不仅独立于我们的意志，而且还独立于我们的存在。"②

有些近代哲学家甚至认为，词永远不应该与事实相遇，而是应该处于一个纯净、自主的世界里，在那里，词仅与其他一些词相比较。当人们说"猫是一种食肉兽"的时候，意思非意味一些实在的

① 罗素：《人类知识》，英文版第 70 － 71 页。

② 罗素：《人类知识》，英文版第 143 页。

猫吃实在的肉，而只是指在动物学著作里，猫是划分为食肉类。这些著者们告诉我们，使语言与事实相遇的企图是“形而上学”，因而应该遭到责难。罗素揭露了非常荒谬的看法，这就是，看不清语言在事实世界里的地位，而它是由可感觉的现象所构成。倘若人们不了解事实，就不能弄清他人在表达什么，甚至连自己表达什么都不知道。语言与其他任何行为相似，都是来自某些有用的习惯。

罗素回顾历史说道：“从有历史记载的最初期始，语词便成为人们迷信而敬畏的对象。从前若一个人得知他的敌人的名字，便可利用它作为手段，而获得了战胜敌人的魔力。我们依然用如‘以《圣经》的名义’这一类的语句。人们很容易就赞同这句陈述‘太初有言（《圣经》约翰福音）’。这种观念构成了柏拉图与卡尔纳普以及大多数介于这两人之间的形而上学家（玄学家）们的哲学基础。”①

罗素在《心的分析》一书中，论证了精神现象的要素完全由感觉和想象（images）所构成。但他又坦言自己仍不知道这种论点是否正确，不过他仍相当自信，如不引介想象，就不能解释语言的很多用途。行为主义者拒绝接受想象，因为它们无法从没有中观察到，但这就使他们在解释记忆或想象的时候产生很多困难。当时罗素以为有可能用行为主义来解释欲望，但后来他对此产生了疑问。不过，他始终坚持，对有关在目前不可感觉的事物而解释词的用途来说，想象是必要的。

罗素进一步考察了句子和仅做句子的一部分才有意义的词，便发现了新的难题。人们能用感叹来表达“火”或“狐狸”这样的词，而用不必将它们置于句中。然而有很多词却不得如此单独使用。例如，“地球是比月亮大”。其中“是”与“比”仅当作句子的一部分才有意义。有人或许对“大一些”这类词产生疑问。假设你正注视马，突然又瞧见一头象，你或许大喊：“大一些！”但是谁都能认同这只是某种省略法。因此，如果不首先考察句子，或者说，不首先

① 罗素：《对意义与真理的探究》，英文版第 23 页。

考察用句子作手段来表达的心理现象，某些词预设句子的这一事实使之不可能作任何更进一步的意义分析。

在写《数学的原则》之时，罗素就对句子感到困惑，不久他对动词的功能产生了兴趣，认为正是这种词使句子成为整体。“A 大于 B”是一个复合句，因其包含几个词。在使句子为真的那个事实中（如果此句为真），也必定存在相应的复合性。除了这种复合的统一体外，一个句子还有另一种特性，即真与假的二元性。由于这两个原因，解释句子意义的问题比界定客体词的意义所引起的问题，更为困难，但也更为重要。在《心的分析》中，罗素自认并没有将这些问题讨论得很彻底，但在《对意义与真理的探讨》一书中，他又自诩对这个范围进行了充分的阐述。

第三节　语言中的形而上学（玄学）影响

在对待语词与非语言事实的关系上，罗素将哲学家分为三种类型：

第一种是那些从语言的性质推导出世界性质的人，其中包括巴门尼德、柏拉图、斯宾诺沙、莱布尼兹、黑格尔以及布拉德雷等。

第二种是那些主张知识仅仅是词语知识的人，包括唯名论者和某些逻辑实证主义者。

第三种是那些鼓吹存在着无法用词语来表达的知识，而却又用词语来告诉我们什么是这种知识的人，包括神秘主义者、柏格森和维特根斯坦，以及黑格尔与布拉德雷的某些思想。

在罗素看来，这第三种观点是自相矛盾的，因而应当排除。至于第二种观点，它也因坚持经验事实，主张只能认识一个句子里出现的词而处境不妙。因而，“如果必须从这三种观点中作出选择，那么这第一种就是最好的。”[①] 为此，罗素提出了两大问题：其一，什

① 罗素：《对意义与真理的探究》，第 341 － 342 页。

么是真理的对应理论？其二，就像在逻辑语言所显示的，这个世界是否存在与讲话各部分的区别相对应的东西？

我们前面说过，罗素在分析哲学家中是最形而上学（玄学）的一位。他指出，如果没有那些在很多近代哲学家看来过于形而上学的假定，要建立一个站得住脚的真假二值理论是不可能的。必须坚持存在着事实，必须说“真值”由对事实的一种关系构成，而“假值”则是由另一种关系构成。那种假托（pretend）我们对事实永远不得认识的那种所谓温和不可知论是荒谬的。当人们感到疼痛，听到声音或看到太阳的时候，却假装不知道，这种事情只对于有些人才是可能的，对于他们，理论已扼杀了所有实在的感觉。然而，甚至这些人也得承认句子是由词组成的，他们也不得不承认，说或听一个句子也正是他们所认为不可知的那种事实。语言与行走饮食一样也是一种身体行为的形式。如果我们不能知道行走饮食，便不能知道语言。他还提出：“在一个理想的语言中，很自然地主张，专有名称应当指示实体（substance）；形容词应当凭借组成类的实体来指示性质；动词与命题应当指示关系；而连结词则应当凭借真值函项（truth-functions）指示命题间的关系。”[①]

罗素看到，复杂事物由一些部分构成，而部分与部分之间存在着关系。例如，桌子由桌腿和桌面构成；刀子由刀柄和刀身构成。按照他的用法，事实总是由整体的各部分之间或单个事物的各特性之间的关系构成。总而言之，除了完全简单的事物外（若真有这样的事物），事实就是所有存在的事物。两个事物有了相互关系便形成一个复合体，这个复合体又可当作一个事物。用事实这一个词来表示部分之间得到分析的联结，而不必表示由部分构成的复合整体，这是很方便的。当句子为真时，它们就表示了这些关系；但当句子为假时，它们就不能表示这些关系。所有由多于一个词突然而组成的句子都是具体表现一个复合体的某种分析。如果一定数目的复合

① 罗素:《物的分析》，英文版第 242 － 243 页。

体都有一个共同的成分，这可由这个事实得以表示，即分析这些复合体的句子都包含一个共有词。罗素举了下列句子为例："苏格拉底是智慧的"；"苏格拉底是雅典人"；"苏格拉底爱戴柏拉图"；"苏格拉底饮了鸩酒"等。所有这些句子都含有"苏格拉底"一词，而且所有使这些句子为真的事实都包含苏格拉底这个人作为一个成分。这就是当我们说这些句子是"有关"苏格拉底的意义所在。苏格拉底进入了这样一个事实，即使那些句子作为一个未经分析的整体而为真。然而苏格拉底自身当然是复合的。我们能够造出另外一些句子，在它们中，这个复合体得以断定，例如，"苏格拉底是塌鼻子"或"苏格拉底有两条腿"。这样的句子分析了一个给定的整体。但此类分析在一定时期到底能达到怎样的地步，还要看当时的科学发展到什么程度。一个整体的各部分之如何互相关联就形成这个整体的"结构"。罗素专门讨论了语言与实体的关系问题，他认为，如果一个实体仅被它的谓语所界定，"那么，它就应当与那些谓语的总和相等同。在这种情况下，说这样一个实体存在就是说所有它的谓语存在的一种简明方式。"①

罗素认为，凭借指示方式，可以说出一个句子是因为说者信其为真，或是因为他希望这句话将引起听者的某些行动或情绪。他曾指出，当一个演员说"是我，丹麦人哈姆雷特"之时，没有人会相信他，但也没有人认为他是说谎者。显然，真假仅属于那些表达了信念或企图造成信念的句子。有关真假，句子只是作为信念媒介时才是重要的。如果信念并不复杂，它们即便没有词的用途也能存在。如此一来，我们就走到语言的范围之外，被迫首先考察非语言的信念，然后再考察这些信念与能够表达它们句子之间的关系。

罗素谈到，"由于最低级动物与人之间有连续性，因而信念并非一个精确的概念。动物所显示的各种行为方式可以解释为涉及了这种或那种信念。这种看法应当牢记，我们以自己的经验所知道的

① 罗素:《莱布尼兹哲学的批判解说》，英文版第59页。

人类信念。只有那些简单的信念才有可能不利用语词。所有人都相信圆周和直径的比率约为 3. 14159，但我不明白这种相信能够缺乏语言而存在。然而，很多信念显然出现在语言之前的。当你看到一条狗时，你也许说‘狗’，而对信念加以语言表达。但当一只猫看到一只狗时，它则以不同方式表达信念：它竖毛弓背，并发出嘶叫。这就是信念的一种表达，就同你对‘狗’一词的用途一样。这种情况也适用于记忆。如果你猛听到一声雷鸣，你就处于一种状态，即如果你用语词，就会表达为这样一句话，‘刚刚有一声雷鸣’。即便这些词并未出现于你的脑海，你也会相信这句话所表达的意思。”①

在《人类知识》中，他进一步谈道：“据我的理解，信念是身或心或两者的一种状态。为避免冗赘，我称它为一个有机体的一种状态，而忽略对身体和心灵的因素区别。……一个有机体的任何状态由相信某事物所构成，它在理论上不必引介某事物就可充分得到描述。当你相信‘一辆车子来了’的时候，你的信念由肌肉、感官以及情绪的某种状态所构成，或许再加上某些视觉的影像。所有这些，还有无论什么别的东西能够构成你的信念，在理论上可以被心理学家和生理学家的合作所充分描述，而他们不必引介你的身心之外的任何事物。”② 为此，罗素总结说：“说出一个适当的句子只是构成你的信念的心身诸状态中的一种；而言语的表达获得其重要性，是通过可沟通性，以及比具体体现同样信念的任何非言语状态的更加精确性。”

第四节　语言中的某些哲学问题

罗素进一步考察了语言中的一些哲学问题，如定义、专名、句子功能、悬置反应、自我特称、外界参照、真值形式，逻辑词汇、

① 罗素：《我的哲学发展》，英文版第 154 页。

② 罗素：《人类知识》，英文版第 145 页。

普遍知识，以及事实、信念、真值与知识的关系等。

一、语言中的明指定义（ostensive definition）。罗素指出："显然，在了解复杂概念时，定义是唯一可能的方式。广义地说，它就在于将复杂概念分析成它们的简单成分。既然一个概念仅能被其他概念所界定，如果我们不承认有某些不可定义的概念，那么就可能招致某种恶性循环。"① 我们有两种方法来了解一个词的意义：一个是用其他词项来定义，即所谓言语定义（verbal definition）；而另一个就是所谓明指定义或实指定义，它可以界定为"一个人不必靠另外的词就能被教会理解一个词的任何过程"。一个不会任何语言的学习者比一个已精通自己的语言的人更能利用这种方法进行学习。学习一门外语分两个步骤，一是通过翻译加以理解；二是通过这个语言进行"思维"。总的来说，重复明指的定义是必要的，因为这种定义依靠逐渐培养的习惯。不少含有明指定义的词所指的是环境中反复出现的某些特点，这就涉及识别（recognition）或与之类似的过程。从语言的开始起或者不如说从对于语言加以思考开始起，语言就体现出相信多少带有永久性的人和事物的存在的信念。也许这就是无论何种哲学很难摈弃实体观念的主要原因。从生理上或心理上说，识别可能与客观现实不相符合。如果将双胞胎中一个看成另一个，那么从日常生活意义上说，识别与客观现实不相符合；然而从常识角度看它是正确的，但在形而上学角度看它则可能是引起错误结论的东西。识别是一种过程，它的发展包含随着刺激重复而反复出现的某种学成的反应，还包含某种对某些刺激第一次反应中不存在，而在后来反应中存在的东西。②

在谈到所谓科学概念时，罗素又将定义区分为"指称的（denotational）"与"结构的（structural）"两种。所谓指称定义，可以举"美国最高的人"这一说法为例，它当然是一个定义，仅适用于一个人而且只是一个人，但只凭借其关系来界定这个人。因此，一般说来，

① 罗素：《莱布尼兹哲学的批判解说》，英文版第 18 页。

② 罗素：《人类知识》，英文版第 63 － 72 页。

这种定义是将一个实体界定为具有特定关系的唯一物，或者对已知一个或多个实体的某些特定关系。而所谓结构定义是指“可用其成分或构造一个结构的关系”来界定“一个由已知成分构成的结构”。若界定一个类，就有必要介绍这结构，因为那些成分有可能并不相关。例如，人们可以将一个“八边形”界定为“一个具有八条边的平面图形”，这就是一个结构定义。然而，若将它界定为“所有已知例证都在下列地方的多边形”，然后呈现一个列单，这就成了指称定义。①

二、语言中的专有名称（proper names）。罗素很注重对所谓名称理论的研究，他指出：“名称理论曾被人们忽略了，因为它的重要性仅对逻辑学家是明显的。对这些人而言，名称只能单纯视为一种假说，因为从未有逻辑命题能够包含任何实际名称。然而，对于知识论来说，了解什么种类的客体可以具有名称，并假设存在着名称，这是非常重要的。”② 名称可以分为“专有”名称和“类别（class）”名称：前者只指一件客体，而后者则可以指某一类中所有客体。罗素提到：“在一个专用名称的状态下，一个词是某个一系列相似运动的集合，它所指的是根据特定因果律而使现象聚集在一起的一个系列，这个系列构成了我们称之为一个人，一个动物或一个事物。”他有时也用“总名称（general names）”这一概念来取代“类名称”，“通过讨论专有名称，我们就可以了解总名称，像‘人’，‘猫’，‘三角形’等。‘人’这样的词是指含有专有名称的特称词组成的一个类。”③

“拿破仑”是一个专有名称，而“人”则是一个类别名称。专有名称只有其所指的客体得以存在才有意义，而类别名称则没有这种限制。“脑袋长在肩下的人”是一个完美的类别名称，虽然它并无任何实例。从弗雷格的观点看，以“亚里士多德”这一实际专有名

① 罗素：《人类知识》，英文版第 276 页。

② 罗素：《对意义与真理的探究》，英文版第 97 页。

③ 罗素：《心的分析》，英文版第 193 － 194 页。

称为例，它可以说成是“柏拉图的学生”，或亚利山大大帝的老师。但任何这样做的人都会加上这样一个意思“亚里士多德生于斯达基拉”，而变成“亚利山大大帝的老师生于斯达基拉”，“只要事情仍保持同样意思，这种意义的改变可以被容忍，尽管它们在显示科学的理论结构中应该避免，并且不得出现在一个完善语言中”。[①] 对此，罗素批评说，这正是日常语言歧义性的表现，一种“令人厌烦的传统”。[②] 罗素认为有两个很重要的问题：第一，什么是专有名称的准确定义？第二，能否用不内含专有名称的语言表达全部经验知识？这第二个问题将引向最古老的和最费解的哲学争论的核心问题。因此，他指出在界定“专有名称”时，可以从形而上学、逻辑、物理、句法或认识论的观点入手。

1. 从形而上学（玄学）看，罗素认为，日常语言的专有名称依赖“实体（substance）”这个概念而存在的，它们来源于“人”和“事物”的基本形式。我们先将一个名称给予一种实体或存在，然后再对之分派一些性质。只要认可这种形而上学，那么有关专有名称就不会有什么困难，而那些专有名称就是那些实体的名称。然而在当今大多数人将“实体”不再视为有用概念的情况下，在哲学中是否能接受一种不内含专有名称的语言？或者是否能为“专有名称”作一个不依赖“实体”的定义？或者是否认为“实体”被摒弃得过于草率了？罗素自称对这些问题并不想作出答案，而要指明所谓专有名称是实体的幽灵。

2. 从句法看，罗素认为，“专有名称”的一个句法定义必定与某给定语言或一个语言系列相关。在各种日常语言和大多数逻辑语言中，主语与谓语之间，关系词（relation-words）与项词（term-words）之间，有着明显的区别。在这样的语言中，一个名称将是“一个除了作为主语或项词就不会在一个句子里出现的词”。或者说：一个专有名称是一个可在不含变项的任何形式的句子里出现的词，而另

① 弗雷格：《弗雷格的哲学著作》，英文版第 58 页注。

② 罗素：《逻辑与知识》，英文版第 195 － 196 页。

外的词则仅能在适当形式的句子里出现。人们有时说某些词“只具句法意义（syncagorimatic）”，这就是说它们不能单独为项，因而本身不具意义，但有助于确定其所在句子的意义，如“某些（some）”，“所有（all）”等。根据这种说法，专有名称决非仅具句法意义的词，但能否将其作为一个定义则是个令人怀疑的问题。无论如何，对“只具句法意义”的一个名词下一个清晰的定义是很困难的。这种句法观的主要缺陷就是，它本身不能帮助我们决定能否用某种不同的句法构造一些语言，并且在这些语言中上述的那些区别将会消失。

3. 从逻辑看，罗素认为，纯逻辑不用名称，因其命题只含变项。但逻辑学家在非专业研究之时也许会好奇能够以何种常项来取代他的变项。他们将下列说法作为原理之一：若“fx”对“x”的每一个值都真，那么“fa”为真，其中 a 是任何一个常项。这个原理并未引介任何常项，因为“任何常项”就是一个变项；其目的是为那些试图使用逻辑的人提供合理的依据。逻辑或数学的每一次应用均为以常项取代变项；因而若用逻辑或数学，那就必须知道何种常项能够替代何种变项。如果在变项中接受任何等级存在，那么“专有名称”就将是“最低类型的变项的值的常项”。但罗素认为这种看法存在许多困难，因而没有再作进一步的讨论。

4. 从物理学看，罗素认为，有两种观点：一、认为专有名称是一个指示任何一个能充分引起关注的时空连续部分的词；二、认为由于专有名称的作用，它本身就不再必要，因为时空的任何部分都能用坐标加以描述。卡尔纳普曾阐释了能以经纬度或时空坐标来替代地名，“专有名称表示法是一种原初的方法，而位置表示法才符合科学发展的较高阶段，并在方法论上具有超越前者的优势”；因此卡尔纳普说在自己所使用的语言中，坐标取代了如“拿破仑”或“维也纳”这类的词。[1] 罗素指出，这个观点值得充分的讨论。

5. 从认识论看，罗素认为，这里的区别跟专有名称与其他语词

---

① 卡尔纳普：《逻辑句法》，英文版 12 － 13 页。

之间的区别不同，但有着某种关联。这种区别表现为某些有文字定义（verbal definition）的词与那些仅有明指定义的词之间的区别。对于这后一种，有两点很显然：（1）并非所有的词都能有文字定义；（2）鉴别哪些词仅能有明指定义是非常任意的。例如，如果为“拿破仑”下一个实指定义，那么“约瑟夫·波那帕特”就可以从文字上定义为“拿破仑的长兄”。然而，这种任意性会受到这件事实的限制，即在某一特定人的语言中，明指的定义只能局限与其经验范围之内。拿破仑的朋友们可能（在某些限制下）为拿破仑下明指的定义，而我们则不能，因为我们决不能实际地说“这人是拿破仑”。显然这里有一个与专有名称相关联的问题。[①]

三、语言中的自我特称（egocentric particulars）。罗素指出：“特称可定义为：在句子中，不包含明显变项或逻辑词（我们可称作原子句）。存在着两类词：一类是只能在某一特定形式的原子句中出现；还有一类能够在任何形式的原子句中出现。……这后一种叫做专有名称，而由它们所表示的那些客体就叫做特称。”[②] 他将“自我特称”界定为意义随着讲演者及其在时空中位置的不同而改变的那些词。在这类词中，有四个基本的就是“我”、“这是”、“这里”以及“现在”。当“我”每用一次，“现在”这个词都指示连续发生在不同时间上的一个点；当“我”每移动一次，“这里”这个词都指示一个不同的空间区域；“我”这个词随发出它的人的不同而指示不同的人。显然，这些词具有某种恒定的意义，并作为它们被使用的理由。科学和常识的目的之一就是用中立的公用词项代换自我中心的特称词的不定主观性。用“我”的名字代换“我”，用经纬度代换“这里”，用时间代换“现在”。罗素举例，假定他和一位朋友在夜行中走散了，朋友喊“你在哪儿？”他回答“我在这里”。然而，科学绝不应用这样的语言；它会用“1946 年 1 月 30 日下午 11 时 32 分，BR.（罗素）在西经 4 度 3 分 29 秒，北纬 53 度 16 分 14 秒的地点”

① 罗素：《人类知识》，英文版第 72 － 84 页。

② 罗素：《对批评的回应》，谢尔普编《罗素的哲学》，英文版第 698 页。

来代换上述说法。此类知识不具任何个人色彩；它只给人一种方法，凭此任何一个有能力的人携带六分仪和计时仪，并耐心地等到天亮，就能确定他的所在地，于是就可向人们宣布："这里就是他曾到过的地方。"这就表现了科学用语的长处。[①]

四、语言中的悬置反应（suspended reactions）。罗素认为，语言可用于指示人们当下的经验，但也可用于，甚至主要用于表达某种"悬置反应"。例如在沙漠里，一个将渴死的人说"水"，并非当下真有水，而是对它的期待或想象。从不仅单纯记录当下感觉印象的意义说，知识本质上是由对这种推延的反应而作的预备所构成。这类预备一般都可以视为"信念"，但只有当它们引起成功反应时才可当作"知识"，并在某种程度显示出它们本身与事实相关。一个很重要的考虑就是不要过分夸大语言的作用。在先于语言的经验中存在某种可看作"信念（belief）"的东西，它们既可为真也可为假；还存在某些可叫作"观念（idea）"的东西。语言极大增多了信念和观念的数目和复杂性，但语言对于最简单的信念和观念却并非必需的。

罗素将"观念"界定为在某种意义上某有机体对不可感的某种东西所具有的一种适当状态。他认为所有欲望都含有这种意义的观念，而它们无疑是先于语言而存在的。为了有效表达各种不同的态度就需要语言进一步的发展。命令、欲求和叙述等都要求用语词描述某种当下不可感的东西，为了指出它们之间的区别以及它们与陈述句的区别，就必需各种不同的语言设计。事实上，语词与观念能够互换，它们都具有意义，而且对其所表达的意义都有相同的因果关系。两者之间的差别在于：语词与意义的关系属于一种社会习惯的性质，人们听到说话才能学会；而观念与意义关系则是"自然的"，即它并非依赖他人的行为，而是依赖固有的相似性，而且（必须这样假定）依赖所有人类以及低一等高级动物所具有的生理过程。

① 罗素：《对批评的回应》，谢尔普编《罗素的科学》，英文版第 84 － 91 页。

由于“知识”在大多数情况下都与推延的反应有关，因而它并非一个精确的概念。哲学家们所遭遇的不少困难都因将其当作精确的概念而产生的。感觉、直接期盼、直接记忆以及真实记忆都提供知识，此类知识在某种程度上与适当限制下是不依赖外界证据的。然而，所有受过某些教育的人的知识大部分都不属于此类。对于他人告知的知识或从书籍或报纸读到的知识来说，首先出现的是语词，而它们的意义却往往显得并不必要。“那种称作‘证实（verification）’的过程并不绝对要求（但经常涉及）对语词作出想象的理解，而只需将提前用的词与可感时所用的词作一比较。由于两种原因，知识称为一个模糊的概念：一是因为对逻辑或纯数学来说，一个词的意义多少总有些模糊不清；二是因为我们所表述的全部知识在或多或少的程度上是不确定的，而且我们无法决裁达到多大程度的不确定性一个信念就再不配称为‘知识’，正如我们无法决裁一个人掉落多少头发才算秃头一样。”①

五、语言中的的句子功能。罗素研究了与词相关的句子，认为它虽分为疑问、祈使、解释、命令以及陈述等不同类型，但这最后一种值得更多的研究。所谓陈述句有三个特性：一是有“真假二值”；二是由具有“意义的词构成”；三是存在“一个作为其组成词所不具有的那些性质的统一体”。② 他试图探知那些并不指称客体而仅作为句子部分而出现的词是如何构成理解的。“水”字可用于需要不同句子才能详细表达的意思，可以有下列几个说法，如“这里有水”，“我要喝水”，“这是水吗？”这就产生了“这里有”、“我要”、“这是吗”等这一类词及其功能。再以“火”为例，说出这个词也许因不同的理由，若以感官得知其存在，可用“这里有火”将这个事实传达给他人；若以记忆想其存在，可用“这里有过火”传达这个事实。人们在不同状况下使用相同的词，因为一个陈述句（the indicative）的目的并非表达一种心灵状态（尽管它总是如此），而是断定这种状

① 罗素：《对批评的回应》，谢尔普编《罗素的哲学》，英文版第 98 页。

② 罗素：《对意义与真理的探究》，英文版第 30 页。

态之外的事实。“这里将有火”这个句子存在着主观上的歧义。在对火有直接预测的经验的情形下，除了指向将来这一点外，主观状态与记忆是相似的。然而。有关将来的陈述通常都是一些推理。“这里有火吗？”这个句子并未作出一个断定，而显示了作出一个断定的愿望，而与“这里有火”的不同并非由于任何外界参照物，而由于对这种东西所持的态度上。倘若语言的所有目的仅是描述可感事实，那么就只需要一些陈述词；但它们无法表达疑问、愿望或不信，无法表达逻辑关联词，如“如果……那么”；也无法表达如“所有”和“有些”、“这个”和“一个”这类词的句子；因为这类词的意义仅可通过解释含有它们的句子的意义而得到解释。罗素指出，由此可见，哪些并非陈述的词也是不可缺少的。①

六、语言中的外界参照（external reference）。罗素讨论了与经验对象不同的另一种外界参照，即精神生活一部分对另一部分的外界参照。一个词可以“意指”一次感觉经验，也能够“意指”一个观念；这尤其发生在人们用词表达一件回忆的时候。人们可以用同一词来指称一个观念或一次感觉经验，这就表明这个观念是可感经验“的（of）”一个观念。显然，“的（of）”这个词所表达的那种关系是一种独立于语言而存在的关系，而且实际上在用同一个词表达一个观念和一次感觉经验时人们就作了这种假设。所谓意象或影像（image）表现为两种方式，即想象（imaginization）与记忆。任何记忆都是由意象或文字构成，因为它们涉及过去发生的某种经验。一个观念或意象的外界参照存在于一种信念内。对于记忆—信念而言，如果所回忆的是回忆者的一次经验，那么就只需要上述的这种外界参照。②

七、语言中的真值形式。罗素在其不同的著作里都经常谈到“真值”的问题。他提出，真值可界定为“信念与事实之间的对

① 罗素：《对意义与真理的探究》，英文版第 103 － 106 页。

② 罗素：《对意义与真理的探究》，英文版第 107 － 110 页。

应”；[1]“指向客观”；[2]或“对事素的参照”。[3]罗素认为，从真假值所具有公共性质看，它们乃句子的属性，也就是陈述语态、虚拟语态或假言语态。在这里，他着重研究了真理的较简单的例子，即陈述语态句。为了给“真”与“假”下定义，就必须找到句子真正所“表达（express）”和“陈述（indicate）”的东西。首先，句子具有一种“意示（signification）”的性质，即通过准确翻译所保留的那种性质；如英语的“二加二等于四（Two and two make four）”和法语的“二加二等于四（Deux et deux font quatre）”具有相同的意示。改变措词之后意指还是保留下来；再如，“A 是 B 的丈夫”，“B 是 A 的妻子”，“A 是一个与 B 结婚的男人”，“B 是一个与 A 结婚的女人”等，这些句子都具有相同的意示。显然，两个意示相同的句子同时为真或为假；因此真假之分须从句子的意示，而并非从句子本身去找。某些结构似乎正确的句子，实际上却是无意义的胡说，也就是说它们根本没有什么意示。例如，“需求乃发明之母”和“延误就是盗窃时间”这一类的句子。

逻辑句法中很重要的一部分就是强调怎样避免无意义句子的规则。若想了解一个句子的“意示”，最简易之法就是自问两种语言的句子在对译之后还具有什么共同处。一个句子的意示表现两个方面：一是“表达”发出者的状况；二是从目前状态指向某种能够判断其真假的东西。一个肯定的句子所表达的是一个信念；判定其真假的是与信念一般来说不同的一个事实。真假是外界关系，即是说，对一个句子或一个信念所作的分析不能显示其真假。不过，罗素指出，这一点不适用于逻辑和数学，在逻辑和数学上，真假实际上决定于句子的形式。那些有外界参照的东西，如信念、观念或身体运动等，在包含言语的公开行为时是公共的；但在其“意象”或“思想”时则是私下的。我们可以这样概括：一个陈述语态的词由其所意指的

① 罗素：《三种方式走向世界》，英文版第 18 页；《心的分析》，英文版第 166 页。
② 罗素：《心的分析》，英文版第 273 页。
③ 罗素：《对意义与真理的探究》，英文版第 361 页。

东西（what it means）引发时就是真的；也可以这样下定义：如果一个具有“这是A”形式的句子是由“A”所意指的东西所引发的，那么它就是“真的”；还可以进一步指明：如果“这是A”依照上述意义曾是或将是真的，那么具有“这曾是A”或“将是A”形式的句子便是“真的”。这就包含所有判定现在是、过去是或将来是那些知觉事实的句子，也就包含了经验知识的全部事实前提。“意义”和“真值”都取决于对“原因”所作的一种解释，尽管这种解释按近代物理学看可能显得粗鄙而仅能部分适用于自然界的过程。罗素指出：“倘若人类的行为真可以被物理学家计算出来，我们就不必需要‘意义’、‘信念’和‘真值’这一类概念了。然而，假如这些概念能达到这一点，即可以摆脱歧义和模糊，它们就同时依然有用。”[①]

八、语言中的逻辑词汇（logical words）。罗素研究了那些来自观察的适当材料并能够得到证明或证明为误的句子。他认为，在关注这类句子时，不必考察信念或句子与某种一般说来既非信念又非句子的东西之间的关系；而要考察的只是句子之间的句法关系，利用此类关系可用某些别的句子的真假就能够得出某个句子确定或可能的真假。在这类推理中，有一些“逻辑的”词汇，其中有一个或一个以上总是出现的词。这些词汇分为两类，即“连接词（conjunctions）”和“普遍词（general words）”，尽管其意义并不与通常语法一样。连接词有“非”、“或”、“和”、“如果……那么”；普遍词有“所有”和“有些”。通过连接词的用法可以形成各种不同的简单推理。若“p”为真，那么“非p”就为假，若“p”为假，那么“非p”就为真；如果“p”为真，那么“p或q”就为真；如果“q”为真，那么“p或q”就为真，等等。罗素把包含连接词的句子称为“分子”句，将被连接的“p”和“q”视作“原子”。如果得知一组命题的真假，就不必对事实作新的观察，仅靠句法规则就能够推断出由此组命题构成的每个分子命题的真假。

① 罗素，《人类知识》，英文版第118 － 119页。

逻辑观点与心理学观点的差别在于：前者只关注使一个句子为真或为假的条件；但后者则关注凭信念发出这个句子的那个人的心灵状态。在逻辑上“p”蕴涵“p 或 q”，但在心理学上一个断定“p”的人的心灵状态和一个断定“p 或 q”的人的心灵状态是不同的，除非提及的这个人是名逻辑学家。当一个陈述语态的句子被断定时，有三件事应当考虑：断定者的认识态度；这个句子所指称一种内容或多种内容；使这个句子为真或为假的一种事实或多个事实，这种事实叫作这个句子的“证实者（verifier）”或“证伪者（falsifier）”。对“今天是星期二或星期三”这个句子来说，认识态度是犹豫不决；它有两种内容，即“今天是星期二”和“今天是星期三”的意示；证实者可能为今天是星期二这个事实或今天是星期三这个事实，否证者可能为今天是本周内的另外一天。一个不包含逻辑词的句子仅能表达信念。如果我们知道所有不包含逻辑词的真句子，又知道它们就是所有，那么其他每个真句子都能够用逻辑推理得出。一个不属于这个列表的句子加上一个“非”字就成了真句子。对一个由“或”将两个句子连接的句子来说，如果其中作为组成部分的一个句子属于这个列表，这个句子就是真的；对一个由“和”将两个句子连接的句子来说，如果作为组成部分的两个句子都属于这个列表，这个句子就是真的。对包含“所有”和“有些”这些逻辑词的句子来说，相同的逻辑证明也是可能的。如此一来，如果我们将一个不包含逻辑词的句子称为“原子句”，就需要（a）一个包括所有真原子句的列表以及（b）“所有真原子句都在上述列表中出现”这个句子，并将这两者作为无所不知的前提。然后我们就可以通过逻辑推理得出所有其他真句子。然而当我们企图建立一个包含“所有”的句子的真值，或一个包含“有些”的句子的假值，那么上述的方法若无（b）便会无效。我们的确能够找出一些（b）的替代物，但正如实际操作那样，它们都将包含“所有”一词。

九、语言中的普遍知识（general knowledge）。罗素用“普遍知识”来表示包含“所有”或“有些”这类词或与之逻辑意义相同的词的句子的真或假的知识。他指出人们也许认为“有些”比“所有”所具有的普遍性要少，但这是错误的；这从下面这一事实就可以看出，即包含“有些”的句子的否定就是一个包含“所有”的句子，反之亦然。如“有些人是不死的”的否定是“所有的人都有死”，而“所有的人都有死”的否定是“有些人是不死的”。因此任何一个不相信一个包含“有些”的句子的人一定相信一个包含“所有”的句子，反之亦然。普遍命题的得出要靠三种主要方法：有些来自重言式（tautologies），如“所有寡妇都是女人”；有些来自归纳法；有些来自完全的枚举（enumeration），如“这间屋子里每一个人都是男人”。重言式首先是性质之间的关系，而并非那些具有这些性质的客体之间的关系。归纳得出的概括，主要在于它们所表示的意义，以及需要什么事实才能使其为真。从理论上说，“所有人都是要死的”这句话能够用枚举法加以证明。

罗素问道：“到底有无与真的普遍命题相应的普遍事实？”他认为，如可解答这个问题，那么如何发现和认识真的普遍命题就变得较为容易。罗素将有关不包含普遍词的句子的真假的知识称为“第一级全知（first-order omniscience）”；而“有限第一级全知”将表示相似的有关所有具一定形式的句子的完备知识，如“X 是人”。罗素指出，有一个原则适用于很多情况，这就是，除了初始的时空分布外，所有有关大量已知现象的性质都从极少数的我们肯定为真的普遍原理通过重言式而得出。他认为所要讨论的并非这些普遍原理的有效根据，而是它们所断定东西的性质，也就是它们所断定的是内涵关系还是类所包括的纯外延关系。他强调，一定要抉择前一种解释。罗素说自已总相信，存在一些仅可在经验界发现的内涵关系，而它们无论实践上还是理论上都无法获得逻辑的证明。①

十、语言中的事实、信念、真理与知识（facts，belief，truth，and knowledge）。罗素指出，应当了解和区别这四个概念，因为它

① 罗素，《人类知识》，英文版第 129 － 142 页。

们对许多哲学问题都是有用的，否则它们就会成为一些无法摆脱的争论根源。

1. 语言中的事实问题。罗素认为自己只能用明指的方式来界定“事实”。在他看来，世上任一事物都可称为一件“事实”。太阳是一件事实；恺撒渡过茹比康河是一件事实；我的牙痛也是一件事实。如果我提出一个陈述，我提出这个陈述是一件事实，而且此句话若真，那么另外还有一件使它为真的事实，但此句话若假，那就不存在那件事实。因此，事实是使陈述为真或为假的东西。罗素将“事实”一词限定在一个什么为必知的最小范围中，以便任何一个陈述的真假能够通过分析从那些断定这个最小范围的陈述得出。他所意指的“事实”就是存在那里的东西，无论有人认为它存在还是不存在。他说道：“大多数事实都是独立于人们的意志；这就是为什么将它们叫作‘硬实的（hard）’、‘顽固的（stubborn）’或‘不可避免的（ineluctable）’的缘由。大部分物理事实不仅独立于人们的意志，而且还独立于人们的存在。从生物学观点看，人们的整个认识生活就是对事实适应过程的一部分。这个过程在或多或少的程度上都存在于所有生命形式中，但一直到一定的发展阶段才能通常称之为‘认识的’过程。因为在最低级的动物与最思想深刻的哲学家之间并无一道分明的界线，所以显然我们无法准确说出我们在哪一点上从单纯属于动物的行为过渡到值得称为‘知识’的阶段。然而每个阶段都有适应的过程，而动物自身所要适应的就是事实形成的环境。”[①]

2. 语言中的信念问题。罗素指出，“信念”带有某种本身固有的和不可避免的模糊性，其最发达的形式作为哲学家们考虑最多的问题，表现在一个句子的断定上。人们习惯用语词来表达信念，因而对非语词表达的“信念”就感到奇怪。但显然，即便当用语词表达信念时，语词也并非问题的本质。东西燃烧的气味首先让你相信房子失火，然后你才发出一些词来，此时它们并不就是信念，而是以

---

① 罗素，《人类知识》，英文版第 143 － 144 页。

一种行为的形式把信念传达给他人的方法。因此，罗素主张，将信念看成某种能先于理智并能表现在动物行为上的东西，而且有时某种单纯身体状态也可称为一种“信念”。根据罗素的理解，信念是身或心，抑或两者兼有的某一种状态；也可以看作是有机体的一种状态，而忽略身与心因素的区别。信念的一个特点就是有外界参照。从理论上说，能够将任何一种构成相信某个事物的有机体的状态充分描述出来，而不必提及那个事物。当你相信“汽车来了”的时候，你的信念就是由肌肉、感官和情绪，可能加上某些视觉影像所构成的某种状态。所有这些在理论上都可以由心理学家与生理学家合作而得以充分描述，而不必涉及任何一件在你身心之外的东西。

对于人类，由于语言和悬置反应的结果，“相信”经常变成一种或多或少静止的状态，仅发出或想象出一些适当语词，加上构成不同种类信念的一种感情。对于这些信念，可以举出下列几点：一是以动物性推理补充感觉的信念；二是记忆；三是期盼；四是仅靠证据不经思索而产生的信念；五是来自有意识推理的信念。罗素提道：“哲学也应像科学一样，尽管不可能绝对精确，但还是能够创造一些技术来逐步缩小模糊性和不确定性。然而无论我们的测量工具多么令人赞美，总会对某些长度存有疑问，如它们是大于、小于，还是等于一公尺。但是通过完善化来减少这些有疑问长度的数目是没有止境的。同样，当信念用语词表达时，也总会存在无法确定一个信念真假的可能状况的制约，但一方面我们能够用文字分析来改善，另一方面我们能用更精细的观察技术，将这种制约的宽度加以无限地缩小。那种完全的精确在理论上是否可能取决于物理世界是分立的还是连续的。”①

3. 语言中的真值问题。罗素指出，真值是信念的一个性质，也是表达信念的句子的一个性质。他认为，真值是由一个信念与它之外的一个或多个事实之间的某种关系所构成；若缺少这种关系，那

① 罗素，《人类知识》，英文版第 147 － 148 页。

么这个信念就是假的。一个句子即便无人相信，它仍可称为“真”或“假”的，只要为人所信，这个信念就可为真或为假。罗素生动地将真与假信念之间的区别比作一位妻子与一位老处女的区别，因为真信念具有与其有某种关系的一个事实，而假信念就没有这样的事实。为了完成对“真”与“假”的界定，就必须对使一个给定信念为真的那个事实作出描述，但此描述在信念为假时不适用于任何事物。同理，我们需要对使一个信念为真的这个或多个事实作出叙述。这一个或多个这样的事实叫作这个信念的“证实者”。这个问题的基本内容就是感觉与意象，或者用休谟的用语，印象与观念之间的关系。在给予意义和句法之后，就得到一个新的概念，罗素将之称为“意示”，它是句子和复合的意象的一个特点。从界定真与假的观点来看，期盼是最简单的一种情况，因为在这种情况下，借以决定真假的事实依赖于即将经验的东西，而另外的情况就较为困难。记忆与期盼相当类似。一次回忆是一个观念，而被回忆起的事实是一个印象；如果回忆对于事实存在一个观念与其原型之间的相似关系，那么这个记忆即为“真”的。尽管我们并不困难假定存在着非想象的事实，但除了普遍信念外，不可能存在那些不可想象的证实者的信念。罗素把上述这一点看作一个重要的原理。

罗素总结说：“正如上面所讨论的，有关未经验过事物的信念并非有关未经验过的个体，而是有关未经验过的分子所构成的类。一个信念必定总是能够分析成经验使之成为可理解的一些元素，然而当一个信念以逻辑形式构成时，它就经常提供一种不同的分析，这种分析似乎涉及不为经验所知的成分。如果我们能避免这种在心理上误导的分析，我们就能够在相当普遍的意义上说：每一种不单纯作为行动冲动的信念都具有一幅图画的性质，并与一种‘是’或‘非’的情感相结合；在‘是’情感的状态下，若存在一个事实对那幅图画具备一个原型对一个意象所拥有的那种相似性，那么它就是‘真的’；在‘非’情感的状态下，若不存在这样的事实，那么它也是‘真的’。一个不真的信念就称为’假’的。这就是‘真’与‘假’

的一种定义。”①

4. 语言中的知识问题。罗素指出，“我们把所能确定相信为真的东西称为‘知识’。”②“知识”同“信念”和“真值”的境况一样，在某种程度上有着不可避免的模糊性与不精确的性质。他认为，忽视这一点会在认识论上犯重大错误。在罗素看来，知识是属于正确信念的一个次类（sub-class）：每一种知识都是一个正确信念，但绝不能逆推。他这样问道：一个信念除了它的真值性之外还必须具备何种性质才能成为知识？普通人会说必须要有确凿的证据作为信念的支撑。从常识来说，这在大多数由实践产生疑问的情况下是正确的，但若将它作为有关这个问题的某种完备说法就很不充分。“证据”一方面由某些无可争辩的事实所构成，另一方面也由某些根据事实进行推理而利用的原理所构成。显然这个过程不令人满意，除非我们并非只靠证据的手段认识到这些事实和推论原理，因为否则我们就会陷入恶性循环或无止境的后退。因此我们必须集中精力探讨这些事实和推论原理。我们可以说知识首先由一些事实和一些推论原理所构成，而且这两者的存在都不需要外界的证据；其次知识由将推论原理应用到事实而获得东西所构成。

从传统上看，事实是来自知觉和记忆的东西，而推论原理则属于演绎和归纳逻辑。罗素看到了这个传统的学说存在着各种令人无法满意的特征：第一，这个学说未能给“知识”一个内涵定义，或者在某种程度上未能给出一个纯粹的内涵定义，因而无法认清知觉事实与推论原理之间的共同点；第二，很难讲清什么是知觉事实；第三，演绎法已不像过去所设想的那般有效，除了用语词的新形式陈述一些在某种意义上已知的真理以外，它并不能给予新的知识；第四，人们一直还未能将那些在广义上称为“归纳的”推理方法令人满意地加以系统地阐述，即便被系统地表达出的那些推理方法完全正确，它们只给结论以概然性。

① 罗素，《人类知识》，英文版第 154 页。

② 罗素，《哲学问题》，英文版第 217 页。

一般而言，有过三种方法可以克服在为“知识”下定义时所遇到的困难：第一种也是最老的方法是强调“不证自明（self-evidence）”的概念，这以笛卡尔为代表；第二种方法是废除前提与结论之间的区别，而认为知识是由信念整体的一致性所构成，这以黑格尔为代表；第三种也是最彻底的一种方法是完全摈弃“知识”这个概念，而代之以“促进成功的信念”（这里“成功”一词也许能够以生物学来解释），这以杜威为代表。罗素对这三种观点，进行了逐一的分析和批判。他总结道：“我们的结论看起来是认为知识乃一个程度上的问题。最高程度的是知觉的事实与非常简单论证的说服力，略低一等的是具体生动的记忆。当一定数目的信念各自都有某种可信度时，那么它们由于一致性而形成一个逻辑整体时就更加如此。一般的推论原理，无论是演绎的还是归纳的，通常都不如它们的很多实例那般明显，而可以从心理层面依据对实例的理解将这些原理推演出来。”①

第五节　自然语言的缺陷

罗素指出，自然语言的特性能帮助人们了解世界的结构，但他又意识到自然语言错误地表达了许多哲学问题，因为语词本身是不确定的。罗素认为传统哲学的弊病就是不能正确地研究语言，例如，“秃”、“胖”，甚至是最精确的“厘米”、“秒”等词是模糊的。“蓝色”意味像那个蓝斑点一样的颜色，但并不能精确表达。如果人们要求表达事物，就必须精确地定义表示它们的词。

罗素批评英国的语言学派只主张用日常语言，而不需要技术术语。他提出五点来反对这种学说：（1）它不可靠；（2）它成为只受过古典教育而缺乏自然科学知识的人们的借口；（3）它以某种油腔

① 罗素：《人类知识》，英文版第 138 页。

滑调的方式而发展；(4) 它使哲学变得繁琐；(5) 它使只相信常识的糊涂哲学家顽固不化。

对罗素来说，作为自然语言的英语有着下列缺陷：

首先是歧义性（ambiguity），或者叫“词语歧义性（lexical ambiguity）”。它包括两个方面：一是句法歧义性（syntactic ambiguity），其表现为句子结构引起多于一个以上的意思；另一是语义歧义性（semantic ambiguity），其表现为单词本身具有多于一个以上的意思。这两种歧义性也会经常交织在一起。

其次是含糊性（vagueness）。这是所谓非形式逻辑的谬误之一，与歧义性不同，它指的是由于提供的信息不足，而难以理解；含糊性是一个程度的问题，“在某种程度上，所有的思维都是含糊的；所谓完全的准确性（accuracy）仅为某种理论上的理想，而实际上无法达到”。①

再次是将无意义的句子当成有意义的句子。

第四是将量词和摹状当成名称。

第五是不良语法对形而上学（指玄学）的影响。

第六是冗赘的表达。

既然自然语言有如此严重的缺陷，因此罗素断言必须构造一种严格而精确的理想语言或完美语言（ideal language or perfect language），并且只有它才是正确分析的唯一途径。人们只有用这种理想语言才可精确地说明这个世界。他说道：“在一个逻辑上完美的语言中，一个命题中的词将与相应事实的元素一一对应，除了那些如‘或’、‘非’、‘如果’、‘那么’等具有不同功能的词。在一个逻辑上完美的语言中，将对每一个单一客体仅存在一个词，并且任何并非简单的东西将用词的组合来表达，也就是用从一个词对一件简单事物，一个词对一个简单元素所构成的组合来表达。”② 罗素本人也承认，这种语言的应用是很困难的。在另外一些场合，罗素提出

① 罗素：《心的分析》，英文版第 180 页。

② 罗素：《逻辑与知识》，英文版第 197 页。

构造一种逻辑语言，从而将意义的心理条件翻译成精确的句法规则。有时，他又将这种语言称为充分语言（adequate language），即只包含有意义语句，并且由句法规则组成的语言。[①] 本来任何自然语言或日常语言都是约定俗成的，既然罗素要创制一种语言，那它一定是人工的，即蒯因所提到的“人工语言（artificial languages）”。[②]

第六节　人工语言的创制

罗素回忆说：“在我治学到一生中，1900 年是最重要的一年，而这一年最重要的事件是参加了巴黎的国际哲学讨论会。……在所有的讨论中，我对皮阿诺及其学生们所独有的精确性留下了很深的印象。我请求皮阿诺把他的著作送给我。当我理解这种记号法之后，便立即觉察它加深了数学的精确性，并且可以解决哲学上的许多模糊之处。以此为基础，我创造了用符号表示关系的方法。”[③] 因此，罗素在他的一系列著作中始终不断对人工理想语言的创制工作，其中最主要的努力之一就是将传统的哲学问题尤其是认识论问题还原与数学问题。

在《数学原理》出版后的 1918 年，罗素在其《数理哲学引论》序中提到：“有关无穷和连续性属性的问题先前属于哲学，而现在则属于数学。在严格的意义上，数理哲学（mathematical philosophy）也许不能包括有关确定的科学结果，而数学的哲学（philosophy of mathematics）很自然地被人们期待去解决知识领域的问题，而在这方面，比较性的确定性还没有获得。然而，对这个问题的思考几乎没有什么成果，除非数学原则中最科学的部分被人们所熟知。……

① 罗素：《对意义与真理的探究》，英文版第 167、194 页。

② 见蒯因：《从一个逻辑的观点》，英文版第 32 － 37 页。

③ 罗素：《我的思想发展》，丁子江译，载《哲学译丛》，1981 年第 5 期，原载《罗素哲学》英文版第 3 － 20 页。

在这里，方法比结果更重要……”[①]

在这本新著里，罗素从哲学的角度，进一步探讨了有关各种类、数列、数字、函项、关系、摹状、公理以及数学归纳法的定义和理论，然而他对数理哲学与数学哲学的区分并不很令人信服。不过，在此书中，罗素对数学与逻辑两者相互关系的说法表达了他的哲学意图。在他看来，在历史上，数学与逻辑是截然不同的两种研究，前者与科学相连，而后者则与希腊文有关。然而到了现代，数学越来越逻辑化，而同样逻辑也越来越数学化；以致不可能再在它们之间划一明确的界限。这两者的区别顶多像男孩与男人：逻辑是年轻的数学，而数学则是成年的逻辑。

维特根斯坦曾说道：“任何有关复合句的陈述都能被分析为一个有关这些复合句元素部分的陈述，而且还能被分析为完全描述这些复合句的命题。”[②] 在批评了维特根斯坦这种原子性原则（the principle of atomicity）缺陷后，罗素提出了原子等级（atomistic hierarchy）的说法。

罗素提出了构造理想语言的要求和方法：（1）它以经验主义为最高要求，并以习知原则而形式化，此外，它完全是分析的，并显示了肯定或否定事实的逻辑结构；（2）它要求自身中形式的东西都属于语法而非特殊的词，同时它必然清除模糊性，并要求一个意义只能有一种表达法；（3）由于它是人造的，“代入原则”可用约定的方式得到收效，即无论怎样代替，只能有假的、但不能有无意义的句子，而假句子也可根据语法组成一种只有假定事实的假系统；（4）逻辑可构造尽可能精确和符号化的理想语言，并且任何有意义的句子都可被翻译成这种语言，而逻辑符号就是理想语言，它的意义是约定的。为什么要如此深入地讨论理想语言呢？罗素认为，一方面是防止人们利用语言的逻辑缺陷从语言的性质推论出世界的性质；另一方面研究避免矛盾的逻辑需要，并以此提出合理假设的世界结

① 罗素：《数理哲学引论》序，英文版第 ix 页。

② 维特根斯坦：《逻辑哲学论》（*Tractatus*），2.0201。

构。他自谦地指出，在语言领域绝达不到任何完善的知识，但他仍自信地认为，无论如何，他的思想变得越来越清晰、确定，并越来越了解所关涉的问题了。

罗素提出一个重要原则就是：语法形式与逻辑形式应当是相同的，而理想语言“可以显示被肯定或否定事实的逻辑结构”，[①] 也就是说，它的语句是作为日常语言基础的深刻结构。更具体一点说，他认为，《数学原理》就是为日常语言提供了逻辑形式。对此，他强调了两个原则，即“多余逻辑词汇（extra-logical vocabulary）”以及“完美句法（perfect syntax）”。在不同场合，罗素谈了自己对什么是逻辑真理看法，有时认为是“能够从逻辑前提推论出来的命题”，但他并未对这些前提多加阐述；又有时认为是“在形式上是真的”，但他坦称自己并不能对这一点提供更进一步的分析。[②]

罗素对什么是逻辑形式进行了一定的论述。他申明：“在经过必要的分析和判定之后，就会发现，任何哲学问题要不就是其完全并非真正哲学的，要不就是我们所说的属于逻辑的……”；“为了理解一个句子，就有必要具备有关形式成分与形式特例的知识。这种知识以某一句子包含信息的方式来表现，因为它显示了由于依照某一已知的形式，而某些已知的客体是相互关联的。因此，尽管对大多数人并不明显，有关逻辑形式的某些知识涉及了所有对话语的理解。……从其具体的工具来获得这种逻辑形式知识，并且使之清楚和单纯，就是哲学逻辑的职能。”[③]

罗素有关逻辑形式的主要观点如下：

1. 逻辑变量（logical variables）。一个命题的逻辑形式就是“用变项来替代诸成分中的每一个单一项”，例如“当我们说‘苏格拉底是人’，就存在一个明显变项”；“一个明显变项经常能够真正地表达语言所无法对自身存在的指示。例如‘A 是会死的’意思是‘存

① 罗素：《逻辑原子论的哲学》，《逻辑与知识》，英文版第 198 页。

② 罗素：《我们对于外界的知识》，英文版第 66 － 67 页。

③ 罗素：《我们对于外界的知识》，英文版第 42、53 页。

在某一时间，在其之中，A 将要死亡’。因此一个变数的时间作为一个明显变项而发生。”①

2. 逻辑常量（logical constants）。这就是那些没有涉及特殊主题的常量，如真值涵项的句子连接词（如～、∧、∨、→等）以及量词所构成的充分集合。

3. 逻辑标准（logical criteria）。这个问题罗素并没有讨论得很清楚。我们根据其大致思想，可以归结为，可精确化（pricisification）、可判定化（justification）与可有效化（validization）。

4. 逻辑翻译（logical translation）。在这一点上，罗素与语言哲学家戴维森很相似，后者曾提及：“我将形式语言或标准记法（canoic notation）看作是揭示自然语言的某些设计。我们知道怎样为形式语言赋予一个真理的理论；因此如果我们同样也知道怎样将一个自然语言的句子转换为形式语言的句子，那么我们将为自然语言具有了一个真理的理论。”②

5. 逻辑关系（我们在前面已经讨论过这个问题，此处省略）。

6. 逻辑规则（我们在前面已经讨论过这个问题，此处省略）。

美国著名分析哲学家布拉克（Max Black，1909–1988）认为罗素的语言哲学有三点很重要：一、类型论的应用对日常语言所产生的后果；二、寻求世界的终极元素（ultimate constituents）；三、理想语言（ideal language）的观念。③ 对此三点，布拉克逐条作了分析和批评。在这里，对这第三点多作一些陈述。

罗素考察了所谓理想语言的特性，他将对此的检验视为语言哲学的目的。对他而言，所谓理想语言就是完全克服日常语言中哲学缺陷的符号主义。例如，语言“被受到科学训练的观察者为逻辑和哲学的目的所创立，那么特殊事物（particulars）就有了专名（proper

① 罗素：《数学原理》第 1 卷，英文版第 50 页。

② 戴维森：《形而上学中的真理方法》，载《语言哲学研究》，《中西部哲学研究》第 2 卷，英文版第 247 页。

③ 布拉克：《罗素的语言哲学》，谢尔普编《罗素的哲学》，英文版第 229 － 255 页。

names)”。在逻辑要求一个能避免矛盾的语言的意义上，理想语言应当是“逻辑上完善的”。布拉克认为，理想语言的这种特性以演算的生动方式显示了它的益处，也是罗素改革方案的一个结果。正像这种哲学符号主义的范式所能揭示的，实际上，每一个符号都是一个指称亲知对象的“逻辑专名”，因而对每一个单一对象只有一个词，而任何并不单一的事物只能被一个词组所表达。如果没有所指称的实体，那么那些专名是无法理解的。以拿破仑为例，这个专名指的是一个确定的实体，即一个叫拿破仑的特定个体。然而作为一个人并不是简单的，这可能是一个作为拿破仑单一简单的自我，但保留了他从生到死各个阶段的严格等同，即拿破仑成为由人们经验感知，逐渐发生改变表象的一个复杂系列，或一个因果的连接，而不是靠这些阶段之间的相似性。①

理想语言应当完全是分析的，并是一种肯定或否定事实的逻辑结构。这种理性语言的系统不包含了我们目前能够理解的词汇，也就是说，它与我们现在所用的表达手段不同。从实际的意义上说，我们并不能认为罗素完全实现了这种理想语言，因为他本人仅将它当作某种为了阐述而作的单纯设计。理想语言企图完美地满足勾画符号主义唯一本质基础关系的意愿，但无论罗素如何考虑语言的“偶然性”，他都不情愿通过逻辑构造中的相关性与等同性来放弃一对一语言必须对应“事实”的看法。布拉克批评说，“但并无适当的理由解释，我们为什么期待语言比天文学家所观察星球的一架望远镜更对应世界呢？”②

罗素对布拉克分析和批评作了反驳。罗素认为，布拉克只将专名作为他的理想语言的全部内容，而实际上，自己在 40 年前的《专名、形容词与动词》一文以及《对真理与意义的探究》一书中，就强调语言只包含专名是不可能的。布拉克强烈反对罗素有关哲学语言的建议，但后者声称自己仅主张在一定领域和对某些问题使用这

① 罗素:《心的分析》，英文版第 192 － 193 页。

② 布拉克:《罗素的语言哲学》，谢尔普编《罗素的哲学》，英文版第 254 页。

种语言，而数理逻辑的语言正是满足了这种需要，它可以用逻辑来纠正思维。对罗素来说，理论物理的语言作为哲学语言有较少的抽象性，并且有助于理解有关物理世界的完整哲学。因此，他有关创立哲学语言的建议应该在一个适当的上下文中得以理解。

罗素深信，在我们私人的思维中沉溺于日常语言是哲学进步的主要障碍，例如，不少现存的理论无法翻译成任何确定的语言，而这正是为什么所谓哲学语言得不到流行的原因之一。罗素指出，所谓对应理论（correspondence theory）的确是自己开始建立真理概念的基础，但并不主张有任何“事实”与含有变项（variables）的命题相对应。因此，他认为像“a 是与 b 相似的”这一命题可以断定一个事实，但若没有“相似的”这一个词的使用，这个事实就不能被断定。然而，罗素自认决不会对这个事实进行分析。①

究竟什么是理想或完美语言？罗素研究的专家桑斯布瑞（R. M. Sainsbury）指出：它表现为两个方面：一是有关句法与逻辑词汇，就像《数学原理》所用的；二是有关“超逻辑词汇（the extra-logical vocabulary），即本身不可分析也不可定义的那些简单名称与谓词等，就像“逻辑原子论的哲学（Philosophy of Logical Atomism）”一文中所用的。桑斯布瑞指出，罗素对这种完美语言的看法，既涉及形而上学和和认识论，又涉及语言哲学。他往往给人这样一个印象，似乎对日常语言加以充分分析之后，就必须采用完美语言，而且这就等于说任何日常语言，甚至任何可以学的语言都能被翻译成这种完美语言，也就是说，完美语言的特性可以将见识赋予日常语言的特性。②

语言的歧义性是认识论的重大问题。主观随意地应用语言的歧义性就是诡辩论的思想方法。例如理论领域的一些争论，在不少情况下正是由于争论的各方从自我理解的语言和概念的意义上来讨论

① 罗素:《对批判的答复》，谢尔普编《罗素的哲学》，英文版第 693 － 694 页。

② 桑斯布瑞（R. M. Sainsbury）:《罗素》(*Russell*, Routledge & Kegan Pail, 1979)，英文版第 134 － 135 页。

问题，所以必须尽可能地减少语言的歧义。人们企图用这种不完善的语言来表达宇宙并进行哲学的概括，这就引出一个很难克服的矛盾，势必带来杂多的歧义。罗素希望创立一种严格而完善的理想语言，来解决这一问题，这是可取的。不过，那种把哲学错误、社会冲突和政治分歧都归为日常语言模糊性的语义哲学观点，恐怕是不足取的。

在当代西方哲学发展中，语言问题越来越显得重要。在一定意义上，各个哲学流派，甚至似乎方向与方法完全对立的英美分析哲学与欧洲思辨哲学之间，最终都在语言问题上发生撞击与交集。罗素对语言问题的探索无疑有着巨大的启迪作用。

第十章

分析哲学的方法

20 世纪英美哲学的主流思潮形成了一个分析运动的时代，而开先河者就是罗素。[①]

尽管罗素的哲学受到不同的评述与批评，但有一点却是公认的，这就是“它作为现代分析哲学的范例与鼻祖”。[②] 逻辑证论者莱辛巴赫（H. Reichenbach）认为：罗素树立了一个光辉的典范，他说明了一个哲学家可以凭着清晰、精确和认真的分析以及对神谕的否定而获成功，如果没有他的卓越成就，现代的逻辑和认识论简直很难想象，“罗素是这样一个人：以他方法的精确性以及思想的广博性，为我们时代的哲学开拓了足够的途径”。[③]

罗素在西方哲学中的地位和影响是不容抹杀的。如果说笛卡尔是近代西方哲学的奠基人，那么，罗素就是现代西方哲学的开拓者。理由就在于，他为经验论提供了严谨的逻辑系统、新颖的数学观和科学化的哲学设想，并且是西方第一个系统阐明、论证和实践分析方法的人。正是这个方法使整个传统经验论发生了巨大的变革，使休谟等人的某些思想萌芽迅速长成了繁茂的大树，从而产生了新实

① 参见维兹：《20 世纪哲学引论：分析的传统》，英文版第 1 － 11 页。

② 伊姆斯(E. R. Eames):《罗素的知识论》(*Bertrand Russell's Theory of Knowledge*, George Braziller, 1969)，第 56 页。

③ 莱辛巴哈：《罗素的逻辑》，谢尔普编《罗素的哲学》，英文版第 54 页。

在论、逻辑实证论和语义分析派，并从反面强烈触动了大陆理性派和德国思辩哲学传统，甚至在一定意义上说是科学精神向神秘主义的宣战。它不仅对西方，而且对东方也产生了一定的影响。罗素在中国讲学时，有人认为他对中国学术界的贡献就是分析的方法，对此，他高兴地说："我完全赞同。"的确，罗素提倡的科学方法对"五四"以后的中国哲学界和科学界是有相当魅力的。

第一节　对内在关系说的批判

罗素对绝对一元论的逻辑作了以下批判。

1. 批判了绝对一元论主张的"逻辑只有主谓结构"的观点。罗素批判了绝对一元论将逻辑形式看作是绝对单一的，因为这样就表达不了人类思维的复杂性，更反映不了客观外界的无限多样性。但罗素又未免失之武断，他把某种思想的产生归因于某种逻辑形式，而把黑格尔的绝对精神看作是主谓结构所引起的，使思维内容完全被思维形式所决定，这是一种本末倒置的做法。

2. 反对新黑格尔主义把绝对看作是不可分的统一体的思想。在布拉德雷看来，"绝对"或"最终实在"是不可分割的真实存在，"绝不可能自相矛盾，这就是绝对的规则"。[①] 罗素提出了可分组合体的思想。这一点正是罗素整个分析方法的世界观的基础，它含有某些合理因素。

3. 抨击新黑格尔主义鼓吹单靠逻辑就能通晓世界的观点。这一尖锐批评是正确的，然而，罗素自己也没能避免上述弊病，例如他的逻辑斯谛等也采取了类似的态度。

4. 指出绝对一元论的错误在于不了解逻辑的性质。罗素把仅仅反映人类思维形式与结构的逻辑看成了决定人类整个思想发展的主

① 布拉德雷:《现象与实在》，英文版第 498 页。

要因素。

5. 驳斥了绝对一元论认为“认识部分就能认识全体”的真理观。由于布拉德雷的观点会导致三种错误的结果：有穷真理论——认识有限就等于认识无限；神秘主义——一下子可以直接悟得真理；甚至导致不可知论——不知道统一的整体就不能知道任何部分。

罗素把对黑格尔哲学的攻击分为两种势力：一是像他那样的新逻辑主义者，他们揭露黑格尔派的谬误，而证明事物的关系和杂多性以及时、空都不是自相矛盾的；另一是詹姆士和柏格森（H. Bergson）等人，他们批驳那种由逻辑所创造的世界具有齐一的结构与秩序的说法。罗素认为这两种攻击有本质的差异，前者是根据学术力斥敌手是悖谬的，而后者则根据人性指责对方是可憎的。虽然罗素认为后者易为一般人接受，但他本人无疑始终坚持前者。[①] 在此，罗素无意地揭示了一种情与理的关系，而这正是哲学的一个重大问题。当前的西方哲学在某种意义上说，可分为是否注重合理（如分析哲学）或是否注重合情（如存在主义）。罗素一派以尊重自然科学、数学和逻辑为荣，并企图追求严格精确的分析方法和形式化的公理系统，尤其是自他之后，许多分析哲学家把对人与社会的研究完全排斥于哲学之外，结果将自己局囿于象牙塔之中，这恐怕也是分析哲学之所以对一般人无很大影响的原因之一。

但是，罗素在批判时，没有廓清两条界限：

其一，黑格尔逻辑与传统逻辑的界限。罗素批评说，黑格尔抨击传统逻辑，却又不自觉和无条件地运用其根本原则和技术。罗素把黑格尔的逻辑与传统逻辑视作大同小异是不公平的。黑格尔为建立自己的逻辑体系，对传统逻辑进行了批判，他声称要在全盘改造之下以更高的观念来使逻辑科学获得一种完全不同的形态。以高级的思维关系来代替低级的思维关系，是黑格尔新逻辑的任务。他企图达到逻辑学与本体论、认识论及科学四者的统一，但他把精神活

---

① 参阅罗素《怀疑论集》，英文版第 5 章。

动加以客观化、独立化、对象化，同时又将活生生的人类思维束缚于绝对观念的窠臼之中。此外，他的整个逻辑是从一种不可捉摸的前提，即“有”、“无”的模糊概念发端，从而构成了自己庞大的演绎系统。这些才是黑格尔的主要弊病，而罗素正是在这几点上与黑格尔殊途同归。例如他把逻辑原子视为世界的终极构成要素，认为心物彼此一样。这实际就是把精神客观化、独立化、对象化的结果。同样他也把活生生的人类思维局限在公理化的形式系统中，他的逻辑斯谛认为逻辑先于数学，而“纯粹数学”与经验事实的陈述无关。他也是先验地、从所谓不证自明的定义公理开始，一步步地推导演绎而构成整个系统的。

其二，心与物两种一元论的界限。罗素在谈论一元论时，概念是含糊的，有时他虽把绝对一元论与唯心主义看作是紧密结合的，但在更多的时候却掩盖了心与物两种一元论之间的区别，而笼统地把一元论的基础都归于神秘主义，并且把本来属于物一元论的派别，如古代派，仅仅凭某些现象就划为所谓多元论。他承认摩尔注意黑格尔唯心主义的一面，而自己却注意其一元论的一面，这说明他往往只注意哲学派别的形式。

罗素对布拉德进行了内在关系说的批判。正像罗素认为多元论与外在关系是互相结合的那样，他认为绝对一元论与内在关系说也是紧密相关的。因此，在对绝对一元论进行否定的同时，他也对内在关系说作了认真的批判，而将其错误列为四点：(1) 关系自相矛盾，因而不实在不可能；(2) 关系与其关系者一样具有本体性；(3) 关系内在于关系者，性质决定关系；(4) 关系问题上的神秘主义。

罗素对布拉德雷的批判并非中肯，在许多方面明显带有自己派别的偏见。他往往在传统与现代逻辑、内在与外在关系、一元论与多元论等非常笼统的划分下进行分析论证，故往往只能抓住一些现象的类似点而。公正地讲，布拉德雷的“内在关系说”的原本目的是反对传统经验论所表现出的机械性及多元论的倾向。他认为任意两个项构成关系后，就会产生影响和发生变化，两个项处于关系的内或外是不同的。布拉德雷同意另一位新黑格尔主义者格林（T. H. Green）的意见，即一切事物都存在于某种相互关系之中，但他认为这种关系只是人的心灵虚构，因为“具有关系形式的经验决非是真实的，人们可以就此毫不犹豫地断言它们仅是众多假象的堆积”。①

在批判内在关系说时，罗素仍未廓清两条界限：

其一，黑格尔逻辑与布拉德雷逻辑的界限。布拉德雷把绝对一元论推向极端，恰恰摒弃了黑格尔的许多最有价值的东西，如强调内外在关系的对立统一等，而片面夸大了他最不值得称道的方面。的确，布拉德雷多少接受了黑格尔的一些合理思想甚至力图用辩证法说明思想律，例如他提到：“辩证法所要否认的也不过是绝对、完全、终极、固定的不相容的真实性……”②“不同的东西或不相容的事物或对立物——各种矛盾的存在，这一事实乃是矛盾律的基础。它假定了万物的本性就是这样……”③布拉德雷也沿用了黑格尔的一些字眼，如承认“绝对”是“谐和的”，“不相冲突的”最高实在。不过，他颇有“独创”，以自己的“绝对经验”取代了黑格尔的“绝对观念”。尽管如此，罗素并未对此二人作正确区分，相反却混为一谈。

其二，“神秘内在关系”与“自然内在关系”的界限。布拉德雷的内在关系说笼罩着一种神秘主义的色彩，对他而言，一切关系必定以统一或全体为背景，脱离全体即失其存在；所谓内在关系只是一种神经经验、感觉或感情中模糊混沌的直接的统一；人的经验首先是“低于关系”（below relation）或“非关系的”（non-relational），然后才进入关系，直至上升到“超关系”（supra-relational）的境界，即“绝对经验”。但对于罗素，似乎只要一谈内在关系，就都是一路货色。黑格尔曾提出后来让罗素极力反对的一个观点，即“发展

① 布拉德雷：《现象与实在》，英文版第 34 页。
② 布拉德雷：《逻辑原理》，中译版，商务印书馆，第 180 页注 9。
③ 布拉德雷：《逻辑原理》，中译版，商务印书馆，第 159 页。

了的现实是内在东西和外在东西的更替”。[①]

“内在关系”这个概念的歧义很多。人们可把它看作反映本质规定性、或反映内在必然规律性、或反映内部矛盾运动的关系，也可把它看作是一种最基本、最主要、最直接的关系。还可把它看作是从属关系者性质的关系。以上人们是在通常意义上界定内在关系的，但有时也可单从某一范围的内外对比来谈它。我们往往在一种纯粹的情况下谈问题，其实，关系就是由自身联系与他物联系以及自身反映与他物反映所构成。它们经中介连成一体，而呈现出很复杂的状况，所以不能截然分割开。如果只强调内在关系，则空洞抽象、易导致神秘主义；而如果只强调外在关系，则又可能导致不可知论，分析起来，这两种情况都是把某一方绝对化的结果。

罗素在早期学术活动中，就奠定了他的卓越地位。在数理逻辑方面，罗素提出了罗素悖论。罗素在1900年便认识到，数学是逻辑学的一部分。1910年，他和他的老师怀特海一起发表了三卷本的《数学原理》，在其中对这一概念做了初步的系统整理。哲学上罗素最大的贡献是同摩尔一起创立了分析哲学，此外他还在认识论、形而上学、语言哲学、伦理学、政治哲学以及哲学史方面做出过贡献。这些方面在后面一些章节中还会详细提到。

第二节　多元论与外在关系说

多元论和外在关系说几乎是继承经验论传统的英美哲学各个流派的共同特点。实用主义者詹姆斯（W. James）、新实在论者培里（R. Perry）和斯波尔丁等人都坚持这两个学说。不过也有例外，罗素的学生维特根斯坦（L. Wittgenstein）在早期尽管主张多元论，但

① 黑格尔:《哲学全书》，第292页。

却强调内在关系说。[1] 而罗素则是发展这两个学说的突出代表。罗素指出，“多元论是科学与常识的观念，因此，当然会被接受……我毫不怀疑这个观念是正确的，并认为所谓一元论是来自由神秘主义所激发的错误逻辑，而正是这种逻辑掌控了黑格尔的哲学及其追随者。”[2] 他回忆自己与摩尔一起反叛了康德和黑格尔，“摩尔关注对唯心论的拒斥，而我则更强调对一元论的摈弃。但布拉德雷正是通过黑格尔的哲学，用关系说将这两点联系在一起。”[3]

从罗素哲学的整个发展过程来看，多元论既是他方法论的起点，又是其归宿，就是说，起初他在前人思想的启发下从一种比较模糊的多元世界观开始，为了精确、清晰地分解出宇宙的终极构成要素，而使用了一系列逻辑分析的原则和专门技术，从而使他的多元世界观不断得到精密化和理论化。换一个角度来说，分析方法论既是罗素世界观形成过程的起点，又是其归宿，因为他在前人某些方法的启发下从一种比较不完善的方法论发端，经过对世界构成要素的探讨和分析，不断提炼出一种较为完善化和理想化的分析方法论。因此多元的世界观和分析的方法论成为罗素哲学思想发展的两个互为因果、紧密衔接的环节。罗素既然要寻求世界的终极构成要素，就必须同时观察这些要素之间的关系，因为他相信世界最终是由分立的要素和它们的关系构成的。

罗素指出，分析方法告诉人们，如果不承认多元论和关系的存在，就不能解释哪怕是部分的真理。由于存在着无限多的关系和关系形式，所以，世界才是多元的和可分析的。罗素把内外在关系问题看作是哲学中最主要的问题之一，并且是一元论与多元论争论的焦点。当罗素根据真实和外在关系来捍卫分析时，他就意识到“哲学阵营分裂为分析的朋友与非分析的敌人”。罗素研究专家昆兹（P.

---

① 参阅詹姆斯《多元的宇宙》英文版第 313 － 318 页，348 － 353 页；培里《现代哲学倾向》，第 238 页；维特根斯坦《逻辑哲学论》4.125、4.122、5.131、5.232 等条。

② 罗素：《哲学大纲》，英文版第 253 页。

③ 罗素：《我的哲学发展》，英文版第 54 页。

G. Kuntz）这样评价说："因为'分析'这个词本身就主张还原性原子论，即除了原子'无物存在'，所以我们称罗素的方法为关系分析是明智的。"[①] 我们并不否认有关一元论与多元论、内在关系与外在关系的争论具有一定的意义，而只否认把它们作为哲学发展的主线。为此，我们有必要先对罗素的多元论和外在关系说进行一些探讨。

罗素谈到外在关系的意义时说："最重要并始终主导我全部哲学的一点就是'外在关系说'。"[②] 不过，罗素的这个思想并非顿悟而生，他是受到了许多前人思想的影响，如莱布尼茨的关系逻辑和休谟的关系说。罗素曾回忆道，自己先从一个哲学的，同样也是一个数学的问题开始，这就是关系的重要性。在他论莱布尼茨的书里，强调过有关系的事实和命题的重要性，与之相对立的是由本体和属性构成的事实和由主词和宾词构成的命题。他发现人们对关系产生了很多偏见，并在哲学和数学中产生了不良影响。正如莱布尼茨未获成功一般，布尔（G. Boole）的数理逻辑[③] 虽然讨论类的包含，但也只不过是三段论法的一种发展。皮尔斯（C. S. Peirce）曾提出一种关系逻辑，[④] 但他是把关系当作是一种由"双"构成的类；这虽在技术上可行，但却是不一定能引向重要的结果。在关系逻辑中探讨的问题与类逻辑是不同的。对此，罗素认为，他的对于关系的探索对哲学有着极大的帮助。

罗素对自己的关于莱布尼茨的研究成果颇为自负。事实上，他以哲学家、逻辑家和数学家的三重身份研究莱布尼茨，当然能有一些独辟蹊径的见解。他承认认识到关系问题的重要性是受的莱布尼茨影响。他认为莱布尼茨重视关系并把主谓逻辑和多元论撮合起

① 昆兹：《罗素》，英文版第 60 页。

② 罗素：《我的哲学发展》，英文版第 12 页。

③ 布尔是著名的英国数学家和逻辑学家，是布尔代数（即逻辑代数）的创立者，其理论被成功地应用到电脑线路的设计，并对符号逻辑的建立起到很大的作用。

④ 皮尔斯是美国的实用主义哲学家，他在批判传统逻辑的局限性之后，促进了现代符号逻辑的发展。他在对布尔代数加以改进的基础上，建立了关系逻辑，发展了真值表的方法，并为命题逻辑建立了一个公理系统。

来，却引出了一个特别的矛盾，因为有许多单子命题并不属于主谓形式。[①] 罗素认为只有批判主谓逻辑的普遍性并把多元论贯彻到底，才能解决这种矛盾。从英国经验主义传统来看，罗素在关系问题上也受到了休谟的影响。罗素认为休谟非常重视关系在哲学中的意义，并在“人性论”中划分了七种关系。罗素也像休谟那样规定了几种基本关系，并指出近代因果关系哲学便是自休谟始，单从自然科学讲休谟的因果关系说是完全正确的。的确，休谟把因果关系看作是习惯的联想，这种联想不外乎只是一种非必然的外在关系。不过他只是把关系归为心理现象，这是罗素所不能同意的，因为后者在某种意义上把关系看作是客观实在的。

罗素多元论的外在关系说主要有以下几点。

1. 实在是由具有关系的事物组成的，关系决定性质。罗素把实在视为一种庞大而可分析的组合体，它由许多终极构成要素合成，处于关系中的关系者和性质也是一种构成要素。世界之所以多元，是因为这个现实的世界是由具有许多关系、许多性质的各种事物所构成的，复杂的实体由关系来联系其各部分，这种关系至少也和物质一样重要。罗素又提出，各种关系往往都可具备同一性质，但某几种关系更重要一些。人们只有先考察在这些关系上哪一种性质为有用，否则碰到了陈述这种性质的命题时便不知其价值如何。[②] 在此处，罗素再次强调了与布拉德雷相反的观点，即性质处于关系之中。

2. 多元关系中的各元之间是平等而无差别的。罗素以中立一元论形式来表现自己的思想，因此其多元论有一个特点，即发生关系的各方面，不论是人或物都是平等的，元与元之间没有什么差别。这种多元论（也是二元论的一种形式），是把心与物看作了彼此独

① 莱布尼兹的多元论表现为一种“单子论（Monadology）”，他认为世界是由称为单子（monads）的无限个实体构成的，这些单子虽具有物理质点的若干性质，但仍然是一种“灵魂”，因而从根本上说，还是精神性的，这样，就使莱布尼兹否认物质的实在性，而承认无限个灵魂。

② 参阅罗素：《数理哲学引论》，英文版第 42 － 51 页。

立的实体，只不过罗素往往回避这种提法，而喜欢用所谓终极构成要素来取而代之。

3. 命题有无限多的形式和无限多的关系。罗素回忆自己从皮阿诺（G. Peano）那里得到重要启示，其中之一是关于“苏格拉底是有死的”和“凡希腊人都是有死的”为不同形式的命题。这是传统逻辑所忽视的差别。因为前者是主谓式的，而后者则是两个谓语的关系，即“希腊人”与“是有死的”两项的关系，它实际上可以是“对所有 X 而言，如 X 是希腊人，则 X 是有死的”两个命题的函数关系。不管有无“希腊人”，它都可为真。罗素指出，这是古希腊以来逻辑的第一次真正重大的进步，并且是由皮阿诺和弗雷格两人通过数理分析不谋而合得出的结论。[①] 罗素正确地认为关系是普遍的，宇宙间有无限项的关系，因此，命题也绝不止一个主谓形式，而是有无限多的形式。这样，“绝对”便消除了。宇宙当然是多元的。“大于……”、“在……以南”、“居……以上”以及“与”、“或”、“除非”、“如果”、“加上”、“不”、“非”、“没有”等形式就都是代表关系的。再如，a 与 b 有 R 关系（a、b、R）以及三项、四项以至无穷多项的关系都不能用主谓形式说明。每一关系都具有一个由所有相关的项组成的“域”，如“父母”的域是许多父母和孩子的类，而“丈夫”的域是许多丈夫和妻子的类。这种关系是两项，三角恋爱是三项，“A 为 P 从 C 买 B”是四项，“A 对 B 爱 C 比对 D 恨 E 更为关注是五项关系，而这样的系列是无限的。[②] 鉴于逻辑形式的繁杂，罗素提出将其分类是逻辑的第一要务。由于世界是由许多具有各种性质和关系的事物组成的，因此要注意其全部性质和关系。不仅应知道此、彼、他各物，而且还要知道哪个红、什么早于什么、在另两个当中什么是什么等等。当事实是由两事物的关系构成时，它就有三个成分，即两项与其关系等等，并且可以以此无穷类推。罗素

① 参阅罗素：《我的哲学发展》，英文版第 65 － 73 页。

② 罗素：《人类知识》，英文版第 271 页。

认为，列举事实的逻辑形式时，一定把其所有的关系完全包括。[1]

4. 提出无对称等各种基本关系。罗素自信地认为，有许多方法可驳斥主谓逻辑及其对关系实在性之否定的错误。其中最容易的一个，是援引所谓“无对称”的关系。他列举了几种关系，如对称、非对称、无对称、传递、无传递、非传递，他还提出自返、非自返以及“一对一”、“一对多”、“多对一”关系等等。他认为，所谓对称关系，是指一种关系只对 A 和 B 适用，而不对 B 和 A 适用，如丈夫、父亲、祖父以及在前、在后、较大、在上、在左等，凡是能引起系列出现的则是无对称关系。对此关系，不能把它归结为性质。而这种关系却又是普遍的，它包括在时空、大小、整体和部分等所有系列中以及包括在现存世界许多极其重要的特征中。[2] 罗素肯定地认为，正像无对称关系在大部分数学中是基础的一样，有关其理论也是极其重要的。

5. 关系是可能分析的。罗素提出在某种情况下，关系显然可以分析，例如“祖父母”指“父母的父母”、“兄弟”指“父母的儿子”等。所有家庭关系可用三个词表达，即“配偶”、“男子”和“父母”，此即罗素提出的所谓“最低限度词汇”的原则。[3]

6. 关系不依赖于思想和词语的性质而独立存在。罗素主张，如果每一种关系都包含在其词语的性质中，数学就不能成立，因为在数学中，人们必须了解此单元组是处于人们所能知道的与任何其他单元组有关系的事物之前的，这就需承认外在关系。据此，关系会有一种超越并凌驾词语之上的特性，它们相互关联，但并不包含在其相互的词语中。关系不依赖思想而存在，它属于思想所能理解而不能创造的独立世界。[4]

7. 关系可以独立于关系者之外而存在。罗素认为关系并不内含

---

① 参阅罗素：《我们对于外界知识》，英文版第 2 章。

② 参阅罗素：《我们对于外界知识》，英文版第 2 章。

③ 罗素：《人类知识》，英文版第 275 页。

④ 罗素：《哲学问题》，英文版第 68 页。

其关系项的复杂性，也不等于全体的所有性质，也就是说，关系可独立存在，[1] 不仅如此，他早年还致力于对柏拉图式的共相关系的抽象的研究。

8. 企图把对“关系”的研究从普遍语言中解脱出来。罗素一方面认为，语言没有“关系”便不足以表达宇宙的真理，另一方面又说一个句子的语法形式往往不能反映它意义的逻辑结构，“关系”之所以历来混乱，是因为人们不用别的而只用一些字词来表示“关系”。表述一个关系事实的句子，如“此在彼上”或“这人杀那人”，其结构与它所表述的事实结构有非常重要的不同。“在上”是处于“此”与“彼”两项之间的一种关系，可是，“在上”一词本身却不是一种关系。罗素的这些论述说明，他想使对关系的研究部分地从普通语言的束缚中解脱出来。这是与后来的语言分析家们所不同的地方。

9. 性质归为关系，逻辑就是研究关系。罗素提及的事实并非指一个简单事物，而是指某物具有某种性质或某些事物具有某种关系。

依罗素之见，哲学的本质就是逻辑。逻辑和数学一样，专门研究形式和关系，又因为关系逻辑在符号演算中总被看作是关系的类型，因而成为数学的基础。关系的引用能简化和概括大多数数学理论，关系的“意义”是次序的系列和许多数学概念的基本根源，甚至“数理哲学的大部分也是研究关系”。[2] 罗素认为将一切性质还原到关系是对逻辑的一大解放，因此，逻辑以关系为其研究的专门对象。他把关系的适用范围规定得很广，如真理是由语句或信念与事实的关系决定的，他认为“一类之所以有许多顺序者，其原因在各事素间包含许多关系”。[3] 例如，对于几何上任何两点之间的关系，就“只有借关系的差别才能把许多点彼此区分开来”。[4] 当时，与罗

① 罗素:《我的哲学发展》，英文版第 11 － 15 页。

② 罗素:《数理哲学引论》，英文版第 42 页。

③ 罗素:《数理哲学引论》，英文版，第 32 － 33 页。

④ 罗素:《几何学的基础》，英文版第 3 章第 1 节。

素合作的怀特海（A.Whitehead）也主张惟有关系是人们知识的对象，这对罗素不无影响。罗素坚信关系逻辑有开阔人们抽象思维的功用，并能提供无限的可能假设，以便对各种复杂的事实进行分析。

10. 关系可以用算法和符号表示。罗素与怀特海在《数学原理》中提出了下列有关“关系算法”和“关系符号”的八点原则：

（1）包含于某一类中的某些项对于某一给定的 y 项有 R 关系；

（2）在包含于某一类中的某些项中某个给定的 x 项有 R 关系；

（3）构成关系“范围”一个类中的所有项对于某个对象有 R 关系；

（4）某个对象对于由一个类构成的“相反范围”中的所有项有 R 关系；

（5）R 的“域”由“范围”和“相反范围”构成；

（6）一种 R 关系的“反面”，就是 x 和 y 之间有 R 关系的时候，y 和 x 之间所具的一种关系；

（7）R 和 S 两种关系的“关系产物”，就是有一个 y 作中项的时候，x 和 z 之间的一种关系，即 x 对于 y 有 R 关系，y 对于 z 有 S 关系；

（8）“复数”可以定义为一个类的所有项对于一个给定类的某一项有 R 关系。罗素以人与人的关系举例说明上述八点，设定 R 为父母与子女的关系，如此一来：第一点是 y 的父母；第二点是 x 的子女；第三点是所有那些有子女者的人的类；第四点是所有那些有父母的人的类；第五点是包括每个人的“父母”关系域，这个人或是某人的父母，或是某人的子女；第六点是“某某的父母”这种关系的反面为“某某的子女”那样一种关系；第七点是“祖父母”为父母与父母的关系产物，“弟兄或姊妹”为“子女”与“父母”的关系产物，其他可以类推；第八点是“某学院学生的父母们”可以看作为按这一个意义来说的复数。

11. 不同类的关系有不同类的功用。罗素提出了表现逻辑和普通数学之间过渡的三种不同的关系类型。其一是“一对多”的关系，即可以产生“叙述函项”的关系，也就是最多只有一项对于给定的一项所能有的一种关系。例如在基督教的社会中，可以说“x 的妻子”，但在一夫多妻制的社会中，它表达的意思就很模糊。其二是“一对一”的关系，即在两个类之间建立相互关系的那种关系。在此关系中，不仅最多仅有一个对于某个给定的 y 有 R 关系的 x，而且最多也只有一个 y。对于这个 y，一个给定的 x 只能有 R 关系。正是由于这种一一对应的关系，所以不必计算就可得知丈夫与妻子的数目相等、人的鼻子与人的数目相等。其三是可以产生“集合”关系，① 所谓集合就是包含具有次序的某些项的组合，这种次序产生于某种关系，而这种关系必定具备下列三点特征：一是“不对称的”，即若 x 对 y 有这种关系，则 y 对 x 就不会有这种关系；二是“及物的”，即若 x 对 y 有这种关系，而且 y 对 z 有这种关系，则 x 对 z 就会有这种关系；三是“联结的”，即若 x 和 y 是这种关系域中任何两个不同的项，则不是 x 对于 y 有这种关系，就是 y 对于 x 有这种关系。据此。假若某种关系表现了这三点特征，那么它便将其域中的各项按次序排列在某一系列中。

罗素也同样用人与人之间的关系来说明这些特征。例如表现为“丈夫”的关系是不对称的，因为若 A 是 B 的丈夫，B 就不会是 A 的丈夫；而表现为“配偶”关系则是对称的。表现为“祖先”的关系是及物的，因为 A 的祖先的祖先当然也是 A 的祖先；而表现为“父亲”的关系则是不及物的。在某一系列关系所必须具备的三点特征中，“祖先”关系含有两点，但缺少第三点，即“联结”的特征，因为，并非任何两个人中，其中一个一定是另一个的祖先。

12. 创立一种新的逻辑系统来解决关系问题。罗素试图以一种新的技术和数理哲学来解决关系问题。他认为，关系逻辑可以用皮阿诺的方法进行简化。他主张，谓词可以有一个变项、两项关系（有两个变项）、三项关系（有三个变项）等命题，而其函项等同。当说

① 罗素指出，“集合（set）”是陈腐而又人人皆知的名词，他自己是对这个词给予确切意义的第一人。参阅罗素的《我的哲学发展》，英文版第 86 － 101 页。

"人是会死的"，就意味着"在X之一切可能值上，如X是人，X是会死的"。如人会死，无毛两足动物也会死，如有几个人，也有几个无毛两足动物。主谓形式可以表示为S是P，如"苏格拉底是会死的"、"这是白的"，而罗素企图创立一种逻辑系统，其中包括各项的关系和相互的依赖性，并包括事物的分类。因此，他以另一种命题函数R（xy）、R（xyz）、R（xyz…）作为自己逻辑体系的基本命题形式。由此，他引入了数学上的变项，即p、q、r。他认为："不用变项来代表谓词或关系，肯定是不行的。"他还运用真值函项表示一些复杂的关系，如"～p"、"p ∧ q"、"p ∨ q"、"～（p→q）"、"p↔q"、"(～p ∧ q）→～（p ∨ ～q）"等。此外还引入了带有全称和存在量词的谓词演算等。

罗素应用现代符号逻辑技术，企图精确解决事物的各种关系。尽管他的尝试不无可取，也取得了一定的成就，但从根本上说，他并未像他自诩的那样摆脱传统逻辑的束缚。人们在研究思维形式和结构时，形式逻辑基本规则是不能违背的，罗素想彻底摆脱它是不可能的。尽管罗素用许多现代符号技术来改造逻辑，并进一步研究了事物的分类和关系，比亚里士多德在某些方面要严密、系统、精确得多，但却仍未超出形式逻辑的范畴，如果他只是以人类的思维形式和结构为研究对象，或以整理人类现有的知识为目标，例如在电脑程序的编写方面，他的逻辑就很有用。

罗素对旧逻辑主谓结构持怀疑态度，他坚持采用逻辑分析的方法，对绝对一元论和内在关系说进行了较为深入的分析和批判，并坚持他的经验主义多元论和外在关系说的主张。这在他的全部哲学生活中至关重要。

总结起来，布拉德雷的"内在关系"和罗素的"外在关系"之比较大概有如下几个方面：

1. 布拉德雷强调"一"，罗素强调"多"，即布拉德雷强调统一体的绝对，罗素强调终极构成要素；一是脱离对立讲统一，一是脱离统一讲对立。在逻辑上，它们各有合理因素，但却把所执的一端扩大化。

2. 布拉德雷强调“合”，罗素强调“分”。这是一元观与多元观世界观在方法论上的体现，即布拉德雷强调综合，罗素强调分析。

3. 布拉德雷强调“动”，罗素强调“静”。所谓“动”，对于布拉德雷来说，是在非常限定的意义上提出的，即他主张处在内在关系中的项相互影响、相互变化。罗素则认为，处在关系中的项不会改变任何性质。

4. 布拉德雷强调“里”，罗素强调“表”。布拉德雷主张事物的性质是主要的，关系因其自相矛盾而往往是虚假的。但罗素却主张一个事物在关系中表现自己，性质可归结为关系。难怪有人称罗素是“多元的现象主义者”。

5. 布拉德雷强调“思辨”，罗素强调“数理”。布拉德雷的很多方面继承了德国哲学思辨的传统，因而往往在纯概念中谈论关系。罗素则应用数理逻辑的各种符号，试图在公理化的形式演绎系统中表示关系。本来，抽象思维能力的逐渐深化是人类认识发展的标志，然而，像布拉德雷那样仅仅玩弄概念把戏，或像罗素那样把活生生的思维单纯地归结为符号演算，就只能使这种能力趋向衰败。

6. 布拉德雷强调“玄秘”，罗素强调“真确”。布拉德雷一面使关系说过于玄妙、难以捉摸，一面又带有神秘主义；罗素却企图使关系获得精确的定义，但带有机械论的倾向。

布拉德雷哲学与罗素哲学在 19 世纪与 20 世纪的世纪之交，先后出现在英国，这是很有意思的现象。作为人类认识发展历程中的两个哲学流派的代表，他们既有其价值所在，又有其根本弊端。

第三节　分析方法的作用

在叙述了现代分析经验主义的发展脉络之后，罗素指出：“……与洛克、贝克莱和休谟的经验主义不一样，这种经验主义同数学相结合，而发展了一种有力的逻辑技术。这样一来，对某些问题可以获得确切的答案，认为这些答案具有哲学特性，还不如认为它们具有科学特性。现代分析经验主义与体系创立者们的各种门派相比，它的长处就是可以逐次逐个地解决问题，而根本用不着一下子便创造有关整个宇宙的全套学说。从这点看，这种哲学方法与科学方法类似。我深信，只要可能存在着哲学知识，那它必须运用这种方法进行探索；我还深信，依靠这种方法，能够彻底解决很多自古以来的难题。"①

罗素讲过的一件趣事可以看出他对确定性的追求：某次，他的一个朋友，也是纯数学领域的教授哈迪（G. H. Hardi）对他说，如果得到对他在五分钟内必死的证明，尽管会失去他而悲伤，但更会以得到这个证明的喜悦而兴奋。对此，罗素叹道："我完全同意，而毫无生气。"②

罗素自述自从抛弃康德和黑格尔的哲学之后，便开始运用分析的手段来解决哲学问题，并坚信哲学只有靠分析才能发展和进步。他指出，近代大部分多元论的哲学是由于对命题的逻辑分析而产生的，例如新实在论的特点就是以分析为方法、以多元论为世界观的。③ 甚至他还认为，亚里士多德在对地方或地域作分析的时候，并没有提供数学家或物理学家所强调的空间理论；而他所作的却是更类似于语言分析的东西"。④ 尤其值得一提的是，他的分析法本身就揭示了其世界观的形成过程。

有学者考证，罗素最早有关分析的讨论是1904年发表的《梅农的复合句与假设理论》一文。⑤ 在这篇论文中，他考察了复合句

---

① 罗素：《西方哲学史》，英文版第863页。

② 罗素：《记忆的肖像》，英文版第14页。

③ 罗素：《怀疑论集》，英文版第96页。

④ 罗素：《西方的智慧》（*Wisdom of the West*, Penguin Books Ltd, 1989），第90－91页。

⑤ 此文原载《分析文集》，英文版第28－32页。（*Essays in Analysis*. Edited by D.Douglas. New York: George Braziller, 1973.）

的分析问题。[①] 本书作者不同意这个考证，因为至少罗素在 1903 年出版的《数学的原则》中就明确考察了分析方法问题。在这本书中，罗素讨论了三个观点：

一是分析与证伪（falsification）的关系。他宣称："无论什么只要能被分析的就是一个整体，而我们已经看到整体的分析就是某种证伪。我们不能认为，一个整体的各个部分并非真是其部分；也不能认为，在一定意义上这些部分并没有预设在那个整体中，而且这个整体也不是预设在它的部分中；同样也不能认为逻辑之先并非比逻辑之后更简单。简言之，虽然分析给我们真理，而且只有真理，但它决不能给我们完整的真理……"；证伪的另一个作用是揭示，"复合物并不等同于其成分的总和，而且只是当分析后它被改变为这些成分。"[②]

二是概念分析（conceptual analysis）与实在分析（real analysis）区别。他指出："仅有一种脱离绝对简单的整体，而我能赋予任何精确意义的统一体（unity），就是由部分组成的整体。但这种形式的统一体不能被称为是有机的（organic），因为如果部分表达整体或其他部分，那它们必定是复合的，所以它们也包含着部分。如果部分得到尽可能的分析，那么必定为简单的项，而除了表达自身外不能表达其他任何事物。于是，为了使有机统一体成立，便在概念分析与真正对部分的划分之间产生了区别。这样一来，我们得知，什么是真正不可分的东西可能在概念上却是可分的。如果概念分析被认作主观的，那么这种区别对我来说是完全不可接受的。从逻辑分析整个能力的意义上看，所有的复合性都是概念的，但从不依赖精神而仅依赖客体性质这个意义上看，它们又是实在的。"[③]

三是健全分析与缺陷分析（defective analysis）区别。他认为："将一个有限空间分析为点，并不比将因果性分析为时间序列加基

---

① 见昆兹：《罗素》，英文版第 56 页。

② 罗素：《数学的原则》，英文版第 141、466 页。

③ 罗素：《数学的原则》，英文版第 466 页。

础和后果，或将平等性分析为关系的相似性，更为客观。在任何分析的例证中，存在着一个由部分及其关系构成的整体，它只是部分及其关系具有的特性，而由此区分了不同的情况。因此，在上述意义上，一个有机整体的看法必定是一种缺陷分析，而不能被用于解释事物。”①

可以说，在这之后的探索中，罗素不断加深了对分析方法的认识和完善。

在人类的认识史上，积极的怀疑精神始终是一种强大的动力，它促使人们一方面不断地修订、改善和深化已有的知识，另一方面又不断探索、追求和掌握尚未获得的知识。罗素正是以一种比较积极的怀疑精神为动力，在科学的旗帜下，采取了分析的方法，并走上了反神秘主义和反形而上学的道路。罗素一生始终坚持怀疑的方法，并把它作为逻辑分析的工具，换句话说，他的分析方法就是为了一点儿一点儿地消除怀疑，拨开神秘主义的谜团，打破形而上学的体系，像笛卡尔那样要求“清楚明白”，直到每一个细节确定为止。

分析方法作为方法论的一个组成部分，在人类知识的起始，就已被应用于观察世界。但在漫长的岁月中，由于自然科学水平和人类认识水平的限制，却没能把它系统化。到了近代，一些哲学家开始有这方面的初步设想，但却缺乏完备的条件。直到现代，随着时机的成熟，这项任务才开始历史性地摆在了哲学家面前。罗素从不满意哲学的历史和现状，他总是着眼于为哲学构思一个理想、精妙而完善的“未来”。他以自己渊博的知识、敏捷的才思和探索的勇气使这个理想的“未来”部分地在某种程度上得到了实现。尽管他的学说仍有着偏见、繁琐和迷误，但毕竟做出了有益的尝试。那么，罗素又是如何系统地阐明、论证和实践分析方法以及如何用分析方法来揭示他的世界观的形成过程的呢？

① 罗素：《数学的原则》，英文版第466页。

第四节　对分析的界定和分类

所谓分析（analysis），从古希腊文词根看，“ana”意思是“向上（up）”或“向后（Back）”；“lysis”意思是“解开（loosing）”，原义就是分解，或将整体分为部分，如发现其任何属性、比率、功能、关系等；或将任何复杂的东西分解为其各种简单的元素。

对于不同的知识领域，分析的表现方式也有不同。在语法中，表现为将句子划分为各种成分如名词和动词等；在数学中，表现为考察变项之间的关系或用方程式解决难题；在逻辑中，表现为将知识分解为其本初原则或找寻事物的来源；在化学中，表现为将任何化合物分解为其元素。

在哲学方法上，广义地说，分析就是将某一个概念、命题、语言复合句或事实分解成其简单或终极的成分。分析可以分为两个方面：一是分析物（analysamdum），分析所进行的对象或客体；二是分析者（analysans），即实施分析的手段或技术。① 这样看来，即便是赞同分析方法的人，由于他们选择的分析物不同，或采用的分析者不同，因而又形成了不同的分析哲学派别。

在英国经验主义传统中，不乏有人对分析方法进行了一定的论述。例如霍布斯（T. Hobbes）曾说道：“分解（the resolutive）就是通常被称为分析的方法，组合（the compositive）就是综合的方法。”对他而言，有关“任何一个事物是什么”的知识展开了我们对任何事物之因的探索。所谓部分并非指事物的部分，而是指其属性的部分，如数、量、运动、感觉、理性以及相似等。② 在《什么是逻辑分析？》（1939）一文中，魏斯曼（F. Waismann）指出：“分析意思为分解与拆开。由此‘逻辑分析’可以看作：将某一思想分拆为其

---

① 参见《剑桥哲学辞典》，英文版第 22 页。

② 霍布斯：《霍布斯的英文著作》，英文版第一卷第 66 － 67 页。

终极逻辑构成要素。而对此，我们很容易联想与其他领域的类比：就同物理学家透过光栅分解白光以及化学家分解某种材料一样，人们大体上也能够如此设想哲学家的工作，其任务就是展示思想的结构，并揭开它的逻辑构造。”①

人们一般都承认分析方法是一种适当的哲学方法，但究竟什么是分析的对象却大相径庭。摩尔主张的是一种心理的分析，即将感觉材料（sense-data）分析为它们的元素；也有人提倡的是一种概念的分析（conceptual analysis），即对命题等加以分析；还有人强调的是一种言语的分析（linguistic analysis），即对语句，如专名（proper names）和摹状词等。而罗素的分析方法则是涉及所有这三个方面。

罗素断言哲学的本质就是逻辑分析，并说自己一个最重要的哲学“成见”，就是分析方法。在他看来，坚持分析方法并不意味自己的分析已经正确了，而是说自己试图分析的愿望是合理的。罗素理解的“分析”是“发现一种组合体的要素”的方法，或者说，“分析就是从整体 W 得知 P 是 W 的一部分，而分析可分两种形式，即逻辑分析与时空分析。”② 他在各种场合对这个定义作了进一步的解释和发挥。

罗素认为哲学分析应当加强词与词之间的联系，并且用使之以更系统化的方式改善语言的结构；而科学语言就是所有语言应当模仿的范本。然而，他提到，如果一个分析的正确性取决于与日常语言用法的一致性，那就没有什么价值了。③ 罗素还提到，自己接触了一种非常重要的逻辑学说，它将有关整体与部分的理论变得更为重要，这就是“分析即证伪（falsification）的学说。任何能被分析的东西都是一个整体，而且我们已经看到对整体的分析就是对证伪的某种衡量”。“分析即证伪，也就是说，复合物并非等同于其成分的相加，而当分析为那些成分时，会发生改变。在这种学说中，当

① 魏斯曼：《哲学论文集》，英文版第 265 页。

② 罗素：《对意义与真理的探究》，英文版第 327 页。

③ 罗素：《我的哲学发展》，英文版第 230 页。

所分析的东西是整体时，存在对真值的衡量。”①

著名哲学家维兹（Morris Weitz，1916－1981）曾论证了有关罗素哲学三个相关的内容：

一、罗素哲学中的基本成分是分析的方法；

二、罗素将这种分析的方法示范为下列四类不同的方式，即（1）本体论的分析（ontological analysis），专门解决实在性的“要素”（“stuff” of reality），（2）抽象宇宙论的分析（abstract cosmological analysis），或形式分析（formal analysis），（3）数理逻辑的分析，（4）科学与日常生活的符号检验——构造主义的分析（constructionist analysis）；

三、罗素将分析主要视为一种定义的形式，即当作一种非亚里士多德的现实定义，或者语境定义（contextual definition），抑或符号定义。② 罗素本人认为从总体上说，维兹对自己哲学的阐述和评论是完全中肯的。③

根据罗素的整体思想，我们可以将他的“分析”分为六大类，即逻辑分析、语言分析、物理分析、心理分析、社会分析与本体分析。这前两种虽有紧密的关联，但以本书作者看它们是从不同的角度出发，尽管有着殊途同归的结果：因为前者是纯符号形式的，而后者则是涉及日常经验的内容。至于第三和第四种分析，罗素则有《物的分析》和《心的分析》两大本著作专门进行了讨论。总的来说，罗素将这六大类分析融会贯通在一起的，而逻辑和语言分析则是“分析”中的“分析”，也就是说，不管怎么进行分析，最终都归结为逻辑和语言问题。例如，他在《物的分析》中指出：“一个演绎系统的逻辑分析并不像它最初显现的那样是如此确定的。这是由于我们先前介绍过的那种状况，即最初当成本初实体的东西可以被复杂的逻辑结构所替代。正如这种状况与物理哲学密切相关，它值

① 罗素：《数学的原则》，英文版第 141、466 页。

② 维兹：《罗素哲学中的分析与统一》，谢尔普编《罗素的哲学》，英文版第 57 页。

③ 罗素：《对批评的答复》，谢尔普编《罗素的哲学》，英文版第 684 页。

得利用其他领域的例证来解释自己效果。”[①]

由于第十章已讨论过逻辑与数理逻辑的问题，因而在此节多谈一点与语言有关的分析问题。其中一个重要问题就是“语言等级”（hierarchy of language）的问题。罗素认为，语言分析或语言的逻辑研究的一个结果就是语言等级的问题，因此对它及其有效性的论证是必要的。语言的第一等是“客体语言（object-language）”或“初始语言（primary language）”，他将其界定为一种包含“客体词（object-words）”的语言，这种客体词又可界定为具有真假值的语词，[②] 或“逻辑上具有个别的意义，而心理上不必先前学习其他任何词汇而认知的语词”；[③] 否则就是低一等的语词。

罗素将客体词总结为六点：（1）在适当时机的情景下这个词用得恰当；（2）当你听到这个词的时候要有适当的行动；（3）将这个词与另一个相联结（如在另一种语言中）时，而那一个词对行为有适当的影响；（4）在学这个词时，将这个词与其所意指的一个客体或多个客体相联结；（5）用这个词来描述或追溯一个记忆影像；（6）用这个词描述或创造一个想象影像。

罗素认识到，对这六点若不作修改，它们对那些并非客体词的词是不适用的。例如，“火”或“狐狸”一类的词不必放在句子里也可理解，但“地球是比月亮大”中的“是”与“比”只能作为句子的一部分才能有意义。再如“苏格拉底是雅典人”，“苏格拉底爱戴柏拉图”，“苏格拉底饮了鸩酒”等句子，都包含“苏格拉底”这个人名，而且使这些句子为真的所有事实都含有苏格拉底这个人作为它们元素。这就是当我们说这些句子是“关于”苏格拉底的意思。苏格拉底是作为一个未加分析的整体而进入使这些句子为真的事实中。然而苏格拉底本人当然是复杂的，我们能够造一些其他句子来判定这个复合体，如“苏格拉底是塌鼻子”或“苏格拉底有两条腿”

① 罗素：《物的分析》，英文版第 2 － 3 页。

② 罗素：《对意义与真理的探究》，英文版第 19 页。

③ 罗素：《对意义与真理的探究》，英文版第 62 － 77 页。

等。"这样的句子对给定的整体加以分析。但到底这种分析在某一时期可以达到何种程度，这就要依赖那个时期的科学发展到何种状况。一个整体各部分相互连接的方式就构成这个整体的'结构'。"①

罗素在其《人类的知识》一书中对"分析"谈到这样一个想法：揭示一个客体的结构是引介其组成部分以及它们相关联的方式。若你正在学习解剖学，可以先认知各种骨头的称和形状，而后在教导下弄清各个骨头在整个骨架中的位置。于是，你便得知了迄今解剖学所讲的骨架结构。然而，你对有关骨架结构的学习并未完结。骨头由细胞构成，细胞由分子构成，每个分子都具一个原子结构，而这正是由化学所研究的。原子也有一个物理学来研究的机构。到此，正统科学的分析结束了，但并无理由设想更进一步的分析是不可能的。我们仍有机会来建议将物质实体的分析引进事素（events）的结构，而且将力图揭示，甚至事素具有一个结构的看法也是有利的。接着，罗素又将这种想法延伸到语言的研究，如句子的结构问题。一个句子是一个词的系列：在口语中，这个词的系列是按先后的关系排列成一个次序，而在书写中，它则是从左到右。然而，这些关系并非真正是词与词之间的关系，而是词的实例之间的关系。一个词是相似声音的类，这些声音都有相同的或几乎相同的意义。

在这里，为了简化，罗素只讨论了口语。一个句子同样也是声音的类，因为很多人说出同样的句子。因此，我们必须说，并非句子在时间上是词的系列，而是声音的类，每一句子包含一个在时间上紧随相连的声音系列，并且每一声音都是一个词的一个实例。罗素指出这是一个句子必要，但并非充分的特点，之所以不充分是因为某些词的系列是没有意义的。他没有详谈演讲不同部分之间的区别，而是继续讨论进行分析的下一个阶段，即不属于句法，而是属于发音学的阶段。一个字的每一实例是一个复杂的音，这个音的各部分就是各个字母（设想是由发音字母构成的语言）。在对发音分

① 罗素：《我的哲学发展》，英文版第 152 页。

析之后，还存在一个进一步的阶段，就是对发出或听进一个字母的复杂生理过程的分析。在这种生理分析之后是物理学的分析，从这一点出发，分析就如骨头那个例子一样继续进行。……罗素进一步阐述说："从那些后来被发现本身复杂的单元出发来说明结构，本身并不为错。例如，点能够被界定为事素的类，但这并不证明将点视为单一的传统几何学是错误的。所有对结构的说明对一些单元来说都是相对的，这些单元暂时被视为似乎是缺乏结构的，但绝不能够假设这些单元在另外一个语境（context）就没有结构，而承认这个结构是重要的"。[①]

罗素对分析还作了以下分类：

一、"形式分析（formal analysis）"的理论。罗素指出哲学逻辑中对付实在性形式的部分属于形式分析。通常可以用两种方式来界定所谓形式分析，即语言的分析与经验的分析。罗素主要沿着这第一种方式进行努力。他认为在所有的命题中都存在着特定的形式，即一种将此命题各元素结合在一起的方式；"我们可以说，逻辑由两个部分组成。第一部分探索什么是命题以及其具有什么样的形式，它列举各种不同的原子命题、分子命题以及普遍命题。第二部分由某些极普遍的命题构成，它们断定具有某种形式所有命题的真值。这第二部分将与纯数学融合，它们所有的命题通过分析后成为一般形式真值。"[②]

二、"两层分析"的理论。从罗素整体方法看，他把分析区分为表层分析（horizontal analysis or superficial analysis）或初步分析（preliminary analysis）与深层分析（deep analysis）。像"龙"和"希特勒的女儿"这样的词或词组就是表层分析，因为它们只处于一个层面，也就是对外界事物作日常摹状的层面；而由于涉及了感觉材料的摹状，"外界客体"这类词组的分析就成了深层分析，因为它使我们深入完全不同种类的东西。例如把房子分析成砖块，这只停

① 罗素：《人类知识》，英文版第 250 − 252 页。

② 罗素：《神秘主义与逻辑》，英文版第 112 页。

留在外界日常事物的层面上，但如果我们进一步再把砖块分析成原子，这就达到更深一层，因为原子是完全不同种类的东西。一般说来，表层分析并不必要，而深层分析则有必要。但罗素未能解决所谓深层分析的很多理论问题。因此有学者批评说，罗素的分析有时过于强调经济原则，而用所谓奥康剃刀刮去太多日常的意义。①

三、“完全分析（complete analysis）”的理论。罗素在《心的分析》中提到“完全分析”这一概念。② 维特根斯坦断言：“对一个命题只有而且只有一个完全分析。”③ 罗素并不很同意这个观点，对他说来，由于感觉材料的局限，每个人的亲知（acquaintance）是不同的，故对一个命题的所谓完全分析也是不同的，甚至只能提供对某个命题完全分析的一小部分，也许就是这个命题的一些元素；而那些没有亲知那些感觉材料的人们，就可用某些专用名称或确定摹状（definite description）来进行命题分析。罗素指出，既然存在着作为简单指称的符号，因而这些符号意义只能通过亲知及其指称才能得到理解，而且它们不得作为存在命题的语法主语而出现。因此，为了对所谓完全分析的观念作出广泛理解性说明，他力图论证存在着这种符号。罗素发现在使用复杂符号的命题中有着很多含混性，而完全分析就可以凭借一个或多个逻辑专用名称来清除它们。④

四、“全解分析（comprehensive analysis）”的理论。所谓全解分析就是它传达了当人们用某一词组时所企图传达的每一事物，也可称为正确分析（correct analysis）。⑤ 在罗素看来，有的命题可作全解分析，而或然全称命题（contingent universal propositions）这一类命题则不能；他承认自己不知道对一般事实的正确分析是什么。⑥

五、“操作分析（operational analysis）”或“功能分析

① 皮亚斯：《罗素与英国哲学传统》，英文版第 16 － 20 页。
② 罗素：《心的分析》，英文版第 178 页。
③ 威特根斯坦：《逻辑哲学论》，英文版第 3.25 条。
④ 皮亚斯：《罗素与英国哲学传统》，英文版第 88 － 90、122、130 页。
⑤ 皮亚斯：《罗素与英国哲学传统》，英文版第 15、68 － 69 页。
⑥ 罗素：《逻辑与知识》，英文版第 236 － 237 页。

(functional analysis)”理论。罗素曾对科学概念应用这种分析方法，也就是说将在日常生活中所熟悉的具体客体当作逻辑构造。科学哲学家奈格尔（Ernest Nagel）认为这是将常识的知识与常识的客体视为当然的一种分析。[①]

六、“定义分析（definitional analysis）”的理论。罗素指出，有的定义能为一个词组提供一个分析，而有的则不能做到这一点。例如，将“红”界定为“具有最大波长的颜色”就没有提供分析；[②]理由是分析能对一个词赋予意义，或至少赋予意义的合理部分。根据他的意见，为了理解词的意义，那种能给予人们决定性分析的定义知识是必要的。如果一个人了解了某个符号的意义，他就必须知道凭借摹状的指称（denotation），而这个摹状也是必须得到定义和分析的；更进一步说，如果某个性质被界定了，那么这个定义就会被作为分析而被接受。[③]罗素总结道：“我们必须寻求一个同样也作为摹状定义的定义，即一个给予命题以意义的定义，它表现为那些用语言或符号表达，并明显代表各种类的语词或符号，而且通过对这样命题的正确分析，这种给予一个意义的定义将消除所有对类的介绍。我们能够这样说，那些类的符号知识仅是为了单纯的便利，并非代表称作‘类’的客体；而且像摹状一样，那些类实际上就是‘逻辑虚构’，或正如我们所说的，‘不完全符号’。”[④]

七、“分析位（analysis situs）”的理论。在《物的分析》一书中，罗素使用“分析位”的方法来考察“空时（space-time）”与“事素（events）”。所谓“位（situs）”原意是指部位，或某种整体的一部分。分析位可以具体体现某一点常量距离三度平面的特征。在分析位中，“我们从两个概念出发，即一个点以及一个点的相邻（点的集合）”；“点与相邻是给定的；在另一方面，我们可将这些点界定为

① 奈格尔：《罗素的科学哲学》，谢尔普编《罗素的哲学》，英文版第 330 页。
② 罗素：《逻辑与知识》，英文版第 194 － 195 页。
③ 皮亚斯：《罗素与英国哲学传统》，英文版第 85、140 页。
④ 罗素：《数理哲学引论》，英文版第 181 － 182 页。

'事素'，它与相邻的点有一一对应的关系"；"让我们将构造好的空时与分析位的空间多重性相比较。"①

分析哲学可分为人工语言与普通语言两个阶段：前者以罗素以及早期维特根斯坦为主要开创者，强调创立一种理想化的语言作为哲学表达的工具，这种语言的标准是语言意义与指称是一一对应关系，所有语言都有意义与指称，在两者之间都形成简单的对应关系；后者以摩尔与后期维特根斯坦为主要开创者，倡导哲学应对付日常生活，日常语言或普通语言即可作哲学表达的工具，哲学的目的旨在为语言表达寻找规范，即语言的意义在于应用，语言的意义随着语境的更换而改变，哲学不必再另行规定一套规则，语言的应用规则来源于日常生活。美国哲学家怀特（M. White）指出，"罗素数学训练的一个结果就是，他企图建构人工的演绎系统，而不关注自己所应用的术语是否与普通语言绝对相合。"②

第五节 分析方法的科学前提

在罗素看来，新的哲学把一切知识看作是都只能靠科学方法才能证明和判定的。他的多元世界观即是物理学、生理学、心理学及数理逻辑四种科学相结合的产物。③他因此自诩，正是他本人，把科学与哲学结合成了一种更高级的思维形式。他明确地说，分析到底能达到多高的水平，取决于当时的科学水平。的确，他的分析法，与以往的分析法相比，要稍微高明一些。

20 世纪初，相对论、量子力学、心理学、数学基础与数理逻辑的发现和发展，为他的分析方法提供了科学和理论的前提。例如，相对论用空时（space -time）代替空间和时间（space and time）、用

① 罗素:《物的分析》，英文版第 295、298、311 页。
② 怀特:《分析的时代》，英文版第 191 页。
③ 罗素:《我的哲学发展》，英文版第 21 页。

事素（event）代替微粒，认为事素间保持着一种“间隔”的外在关系，并可分析成一种时间或空间要素。量子力学把物理现象看成是非连续的，并指出原子的一事态持续一段时间后可突然为它事态所取代。心理学的构造说把心理分析为各种元素，而行为主义心理学则把心理分析为一个一个的外在行动。所有上述这些科学理论都对罗素的世界观和方法论有很大影响。

罗素认为，用物理学来解释世界是自己哲学“成见”之一，现代物理学实现了马赫（E. Mach）、詹姆士（W. James）的主张，即构造心物的原料是同样的。他还分别从这两方面进行了分析：（1）心物都是便于陈述因果律的逻辑虚构；可以用“事素（event）”代替心物概念，并且心物都可分析为与感觉类似的成分；（2）由因果律连接的一组事素从一个中心发端而形成事素流，不同空时的事素交错在一起，感觉是根据数理定律产生的一组事素，并是心物的交错线，经验则是记忆的因果律所联系的一组事素；（3）物理学和心理学的一切材料都服从于心理的因果律，纯粹的物理现象最后变为精神现象。① 上述对于心物分析的结果，反过来又极大地影响了罗素的整个世界观和方法论。

罗素在心物关系问题上是有一个演变过程的。早期的他，以新实在论观点反对马赫和詹姆士，而把感觉材料看作既心理又物理的，是能为人们感知的所谓物理现象。他坚持两点：（1）感觉材料与感觉有区别；（2）感觉是主客体之间的一种关系。我们应该指出，罗素的感觉材料还是一种依赖于主观而不是独立存在的客观材料。不过，在20世纪20年代末，他抛弃了“感觉材料说”，认为感觉不是一种关系，不必有主客和心物之分，也没必要区分感觉与感觉材料，而感觉应服从于心理和物理两种规则，因此是真正中立的。罗素在

① 以上各条参阅罗素：《心的分析》，英文版第94－107页；《意义与真理的探索》，英文版第390页；《我的哲学发展》，英文版第20页；《哲学大纲》，英文版第179、202、178、338、75－79页。

其晚年说，这是他哲学经历的最后一次本质转变，[1]他从此采取了马赫和詹姆士的中立一元论，并相信它可以解决传统的心物关系。

罗素的中立一元论几乎一辈子都没有改变。这一“几乎”有两层意思：（1）他晚年仍强调心物间没有一条不可逾越的鸿沟，并指出，心物的区别只在于人们获得知识的方式，而不在于各自的性质；（2）1959年，他似乎有点儿动摇，因为他主张在说明感觉时可以放弃二元论，但在说明知识时却又有必要使用它，例如知者与被知者不并同等。[2]

对于罗素的分析方法来说，数学基础和数理逻辑是最重要的科学前提，甚至他的分析直接来自于纯数学和数理逻辑的某种概念。1900年，由于皮阿诺符号逻辑的影响，罗素开始了革命性的转变。在他看来，数学能使哲学的许多困惑被耐心和明晰的思维所澄清，如，从前对“物质”、“时间”、“空间”等没有讨论出结果，因此千百年来人们就不能解释“实体”本身，而现在却可以用数学方法取得一定的结果。

罗素甚至把许多具体学科归结为数理逻辑的关系，因为他从不可知论出发，认为除了数理逻辑之外人们几乎毫无可知。他尤其注意数理逻辑在哲学上的作用，认为数理逻辑是“向后”的，即能够

---

① 罗素：《我的哲学发展》，英文版第13页。

② 有意思的是，曾创立了与分析哲学直接对立的现象学学派的胡塞尔，在其早期也是一个“分析哲学家”。在1891年的《算术哲学》和1900年的《逻辑研究》中，胡塞尔企图将数学与哲学结合，但发现在逻辑的哲学基础与意识的心理分析之间的结合很难进行，于是便开始研究英国经验主义以及穆勒的逻辑学，企图从先于所有形式思维的经验分析中找到数学与逻辑的整个哲学基础。其实在对数学和逻辑的态度上，胡塞尔与罗素有相通之处，并没有什么根本的对立，问题是将它们用于解决哲学的哪一个领域。正如美国学者理查德（H.Richards）在对海德格尔《哲学的终结与思维的任务》（The End of Philosophy and the Task of Thinking）一文的评论中所指出的：海德格尔认为，从方法到内容，胡塞尔与罗素都曾支持了作为赢方的反历史主义和数理倾向的阵营（the anti-historicist and mathematically-inclined side）。只不过，胡塞尔在1901年之后，逐渐采取了现象学的方法，而引导了一个新的哲学运动。更有意思的是，在20世纪后期，以胡塞尔为开山鼻祖的现象学运动与以罗素为开先河者的分析哲学运动，通过语言学研究和后现代主义思潮作为媒介，竟有了某种合流或交汇的趋势。

推论出那些最简单、最小量的命题。他的分析方法也正是如此全力寻求最终构成要素的。他把数理逻辑看作是沟通感觉与科学的根本工具，认为因为有了它，哲学才成了科学。

罗素把数理逻辑的用途列为四点：（1）容易处理最抽象的概念；（2）能够获得唯一有效的假设；（3）可以了解逻辑或科学体系中哪些最低限度的材料是必需的；（4）深刻揭示了对象的结构。罗素企图把数学和数理逻辑当作严格的科学方法来研究哲学。他错误地认为这种方法之所以严格，是因为它含有真实程度很高的“先天的”知识，或者说，它是一种先验的演绎系统。因此，人们在探讨世界时，也要定出与公理、公设、基本概念和命题相当的东西，由此一步步地推导和构造整个世界。数学和数理逻辑的确是人们在长期实践中高度抽象的结果。在研究中，我们可以允许在一种相对纯粹的条件下把它与具体事物和经验暂时分开，而仅从其数量和形式演绎推论的关系上来考察。不过，应当强调，数学和数理逻辑绝不是什么先验的东西。罗素的主要弊病就在于，他将其先验化，然后又把它上升为一种根本的哲学方法而有利于对世界的研究。

罗素始终把科学作为哲学的前提，在某种意义上说，他从科学成果中提炼出的某些方法，也的确促进了科学的发展。但遗憾的是，有些科学成就在被科学家进行理论概括时，本身就已非科学化了，而罗素由此出发，自会错上加错，例如有关相对论和量子力学的某些不正确的理论。除此之外，他本人也常常从科学前提出发，经过不合理的哲学概括而得出了非科学的结论。

第六节　分析的“本体”基础——逻辑原子主义

多元的世界观和分析的方法论将罗素导向了逻辑原子论的思想。罗素称自己采取逻辑原子论也是一生中最大的革命。20 世纪 20 年代末，他声称他之所以称自己的学说为逻辑原子论，是因为希望得到的在分析中作为最终剩余物的原子是逻辑的而非物理的原子。这就等于他公开宣布了他的世界观是主观唯心的。罗素说道:“我所希望支持的哲学可以叫逻辑原子论或绝对多元论，因为当主张存在许多事物的时候，这种理论否定存在一种由那些事物组成的整体。因此，我们可以看到，只用考察分散的各种事物，而不必考察事物组成的整体；而且不仅要考察所有的事物，还要考察它们的属性，这些属性并不依赖偶然发生的性质，而它们在任何可能的世界里都是真实的，并独立那些仅能被我们感官所发现的事实。”①

为何划分为逻辑原子？罗素有几点理由:（1）不假定存在许多成分，便无法解释世界的复杂性;（2）常识本来就显示出有许多独立事物存在;（3）复合体都是由相关的简单事物构成的;（4）世界及事实能够被分析为独立并且有关系的部分;（5）一个形体可以分为具有关系的成分;（6）一个对象必须被分析到不能再分析为止。因此，那种被分析到终极的构成要素就是非心非物的逻辑原子。但有时候，罗素又认为复合体无限可分析，它很难达到最简单的要素。这里似乎又包含某些辩证的因素。

罗素认为，人们要想了解逻辑原子论，最重要的是了解其整个分析过程。它既探求本原的世界观，又[illegible]个完整分析过程的方法论，换言之，既是对世界的结构和关系进行逻辑[illegible]又是构造多元世界的逻辑起点。下面就来考察一下这个分析的过程。

其一，“原子性原则”指导下的命题分解。罗素说道:“凡是完善的哲学都应当由分析命题开始。”② 所谓命题可以界定为由表达真假的词语所构成的形式。在所说的这个原则下，复杂命题被分解为描述其部分的原子命题，即任何复合体的陈述都可分解为对各部分的陈述；“原子命题是一种表述了事实的东西，或是一种肯定了某物具有某种性质或关系的判断。”③ 例如：设 n1、n2、n3…是名称，

① 罗素:《神秘主义与逻辑》，英文版第 111 页。

② 罗素:《莱布尼兹哲学的批判解说》，英文版第 8 页。

③ 罗素:《我们对于外界的知识》，英文版第 55 页。

p1、p2、p3…是谓词，R1、R2、R3…是两项关系，S1、S2、S3…是三项关系等，若p1（n1）代表“n1有谓词p1”、R1（n1、n2）代表“n1对n2有关系R1”、S1（n1、n2、n3）代表“n1、n2、n3居于关系S1中”等，以此类推所得到的都是原子命题。一个句子是否为原子的，是纯粹的语法问题，例如只含有单一动词的命题，它有几种形式，如主谓、关系、否定等。既然原子命题是逻辑的终极构成要素，那么，它所肯定或否定的东西，就应该是其相应的世界的终极要素，即原子事实。逻辑的全部复合命题都可以分解为原子命题，而世界的所有复合体都可分解为原子事实。所谓“事实”，并非指一个简单事物，如不是司马迁而是指司马迁写了《史记》，也就是指某物具有某种性质和关系。原子事实是由一种单一关系和两个以上的事物组成的，使用“事实”一词来表达各部分被分析了的联结关系比用复合体更为便利。由于外在关系是无限的，因此就产生了事实的无限层次，所有这些层次便构成了众多的所谓原子事实。①由此可以看到，逻辑原子论也是出自外在关系的，早年的罗素把原子事实看作是感觉材料，认为它是客观的，而原子命题却是主观的。但后来，他抛弃了感觉材料，这样一来，原子事实的客观性也就无从谈起、原子的主客之分也就没有必要了，于是，它便完全成了一种中立的要素，中立一元论的思想便由此而萌生。

其二，“结合法原则”指导下的命题组合。罗素用结合原则把两个特定的命题如p和q，以“～”、“∨”、“∧”、“→”、“↔”等基本真值连接词构成否定、析取、合取、蕴含、等值等所谓分子命题，它由原子真值连接词构成并可以无穷组合；“所谓分子命题就是某种连接，如果、或、和、除非等这样的词就是分子命题的标记。例如如果天要下雨，那么我将携带我的伞。”②分子命题与否定命题一样是原子命题的真值函项，因为其真值完全以原子命题的真值为函项。由于存在着命题与事实间的某种层次相应性，因而与否定命题相应

① 参阅罗素：《意义与真理的探索》，英文版第259－273页。

② 罗素：《我们对外界的知识》，英文版第57页。

的是否定事实，如“孔子是活着的”是肯定事实，而“孔子不是活着的”则是否定事实。然而却没有分子事实，只有两个或两个以上的原子事实组合，因为分子命题与事实的相应性是与原子命题不同的。① 在罗素眼里，似乎承认分子事实就等于强调了内在关系说。

其三，“一般化原则”指导下的命题构造。罗素认为分子命题 F（a1、a2、a3…p1、p2、p3…R1、R2、R3…）包含名称谓词、两项关系等“成分”，这些成分都可为一变项所替代，其结果可判定这个变项的某一值或所有值，这就构成了一种一般命题。以 f（a）为例，如代入变项 x，就会得到命题函项 r（x），我们就可说在 x 的一切可能值上，“f（x）”是真的，或至少在 x 的一个值上是真的。比方“李白是一个人，而凡人会死，所以李白是会死的”，这就不是一个逻辑命题，因其成分都是特殊事物，故是具有表面变项的命题，即一般命题。此外，含有全称量词的一般命题绝不是一些原子命题的相加，它不可能穷尽无数的原子命题来满足自己，也不单纯陈述某些原子事实，而是陈述“一般事实”。如“这是白的”是一特殊事实，“凡人是会死的”是一般事实。罗素认为这种区分非常重要，因为人们不用一般事实就想完全描述世界是荒唐的。②

第七节　分析的范围

罗素是分析运动的开拓者，他把一种哲学潮流引向了一个狭隘的方向。1914 年，他宣称：“一种真正的科学哲学……不主张、也不希望主张解决人类或宇宙命运的问题。”③ 因此，一切哲学问题经过必要的分析和提炼，都只是逻辑问题。上述观点后来被逻辑实证论和语义分析哲学推到了更极端的地步，但罗素却没有走向极端，他

① 罗素：《逻辑原子论》，《逻辑与知识》，英文版第 321 － 344 页。
② 罗素：《我的哲学发展》，英文版第 152、227 页。
③ 罗素：《我们对于外界的知识》，英文版第 17 页。

在所有分析哲学家中被称为是“最形而上学的（指玄学）”。[①] 罗素虽然说哲学不应处理根本问题，但又说由于不可避免而仍需要处理。一次大战的严酷事实使他无法回避人类命运的问题，于是便从此投身于社会政治洪流，并以此成为一生中最大的转折。

罗素的分析对象很广泛，包括传统哲学在内的各种哲学问题，甚至也包括哲学的基本问题，如他所要解决的最主要问题就是心物的关系，而这正是被极端的分析哲学家们称为最形而上学的问题。他指出：“我希望对于最古老的哲学问题之一，即我们外界知识问题，应该应用逻辑分析的方法。”[②] 其实这个问题就包括了知识的对象是什么、获得知识的途径是什么、主体与客体的关系是什么等一系列有关宇宙和人类命运的本体论和认识论的问题。罗素把实在论的问题，像“我们感知的对象是实在的吗？它们独立于感觉吗？”等看作是可由分析方法所解决的，再如，他把关系说、时空论、因果论和自由意志等古老的形而上学问题都当作可用分析法解决的问题。

在罗素看来，现代逻辑扩大了人们的抽象和想象能力，提供了无数可能的假设来分析命题以及任何复杂的事实，并且要想正确分析知识必须既要考察感觉材料，又要考察和认识其他事物。“事实”和“其他事物”当然指的是某些除命题之外的对象。罗素的分析对象主要包括：（1）常识分析，即可以知道感官真正提供的是什么，以及派生的常识是怎样引起的；（2）运动分析，即从其连续性得出点和瞬；（3）结构分析，即必须把物理结构的分析变为事素结构的分析，以得到它的终极要素；（4）命题态度分析，指对信念、欲望、怀疑等的分析，例如，可得出全部智慧的生活由一个接一个的信念组成；（5）精神现象分析，即可以发现纯粹精神的因果律，例如，可以了解感觉集团的特点，知道记忆与事物的关系；（6）科学分析，即可以知道一门科学就是一种演绎系统，任何现象都是由许多原因

① 怀特：《分析的时代》，英文版第193页。

② 怀特：《分析的时代》，英文版第65页。

综合产生的，只要分析出单个原因的结果就可推算共同的结果。[①]当然，罗素的分析对象还远不止这几点。

罗素既然主张逻辑分析，就必定重视命题和语言方面。他承认自己受到逻辑实证论的很大影响。确实，他在很多方面是与维也纳学派的逻辑语法合拍的，其分析过程往往也是从分析“词”与“句”开始。不过他认为词和句是指示经验事实的，并且表示经验的句子就是表示知识的命题。因此，真假在于命题，而不在于事实本身。罗素错误地把认识论问题归结为逻辑问题，认为对句子的分析可以用语法，对表示事实的句子，可以用抽象或“一般化”的方法来提取普遍语法，即所谓逻辑语法。

然而，罗素坚决反对把语言绝对化，他批判了下列倾向：(1)逻辑实证论认为只需研究语言而不必考察它之外的任何事件；(2)语言哲学派认为自己的哲学是把问题的含义弄清晰，而不是去解答问题；(3)许多逻辑学家认为语词从不与事物相关，而仅与另一些词相比较而存在。

针对上述错误，罗素指出：(1)一个句子一定是有所指示的，一个命题必须与经验事实相应；语词与事实的关系是其意义与句法结合而产生的逻辑结果，而一个词与某种东西有一种本体的关系，即叫做“意义”；(2)未经观察的事情绝不只是一个言语的问题，而语言也是一种经验的对象，并且一个句子之中的关系是词的实例与实例的关系；(3)分析不局限于句法，还可扩展到语言、生理及物理方面；(4)词与对象的关系是随着不同的词类而变化的，从而构成词类学说的逻辑形式，一个词不必有一个永恒的意义，并且一个词句的语法结构不同于它的逻辑结构。

这几点都是罗素为了反对分析哲学中极端的形式评论而提出的观点，其间或多或少包含着些合理因素，但由于仍停留在经验论的

---

① 参阅罗素：《我们对于外界的知识》，英文版第68、137页；《人类知识》，英文版第63、231、269页；《意义与真理的探索》，英文版第21页；《科学观》，英文版第2章。

阶段，而未将实践引入认识论，故解决不了思维与存在的关系问题。此外，罗素还暴露了不少明显的错误，如他仍承认有超越经验事实的命题，他认为，从逻辑上说，这种命题必然相应于一种不必经验的事实，也就是相应于一种或然发生的事实。如果罗素为了反对狭隘经验论和绝对归纳派，而强调人们理性思维的能力，则是正确的，但把一般命题看作是先验的，那可是极端错误的。此外，他没有正确对待语言与思维的关系，而把思维活动看作是可以脱离其外在形式（或称物质外壳）语言而单独进行的，如他认为信念和知识有先于语言的形式。

罗素自谓有几条不动摇的基本信念：第一，真理与事实有某种关系；第二，世界由许多事物组成；第三，语法必须与事实的结构有某种关系；第四，不说明部分及其关系就不能说明整体。这几条既概括了罗素的本体论，也概括了其认识论和方法论，并且是他多元论、外在关系和分析方法三者统一的简洁说明。它对于走向极端的分析学派，不啻是一个批评。我们还可以看到他的分析范围是比较广泛的，即他还分析了除语言和逻辑命题以外的各种对象，甚至承认如果宇宙不存在，那么命题就不可能是真的。[①] 罗素“相应说”的真理观强调了语言与事实的联系，这是可取的，但他的“事实”本身的意义是含混的。分析可以从概念着手，但重要的是，在概念分析的每一步中，都必须用事实来进行检验。

第八节　分析方法的目的

罗素明确地表示：“我喜欢精确和清晰的线索。我厌恶神秘的模糊性。”[②] 他说自己始终渴求发现有多少可知的东西及其具有何种程度的确切性或可疑性。西方有人说，如果没有追求精确知识的希望，

① 参阅罗素：《数理哲学引论》，英文版第 194 － 206 页。

② 罗素：《罗素的主要著作》，英文版第 30 页。

罗素的哲学方法就不可能发展。这个评价是有一定道理的。

罗素认为哲学的使命就是把常识与科学中的某些根本概念和命题加以分析，澄清理智上的混乱，并把关于逻辑的知识从具体事物中抽出来使之精确、清晰和事物，“分析就是使已知的部分再也不能与先前模糊的整体相符”。他把分析方法誉为像伽利略对促进物理学的进步一样，也就是说，这种方法以一个一个的、可证实的结果来取代大批虚幻和未经检验的笼统原则。他还把神秘主义的产生归咎于缺乏清晰的分析。

为什么要精确和清晰？罗素提了几点理由：

1. 存在着一种关于事物的确定真理；宇宙的复杂本性决定了必须澄清和提炼已发现的零碎事实；

2. 一切人类思想都混着或然的成分和模糊性；一切研究都从不能说明确定性而开始；确定性包含在模糊、复杂和需要分析的知识结构中；

3. 所有重大哲学问题都是由某些更模糊和抽象的分子问题复合而成的，所有的原始材料和事实都带有模糊性和复杂性，在分析中，必须考虑常识的确定性程度。

那么，怎样才能得到精确和清晰呢？罗素也指出了一些基本原则。

1. 必须充分接近对象，并像通过浓雾而观察一个目标那样，起初是一个模糊的黑影儿，越接近，形象越渐清晰，最后才发现那到底是什么；

2. 哲学以谨慎和精细的态度用一种内在的细察来纯化常识，并分解无法看见的表象；

3. 用分析方法把知识分解成尽可能简单而确定的命题，然后将其纳入演绎系统，其中某些初始命题可成为其余命题的逻辑保障和普遍知识的前提；

4. 有必要创造精确概念的工具，而数理逻辑就是这样一种工具；

5. 一步一步地追溯疑难的来源，使之逐渐变得抽象和精确；

6. 哲学不可能达到完全的精确化，但利用技术可以逐渐减少模糊性，因而哲学是一个不断的活动。

关于确定性，罗素提出了三个注意点：（1）可以确定你所确定的；（2）可以确定你所不能确定的；（3）不能确定你是否可以确定。不过，他认为这三点并无明显界限。

追求精确、清晰和完善的知识是罗素一生的心愿。他在《哲学问题》第一段发问："世界上有没有一种如此确定的知识，以至于一切有理性的人都不能对它加以怀疑呢？"他的逻辑斯谛就企图把世界纳入公理化的演绎系统，幻想构造出一个绝对完善的知识。然而，经过 36 年的探索，他在其最成熟的著作《人类知识》的最后一段里回答："所有的人类知识都是不精确、不肯定和不完善的。"就是说，他自认失败。这有以下一些原因。

其一，哥德尔（K. Godel）的不完全性定理动摇了罗素的逻辑观。早年，罗素在弗雷格、戴德金、皮亚诺、怀特海等人的启发下，逐渐形成了一套逻辑主义的框架，其雄心是企图将数学彻底地进行逻辑化，或者说将数学最终还原为逻辑演绎系统。在弗雷格看来，作为分析和先验判断的算术规则可以视为逻辑发展的某种形式，算术中的定理实际上也是逻辑规律。人们对自然现象加以算术应用的解释不过是对所观察到的事实的逻辑加工，因此，数字的计算就是一种逻辑的推理。数字所反映的并非自然现象之间的关系，而是对自然现象所进行的逻辑判断之间的关系。罗素很欣赏这种看法，他认为，逻辑不仅是哲学的本质，而且应当也是数学的本质。他在《数学的原理》（1903 年）中指出：纯粹数学是由"p 蕴涵 q"这样所有命题所组成的类，它所包含的 p 和 q 都具有数目相同的一个或多个变项的命题，p 和 q 不包含除逻辑常项外的任何常项。此外，数学使用真假值的概念。后来，罗素与怀特海合作，在《数学原理》中，更进一步将数学建立在逻辑的基础上，因而提出某些不加界定的概念，如基本命题、命题函项、断定、否定、合取、析取等，并可由它们界定逻辑上最重要的概念和连接词"蕴涵"，继而可以界定

“等值”。所谓命题是指具有真假值，而用来陈述某一客观事实或关系的语句，如“华盛顿曾是美国总统”等；用来判断某种价值的一个语句，如“华盛顿曾是一个伟大的总统”等。罗素的逻辑主义原则可以归纳为以下三点：（1）所有数学真理都能够完全用逻辑语言进行表述，即都能够还原为真正的逻辑命题；（2）所有能够用数学真理翻译、并具有真值的逻辑命题就是逻辑真理；（3）所有能够归结为逻辑命题的数学真理都能够由少数逻辑公理及逻辑规则推导出来。

20 世纪 20 年代以后，由于遭到各种批评，罗素逐渐放弃了对逻辑主义的坚持，甚至放弃了对数理逻辑的研究，在这个领域，他开始越来越缺乏积极的发言权，昔日那种逻辑斯谛的雄心开始慢慢地淡薄下来。哥德尔对他的批评可以说是他唯一完全信服的批评。哥德尔发现在一个公理系统中，对有的命题来说，无论它的肯定或否定都不能证明，即所谓的“不完全性”，从而证明了从逻辑并不能推出算术的正确性来，当然也不可能把数学全部还原为逻辑。哥德尔在一定程度上否定了罗素的计划，使他早年认为“数学和逻辑是精确的”这一看法被动摇。罗素后来不再相信逻辑规则是事物的规则，而认为仅是一种语言的规则，从而使构造世界的计划自然也就无从谈起了。

其二，发现演绎的作用是有限的。罗素早年不重视归纳法，相反却夸大演绎法的作用，并肯定它能给人们以新知识，但在晚年，他却这样写道：“演绎法不像人们以前所想的那样有用了……它是揭示不了新知识的。”我们认为，演绎法必须以归纳法得出的知识为前提，因为它虽然反映了一般与个别的关系，但有很大的局限性。要想真正了解个别事物和判定一般理论的真假，最后还需实践的检验，而形式逻辑是无法解决实践问题的。演绎法只有在与归纳法结合时才能提供知识，并且它的各种具体形式不可能完全精确，如直言三段式不能应付必然中的偶然、普遍中的特殊等个别情形一样，假言三段式不能应付客观外界错综复杂的因果联系，另外，选言三段式也应付不了世界的无限多样性等等。

其三，后期的哲学建立在假说上。罗素认为假说可以丰富逻辑，要想正确分析，就不可缺少它。在他制定假说时，为了在经验的基础上建立科学而荒唐地规定了哪些知识必须作为先验的原则。本来自然科学的迅猛发展就没有一个确定的界限，而以理论形式来反映其规律的知识也绝不会有一个确定的界限，今天似乎确定的，明天也许就不再确定，甚至会被彻底抛弃。各门学科日益边缘化、互相渗透并向深度和广度无限发展，因此，不可能有一个绝对清晰的线索。精确和清晰只是认识过程中相对稳定的一面。在这种意义上相对达到它是合理的，但这种稳定总会被不断地打破，因而不可能达到绝对的清晰和精确。现代科学再也不仅仅满足于单纯搜集和整理材料，它常常以假说的形式不断地向尚未探索的领域进发。如果这些假说未被检验，那是绝不会精确和完善的，而它一旦得到相对的检验，便又会有新的假说出现，以至无穷。因此，人们只能向绝对的精确和清晰无限接近，而决不能一次达到它。

其四，多元世界观与分析方法论本身造成的结果。罗素既然把世界分为由外在关系连接的终极构成要素，它们就只能一个一个地被单独处理，因此就不可能达到知识的完善。此外，罗素的某些不可知论倾向也从反面促使他感到了失败。

罗素的认识论有相当积极的因素，如他指出做到绝对无偏见地求知是不可能的，但却可尽量接近它。而哲学的使命就是指明这个方向。的确，罗素一生都在开拓这条道路，尽管经历了许多挫折与迷途，但他始终勇往直前。即便是他的每一次失败，也从某一侧面推进了知识的发展。

第九节　分析方法的一般原则

除了第九章已讨论过有关理想语言的设计外，罗素的分析方法还有四个一般原则，这是他世界观在方法论上的体现，它们既关涉到语言和逻辑，又关涉到了本体论和认识论的问题。

1. 逻辑构造主义的理论。

罗素把逻辑构造主义作为根本原则而大量用于多元论的哲学和分析的方法中。以什么世界观来指导分析和构造世界是最重要的问题，例如实在论以事物为出发点、现象论以感觉为出发点来构造和分析世界。罗素正是以第二种出发点来进行他的分析的。他认为完善的认识论应把所有的命题都安排到了一个逻辑秩序中，[①] 心与身的差别在于二者的构造而非其构成成分，主客体都可以用中立的逻辑构造来代替，并且在其后再没有实体。如果人们能在更简单、更合理、更确定的实体之间的关系中使知识得以形式化，哲学就将会进步，从此，疑虑、混乱和模糊就会代之以明白、清晰和确定。罗素把上述做法称为逻辑构造主义，因为模糊的实体被说明是由简单的成分构成的，物体不过是外貌的系列。如他解释说“一辆汽车在行驶”，只是说有体现行驶的一系列感觉，而系列本身就是汽车。因此一切事物都可用系列、类和类的类来下定义。罗素的这些系列、类和类的类都是由外在的逻辑关系排列起来的，而所谓分析，也就是把系列与类等还原为其最基本的单位“事素”，即一个一个的感觉，或称世界的终极要素。这正是罗素多元论、外在关系说和分析方法三者统一的生动描述。但后来，罗素以空时（space-time）构造替换了逻辑构造，并认为物理事物是凭借空时构造并通过自我与事物之间的因果律而被认识的。他站在不可知论的立场上说，人们不能认识事物自身的内在本质，而只能认识一些构造特性。

罗素把世界仅归结为一种构造甚至一种主观的构造，这是其现象主义的典型表现。但罗素以某种构造入手考虑问题仍不失为一种有益的方法。现代科学的发展使哲学物质观必须适应新的要求，而爱因斯坦和罗素等人对物质观的探讨是值得借鉴的。

---

① 罗素:《意义与真理的探索》，英文版第 16 页。

2. 展现逻辑形式的需要特定方式。

为了有效地进行分析，罗素以两种方式来展现逻辑形式：

其一，"从结论到前提"。罗素认为知识经常用似乎无可定义的概念来定义其他概念，并以此为推论的前提。所谓逻辑分析就是将理论回归到这样的前提和概念，如果分析得彻底，就一定可达目的。哲学就是对常识经过分析而提炼出抽象形式的最简单陈述，因为它与专门科学相反，是从复杂、具体回复到简单、抽象，并注重了与事实有关的逻辑形式。罗素认为，每一个真正的哲学问题都是一个分析的问题。在它中间，最好的方式是从结论到前提，"从结论到前提是归纳法的本质，在考察数理原则时，这种方式是一种真正的归纳法，并且本质上就同在任何其他科学中发现一般规律一样。"[①] 从前提到结论是逻辑的目的，它可以判定"确定性的程度"，因为当分析到前提时，就可发现有些前提和原始材料是有疑问的。罗素风趣地把哲学家比作侦探，说必须分析证据，从结果向前提推论。阿拉恩·伍德（A. Wood）认为，"从结论到前提揭示了罗素的全盘研究的基本线索。"[②] 的确，从早期的归约公理到后期的科学推论的假说，罗素始终坚持这个原则。对此，他有两点理由：（1）可获得绝对确定的前提；（2）减少前提就可减少错误。这一原则对逻辑思维是有益的。马克思曾举例说，17 世纪的经济学家从人口这样一个混沌的整体表象开始，经过分析，达到一些最简单的规定，然后反转过来，再重新组合时，人口便成了一个具有许多规定和关系丰富的总体了。[③] 罗素的计划是积极的，但却陷入了空想之中，要想获得确定的前提，还关涉到一系列复杂的认识论问题，它只能在认识发展的无限过程中逐步实现。

其二，"最低限度词汇"（minimum vocabularies）。罗素指出数

---

① 罗素：《我的哲学发展》，英文版第 265 页。

② 伍德：《未完成的哲学》，丁子江译，载《外国哲学资料》，第 7 辑，商务印书馆，1984 年。原文载伍德：《罗素——热情的怀疑论者》，英文版第 218 － 228 页。

③ 《马克思恩格斯选集》，第 2 卷，第 103 页。

理逻辑对于本体论来说，就是为了减少直接指示某一对象意义的词数，避免轻率和不能证明的假说，以使陈述过的意义可以理解。所谓最低限度词汇即指“不能再被其他词所定义的那种词”。[①] 罗素说道：“如果你既想说明有关复杂性，又想说明事实上作为其成分的事物，那么只要明白那些复杂性的结构，而不必须要它们的名称，你总能达到。用这样的方式，分析法能够简化、系统化以及缩减化你的原初手段。”[②] 任何命题只有用这种词汇表示才能清晰、明白和精确。伍德（Alan Wood）指出：“罗素的观点就是，倘若你不用某个特殊的词便不能描述世界，那么，在宇宙里就必定有某种事物与那个词相对应。”[③]

3. 奥卡姆剃刀的原则。罗素把中世纪的奥卡姆剃刀（Occam's razor）[④] 加以解释之后，将它作为自己的最重要原则，甚至自认为是一个重大发现。在他看来，要想使分析有效，最主要的是减少形而上学实体的数目，去掉除感觉之外的一切不可靠的推论及不必要的东西，并排除一切形而上学的语词。例如茶杯的式样、颜色、硬度，都是可以观察和实验的，但它的物质性却是假定的。把相互关系的事素组成类，就是所谓的茶杯。这样就省掉了一个叫做“物质”的实体。此外人们的知觉常常不必要地伸到物理世界中去，因此要用奥卡姆剃刀把延伸部分去掉，于是内省与外察就无区别了。罗素指出：“在知识的一个给定部分，对那些未经界定的术语和未经证明的命题进行数目的消减，这是我首次体会到奥卡姆剃刀的用处。”[⑤] 罗素认为奥卡姆剃刀的益处就是减少错误，它是一种经济的做法。其

① 罗素：《人类知识》，英文版第 94 页 。

② 罗素：《人类知识》，英文版第 258 页。

③ 伍德：《罗素——热情的怀疑论者》，英文版第 225 页。

④ 奥卡姆是中世纪最重要的经院哲学家之一，也是著名的唯名论者。他有一句著名的格言是“如无必要，勿增实体”。后来这句格言所代表的思想原则被称为“奥卡姆剃刀”。本意是剃掉实在论讲的独立存在的共相，而保持客观存在的具体事务。罗素也把它当作自己的根本原则。不过他认为，除感觉之外，一切东西都是不必要的、不可靠的推论，因此都应当剃除。

⑤ 罗素：《我的哲学发展》，英文版第 71 页 。

实，这与马赫的思维经济原则是一致的。罗素这一原则不仅是世界观和目的，导致了逻辑原子论的中立一元论，而且是方法和手段，探索了获得精确、清晰的知识的途径。有时，罗素又把上述原则叫做“抽象原则”或“废除抽象的原则”，例如人们把“2”这个数字从无数具体的、成对的事物中抽象出来，而他却错误地要用奥卡姆剃刀把这种抽象出来的“2”去掉，而只把所有成对的事物以逻辑关系归为一种称为“2”的类。罗素还将这一原则应用于许多领域。他认为自己第一次使用奥卡姆剃刀即定义了数之后，数学家的基本工具才被归结为一些纯逻辑的术语。

4. 把若干专门技术用于分析。类型论、专名论、摹状词和符号演算是罗素解决自己世界观和方法论问题的专门技术。它们既使分析方法在世界观指导下得以具体实施，又使世界观在经过分析方法的处理后更加精密化。这在第十章已讨论过，这里不再赘述。在罗素看来，只有上述技术才能构成理想语言，从而克服自然语言的模糊性，得以正确地分析命题，最后获得精确清晰的知识。例如，他通过分析将日常专用名称“俾斯麦”转成一个确定摹状，然后再通过分析，又将这个摹状扩展成一个已得到解释的命题。正如罗素研究专家皮亚斯（D. F. Pears）所指出的：“这就回答了是否罗素相信凭借日常专用名称所采用的个体摹状是事实的或先验的。”[①] 事实上，罗素等人的符号演算对研究科学和人类思维确实是一种工具。由于它把数学方法用于形式逻辑，因而扩大了研究范围，使推理的功用超过了亚里士多德的三段论，并且可以分析某些旧形式逻辑无法解决的复杂问题。

① 皮亚斯:《罗素与英国哲学传统》，英文版第 80 页 。

第十一章

认识世界的探索

1912年，罗素在《哲学问题》一书开头第一句话曾经问道："世界上有那种是任何有理智的人都无从怀疑的确定知识吗？"[①] 过了36年，经过漫长的探索，在1948年出版的《人类知识：它的范围与限度》的最后一页的最后两句话中，他得出这样的悲观的答案："所有的人类知识都是不确定的、不确切的和片面的。对于这种看法，我们还找不到任何的限制。"[②] 实际上，这就是罗素对认识论的最大认识，也正是《人类知识》一书的最重大成果所在。

在这后一部著作的序中，罗素提出了一个原则："在研究这一论题中遇到的困难之一，就是必须使用普通言谈中的常用词，如'信念'、'真理'、'知识'以及'知觉'等，而这些术语日常用法含糊和不精确，并因没有可用的精确词能够取代它们，故在我们早先研究阶段所说的每一件事，从我们期待最终达到的观点来看，都是令人不满意的。假设我们能成功地增长知识，这就好比一位旅行家在雾曚中走近一座高山：起初仅可辨别大致轮廓，甚至连它的界限都是模糊的，但渐渐能看到更多的细节，边缘也变得较为清晰了。因此，在我们的讨论中，不可能先弄清一个问题然后再去处理另一个问题，因为渗入的雾气弥漫着所有东西。在每个阶段中，尽管问题

① 罗素：《哲学问题》，英文版第1页。

② 罗素：《人类知识》，英文版第507页。

的一部分可能成为关注的焦点，而所有的部分或多或少都与问题相关。我们必须利用的那些不同关键词都是相互连接的，只要其中某些词留有含糊，而另外的词也就必定多少伴有这类缺陷。由此可见，先前所说的话应服从后面所说的话的修正。穆罕默德通告过，如果《古兰经》中有两处经文有不一致处，那后来的即为准则，我希望读者用同一原则来解释这本书中所说的东西。”这就告诉我们，罗素在从《哲学问题》到《人类知识》思想发展中有了不一致，但应以后者为准则。①

认识论是罗素一生最关注的领域之一。他认为，如果一个哲学问题成为他探究的主题时，就一定是认识论方面的；在漫长的一生中，他所写作的都是“关于经验与科学探索结果的关系，常识知识与经验的关系以及语言与语言是关于什么的关系”；在这个意义上，“知识论成为罗素哲学的一个中心研究。”② 罗素写完《哲学问题》之后，又写了《我们对于外界的知识》(1914)。自1914年8月到1917年末，罗素全力忙于反对战争的事务。但到了1918年初，他觉得无法对和平做再多工作，便赶写了一本早先约稿的《到自由之路》。当此书完稿后，他又开始回头探讨哲学问题。在他进监狱以前做了讨论逻辑原子主义的那些讲演。在监狱里，他先写了一篇对杜威的批评文章，接着写了《数理哲学引介》。这以后，他转向了认识论，尤其是似乎与心理学和语言学的有关的内容。这种转向，在罗素的哲学兴趣中可以认为永久性的，它主要表现在三本书里：《心的分析》(1921)、《对意义与真理的探究》(1940)和《人类的知识》(1948)。

我们可将罗素认识论的发展大致分为三个时期：

前期从1900年至1920年，主要代表作有《对莱布尼兹哲学的批判解说》(1900年)、《哲学问题》(1912年)、《我们对外界的知

---

① 罗素：《人类知识》，英文版第v－vi页。

② 伊姆斯(E. R. Eames)：《罗素的知识论》(*Bertrand Russell's Theory of Knowledge*, George Braziller, 1969)，第24－25。

识》（1914年）、《神秘主义与逻辑》（1918年）以及其他论文等。

中期从1920年至1940年，主要代表作有《心的分析》（1921年）、《物的分析》（1927年）、《哲学大纲》（1927年）《对意义与真理的探究》（1940年）以及其他论文等。

后期从1940年至1950年，主要代表作有《人类的知识》（1948年）以及其他论文等。

什么是认识论？罗素的答案是："认识论涉及逻辑与心理两方面的因素。从逻辑上说，我们必须考察那些基本命题与因它们而使我们所信东西之间的推理关系（通常并非严格的演绎）；我们也要考察经常存在于不同基本命题之间的逻辑关系，如果我们采用某些普遍原理，使它们适于作为一个整体的系统而加强其中每一元素的可能性；我们还要考察那些基本命题本身的逻辑特性。从心理上说，我们必须检验基本命题与经验的关系，有关在感知它们时所产生的怀疑或确定的程度，以及减少怀疑增大确定的方法。"[①] 他还将为"认知着（knowing）"下了一个定义："反映环境的一种方式，而并非涉及只有具有知识的那个人能够观察的某种东西（某种'心灵状态'）。"[②] 这是他在中期思想中的看法，其中尤其是对确定性在认识论中地位的表述，具有承上启下的作用。本书主要对罗素前期与后期思想进行一些比较意义的评述。

第一节　认识论上的六大成见

罗素回忆说，自己在认识论始终保留的有六大重要的成见（prejudices）：

一、他强调动物和人类心灵之间的连续性（continuity）。罗素基本上同意那种反对用理智来解释动物行为的说法，但认为对动物

① 罗素：《对意义与真理的探究》，英文版第18页。

② 罗素：《哲学大纲》，英文版第17页。

行为的解释方法比人类“思想”、“知识”或“推论”的解释方法要有更多的范围。这个成见使他阅读了不少有关动物心理的文献。罗素所关注的是对动物怎样进行学习的观察。美国人的观察相信动物都是盲目撞到解决的办法；而德国人的观察相信动物坐等而后从内意识里得到解决的办法。罗素认为上述两种观察都完全可以信赖，因为动物的行动取决于它要解决哪一类问题。但他始终坚持任何学说都不得超过已由观察证实了的范围。在罗素看来，巴甫洛夫（Pavlov）观察狗的条件反射（conditioned reflexes）积累了大量精确的实验知识，因而造就了称为行为主义（behaviorism）的哲学。它的中心思想是，心理学完全依据外部的观察，而否认完全依靠内省的材料。尽管从哲学上罗素不接受这种看法，但从方法上却有限度地承认它有实用从而可以推行的价值。

二、他主张尽可能用物理学进行解释。罗素从来就坚持，从宇宙观看，生命和经验对于事物的因果关系来说还是微不足道的；与银河系相比，地球是渺小的。他对拉姆塞（Ramsey）的《数学的基础》中过于夸张人在宇宙中的作用颇不以为然。他指出，人类及其干过的蠢事是令人不愉快的；思考安德鲁米达星座（Andromeda）的星云比思考成吉思汗要快乐的多。他说自己无法同康德一样把道德律和星空置于同一平面，因而任何将宇宙进行人类化（这是构成唯心论的基础）的企图都是令人不快的；世界并非来自黑格尔的苦思冥想以及他的“天界原型（Celestial Prototype）”。罗素还指出，自己并不很自信，在任何经验主题中，透彻的理解会将较重要的因果律归原为物理学定律。然而倘若问题非常复杂，他怀疑这种归原（reduction）是否可能实现。

三、他觉得“经验”的概念一直被过分强调，尤其在唯心论中，同样在许多形式的经验论中也是如此。当开始思考认识论的时候，罗素发现强调“经验”的哲学家们都没有告知这个词的意思，因为他们似乎觉得这个词无法加以定义，而其意义不言自明。这些人坚信，只有那些被经验的事物才可知其存在，而不知其存在却确定某些事物存在，则毫无意义。罗素认为这种看法过于强调知识，或过于强调与知识相类似的东西，但主张这种看法的人并没有了解到它的全部意义。由此可见，只有极少哲学家懂得能够明白“凡 A 皆 B”或“有若干 A”这一类形式的命题，而不必了解任何单独的 A。倘若在一处多石的海滩，你会相信那里有很多石子还未见过或摸过。实际上，所有人都会承认有无数有关还没有经验过的事物的命题，但当他们开始进行哲思的时候，似乎认为必须人为地把自己整得很愚蠢。罗素也承认，很难解释怎样才能取得超乎经验的知识，但他又指出那种主张不存在这种知识的说法也是不足为凭的。

四、他深信任何有关“世界存在什么”的知识，倘若并非通过知觉或记忆直接报告而知道的事实，必从某些前提推演而来，至少其中有一个前提是通过知觉或记忆而知的。罗素不认为有为证明事物存在而完全先验的方法，但他确信会有某些或然性的推论形式，尽管它们不可由经验加以证明。

五、他意识到语词与事物之间关系的很多难题。首先是单个词的分类：专名（proper names）、形容词、关系词、连接词以及诸如“所有”和“有些”这一类的词。其次是句子的意义和句子怎样会有真假二元性的问题。罗素察觉到，在算术中有些形式主义者仅满足于定立某些做算术的规则，而忽略数必须用来计算事物；同样，在语言这个更广泛的领域里有些形式主义者将真理看作是符合某些法则，而并非某个与事实相符合的问题。不少哲学家否定真理的“符合说（correspondence theory）”，但罗素则相信，除应用逻辑和数学，没有任何其他学说可能会是正确的。由于他企图保持动物理智的连续性，因而也坚持，尽管语言极为重要，但它的重要性还是被高估了。在他看来，信仰和知识有先于语言的形式，而不清楚这一点，就无法正确对其进行分析。在罗素最初对语言感兴趣之际，他并未料到问题的困难和复杂性，因为他注意了语言问题的重要，却并不明白那些问题到底是什么。罗素并不自认已掌握了这个领域里的所有知识，但确信自己的思想已变得更加清楚和明确了，并且更意识到其中涉及的问题。

六、他自认在其整个思想中始终最为重要的，就是有关方法的问题。罗素说自己的方法总是发端于一些模糊而困惑的东西，即某种无可怀疑，但也不能精确表达的东西；因而经历的过程就如先以肉眼观看某物，随后再用显微镜进行检验。他发现，自己集中注意力，于是在原本无物可见之处出现了区分和差异，正如使用显微镜就可观察到污水中的杆菌那样。尽管不少人反对分析，但罗素始终坚信，就如污水的例子，分析显然会带来新知识，并对原本的知识丝毫未损；这既适于有形之物的构造，而且也适于概念。以通常运用的“知识”为例，它就是一个很不精确的名词，其中包含许多不同的东西以及从确定性到略有可能的不少阶段。罗素发现，根据自己的经验，哲学研究就是从某种好奇、不满足的心境发端，而又感到完全确定，但又无法表达所确定的究竟是什么。人们长期关注而造成的那个过程就如在浓雾中观察某种越来越近的物件；起初呈现出一片模糊的黑影，但走近后就逐渐清晰了，原来是一个男人或一个女人，一匹马或一头牛等等。罗素批评那些反对分析的人说，他们只是满足于那片起初的模糊黑影。罗素说道：“对于研究哲学的方法来说，对上述那个过程的信赖是我最强有力、最不可动摇的成见。”①

《罗素——热情的怀疑论者》的作者伍德（Alan Wood）说过，他相信《人类的知识》是罗素最重要的哲学著作之一，而且是哲学史上一个里程碑。可以说《人类知识》是罗素最后一部专门而又系统哲学著作，它相当完整地总结了这位一代大哲的后期主要哲学思想。但伍德也坦率地说，“我知道几乎不会有任何人能赞同我的意见。我想，此书之所以被低估，主要是由于罗素自己的过失。首先，它十分冗长而不连贯，并且过于累赘地叙述他已经在《物的分析》以及《意义与真理的探究》中所说过的内容，这是因为他一意要在

① 罗素：《我的哲学发展》，英文版第 133 页。

这本书中对自己的观点作出一个最后的总结。另一个麻烦是（出于某种不为人知的罗素式的理由）：罗素在此书的序言中说，自己的目的本来并非专为职业哲学家而写的，而是为了给那些对哲学问题感兴趣的普通读者看的。事实上，此书里也有冗长而严密的专门性论述，跟《意义与真理的探究》里的论述一样难懂，甚至在某些章节中要难懂得多。”①

因此，这就不难理解一般职业哲学家对此书的反映了，他们起初把这本书轻蔑地看作是开导业余爱好者的通俗读物。然而，当他翻阅过前四章后，发现有很多内容是他以前读过的，随即读到第五章，他更惊愕地发觉这里充斥着数学的符号，发现是有关概率论（在所有未解决的问题中最令人迷惑的问题之一）的专门讨论。对于职业哲学家来说，这就等于是一次决定性的蔑视和侮辱。原先有人告诉他，《人类知识》是为了使普通人都能看懂得而写的一本简单的书，可是现在他发现连他这个职业哲学家自己也不懂得它了。他或者把它搁置一边，然后发一阵脾气；或者心情极不愉快地翻到第六章，即结论部分“科学推理的假设”。正是这一章才包含有本书中的大部分具有独创性的内容。

为什么罗素会得出我们开头所说的那种令人有些沮丧的结论呢？其中之一就是对逻辑演绎的失望。在《哲学问题》中，他企图论证演绎能给我们新知识；但在《人类的知识》中，他指出：“演绎法的能力结果证明要比以前所设想的小得多。除了用新的语句来陈述在某种意义上已知的真理外，演绎法是提供不出新知识的。”

罗素自认《人类的知识》的中心目的就是检验个人经验与科学知识总体之间的关系。他认为，自康德，或从贝克莱以来，哲学家中始终存在着一种错误的倾向，这就是对世界的描述不恰当地受了从人类知识的性质所得出的那种考察的影响。对科学常识来说，显而易见，宇宙中仅有极微小的部分为人类所知，过去有漫长的蒙

① 伍德：《罗素——热情的怀疑论者》，英文版第 219 页。

昧时期，将来也仍会有漫长的蒙昧时期。从宇宙观与因果观的意义上说，知识是宇宙的一个不重要的特征。在描述世界时，主观性（subjectivity）是一种恶习。康德自诩进行了一次“哥白尼式的革命”，但他若称自己进行了一次“托勒密式的反革命”，那会更加中肯，因为这又把人回归到遭哥白尼所废黜的中心地位。然而，倘若问题并非“我们生存的是什么样的世界”，而是“我们如何获得关于世界的知识”，那么主观性就有了自己的作用。

第二节　前期的认识论：物质与精神

我们先来回顾一下，罗素在《哲学问题》究竟提出与回答了一些什么问题。这部著作共分 15 章，其中讨论了现象与实在，物质的存在，物质的性质，唯心主义，亲知的知识与描述的知识，归纳法，普遍原理的知识，先验知识，共相的世界，共相的知识，直观的知识，真理与虚假，知识、谬误与概然意见，哲学知识的范围以及哲学的价值等。

在《哲学问题》中，为避免单纯否定的批判，罗素力图多注意一点有关肯定和建设性看法的问题,即解决什么是确定性（certainty）的问题。由于这个目的，他对认识论显然要比对形而上学有更详尽的讨论，而对前者的讨论实际上是始终贯穿全书的主线。例如此书的前四章讨论了现象与实在，物质存在，物质性质和唯心主义等所谓形而上学的问题；而其后则用了整整十一章的篇幅考察了亲知（acquaintance）的知识和描述（description）的知识，归纳法，普遍原则的知识，先验的知识如何可能，共相的世界，共相的知识，直观的知识，真理和虚妄，知识、错误和或然性意见，哲学知识的范围以及哲学的价值等与认识论有关的问题；而即便是前四章也常常涉及到认识论的问题。

罗素在 1900 年《对莱布尼兹哲学的批判解说》一书中作过这

样的界定："在哲学中，物质一词是一个问题的名称。在知觉中，设想我们确定某种并非我们自身的存在……"[①] 在 1912 年《哲学问题》中，他将物质界定为"所有物理客体的聚集"。[②] 在 1918 年《神秘主义与逻辑》中，他如此说道："……取代这样的假设，即物质是物理世界中的'真实的实在'以及感觉的直接客体是纯粹幻影等，我们必须将物质看作一种逻辑的构造；它的元素将是短暂的特殊物，当一个观察者偶然出现时，能成为他的感觉材料。"[③] 如此看来，罗素在《哲学问题》中的定义最为中肯。

罗素试图对"确定性"进行全方位的探讨。作为英国经验主义的继承者，他承认从现有的经验出发，可以断定知识无疑就是从它们那里产生出来的。但人们会遇到构成哲学的一个最困难的区别，即"现象（appearance）"与"实在（reality）"的区别，或事物好像是什么和到底是什么之间的区别；而哲学家正想探讨这"到底是什么"的问题。罗素把直接认知的对象称为"感觉材料（sense data）"，如颜色、声音、气味、硬度、大小等；而把直接认知这些对象的经验称为"感觉"。如此一来，只要看到一种颜色，我们就产生一种颜色的感觉。更进一步，我们必须了解感觉材料和物理客体的关系。物理客体的总和可称作"物质"。这样，就产生两个新的问题：其一，到底是否存在任何"物质"这样的对象？其二，若存在，其性质如何？如果我们认为一个普通客体是能够靠感官认知的，那么感官所直接告知并非有关脱离我们而独立的那个客体的真理，而只是有关一定感觉材料的真理；这些感觉材料是凭借我们与客体之间的关系的。因此，我们所直接看到和感觉到的仅为"现象"，而却相信那是某种"实在"的标记。但倘若这种实在并非所呈现的样子，那么，是否有方法知道到底有无任何的实在？倘若真有，那么，是否有方法能够发现它到底是什么样子呢？这些问题十分费解。这样，

① 罗素：《对莱布尼兹哲学的批判解说》，英文版第 75 页。
② 罗素：《哲学问题》，英文版第 18 页。
③ 罗素：《神秘主义与逻辑》，英文版第 137 页。

即便对于最荒唐的假说，也难以知道它的不真确性。

在罗素看来，很多哲学家都认为：所有实在的东西必然在一定意义上是精神的；换句话说，所有可知的东西必然在一定意义上是精神的。这种哲学家就称为“唯心主义者”。他们声称：所有表现为物质的，归根到底都是某种精神的东西，或如莱布尼兹所说的是原始的心灵，或如贝克莱所说的是心灵中的观念。因而，尽管唯心主义者并不否认感觉材料是不依赖个人感觉而独立存在的某种对象的标记，但他们却否认了物质的存在，排斥了与精神有着内在差异的某种对象。

第三节　前期的认识论：亲知与描述

罗素先是区分了事物的知识与真理的知识，接着又将这前一种知识也区分为亲知的知识与描述的知识。在《哲学问题》中，他指出：“我们应当表明我们亲知了任何直接察觉的事物，而不需要任何推理的过程或真理的知识作为中介。……与此相反，作为一个物理客体，我对桌子的知识并不是一个直接的知识。它是通过对造成桌子现象感觉材料的亲知而获得的。我们曾观察到，我们有可能并不荒唐地去怀疑是否存在一张桌子，但没有可能去怀疑感觉材料。我有关桌子的知识就是我们应当称作描述的知识。”①

在另一本前期著作中，他还指出：“我们具有对感觉材料，不少共相以及对我们自身的亲知，但没有对物理客体或其他心灵的亲知。当我们知道凭借亲知方式而得到的具有某一或某些性质的客体时，我们便具有了对一个客体的描述知识；这就是说，当我们知道那些讨论中的这一性质或这些性质属于唯一一个客体，我们就可说具有了描述这个客体的知识，而无论我们是否亲知这个客体。我们有关

① 罗素：《哲学问题》，英文版第 73 － 74 页。

物理客体以及他人心灵的知识只能是一种描述的知识，这种描述通常涉及了与感觉材料有关的存在。所有对我们可理解的命题，无论它们是否最初只能凭借描述来考察事物，都是完全由我们所亲知的元素构成,因为一个我们所无法亲知的元素对我们是不可理解的。”[①]

当事物的知识属于亲知的知识时，它在本质上比任何真理的知识更为简单，并在逻辑上也跟真理的知识无关；而描述的知识却将某些真理的知识当作来源和基础。只适用一个客体的知识是描述的知识。包括事物的知识或真理的知识在内的所有知识都以认识作为基础。感觉材料包括在我们所认识的事物之内，它们为认识提供明显的例证；但若将其视为唯一来源，那知识就受到很大的限制；人们仅能知道直接呈现给感官的对象，除此以外将一无所知，也无法知道有关感觉材料的任何真理；因为所有真理的知识必须也能认识与感觉材料性质迥然相异的对象，即“抽象观念”或“共相”。这样，若要合理地分析知识，除感觉材料外，还应当注意其他的认识方式，如通过记忆的认识和内省的认识等。在感觉中，认识外部呈送的感觉材料；在内省中，认识内部呈送的感觉，即思想、情感、欲念等；在记忆中，认识外部感觉或内部感觉所呈送的材料。另外，我们也许还应当认识感觉了事物或对事物有意向的“自我”。除对特殊事物有所认识外，还对共相或一般概念也会有所认识。

罗素进一步界定了什么是“描述的知识”。所谓“描述”是具有“一个某某”或“这一个某某”这类形式的短语。“一个某某”可以视为“不确定的”描述；而“这一个某某”（单称）则可以视为“确定的”描述。这样，“一个人”是不确定的描述，而“这个戴铁面具的人”就是确定的描述了。罗素着重讨论了与确定的描述有关的问题。当了解某客体是“这一个某某”，即当了解某客体具有某一特性的时候，这个客体可当作“由描述得到认识的”，但对这个客体并无由认识而来的知识。包括专名在内的普通词句实际上均为某种

① 罗素:《神秘主义与逻辑》，英文版第 231 页。

描述，但专名只有用描述代换时才能得到正确地表达。表达思想的描述因人因时而异，而只有名称所适用的客体不变；因此，某种特殊描述对含有这个名称的那些命题是真理还是谬误，似乎无关紧要。对具有描述的命题加以分析的基本原则是：所有可知的命题都必须全部用所认识的成分构成。描述的知识的根本意义在于，它能够超越个人经验的局限。尽管只知道完全凭借在认识中所经验的词语而构成的真理，但仍能够根据描述对从未经验过的对象得到知识。

罗素较深入考察了归纳法原则（the principle of induction）的问题，他将它的两个部分陈述为:（一）倘若某事物 A 与另一事物 B 相关联，而且它们从未分离过，那么 A 和 B 相关联的例证（cases）数愈多，则在一个已知其中某项存在的新例证中，它们相关联的或然性（probability）也会愈大;（二）在相同状况下，倘若相关联的例证数足够充分，就能使新关联的或然性近乎达到确然性（certainty），而且这种对确然性的逼近是毫无限制的。如果已知 A 与 B 相关联的次数足够充分，又已知没有不相关联的反例，那 A 与 B 就是永远关联。普遍规律的或然性当然会低于特殊事例的或然性，这是由于若普遍规律为真，那特殊事例也必定为真；但即便普遍规律为假，特殊事例却仍可为真。普遍规律的或然性与特殊事例的或然性都能够由例证的重复出现而增高的。因此，有关普遍规律的原则中的两个方面可以重述为:（一）倘若 A 事物与 B 事物相关联的例证数愈多，那 A 与 B 永远关联的或然性也会愈高（假若已知没有不关联的例证）;（二）在相同状况下，A 与 B 关联的例证数达到足够数量时，就几乎能确定 A 与 B 是永远关联的，而且成为无限接近确然性的普遍规律。

不过，罗素强调，除已知例证外，可能会有其他某些材料改变或然性。归纳法原则不能单靠经验来否定或肯定。尽管经验能以例证证实归纳法原则，但对还未考察的例证，仅能用归纳法原则来判定那些从已验证到未验证所作的推论是否可靠。凡是来源经验的论证，无论其针对过去、现在还是未来，都必须采用归纳法原则。于是，我们就必须：或凭借归纳法原则的内在证据来接纳归纳法原则，或放弃对未来的期待所作的所有判定。我们所有行为都基于过去所作的那些联想，为此才想到它们有可能在未来继续生效；而这种可能性正是依赖归纳法原则才具有了有效性。科学上的普遍原则，诸如对定律的控制力的信念、对每个事件必有原因的信念，与日常生活中的信念一样，都是完全依赖归纳法原则的。所有这些普遍原则之所以可信，是因为人类已经发现了有关它们真实性的无数例证，而并未发现过它们虚假性的例证。然而，除非先采用归纳法原则，否则无法提供证据来保证它们未来的真实性。如此一来，所有基于经验而得知有关未曾经验过的某种对象的知识，就全是基于一种经验既不能肯定也不能否定的信念；但这种信念至少在比较具体的应用上，正像经验中的很多事实一样，似乎深深植根于我们的心中。这类信念的存在及其判定已经在哲学上造成了一些最困难和最具争论的问题，而归纳法并不是唯一的例子。归纳法原则对所有基于经验的论证的有效性都是必要的，但它本身并非经验能证明的；然而人们都毫不犹豫地信仰它。还有不少其他原则，经验既不能证明又不能反驳，它们的确定程度与对感觉材料存在的知识是一样的；因而构成了能够从感觉得出推论的一种手段。倘若推理出的为真，那么推理原则就必定与我们得到的材料一样为真。倘若想得到一种正确的知识论，那么实现推论原则的应用则是相当重要。

罗素认为，在普遍原则的全部知识中，实际上发生的是：我们首先实现这个原则的某种特殊应用，然后我们又了解到这个特殊性是无关紧要的，这样会有一种同样真正地被确定的普遍性。这样的论证并不难理解；如果承认它的前提事实上是真的，便无人能否认其结论也必然是真的。然而，它的真理依赖于一个普遍逻辑原则的例证。这个逻辑原则就是倘若这个蕴涵着那个，而这个是真的，则那个也是真的。换言之，“一个真命题所蕴涵的任何东西都是真的”或“凡从真命题得来的都是真的”。只要以相信的东西来证明另一相信的东西，这个原则就适用，因为它说明了人们能获得从感官的客体所不能获得的确定知识。我们有逻辑上自明的所谓思维律（Laws of thought）三项原则：（1）同一律（The law of identity）："是就为是"；（2）矛盾律（The law of contradiction）："任何东西都不能既是又不是"；（3）排中律（The law of contradiction）："任何东西都必须是或不是"。最重要事实在于，事物遵循这三条定律在进行，而不是我们依照它们去思维。换言之，倘若按思维律去思维，就会得到确定。

我们不仅承认所有知识都从经验获得，而且还应当承认有些知识是先验（a priori）的，即是说，不用任何经验的证明就可明白其真理。但如果试图证明存在着不曾直接经验到的某种对象，那么在前提中就必定存在一种或一种以上的曾直接经验到对象。任何对象只要被证明其存在，而并非直接被认识，那么就既靠经验又要靠先验的原则。这样，所有肯定存在的知识都是经验的，而假定存在的知识则都是先验的。这种先验知识能够指出存在的对象之间或可能存在的对象之间的各种联系，但无法告知实际的存在。所有纯粹的数学都同逻辑一样是先验的，而非如经验主义哲学家所坚持的，经验是算术知识的来源，正像经验是地理知识的来源一样。先验的普遍命题（如 2+2=4）和经验的概括（如所有人都会死）两者之间是有区别的。对前者演绎法是论证的正确手段；而对后者归纳法则是有益的方式。很显然，存在着所谓先验的命题，其包括某些伦理的基本命题以及逻辑命题和纯数学命题。为此罗素问道：那么怎样才能获得普遍命题的知识呢？他指出，康德最先着重提出了这个问题。

康德的"批判的哲学"首先确认存在各种的知识，接着探讨它们怎样才有可能的问题，然后又凭借所获的答案，演绎出很多有关宇宙性质的形而上学的结论。尽管这些结论有效性仍值得怀疑，但康德有两点成就：其一，承认一种并非纯粹"分析的"先验知识；其二，使知识论在哲学上的重要性成为确信无疑。康德哲学开宗明义就提出了"如何可能有纯粹数学？"这一问题。除了纯粹怀疑主义，任何哲学都一定要回答这个问题。康德的观念是，经验有两个不同的要素，一是来自客体；另一是来自本身的性质。物理客体与同它相关的感觉材料并不一样，后者是前者与我们本身相互作用的结果。在这一点上，罗素赞成康德的看法。但他批判了康德的一些主要论据。康德将其“物自体”视为不可知，而可知的只是经验中作为现象的客体。所谓现象是我们同物自体的联合产品，它确定具有来自我们本身的那些特征，而必定与我们先验的知识相符合。因此，这种知识虽对所有实际的和可能的经验都是适用的，然而并不能假定它适用于外界的经验。如此一来，尽管存在先验的知识，但对物自体却毫无所知，而且对经验中的所有非实际的或非可能的对象毫无所知。在罗素看来，康德正是企图以这种方式调和理性主义者与经验主义者的论战。

罗素确信事实必定永远遵奉逻辑和算术，但并不认为逻辑和算术是我们人为奉献的。我们的本性正如任何事物一样，仅是现存世界中的一个事实，因而无法确定它长久不变。倘若康德是对的，那明日我们的本性将要大为改观，就像 2 加 2 会等于 5 那样。这会将康德对算术命题所期待的那种确定性和普遍性彻底摧毁。可见，康德不适当地限制了先验命题的范围，因而它们的确定可靠性的努力归于失败。

第四节　前期的认识论：共相与殊相

对罗素来说，常用的“理念（idea）”一词易于形成误解，所以，他试用“共相（universals）”这个词来阐述柏拉图的观点。对此，柏拉图所指的是本质上与感觉所给定的特殊对象相对立的那种东西。所谓共相就是能为许多特殊东西所分有的东西。罗素指出：“除了用亲知来了解特殊存在的事物，我们还可以用它来了解所谓‘共相的’东西，这就是诸如白色、杂多、友情等一般观念。”[①] 从普通词汇可以看出，一般来说专名（proper names）表示殊相（particulars），而名词、形容词、前置词、动词等表示共相；代名词虽表示殊相，但只由从上下文或由语言环境中才能弄清它们所表示的那些殊相。“现在”这个词表示一个殊相，即表示目前这一时刻；但它也如代名词一样是一个多歧义的殊相，因为“目前”不断在变化。任何一个句子至少要有一个表达共相的词才能组成。例如“我喜欢这个”这一陈述中，“喜欢”一词表达一个共相，因为还可以喜欢其他对象，而且其他的人也可以喜欢一些对象。凡真理都会涉及共相，而一切有关真理的知识也都涉及对共相的亲知。

由于词典中的词几乎皆为表示共相，罗素指出，这很奇怪，除哲学家外，竟几乎无人了解像共相这类实体的存在。我们自然不大关注句子里那些不表示殊相的词；当我们必须考察一个表示共相的词，就会自然将它当作表示某个以共相出现的殊相。从斯宾诺莎以来，即便哲学家，也仅对那些表现为形容词或名词的共相加以认识，却常常忽略了那些称为动词和前置词的共相。一般说来，形容词和名词所表示的是单个事物的性质，而前置词和动词则表示两个或两个以上对象的关系。从事实出发，我们无法严格证明形容词和名词所表示的共相存在，但可以证明关系必然存在，即由动词和前置词所表达的共相存在。

罗素声称，既然已证明有共相这样的实体，接着便要证明其存在不仅为精神的，即其存在并非有赖于被思维或被心灵所理解。但共相究竟属于什么样的存在？例如关系并非有赖于思维而存在，而属于思想可以认识却无法创造的那个独立世界。由于只有在时间之内的事物才可被确定是存在的，因而，思想、情感、心灵和物质客体都是存在（existence）的，然而共相却并非以这种意义存在，而是生存（subsistence），或实在（being），“实在”与“存在”相对立，

① 罗素：《哲学问题》，英文版第 81 页。

是超时间的。共相的世界也可视为实在的世界，它是不变的、严格的、确实的，因而对数学家、逻辑学家、形而上学体系构造者以及一切爱好完美胜于生命的人们，它是令人欢欣鼓舞的。罗素提出应对这两个世界都要同等地关注，因为说到底，两者都是实在的，不过既然作了区别后，就应当考虑它们的关系。

知识其实可分为三种：亲知的、描述的以及既非亲知又非描述的。“2+2=4”这个命题表述的是共相“2”和共相“4”之间的某种关系，它揭示了：所有先验的知识全是了解共相之间的关系；这也就解决了有关先验知识的各种困惑。由于这个陈述所涉及的都是共相，因而，只要认识那些共相，并了解那些共相之间的关系，任何人都能够知道它。没有任何事实可以不凭经验就能认知的；即便先验地知道两个东西加另两个东西是四个东西，然而并非先验地知道：如果布朗和琼斯是两个人，罗宾森和斯密斯是两个人，那么布朗、琼斯、罗宾森和斯密相加就是四个人。只有从经验上知道这个具体存在的四人，才能理解这个命题。这样看来，尽管普遍命题是先验的，但将它应用于实际的殊相就含有经验的成分了。先验的普遍命题与经验的概括之间的区别并非取决于命题的意义，而是取决命题证据的性质。对先验的普遍命题来说，应注意两点：其一，如果有不少已知的特殊实例，那就能够从第一个实例归纳出普遍命题，而共相之间的关系直到后来才得以了解；其二，已知某普遍命题，但对它的实例却可能全然无知。我们能够列举有关感觉材料的实例，但却无法列举实际物体的实例。由此可见，有关物体的知识都是某种无法列举实例证明的普遍知识，此外，有关他人心灵的知识以及无法列举实例的任何它类对象的知识。

罗素根据来源和性质将知识分为以下五种对立的组合：

一、事物的知识与真理的知识（knowledge of things and knowledge of truths）；

二、直接的知识与派生的知识（immediate knowledge and derivative knowledge）；

三、殊相的知识与共相的知识（knowledge of particulars and knowledge of universals）；

四、亲知的知识与描述的知识（knowledge of acquaintance and knowledge of description）；

五、经验的知识与直观的知识（empirical knowledge and intuitive knowledge）。

然后，他继续揭示了这些对立组合之间的关系：首先，任何知识可分为事物的与真理的两种，又可分为直接的与派生的两种。事物的直接知识可称为亲知的，它包含殊相的和共相的两种：殊相的知识所亲知的是感觉材料（包含我们自身）；而在共相的知识所亲知是感性性质、时空关系、相似关系和逻辑方面的某些抽象。事物的派生知识可称为描述的，它永远包含事物的与真理的两种。直接的真理知识可视为直观的知识，而由直观而亲知的真理可称为自明（self-evident）的真理，它也包含仅表述感官所给予的某些真理，有关逻辑和算术的某些抽象原则以及有关伦理的某些命题（尽管确定性较低）。所谓派生的真理知识包含由自明的真理所推理出的所有对象。

罗素进一步指出，如果以上论述站得住脚，那么所有真理的知识都来源于直观知识。这样，就同早期检验亲知知识的性质和范围一样，目前检验直观知识的性质和范围也成了当务之急。然而，真理的知识提出了事物的知识所没有提出的更深一层的问题，即有关“错误（error）”的问题。只有把直接客体或感觉材料当作某种物质客体标记的时候，错误才会出现。因此，与真理的知识相关的问题要比与事物的知识相关的问题更难处理。

为此，罗素把直观判断的性质和范围当作相关真理知识的首要问题加以检验。逻辑原则的真理是自明的，而从它们演绎出来的命题往往同那些没有证据的假设命题一样自明。例如，算术命题可以从逻辑的普遍原则演绎出来，像“2+2=4”一类简单算术命题是同逻辑原则一样自明的。除普遍原则外，别的自明的真理都是直接从感觉得来的，它们可称为："知觉的真理（truths of perception）"，而表达它们的判断则可称为"知觉的判断（judgments of perception）"。所谓自明性（self-evidence）是有程度之分的，即在质量上呈现多少的问题，在排列上，它可以从绝对确定到几乎毫无察觉。知觉的真理和某些逻辑的原则都具有程度极高的自明性；直接记忆的真理与之有着几乎相等的程度；但比起某些别的逻辑原则来，归纳法原则的自明性较低。记忆时间愈长久和淡漠时，自明性也就愈低；逻辑真理和数学真理愈复杂时，自明性也就愈低。命题并非确定也似乎可能具有某种程度的自明性，因此不必摈弃自明性和真理之间的所有关系，而只在冲突时，仅保存自明性较强的命题而拒斥自明性较弱的命题。可见，对自明性有两个不同的看法：一个与最高度的自明性相应，而作为真理不可推翻的保证；另一个与自明性的程度相应，而作为某种或大或小的假定。

第五节　前期的认识论：真理与谬误

罗素在早期就十分重视对真理问题的探讨。他指出："那些我们所确信的真实东西就被称作'知识'，它们来自直观或来自依靠逻辑从直观知识的推理（逻辑的或心理的）。那些我们所确信的虚假东西就成为'谬误'。那些我们所确信的既非知识又非谬误的东西，以及那些我们将信将疑来自缺乏最高程度不证自明的东西，可以称作'概然意见'。"①

在稍后一点的中期思想中，罗素又指出："我对真理的定义是，当某一信念与某一事实对应时，它就是真实的。但怎样才能获得这种对事实的对应性？我的答案是，当我们没有预期的许多事实时，就先确认其中某些事实：我们可以得到我们自己的情感或感觉，而

① 罗素：《哲学问题》，英文版第 217 页。

它们似乎就是先前已证实的某些信念。因此，我认为，我们能说存在着这样的事物，它是在一定情况下，也只有在一定情况下，作为凭借与它对应的事实而得到证实的某个信念；我们还能说，存在着一种庞大的超级建筑而与上述情况正相对立。也许在对‘对应性’的最终分析中，我们可以达到期待的结果。”①

罗素认为，与事物的知识不同，真理的知识有个反面，即“谬误”。对事物来说，能够认识或不认识它们，然而并不能将一种正面的思想状态描述为事物的错误知识。无论我们亲知什么，它必定是某种东西：我们能够由亲知得出错误的推理，但亲知本身却不会不可靠。亲知并无二元性（dualism），但真理的知识却有二元性。既然错误的信念与真实的信念一样为人所经常坚持，因而怎样对错误的信念与真实的信念加以划界，便成了一个难题。为此。就必须澄清真理（truth）与谬误（falsehood）的意义。对真理的性质而言，应注意任何理论都必须满足的三个必要条件：

1. 真理的理论必须是承认有其反面，即谬误的理论。相当多哲学家都未能充分地满足这个条件：他们都是以我们的思维应当真实这一根据来构造理论，这样就很难为谬误发现位置。在这方面，信念理论必须不同于亲知理论，因为就后者而论，不必说明任何反面。

2. 显然，从真理与谬误相关联的角度看，如果没有信念，就不可能有谬误，而且也不可能有真理。如果想象一个纯物质的世界，在其中没有谬误的位置，尽管存在着可称作“事实”的东西，但从真理与谬误为同类事物而言，它不会有真理。事实上，真理与谬误都是信念与陈述的性质：由于一个纯物质的世界既不包括信念又不包括陈述，因而也就不会含有真理或谬误。

3. 一种信念的真理性或谬误性永远依赖其本身以外的某种东西而定，也就是尽管真理与谬误是信念的某些性质，但这些性质是依赖于信念对其他事物的关系，而并非依赖于信念的任何内在性质。

① 罗素：《三种途径走向世界》，英文版第 18 页。

当某种信念与某种相关联的复杂体（associated complex）相应的时候，它是真实的，否则相反。为明确的缘故，可以假设信念的对象为两项（two terms）与一个关系，而两项以信念的“意义”构成一定的次序，倘若这两项依照次序被关系合成为一个复杂体，那么这个信念就是真实的，否则相反。于是便造就了真理定义与谬误定义。判断或信念是某种复杂的统一体，而心灵则为其一个成分；倘若其余各个成分采取信念具有的那个次序，而构成一个复杂的统一体，那么这种信念是真实的，否则相反。如此一来，尽管真理和谬误都是信念的性质，但在一定意义上，二者都是外在的性质，因为一种信念真实性的条件是某种并不涉及信念或任何心灵的东西，而仅仅是信念的对象。当存在一个并不涉及心灵而仅涉及自己对象的相应复杂体时候，一个相信着的心灵就是相信得正确了。这种相应性（correspondence）保障了真理，而缺少它便产生谬误。这样，就同时说明了两个事实：（a）信念为了自己的存在（existence）而依心灵，（b）信念为自己的真理而不依赖心灵。

罗素考虑到这样一个问题，我们可用什么方法知道哪种信念是真实或谬误的。在他看来，真理与谬误的意义问题，不如怎样才能知道何为真与假这个问题来得重要。人们到底是否能够认识任何事物？或他们是否仅是侥幸知道什么是真的？要想解答这个问题，就得首先决定“认知（knowing）”到底是什么意思。最初，我们可能以为知识可以界定为“真的信念”。当在我们相信是真的时候，就以为就获得自己所相信的知识了，但这并不符合“知识”一词的通常用法。很清楚，当一个真的信念是从一个虚假的信念推演出的时候，就不会是知识。同样，如果一个真的信念是得自错误的推理过程，即便前提是真的，仍不可算作知识。罗素批评道，大多数哲学家都承认能依靠先验形而上的推理来证明宗教的基本信条，宇宙的本质合理性、物质的虚幻性、所有恶的非实在性等等。很多哲学学者竭尽毕生企图寻求理由让人相信这些观点，但都白费时光。将宇宙视为整体的知识似乎并非靠形而上学就能取得；而那些根据逻辑规律所规划的证明来判定某种事物必然存在而某种其他事物绝不存在，都无法经受批判性的考察。以黑格尔为例，其哲学极深奥，人们有不同的阐释。

罗素认为黑格尔的主要观点是：缺乏“整体”的任何事物显然都是片断的，若无世界上其他部分对其补充便显然无法存在。然而，认真探究支持这种观念的论证之后，就发现它们包含很多迷乱与非确实性的假设。对此，罗素强调，对一个事物的亲知并不涉及其“性质（nature）”，尽管它涉及有关认知这个事物的任何一个命题。因此（1）对一个事物的亲知，在逻辑上并不涉及其各种关系的知识，（2）有关一个事物某些关系的知识并不涉及它所有关系的知识，也不涉及其性质的知识。从事物本来面貌这一单纯事实出发，我们推演不出它必须具有事实上也具有的那些各种各样的关系来。

罗素批判了形而上学者的一个最有雄心的谋划，这就是企图证明现存世界的表面特征都是自相矛盾的，故并非实在的。但现代思想的整体趋向则越来越显示这些假设的矛盾都是虚幻的，也揭示了事物必定为何这类的想法并能得到先验证明的事物是很少的。他指出，康德推演出时空的不可能性，称这都只是主观的。在他之后，很多哲学家开始相信空间和时间是纯粹现象，而并非真是世界的特点。由于目前数学家们的工作——其中乔治·康托尔最为卓著——已表明无限聚合的不可能性是错误的。这种聚合并非在事实上自相矛盾，而仅仅是某些固执精神偏见的矛盾。因此，将空间和时间看成非实在的那些理由，已变为失效，形而上学结构的主要来源之一也已干涸了。不过，数学家们并未停步，又接着指出，就逻辑能指明的能力而言，还有很多其他形式的空间也同样可能；在他们所想象的世界中，几何公理不得成立，从而凭借逻辑松开了一些常识偏见，并揭示了某种多少与我们所居住的这个空间所不同的可能空间。如此一来，情况完全倒转。从前，经验似乎仅将一种空间留给逻辑，而逻辑则表明此类空间为不可能；当下，逻辑尽可能摆脱经验而显示了多种空间，而经验仅可在两者间作出部分的决定。因此，当对

“是什么”的知识比从前所预想的要少的时候，我们对“可能是什么”的知识则会大量增多。

罗素发现，我们自身并非关押在每一处凹角和罅隙都能探摸到的狭窄四壁中，而是在一个充满自由可能性的开放世界中，在这里留有很多不为人知的东西，因为存在着太多要知道的事物。

罗素信心十足地提出，用先验原则给宇宙加以设定的打算已经破灭；逻辑已不像从前那样作为各种可能性的障碍，而成为了想象力的伟大解放者：它呈现了曾被不愿思索的常识所封闭的无数选择，并在逻辑提供选择的很多世界之间，当有抉择可能之时将这个任务留给经验。这样一来，有关存在的知识，就变成仅限于从经验所知的事物，而并非我们所实际经验的事物；因为有很多描述的知识是牵涉我们并未直接经验的东西。在所有描述知识情况下，我们需要共相之间的某种关系，从而可从这样或那样的材料中，推出我们材料所暗含的某种客体。例如，根据感觉材料仅为物理客体的象征（signs）这个原则，其本身就是共相的一个联结；而且仅凭这个原则，经验才能使我们获得有关物理客体的知识。这同样也适用于因果律，或者降格用于普遍性较低的原则，如万有引力定律。

罗素将作为所有其他真理知识的根源的直观知识分为两种：一是纯粹经验知识（pure empirical knowledge），其告知有关我们所亲知的特殊事物的存在及其一些性质；二是纯粹先验知识（pure *a priori* knowledge），其告知有关共相之间的联系，使我们能凭借经验知识所提供的特殊事实作出推论。我们的派生知识总是依赖于某种纯粹先验知识，通常也依赖于某种纯粹经验知识。

第六节　前期的认识论：哲学与科学

罗素几乎取消了哲学知识与科学知识的区别，因为他不同意存在着只为哲学而不为科学所开放的某种特定智慧来源，也不同意哲学的成果会与科学的成果有根本的差异。在《哲学问题》中，他断言，哲学的本质特征就是批判，而正由于这点使其成为一种与科学不同的研究。哲学批判地检验科学和日常生活上所应用的那些原则，并从中分辨出它们的不一致性；只有当找不出拒斥它们的理由之时，才把它们作为批判探究的结果加以接纳。正如很多哲学家这样相信的，如果当摆脱了毫不相干的细节之后，科学所依据的那些原则能提供我们有关宇宙整体的知识，那么这种知识就与科学知识一样对我们的信念具有相同的要求；然而我们的探究还未能揭示出任何这样的知识，因此如同有关更大胆的形而上学者的特殊学说，便主要的只会有负面的结果了。不过，有关普遍能够作为知识得到承认的东西，我们的结果则主要的是正面的；我们很难找到作为我们批判结果而能够拒斥此类知识的理由，而且也找不到什么理由去设想人并不能掌握他通常信赖并拥有的那种知识。

罗素清醒地看到，当说哲学是一种知识批判时，有必要设定一定的界限。如果我们采取绝对怀疑论者的态度，将自己完全摆在所有知识之外，而又从这个立场被迫返回知识圈子之内，那么我们就在要求不可能的东西。如果想获得任何结果，哲学所利用的知识批判，就必定不属破坏性的一类。对于绝对怀疑论，并无任何逻辑的论证能够加以驳斥。然而，不难看出这种怀疑论是不合理的。罗素指出，作为近代哲学开端，笛卡尔的“方法论的怀疑”并非属于这一类，而是那种作为哲学本质的批判方法。总之，罗素所要求的批判并非随意抛弃所谓浅显的知识，而是依据它的价值进行考察，然后保留住所有表现为知识的东西。因为人类易于出错，所以必须承认仍有错误的风险。哲学可以公正地自认能够减少错误的危险，并且在一定情形下，它能使错误小到实际上可以忽略的程度。在这个必定会出现错误的世界里，不可能做到比这点更多；而且也没有慎重的哲学拥护者会主张自己所要作的能比这点更多。

罗素问道，什么是哲学的价值？为什么应当研究哲学？之所以要回答这些问题，是因为部分由于在人生目的上有一种错误的观念；

部分由于对哲学所力求的东西也有一种错误的观念。目前，物理科学上的发明使无数不懂这门学问的人认识到它是有用的了。而这种功利性是哲学所缺乏的。如果研究哲学对除哲学学者以外的人也有价值，就必然仅能通过学哲学之人的生活而间接地发生影响，也只有在这种影响下，哲学的价值才能获得。像别的学科一样，哲学的目的首要在于知识，它寻求的是能够为科学提供整体系统的知识，以及对我们的成见、偏见和信念的基础进行批判性检验后而获取的知识。只要任何一门知识得到确定后就不再称为哲学，而变成了一门独立的科学。于是，哲学的不确定性在很大范围内不但真实，而且更为明显：一旦有了确定答案的问题，就已经属于各种科学了；而那些得不到确定答案的问题，仍构成称为哲学的残存部分。然而，有关哲学不确定性的观点还仅是真理的一部分。有许多问题，其中包括有些对我们精神生活有最深刻兴趣的问题，是人类智慧所始终无法解决的。有关宇宙的很多问题都是哲学所提问的，而不同的哲学家却有不同的答案，但哲学所作出的答案都无法证明其正确。然而，无论寻求一个答案的希望是如何微小，哲学的部分责任就是要不停地探索这类问题，了解其重要性，检验解决它们的途径，并保持对宇宙思索的兴趣经久不衰，而如果我们仅局限于可明确断定知识范围之内，这种兴趣是易被扼杀的。因此，哲学的价值必然不在于哲学研究者所得到的任何一套可明确肯定的知识假设体系。

根据罗素的看法，实际上，哲学价值大都是在其极不确定性中加以寻求。只要我们开始了哲学的过程，我们就会发觉，连最平常的事情也有问题，而所得到的答案又是不完善的。尽管哲学对产生的疑问不能确切地告知真实的答案，但可提供很多可能性来扩展我们的思想，并能使我们挣脱习惯的制约。因此，当哲学对有关事物是什么这个问题减少了我们确定的感觉，但极大地增长了我们对事物可能是什么这个问题的知识。它将从未进入自由怀疑领域的那些人的狂妄独断论清除了，并揭示出熟悉事物的不熟悉的一面，而使我们的好奇感保持着活力状态。哲学具有显示各种可能性的功用，它还有一个价值（也许是其主要价值），这就是它只考察对象的重大方面，而使人从那些狭隘盘算中解脱出来。哲学深思（contemplation）是一条逃生的出路，它以最开阔的眼界而不将宇宙分成两个对立的阵营，并无偏见地洞察全局。哲学深思只要是纯粹的，其目的便不在于证明宇宙其余部分与人类同类。知识的所有收获都是自我的一种扩张，而只有当并非直接追求时，这种扩张才能最佳实现。在哲学深思中就像在其他地方一样，自我独断（self-assertion）是把世界视为达到自己目的的一种手段，因此它将世界看得比自我还轻。相反，在深思中，从非我（not-Self）出发，通过它的伟大，自我的界限得到扩展；通过宇宙的无限性，那个深思宇宙的心灵就达到对无限的分享。

罗素赞叹，灵魂的伟大不是由那些企图将宇宙同化于人类的哲学所养育出的。知识是自我和非我结合的一种形式；正像所有的结合体，它会被控制权所损害，也会被那些强迫宇宙服从于我们在自身中所发现东西的任何打算所损害。现在有一种广泛的哲学趋势显示：人是万物的尺度；真理是人造的；空间、时间和共相世界都是心灵的性质，若有什么东西并非心灵创造的，那就是不可知的，对我们也无关紧要。这种观点是不正确的，更严重的是，它使深思束缚于自我，而将哲学深思中有价值的所有东西都剥夺了。它所称为知识的东西并非与非我的结合，而是一套偏见、习惯和欲求，并在我们与外界之间安排了一道无法穿透的帷幕。一个人能在这样一种知识论中发现乐趣，他就像一个从未离开过驯养圈子的人，因为害怕自己的话不能成为法律。在非我的每一个扩张中，在扩大被深思客体的每一种事物中，也在沉思着的主体中，真正的哲学沉思得到了满足。在深思中，那些依赖习惯、兴趣或欲望的个人或私有事物歪曲了客体，因而破坏了理智所追求的那种结合。这种个人和私人的事物在主客体之间造一道屏障，而成了关押理智的监牢。一个自由的理智正如上帝所观看的，不受此地和此刻的限制，不受希望和恐惧的束缚，不受习惯的信仰和传统的偏见的羁绊，而是冷静地、以唯一单纯追求知识进行观察，这种知识是非个人的、纯粹深思的，是人类可能获得的。这种自由的理智对抽象和共相知识比对感官知识更加看重，而这种知识是个人历史的事件所无法加入的。

罗素深情地说，那些习惯了哲学深思的自由和公正的心灵，将在行动和情绪的世界中保持某些同样的自由和公正。它会将自己目的和欲望视为整体的一部分，而不会因将它们看作在其他元素不受任何人为影响的那个世界中的一些极小片断而坚持什么。深思中的公正是追求真理的一种纯粹欲望，它与心灵的特质相同，在行动上表现为公正，在情感上表现为能给予所有人的博爱，这种博爱不仅给予那些判定有用的或可赞美的人们。因此，深思不仅扩展我们思考中的客体，也扩展我们行为中与情感中的客体。它使我们称为宇宙的公民，而并非仅为与其余所有相敌对的一座围城中的公民。在宇宙公民的身份之中，就包括人的真正自由及其从狭隘希望与恐惧的奴役中得到的解放。

罗素对有关哲学价值的讨论总结道：我们应当对哲学加以研究，但并不由于它能对所提出的问题提供任何确定的答案，因为通常不可能知道有什么确切答案是真实的，而由于这些问题本身，因为这些问题能够扩展我们对所有可能事物的概念，丰富我们心灵的想象力，并减轻教条式的自信，这些都封闭心灵而阻碍深思。最重要的是，通过哲学深思中的宇宙伟大，心灵也会变得伟大，因而可与构成至善的宇宙结合为一体。

第七节　后期的认识论：科学世界

罗素在后期更为成熟的著作《人类知识》主要以科学角度作为切入点，深入探究了客观外界、知觉经验、语言概念、概率归纳以及推理规则等认识论。

他在此书序言中表白：“以下的篇幅并非仅为或主要为职业哲学

家而写的，也是为那些更多数的广大读者，这些人对哲学问题感兴趣，而又不愿或不能付出较多时间来探索它们。笛卡尔、莱布尼兹、洛克、贝克莱和休谟的著作都是为这类读者而作的。我认为很不幸在以往大约一百六十年的时期里，哲学已被视为几乎与数学同样的东西。必须承认，逻辑是同数学一样技术性的学问，但我坚持逻辑并非哲学的一部分。哲学所对付的是普通受教育者感兴趣的问题，如果哲学所涉及的东西仅有少数几个职业哲学家能够明白，它的价值就会大量失去。在本书中我力求以我尽可能广阔的视野来探究一个极大的问题：既然人类与世界的接触相当短瞬，并受到个人局限，那么他们是如何尽多地取得知识的？在我们的知识中有一部分信念是虚幻的吗？如果不是，那么我们除了通过感官之外，还必须知道什么？”

他在引言中申明：“这本书的中心目的是检验个人经验与科学知识整体之间的关系。可以这样认为，就其整个纲领而言，科学知识是应当被接受的。”“本书的主要目的之一，就是发现作为判定科学推理所必需的最少量原理。”① 在这本书中，罗素描述了由于科学探索带来可能的宇宙某些主要特点，他指出，如果我们的材料与我们的推论原理能够判定科学实践，那么对这一内容的研究可以当作为推理设置必须能达到的目标。

罗素首先将知识分为个人的与社会的两种。他开宗明义地主张，科学知识的目标在于完全非个人化，并且力图表述为人类集体智慧所发现的东西。为此，就要探讨科学知识在实现这个目标上取得了多大的成功，以及为了达到最大可能成功而必须奉献的个人知识因素。整个社区的知识与个人的知识相比，可说多也可说少，就集体能力来说，它能够知晓百科全书的所有内容以及学术机构汇编的所有献稿，然而毫无所知有关某一个人生活的色调与质地的那些温暖而亲切的东西。作为传达科学知识的唯一工具，语言在其起源及其

① 罗素：《人类知识》，英文版第 v、xi、xiii 页。

主要功能方面，本质上是社会性的，是为人们所公用的，而并非自家所创。为此，一个后果就是，在思想转译语言的过程中失去了个人经验中最个性化的东西。甚至语言公众性大都也是一种错觉。某种给定形式的语词能被有能力的听众解释为一致认定正确或错误，而不管它们的意义对所有听众并非相同。那些没有影响一个陈述真假的差别，通常由于实际上意义不大而遭忽略，其结果让我们相信个人世界与公共世界比现实状况更为相似。

罗素指出，我们越接近逻辑上的完全抽象，不同人在一个词的意义上所产生的那种不可避免的差别就越小。科学的职能就是消除“此地（here）”与“此时（now）”。我们所生活的这个共同世界是一个结构，它一部分是科学的，另一部分则是先于科学的。在考察为什么相信一个经验陈述的理由时，我们无法避开含有个人局限性的知觉。我们从这个污染源获得的信息，经过科学方法的筛选，能被纯化到怎样的程度，达到上帝般超然而显露辉煌，这是个应多加思考的难题。个人的知觉是我们所有知识的基础，但我们还未能找到一种在很多观察者所共有的材料上起步的方法。

对于所谓科学世界，罗素列出了以下几个方面：

一、天文科学的世界。作为最古老的一门科学，天文学对天体及其周期性运行规律的观察使人类获得有关自然律的最初概念，而且它至今与以往一样生机勃勃，在帮助人们合理估量人在宇宙中的地位仍是重要的，尤其是爱因斯坦的相对论等使人们以新的视界看待宇宙。我们从天文学的宇宙观所得到的结论是：尽管宇宙确实非常广袤和悠久，我们却有一些目前还算很为玄思的理由，认为宇宙既非无限大也非无限久。通过将观察和推理巧妙地相结合，广义相对论专业性地能够告知什么是宇宙整体。但罗素并不相信我们未来可以“将宇宙改造得更接近人们的心愿”。①

二、物理科学的世界。最进步并最能解释世界结构的科学是物

① 罗素：《哲学问题》，英文版第 8 页，

理学。什么是物理视界？罗素在中期著作中描述说："我们发现有必要强调物理知识极度抽象的性质，以及这个事实即物理学开放了其等式所适用的有关世界固有特性的所有可能性。但物理学无法证明物理世界与精神世界在性质上是截然不同的。我本人并不相信对凡是实在性必为精神这一观点的有效性所作的哲学论证。但我同样也不相信反对这个观点的有效论证是来自物理学的。对物理世界唯一合理的态度看来就是考察了所有问题而忽略了数理属性的一种绝对不可知论。"① 相对论和量子论已用"能量（energy）"概念取代了旧的"质量（mass）"概念。人们常将"质量"界定为"物质的数量"；一方面"物质"在形而上学（玄学）的意义是"实体（substance）"，另一方面它是常识中称为"东西（thing）"的技术形式。相对论和实验都证明质量并非从前所想的是恒定的，而是随激烈运动增大的；一个质粒的运动速度若同光速一样快，那么其质量就变得无限大。由于一切运动皆为相对，因而随不同观察者对所计算的质粒相对运动的不同，他们在质量上不同的运算结果都是合理的。无论量子论将来出现何种情况，可以肯定常数 h 将始终保持重要性；电子可能从物理学的基本原理中完全消失，但可以完全肯定电子的电荷 e 和质量 m 将始终保留下来。在某种意义上，我们也可以说"这些常数的发现和测定是现代物理学中最稳固的东西"。②

三、生物科学的世界。天文学和物理学的知识是完全中立的，它对我们本身或对我们周围时空不存有任何特殊的关系。我们必须把注意力转移到有关我们这个星球及其寄生物。人类发现以科学态度探索生命比探索天体更为困难；在牛顿时代，生物学还遭受迷信的束缚。我们仅知道这个行星上有生命存在，而太阳系中其他行星上的生命存在可能微乎其微；大多数恒星可能不具有行星，因而我们几乎能够确定生命是一种罕有现象。即便地球上的生命现象也是非常短瞬的。"我们没有任何理由假定，有生命的物质所服从的

① 罗素：《物的分析》，英文版第 270 － 271 页。

② 罗素：《人类知识》，英文版第 28 页。

与无生命的物质所服从的定律是不同的，但我们有理由认为有生命的物质行为的所有东西在理论上都能够用物理学和化学的术语来阐明。”①

四、生理科学的世界。这里所要探索的是那些感觉引起物与伴随物的生理现象，以及那些意志的引起物与伴随物的生理现象。属于哲学中最常谈的题目的心物关系问题在从大脑发生的事件过渡到感觉，和从意愿过渡到大脑其他事件这个过程上达到了最关紧要的一个阶段。所以这是一个两方面的问题：在感觉上物质怎样影响心理，在意愿上心理又怎样影响物质？这里提到这个问题只是为了说明生理学中有些部分对于哲学必须讨论的问题所具有的重要性。

五、心理科学的世界。科学的心理学由于与哲学和不久以前甚至还与神学纠缠在一起而受到很大的损失。苏格拉底之前的哲学家并未将心物截然区分开来，但到了柏拉图那里受到重视，他还将它与宗教联结起来。基督教接纳了柏拉图的这一方面，并以其作为很多神学教义的基础。灵魂与肉体是毫不相同的实体，灵魂是不朽的，而肉体则在死后腐烂，尽管复活时我们能够得到一个永不腐烂的新生肉体。灵魂是有罪的，因此，它由于神明审判的结果而惨遭永世的惩罚，或由于神恩赐结果而享受永世的快乐。所有经院派的顶尖学者都承认物质与心灵两种实体的存在。正统的基督教既需要心灵也需要物质，因为圣体论（transubstantiation）②的教义需要基督的圣体。灵魂与肉体的区别最初是形而上学的深奥精妙之处，后来逐渐成了公认常识的一部分，直到当今仅有极少几个玄学家仍敢于质疑这种区别。笛卡尔派的学者拒斥心与物之间的任何相互作用，从而增大了心物区别的绝对性。但在这种二元论之后跟进的是莱布尼兹的单子论，根据这种学说，凡实体都是灵魂，而我们称之为“物质”的东西只是很多灵魂混杂的知觉。在莱布尼兹之后，贝克莱由于完全不同的原因，也否认物质的存在；费希特和黑格尔则由于另外不

① 罗素：《人类知识》，英文版第 36 页。
② 这种教义认为圣餐中面包和酒变成了耶稣的肉和血。

同原因提出了这样的主张。同时，尤其在18世纪的法国，存在过一些鼓吹物质存在而拒绝灵魂存在的哲学家。在大哲学家中，仅有休谟完全否认实体的存在，从而为近代涉及心与物区别的讨论铺平了道路。

罗素认为先要讨论心理科学与物理科学的区别才能对心与物作一些形而上学的讨论；个人感觉材料的知识是存在的，因此应当建立一门研究它们的科学；承认了这一点，我们就能够探讨心理学真正关注的问题。有关人类的知识可以提出两个问题：其一，我们能知道什么？其二，我们怎样知道它们的？科学回答是第一个问题，而它力图做的是尽可能非个人化与非人类化。科学的宇宙观自然要从天文学与物理学开始，它们所考察的是广大而普遍的东西；而罕见的并且显然对事件进程仅有极小影响的生命与精神，在这个公正的观察中仅能能占一个次要的地位。但对第二个问题，即怎样得到我们的知识，心理学在各门科学中最为重要。“不仅从心理学上来研究我们进行推理的过程是必要的，而且我们推理所依据的材料也是属于心理学性质的；这就是说，它们是单独个人的经验。我们世界所具有的明显公共性一部分来自幻觉，一部分来自推理，我们知识的所有原料都是由人们孤立生活中的精神事件构成的。因而，在这个领域内，心理学是至高无上的。”[①]

第八节　后期的认识论：科学知觉

在这一部分，罗素企图解决的是，在通常被当成经验知识的东西中把材料和推理区分开来，他所做的还不是判定推理或探索推理所依据的原理，而是要揭示与逻辑构造相对的推理对科学是必要的。罗素区分了两种空间与时间：一是主观的并从属材料的，另一是客

① 罗素：《人类知识》，英文版第52－53页。

观的并推理出的。他指出，除非唯我论以从未接受过的极端形式出现，那么它就是处于片断的材料世界与完整科学世界中间的一所非逻辑建筑。罗素进行了另一种探讨，它的顺序与前面的宇宙观正好相反，也就是从最大限度的非主观化、非个人化与非人类化，转为一个具有强大知觉能力的人如何观察外界现象并将其加以描述。他指出，我们不再问世界是什么，而要问我们如何了解有关世界的全部知识。这样一来，人类又恢复在世界上所占的中心地位。实际上，人们只有凭借自己生活中的各种事件才能认识世界，如果没有思想的力量，那些事件不会为人所知。

在罗素看来，所要追踪的就是从个人感觉和思维到非个人化的科学所经历的那个漫长过程，否则就无法充分理解人类知识的范围及其基本限度。他列举了三个典型问题:（1）昨日世界存在;（2）明日太阳将升起;（3）存在着声波。他说自己要问的并非这些信念是否是真的，而是在假定它们为真的情况下，我们相信它们的最佳理由是什么。总起来说就是：为什么我们应该相信科学所断定的而无法为当下知觉所证实的那些东西？

罗素首先区分了事实的知识（knowledge of fact）与定律的知识（knwledge of law）。他指出，有些事实的信念直接来自知觉和记忆，而有些则通过推理得出；前一种对常识而言是毫无疑问的，而在后一种情况下，推论虽易出错但也易于纠正，除非那些特殊费解的问题。我们应杜绝无批判地将常识视为知觉所给予的材料，而只承认感觉和记忆才是我们有关外界知识的材料。就其全部内容而言，我们的“知觉”都是心理学的材料，我们事实上的确有着相信某某物体的经验。罗素经常使用“知觉（perception）”与“知觉对象（percepts）两个相关的概念。

什么是所谓知觉？他曾在自己中期著作里回答道：“当一个精神现象能被视为外在于大脑的一个客体，但不规则或甚至作为一些这样客体的混杂表象时，那么我们可以将它认作对所涉及的某个客体或某些客体具有刺激作用的东西，或感官所关注的现象。在另一方面，当一个精神现象不具备外在客体与大脑的充分联系，而被当成这样一些客体的现象时，那么它的物理因果性将在大脑中找到。在前一种情况下，这种精神现象就能被称作知觉，而在后一种情况则不能。然而，这种区别仅是程度的而非种类的。”[①] 至于什么是所谓知觉对象？罗素则回答道：“知觉对象与物理的区别并非是一种固有性质的区别，因为我们对物理世界固有性质毫无所知，因此就不知道它是否与感觉对象非常不同。这种区别是有关我们对两个不同领域到底知道什么。我们知道知觉对象的性质，但不知道我们极力希望知道的有关它们的定律。我们知道物理世界的规律，至今它们属于数理的并相当完善，但除此之外我们则一无所知。如果对物理世界在本性上很不同于知觉对象这一假定有任何理解上的困难，那么这就是为什么不存在绝对差异性这一假定的原因所在。实际上对这样的观点有着根据：这就是知觉对象是物理世界的一部分，也是我们无须精致和困难的推理而能够探知的唯一部分。”[②]

此外罗素有的场合还用“知觉着（perceiving）”这一动名词概念，他解释道：“对不同观察者来说，既然刺激物不同，反映也就不同，结果是，在我们所有有关物理过程的知觉中，存在着一种主观性的元素。因此，在宽泛的纲领下（正如上面论证所假设的），如果物理学为真，那么我们称作‘知觉着’一个物理过程就是某种个人与主观的东西；并且至少在部分上，这种‘知觉着’也是对我们物理世界的知识唯一可能的起点。”[③] 从根本上说，罗素仍与休谟的“知觉”观有某种共同点，如同样坚持知觉不能脱离感觉材料，以及从知觉的能力范围而引向对复合词组的深刻分析等。[④] 对罗素来说，知觉本身是进行知觉的行动，而知觉到的对象和内容就是感觉材料。

在罗素看来，我们仅是为了获得在我们自己精神之外存在物的

① 罗素：《心的分析》，英文版第 136 页。
② 罗素：《物的分析》，英文版第 264 页。
③ 罗素：《哲学大纲》，英文版第 130 页。
④ 皮亚斯：《罗素与英国哲学传统》，英文版第 28 页。

知识才有必要将感觉看成材料。如果将“材料（data）”界定为“那些不依赖推理就有理由感到几乎接近确定的事实”，那么就可得出这个结论：全部我的材料都是我所碰到的，并事实上就是通常所说的在我心中所发生的事件。这是一种曾是英国经验论特征的观点，但也遭过大多数欧洲大陆哲学家的反对，而现在杜威的追随者们以及大多数逻辑实证主义者都拒绝采纳这种主张。

罗素认为，经验外的事实可能遭受怀疑，除非能够证明它们的存在是经验内的事实加上那些有理由确信其必然性的规律所得到的结论。为了避开休谟的怀疑论，他主张在知识的前提中至少有一个普遍命题，从分析意义上它并非必要，即对其虚假性的假设并非自相矛盾的。一个判定归纳法科学用途的原理具有这种性质。“我们所需的是用某种方式将概然性（不是必然性）给予那些从已知的事实到某种现象的推理，这些现象还未成为发生，也许永远不会成为个人推理的经验。如果某人想知道任何一件超出他目前经验的事物，那么他的未经推理的各种知识不仅由事实，而且由他根据事实进行推理的普遍定律或至少一个定律所构成。与演绎逻辑的原理不同，这样的一个定律或一些定律必定是综合的，即并非由它们作为自相矛盾的假来证明其真。对这个假设的唯一另外选择就是对所有科学和常识的推理，包括我所说的动物性推理[①]在内，持绝对怀疑论的立场。”[②]

罗素批判了所谓唯我论（solipsism），指出人们通常将此学说

① 罗素所说的“动物性推理”是指某现象 A 引起某信念 B，而不需要任何意识上的中介。例如狗闻到狐狸的气味产生亢奋，但狗并不会对自己联想到，“这种气味从前常与狐狸到过之处有联系，因此可能有一只狐狸就在附近。”狗的行为可能与这种推理过程相一致，但仅是依靠习惯，或如人们所说的“条件反射”由身体来实现的。只要 A 在动物的过去经验中常与 B 相联系，那么 A 的发生就引起 B 的行为。这里 A 与 B 并没无任何相关意识；我们可说有知觉 A 和行为 B。罗素认为与纯粹数学推理相对的科学中大多数实质性的推理，最初是由动物性推理的分析中得来的。（见罗素：《人类知识》，英文版第 182 页。）有时罗素又用“生理性推理（physiological inference）这一概念，他指出，人们的推理就是从生理性推理提高到科学性推理。（见罗素：《物的分析》，英文版第 190 － 191 页。）

② 罗素：《人类知识》，英文版第 174 － 175 页。

界定为那种主张只有我独自存在的信念，但这过于简单。他主张必须将两种唯我论区别开来，即“独断的（dogmatic）”和“怀疑的（skeptical）”。前一种认为，“除了材料什么东西也不存在”，而后一种则认为“除了材料不知道有什么东西存在”。对独断的唯我论讨论没有什么意义，因此罗素把自己的注意力放在对怀疑的唯我论批判上。

罗素接着讨论了“概然性”的推理，即在前提为真和推理过程正确的情况下，结论仍然不具必然性而仅具或多或少概然性的一种推理，这种推理与纯粹数学推理等“实质性”的推理不同。总体而言，罗素认为任何已被承认的科学理论体系的推理都是正确的，除非它们含有某一特质的谬误。为此，他考察了那些先于科学的常识以及常识的推理。可信性（trustworthiness）是科学知识的一个前提，如果相信科学大体正确，这种可信性实为必要；但如果依靠非假定记忆的论证，那么科学就不会具有概然性。如果我回想起某件事情，那么它很可能发生过，我就可凭借记忆的生动性作出概然性的评估。罗素断言，只有假定定律是正确的，某个事实才能使另一事实具有或不具概然性。尽管并非普遍，记忆的一般可信性是一个独立的公设，它对大部分知识是必要的，它也不能从任何不假定其存在的东西中推理出来。同记忆一样，证据（testimony）也是我们原始信念的一部分来源，但并不需要将它本身作为一个前提，因为它可以并入类推这个较为宽泛的前提中去。

罗素问道：假定物理学从广义上是正确的，是否可知它是正确，如果答案肯定，那么是否涉及物理学真理之外的其他真理的知识？他认为这个问题因知觉问题而变得尖锐。从远古起，就存在两种知觉论，一是经验论的，另一是唯心论的。根据前一种说法，某些连续的因果链条将客体引向知觉者，而人们所说的对客体“知觉”就是这个链条中最后一个环节，或宁说是这个连锁在开始将知觉者的身体引出而非引进之前的最后一个环节；根据后一种说法，当知觉者位于物体周边的时候，神灵引起知觉者的灵魂产生一种类似这个客体的经验。这两种学说各有困难。唯心论的学说导源于柏拉图，但到了莱布尼兹才攀上了它的逻辑顶峰。

罗素指出，主要问题是：如果物理学是正确的，那么我们是如何知道的，并且除了它以外，还需要了解什么才能将物理学推论出来？这个问题的产生是由于知觉的物理因果关系，这种关系使物体与知觉之间可能有着很大的不同；但倘若如此，我们又怎能从知觉推论出物体来？此外，因为人们把知觉视为"精神的"，而将其原因看作"物理的"，我们就碰到了心物关系的老问题。罗素的看法是："心理的"和"物理的"并非如一般所认为的那样截然不同，他将"心理的"界定为不必凭借推理就能认识到的一种现象；"故'心理的'与'物质的'两者的区别是认识论的，而非形而上学的。引起混乱的困难之一是人们对知觉的和物理的空间未加区分，知觉的空间由知觉各部分之间可知觉的关系所构成；而物理的空间则由推论出的物体之间关系构成。我所看见的东西可能在我身体的知觉之外，但不能在作为物体的我的身体之外。从因果关系而论，知觉位于内传神经中的事件（刺激 stimulas）与外传神经中的事件（反应 reaction）两者之间，它们在因果链条中的位置与大脑中某些事件的位置相同。作为物体知识的一个来源，知觉仅能在物理世界中分割的，多少各自独立的因果链条才能达到目的。这只是近似的情况，因此从知觉到物体的推论就不可能精确。在知觉提供了最初近似真理的假设下，而科学为克服这种缺乏精确，而构成了大量的方法。"①

罗素考察了知觉对象（precepts）中有关时空的以下两个问题：

一、经验中的时间。他指出，对时间的知识有两个来源：一是现时有关变化的知觉，二是记忆。回忆能被知觉到，它具有一种较大或较远的性质，由于这种性质我当下的全部记忆才能排列于一个时间顺序中。但是这种时间是主观的时间，而必须与历史的时间区分出来。历史的时间对现在有着"先发（preceding）"的关系，这

① 罗素：《人类知识》，英文版第 209 － 210 页。

种关系是我在似乎属于现在的一段时间内从有关变化的经验中得知的。在历史的时间，我当下的全部记忆都是属于现在的，但从它们的真实性而言，它们都表示在以往历史所发生过的东西。有关为什么任何记忆都应当为真实的并无什么逻辑的理由，而逻辑所能揭示的是：如果从未有过历史的过去，那么我现在的全部记忆可能保持原样。因此，我们对于过去的知识依赖某个不能仅靠单纯分析我们当下的回忆就能发现的公设。

二、心理中的空间。他指出，心理学并非将空间视为物体间的关系体系，而看作知觉的一个特点加以探究。当我有“见到一张桌子”的经验时，视觉中的桌子首先在我的暂时视域中有一位置。然后，依靠经验中的相互关联，它才在那个包含我所有知觉的空间中有一位置。接着，通过物理定律，它与物理时空中的某一地点联结起来，这就是物理桌子所处的地点。最后，通过心理物理的定律，它与物理时空中的另一地点相连起来，这就是我的脑子作为一个物体所处的地点。如果空间的哲学企图避开毫无希望的混乱，就必须谨慎地将这些不同的相互关联解开。总而言之，罗素认为，“我们应该观察到处于两重空间（the two fold space）的知觉对象与记忆中的两重时间（the two fold time）十分类似。在主观的时间中，记忆是在过去；在客观的时间中，记忆是在现在。同样，在主观的空间中我对一张桌子的知觉对象是在那边，而在物理的空间中它则在这里。”①

对罗素来说，常识主张我们对精神和物质各自都知道某些方面，常识还主张我们对两者的知识足能显示它们是非常不同的东西，但他的看法正与常识相反，主张无论何种我们不凭借推理就能认识的东西都是精神的，对物理世界所能认识的东西只作为它的时空结构的某些抽象特征，这些特征由于其抽象性而不足以表明物质世界是否与精神世界在内在性质上不同或相同。罗素的结论是：当不凭借

① 罗素:《人类知识》，英文版第 223 页。

推理就能够知道精神事件及其性质时，我们就仅能将物质事件作为其时空结构而加以认识。构成这类事件的那些性质是不可知的，这种不可知性是如此的彻底，以致我们无法表达它们与那些属于精神事件的性质是否相同或不相同。

第九节　后期的认识论：科学概念

与科学概念相关，罗素先讨论过科学语言的问题，它涉及个人经验与社会公认的普通知识整体的关系。罗素要做的是分析从推理来的科学世界的基本概念，尤其是物理空间、历史时间和因果律。什么是概念？他指出，数理物理学所用的术语需要满足两种条件：其一，它们必须满足某些公式；其二，对它们的解释必须产生能够被观察肯定或否定的结果。通过后一条件，它们与材料相联结，尽管这种联结在某种程度上有些松散；通过前一条件，它们在某些结构属性方面变得确定。然而在解释上仍保留自由度，而将与构造相对的推理作用尽量缩小来应用这个自由度是审慎的，例如，以此为据，把时空中的瞬点构成事件或性质的各种组合。从这个论题的开始到结束，罗素认为空时结构与因果链条这两个概念设想了一个逐渐增长的重要性。他称这个讨论概括提出了，如果科学能被判定，那么什么是我们必定能从材料推论出的东西。

罗素着重讨论了以下几个有关科学概念的问题：

一、科学与解释。罗素指出，一组给定的公理可以有两种解释：一是逻辑的，另一是经验的。如果穷究以往，所有名词定义（nominal definition）最终引向仅有明指定义（ostensive definition）的词项。而在一门经验科学中，那些经验性的词项必定依赖那些在知觉中所获得的明指定义的词项。例如，天文学家的太阳与我们所见的太阳很不相同，但它必须具有从我们童年就习知的“太阳”一词的明指定义所获得的一种定义。因此，当对一组公理作经验性解释完成时，总是必用那些从感觉经验中得到明指定义的词项。这种解释当然不仅含有这类词项，因为总会存在逻辑词项，但这些词项是来自使一个解释带有经验性的经验。人们曾忽视了解释的问题。只要我们还停留在数学公式的范围内，所有东西看来都是准确的，但当我们寻求解释它们时，则会发现这种准确性有一部分是虚幻的。除非澄清这个问题，我们无法确定地告知任何一门科学所断定的东西。

二、科学与用词。罗素讨论了最低限度词汇（minimum vocabularies）问题，他指出这是对分析科学概念时十分有用的一种语言技术。他将这样一组基本词汇称为一门科学的“最低限度词汇”：其一，凡这门科学中的其他用词都能由这些用词给出名词的定义；其二，这些基本用词中的任何一个都不能由其他基本用词得出它的名词定义。科学中的每一句话都能用最低限度词汇的用词加以表达。所有经验科学，无论其如何抽象，必定会被包容在描述我们经验的任何最低限度词汇之内。当直到我们获得只有明指定义的用词而完成一系列定义时，可以发现甚至如“能量”这样最数学化的用词也依赖直接描述经验的用词，在那些称为“地理的”科学中，甚至给予个别经验以名称。如果这个结论正确，那么它是很重要的，并在解释科学理论的努力上提供极大的协助。

三、科学与结构。罗素指出，对作为逻辑概念的结构加以讨论对进一步解释科学是必要的。他认为，不管采用什么的假设，物理世界都具有相同的结构，并对经验都具有相同的关系。从结构的重要性上得出的思考来解释我们的知识，尤其是物理学的知识，比习惯所显示的更抽象并受逻辑更多的影响。然而将物理学转为逻辑与数学的过程有一个非常确定的限度，这个限度决定物理学是一门经验科学，它的可靠性依赖对我们知觉经验的关系。罗素还发现，每一种结构上的发现都能缩小一门特定学科所需的最低限度词汇。任何一门经验科学所需要有三种词：一是专有名称，它们通常表示时空中一个连续部分，如“苏格拉底”、“威尔斯”、“太阳”都属于这一类；二是指示性质或关系的词，如“红”、“热”、“响”等性质词，还有“在上”、“在前”、“在……之间”等关系词；三是逻辑用词，如“或”、“非”、“某些”、“所有”等等。每一个时空域（space-time region）可被界定为一个性质复合体，或者一个由这类复合体够成的系统。具有日期并不再出现的“事件”可被视为复合体，而所有我们不知道如何分析的东西都有可能在时空的不同部分重复出现。当我们超越自己的经验范围之后，正如在物理学中所作的，就不再需要新的用词。未经验过的事物的定义必定是指示性的；未经验过的性质与关系必定凭借对指示经验过的事物的常项所作的描述才能得到认识。

四、科学与时空。罗素对“时间”一词进行了解释。时间所涉及的是早与晚之间关系，在经验过的东西里不会有某种只有瞬间（instants）的存在。所有比另外一个东西早或晚的东西都可称为一个“事件”。我们对“瞬间”所作的定义能表明一个“事件”存在于某些瞬间而不存在于另外一些瞬间，而事件并不是仅有瞬间的存在。定义有两种：即“指示性”与“结构性”的定义。前者将一个实体界定为只有一种特定关系或一些特定关系的唯一实体；后者则通过构成一个结构的元素及其那些关系进行界定。以变量 t 为例，由于我们不承认绝对时间，这就不可能为之作指示性的定义，而仅能作一个结构性的定义。这意味着瞬间必定存在某种由一些已知元素构成的结构。我们有作为经验材料的“重合”与“先发”这些关系，而且我们发现借助这些关系我们能够建立数理物理学家所要求“瞬间”的那些形式性质的结构。因此，这类结构满足所有需要的目的，而不必诉诸任何专设的假定。

罗素继续阐述了物理学的空间，并为物理学所用的几何名词找出一种“解释”（不必定是唯一可能的解释）。他认为有关空间比有关时间所产生的问题更复杂和困难。虽然这些原因部分是由于相对性所带来的，但目前还是根据爱因斯坦之前的物理学的说法，将空间当成能够与时间分开的东西加以处理。尽管物理学家和哲学家对莱布尼兹的理论越来越青睐，但数理物理学的方法则还是牛顿式的。在数学系统中，空间仍是由“点（points）”构成的集合物，并由三个坐标加以界定；“物质”是由“粒子（particles）”构成的集合物，而每个粒子在不同时间占有不同的点。如果我们不愿赞同牛顿的意见，而认为“点”具有物理实在性，那么这个体系就需要某种解释，而使“点”具有结构的定义。罗素指出，如果认为“物理实在性（physical reality）”的形而上学色彩过重，那么也可以更现代的方式，即通过最低限度词汇的方法加以表达。假定在一个名称组合中一些事物具有用其他词项加以结构定义的名称，那么在这种情况下，将出现一组不包括可用定义取代名称的最低限度词汇。罗素还指出，如果没有进一步认真检验物理定律与物理空间几何学之间的关联，就无法考察在几何测量论的复杂性。

在以上讨论的基础上，罗素深入探索了空时（space-time）问题。[①] 他指出，众所周知，爱因斯坦用空时替换了空间和时间，但那些对数理物理学外行的人对这个变化的性质通常仅有一种非常模糊的概念，尽管它对力图理解世界的结构是一个重大的变化。罗素认为，“相对论并未影响知觉的空间与时间。我从知觉认识到的空间和时间与物理学中随着我的身体运动的轴的空间和时间是关联的。相对于与某一片物质联结的轴而言，旧有空间与时间分离的说法仍然成立；只有在我们比较两套急速相对运动的轴的时候，才产生相对论所解决的那些问题。既然不会有两个人具有接近光速的相对速度，因而对他们经验加以比较将不无法显示飞机像 β 粒子般快速运动时所引起的那些差别。由于这个原因，在空间和时间的心理学研究中，我们可以对相对论加以忽略。”[②]

五、科学与个体化（individuation）。罗素提出了一个十分古老问题的现代形式，即关于特体（particular）的问题。对此，有三种有影响的观点：一是莱布尼兹的看法，即一个特体由性质构成的，

① 通常将英文 space-time 译成时空而与英文原文是颠倒的，这大概是最早译法留下的习惯，但本书作者还是倾向用“空时”代替“时空”。

② 罗素：《人类知识》，英文版第 291 页。

当将其所有性质列出，它就有了充分的定义；二是托马斯·阿奎那的看法，即一个特体由其空间和时间的位置得到定义的；三是大多数近代经验主义者的看法，即数字的多样性是终极的和不可定义的。从纯逻辑结构来看，一个有关结构的陈述能够替换为有关其组成部分的陈述，但从时间顺序来看，根据“特体”的说法则为不可能的。在理论上，每个共现复合（complex of compresence）都能够凭借列举它的成分性质而得到界定。但事实上我们能够知觉一个复合而不必知觉所有它的成分性质；在这种情况下，如果我们发现某一种性质是其一个成分，我们就要给这个复合一个名称来表达我们所发现的东西。因此，对专有名称的需求与我们获得知识的方法是不可分开的，但若我们的知识尽善尽美，这种需求就不再必要了。

六、科学与因果律。罗素指出，科学的力量由于它在因果律上的发现。对他而言，“因果律”可以定义为一个普遍原理，在已知关于某些时空领域的充分数据的条件下，凭借这个原理我们能够推论出有关其他时空领域的某种东西。这种推论可能只是概然的，但当概率超出一半的时候，我们所讨论的那个原理就可称为一个“因果律”。所有这些都对归纳产生重大的影响。凯恩斯有一个他认为能够判定归纳论证合理的公设；他把它叫作有限变化性的原理，也可当成是自然种类的假定的一种形式。这是用来代替一个如果为真便会证实科学方法的有效性的普遍假定的手段之一。物理学将物理事件安排在一个称为空时的四维多样体（four-dimensional manifold）里。这种四维体是对那种安排在变化着的空间形式中的“事物”所构成旧有多样体的改进；而这又曾是对那种从假定在知觉对象与“事物”之间存在着精确对应关系而构成的多样体的一种改进。

罗素认为，有某些成分在从感觉世界转到物理世界时没有发生改变，如同现的关系、早晚的关系，某些结构的成分以及某些环境的差异等，也就是说当经验到属于相同感官的不同感觉，我们就能够假定它们的原因是不同的。这是素朴实在论在物理学中所留下的残余，它之所以得到幸存是因为不存在拒斥它的正面论证，因为物理学符合已知事实，还因为偏见引导我们无论素朴实在论是否得到证明，我们都要紧紧把握住它。

第十节　后期的认识论：科学概率

在罗素看来，由于科学推理通常被公认为仅能使结论具有概率或概然性（probability），因而就应当对这个问题加以更多的关注。他指出，概率这个术语能够有各种不同的解释，而不同的作者也为它作过不同的定义。人们对这些解释和定义加以了检验，并对企图将归纳与概然性相结合的尝试也加以了检验。

罗素在他的中期著作里提到："概率论在逻辑上和数学上都处于一种非常不令人满意的状态。"[①]"我们可以有效地证明某某结论有极大概然性，但它也许不会发生。我们也可以无效地证明这个结论是概然的，但它还没有发生。那些影响命题概率的东西是相关的证据，但它从未改变那些作为有关先前有用证据的概率"。[②] 他认为，从概率这个问题所得的结论主要是凯恩斯所提出的想法，也就是除非某些条件得以满足，归纳并不能使其结论具有概然性，而单凭经验则永远不能证明这些条件得到了满足。科学推理与逻辑和数学推理不同点在于前者仅具有概然性，换句话说，若前提真并且推理正确，那么结论仅可能真。

罗素对概率问题作了以下方面的探讨：

一、概率分类。"概率"有两种不同的概念：一是数学概率；另一是"可信度（degree of credibility）"。前一种能够用数字测量并可满足概率计算的公理，它涉及统计和归纳法，与这种概率有关的总为各种类而非个别的实例。而后一种则适用于个别命题，并总将所有有关的证据加以考察，甚至还利用某些没有已知证据的实例。我

① 罗素：《宗教与科学》，英文版第 168 页。
② 罗素：《哲学大纲》，英文版第 274 － 275 页。

们所能得到的最高程度的可信性应用于大多数的知觉判断，不同程度的可信性也随着记忆判断的鲜明程度和时间远近而应用于记忆判断上。就有些实例来说，可信度可以根据数学上的概率推断出来，而另外一些实例就不能这样。但是即使在可以的情况下，记住它是个不同的概念这一点还是要紧的。当有人说我们所有的知识只具有概然性，而概然性又是生活的指南时，所说的正是这一种概然性，而不是数学上的概率。

罗素用较多的篇幅讨论了可信度问题。他指出“可信度”这个概念在应用范围上比数学概率的概念要宽泛，并认为它特别适用于那些已尽可能接近于只表示数据的命题，甚至一个命题所具有的可信度本身有时就是一种数据。为了深入讨论，罗素区分了三种确定性（certainty）：其一，“逻辑的”确定性，就是说当满足第二个命题函项的词项的类是满足第一个命题函数的词项的类的一部分的时候，这一个命题函项对另一个命题函项具有确定性，这种意义的确定性属于数学概率。其二，“认识论的”确定性，就是说当无论其可信性是固有的还是来自论证的而一个命题有着最高度的可信性的时候，一个命题具有确定性。其三，“心理学上的确定性”，就是说当一个人对一个命题的真理毫无怀疑时就感到这个命题具有确定性。“从广义上说，科学方法是由目的在于使信念程度与可信度尽可能符合的技术与规则所构成组成的。”①

二、概率计算。罗素将概率论作为纯数学的一个分支而加以讨论，并试图推论出某些公理的结论而不必作任何解释。尽管人们对这一领域内的解释各抒已见，但这种数学计算本身正像其他数学分支一样要求同样的估量。

三、频率理论。罗素探讨了“有限频率（finite-frequency）”的理论，指出它是从这样的定义开始：设 B 是任何一个有限的类，而 A 是任何一个另外的类。我们想界定随机选择的 B 的一个分子为 A

① 罗素：《人类知识》，英文版第 397 页。

的一个分子的机会，比方说，你在街上遇见的第一个人名叫斯密斯的机会。我们将这个概率界定为 B 的分子也是 A 的分子的数除以 B 的总数的商。我们用 A/B 这个符号来指示它。显然给予这样定义的概率一定是一个有理分数或者就是 0 或 1。罗素指出，如此看起来可疑性和数学概率，后者就是在有限频率的意义上说的，是除自然律和逻辑规则外唯一需要的概念。罗素认为通过对莱辛巴哈频率论的研究，发现与他在许多论点上有一致的地方，但并不赞同他为概率所作的定义，主要反对理由是这个定义所依赖的频率是假言的和永远无法确定的。他说与后者的分歧还在于自己比他更明确地将概率与可疑性加以区别，以及自己还强调与必然逻辑相对立的概率逻辑在逻辑上并非最基本的东西。罗素揭示了莱辛巴哈概率论的特点在于归纳包含在概率的定义之中。罗素还指出凯恩斯的《概率论》（1921）在某种意义上是频率论的反题。根据凯恩斯的主张，概率是一种逻辑关系，而只有可能以理性信念的程度才能作出定义。但总体说来，凯恩斯倾向用概率关系的说法对“合理信念的程度”作出定义。罗素的结论是：凯恩斯的概率论主要形式上的缺点在于他将概率视为命题之间而非命题函项之间的一种关系；而对命题的应用属于这个理论的用途而不属于这个理论本身。

四、归纳逻辑。罗素指出，归纳的问题有着不同的方面和分支，如科学归纳法与简单枚举归纳法就是不太一样。前者首先需要很多观察到的事实，再有一个与全部事实都相一致的一般理论，然后又从这个理论引出能被后来观察所证实或证否的推理。罗素回顾说，自休谟以来，在科学方法的探究中，归纳始终发挥十分重大的作用。他为此列举了以下结论：（1）在数学概率论中，无论有利实例的确定数目有多大，没有任何东西能够判定一个特殊归纳或一个普遍归纳具有概然性。（2）如果在一个归纳中对有关 A 与 B 这些类的内涵定义的性质不加任何限制，那么就能证明归纳原理不仅可怀疑并且是虚假的。这就是说，已知某一个类 A 的 n 个元素属于其他某一个类 B，那么 A 的下一个元素不属于 B 的那些“B”的值比下一个元素属于 B 的值更多，除非 n 并非太少于宇宙中事物的总数。（3）在“假言归纳”中，因为迄今为止所有它观察到的后果都得到证实，所以我们认为某一普遍理论是概然的，这种归纳与单纯列举的归纳并无本质的不同。（4）如果一个归纳论证总是有效的，那么归纳原理必须以某种迄今还未发现的限制来加以陈述。在实践中，科学的常识从各种不同的归纳中退缩。但那种引导科学常识的东西至今始终没有得到明确的系统阐述。（5）如果科学推理大体有效，那么它们必须凭借自然界的某个或某些定律，陈述现实世界的一种或几种综合性质。凭借来自经验的论证来断定这些性质的一些命题的真值甚至连概然性都无法得到，因为当这些论证超出迄今记载的经验，它们的有效性就会依赖所提及的那些原理。

第十一节　后期的认识论：科学推理

罗素曾揭示过科学推理主要目的之一就是“判定我们已经享用了的那些信念的合理性；并且作为这些信念以不同方式受到判定的规则……科学从常识获得的最重要推理就是对未知觉过的实体所作的推理”。[①] 罗素试图发现从一个材料组合判定推论定律的合理性所必需的先于经验的最小量假定（minimum assumptions），并进一步考察在什么意义上，我们能够知道这些假定是有效的。这些假定所必须完成的逻辑功能是使满足某些条件的归纳结论具有很高的概率。为了这个目的，因为所涉及的仅是概然性，我们不必假这样一种事件联结永远出现，而仅需它经常出现。例如，似乎必要的假定之一是可分离的因果链条的假定，就像光线或声波所显示的那样。这个假定可以陈述如下：当一个具有复合时空结构的事件发生时，经常发生的是它仅是具有相同或非常相似的一组事件之一。这

① 罗素：《物的分析》，英文版第 191 页。

是一个较宽泛规则性或自然律假定的一部分，但这个假定需用比通常更特殊的形式加以陈述，因为在通常形式下，它变为了一个重言式（tautology）。为了有效，科学推理需要一些经验无法给予的原理，这一点是从概然逻辑得到的一个无法避开的结论。在罗素看来，对经验主义而言，这是一个蹩脚的结论，但他认为通过对“知识”概念的分析能够使其变得更为合乎我们的口味；但“知识”并非通常所想的那种精确概念，它深深植根于非语言的动物行为中并超过了大多数哲学家情愿采纳的程度。分析引导人们得到了逻辑基本假定，从心理学上看，是一长套系列精致化的终点，这种精致化从动物的期望习惯开始，如有某种气味的东西将会好吃等。因此，问我们是否“知道”科学推理的公设并非看起来那样明确的问题。从一种意义上，答案一定是；而从另一种意义就不是。但从“不是”是正确答案的那种意义上，我们无论什么都不知道的，在这种意义上“知识”是一个幻相。哲学家们的困惑在很大程度上是由于他们不愿从这种幸福梦境中觉醒起来。

罗素从以下几个方面讨究了所谓科学推理的公设（postulates）问题。

一、知识的判定。罗素指出，对科学推理的公设探究中存在着两种问题：其一是有关公认的有效推理的分析，其目的在于发现有效推理所涉及的原理，因此纯粹为逻辑的；另一是有这样的困难，即初看并无多少理由能够假定这些原理为真，更无理由能够假定人们知道这些原理为真。人们怎样才能认知这些原理？罗素认为，必须对“知识”这个概念加以分析，而很多哲学上的困难和争论都来自对不同知识之间的区别，以及对我们自认获到的大部分知识所特有的模糊性与不精确性认识不足。知识可分为两类：一是关于事实的知识；其二是关于事实之间的一般相关的知识。此外还可作另一种分类，即“照镜（mirroring）”的知识与控制力（capacity to handle）的知识。莱布尼兹的单子论属于前者；而马克思则属后者，如他说过：“人的思维是否具有客观的真理性，这并不是一个理论的问题，而是一个实践的问题。人应该在实践中证明自己思维的真理性，即自己思维的现实性和力量。哲学家们只是用不同的方式解释世界，而问题在于改变世界。”[①] 罗素批评说，莱布尼兹与马克思的主张都是不完全的：前者适用于有关事实的知识，后者适用于有关事实之间的一般相关的知识。这两种知识都是非推理的知识，我们对概率的研究已证明存在着非推理的知识，它们既是有关事实的知识，又是有关事实之间相关的知识。

罗素接着表明，事实的知识有两个来源，即感觉与记忆，而前者具有更基本的性质，因为我们仅能回忆已成为感觉经验的东西。虽然感觉是知识的一个来源，但它本身并非通常所说的知识。当论及“知识”时，应将认知与认知对象加以区分，但对感觉则无这种区分。罗素是这样谈到“知识”定义的：一种动物能“认知”“B 通常随着 A”这个普遍性命题，就在于下列条件得到满足：(1）这种动物已有 B 随着 A 的重复经验；(2）这种经验已使动物在 A 显现时的动作多少与先前 B 显现时的行为一样；(3）B 事实上通常随着 A；(4）A 与 B 有这样的性质或这样的关系，即在这种性质或关系存在的大多数情况下，被观察的序列的频率为并非不变而又普遍性的序列定律呈现了概率的证据。他指出，显然，第四个条件会产生困难的问题。罗素批评说，某些近代经验主义者（预期是大多数逻辑实证主义者），误解了知识与经验的关系，这由于两种错误：一是对“经验”这个概念的分析不够充分；二是认为某种特定性质属于某个未确定的主体这种信念究竟涉及了什么。与此相应，产生了两个特殊的问题：一个关系到意义，另一个关系到“存在命题”的知识，即具有“某种东西具有这种性质”这种形式的命题。罗素称自己有这样一种想法，那就是有效的归纳以及一般来说超越个人过去与现在经验的推理总依赖因果关系，有时由类推加以补充。他只想清除那些反对某种推理的一些先验性理由，而这些理由正是那些自认能

① 马克思：《费尔巴哈论纲》，人民出版社 1962 年版，第 19 页。

够彻底摈弃先验性的人们所促使的。

二、公设理论。罗素指出，为了使从归纳得出的概率接近必然性并以其为极限，对建立公设有两种要求：其一，从单纯逻辑观点来看，公设必须有充足的能力完成其应完成的任务；其二，某些依靠它们才具有效性的推理从常识说多少是无可置疑的。罗素并不要求凭借这种方法所得的普遍性公设本身具某种自明度，但他要求在逻辑上通过它所成立的应是这样一类推理，这就是除怀疑论者外，所有理解这些推理的人都感到它们已明显到不必陈述的地步。为此，他专门评判了凯恩斯“有限变化（limited variety）”的公设。罗素作了这样一个结论：“虽然在建立像‘狗吠’、‘猫叫’这类先于科学的归纳上有用，但自然种类的学说仅是在通向另一个不同的基本定律道路上的一种近似和过渡性质的假定。由于这个原因以及它的随意性，我不能采纳它作为科学推理的一个公设。”①

经过检验后，罗素为保证科学方法有效性，提出将所需的公设减少到五个：（1）准永久性（quasi-permanence）公设；（2）可分开的因果线（seperable causal lines）公设；（3）因果线中空时连续性（spatio-tcmporal continuity）公设；（4）围绕一个中心分布的相似结构的共同因果源的公设，或结构（structural）公设；（5）类推（analogy）公设。罗素进一步指出，这些公设中每一个都断定某事物经常发生，但并非必然总是如此。因此，就个别例证来说，每个公设都判定了那些缺少确定性的理性期待为合理的。每个公设都有一个客观的和一个主观的方面：从客观方面说，它断定某事物在某一种类的大多数情况下发生；从主观方面说，它断定在某些情景下，一种缺少确定性的期待多少具有合理可信性。这些公设被设计用来提供为判定归纳法为合理时所需要的那种先发概率。

三、因果关系。罗素指出，虽然以往的因果概念已经过时，但在当代哲学家当中流行的概念都是从原始概念发展而来的，而这种

① 罗素：《人类知识》，英文版第 444 页。

原始概念作为近似性的概括和先于科学的归纳来源，以及作为在一定条件下仍然有效的一个概念始终有其重要意义。罗素考察了“因果线（causal lines）”这一概念，并将它界定为：一个由事件构成的时间系列，它们的关系是已知其中若干事件，就可以推论出其他事件，不管别的地方可能发生什么事件。“一条因果线总能被看成是某种事物的持续性（persistence），无论是一个人，一张桌子，一个光子或其他任何东西。一条因果线从始至终可能性质不变，结构不变，或两者都有缓慢的渐变，但没有任何巨大的突变。存在着像这样多少自定（self-determined）的因果过程并无逻辑的必然性，但我认为这是科学的基本公设之一。正是由于这条公设的真实性（如果它为真）才能获得部分的知识而不管我们极度无知。这一看法即宇宙是一个由相互联结的部分所构成的系统可能是对的，但只有在某种程度上某些部分能够独立于其他部分而被认知的条件下才会被发现。正是在这点上我们的公设使之成为可能。”①

罗素接着考察了结构与因果律关系问题。他认为，在寻求经验定律上可以应用下面的原理：（1）如果很多结构相似的事件存在于各自相隔不远的一些区域，并围绕一个中心排列，那么就存在某种显著的概率显示出这些事件由于一个具有相同结构的中心复合而先行发生，而且这些事件发生的时间与某一时间的差别跟它们与这个中心结构的距离成比例。（2）无论何时我们发现一个结构相似的系统与一个中心在下面这种意义上关联着：这就是每个事件发生的时间与某一时间的差别跟这个事件与这个中心的距离成比例时，那么就存在显著概率显示全部这些事件与处于中心一个事件由一些时空上彼此邻近的中间环节联结着。（3）当我们发现一定数目结构相似的系统，如作为这种或那种元素的原子，而被发现以随机方式分布，并不具有一个作为参照的中心时，我们就可推论：可能存在使这类结构比其他在逻辑上可能但很少或根本未曾发生的结构更加稳定的

① 罗素：《人类知识》，英文版第 459 页。

自然律。[①]

从知识论的观点看，罗素声称，我们原理的最重要的应用就在知觉与物体的关系上。我们的原理暗含着这一点：在经常但并非恒定发生的外界情况下，一个知觉对象的结构与回复到一个原发事件的一系列事件的结构是相同的，在这个原发事件之前不存在具有这种所涉及的结构并在时空方面相关联的事件。当人们主张不同的人能够“知觉”相同客体时，这个原发事件就是所说的被“知觉”的东西。感觉经验与其物理原因之间在结构上的相同性解释了素朴的实在论是如何在实践中仅产生很少的困惑。已知同一结构的两个例子，一个为真的陈述都对应着一个对另一个为真的陈述；考察这一个的陈述通过代换相关的词项与相关的关系而转变成考察另一个的陈述。举言谈与写作为例，为简便让我们设想有一套完备的语音字母；那么每一个字母的形状都对应某一种发音，从左到右的关系对应从前到后的关系。由于这种对应性，我们才能说出一篇发言“精确的”书面记录，尽管这两者的性质毫不相同。同样，在适当的外界情况下，知觉能够提供一个物理现象的“精确”表达，尽管事件知觉对象之间可能存在着跟言谈与写作之间同样大的差别。

为了了解所谓相互作用（interaction），罗素讨论了一种可称为“固有的（intrinsic）”因果关系，它可被解释为一个事物或一个过程的持续性（persistence）的因果关系。由于人们认为事物的持续性是视为当然的事情，并认为它具有实体的等同，因而这种因果形式并未照其本来面目得到认识。我们将之陈述如下：“已知在某一时间地点发生的一个事件，那么在每一相邻的时间和地点通常有一个极其相似的事件发生”。这个原理为大量的归纳提供了一个基础，但初看并不能解决那种通常称作相互作用的关系，例如台球的撞击。罗素的结论是，“作为基本的公设之一，‘因果线’的公设能够从任何已知事件推论出某些（尽管不多）有关在全部相邻时间以及某些相邻

① 罗素：《人类知识》，英文版第 471 页。

地点具有概然性的东西。只要一条因果线不与另外一条相交缠，我们就能够推论出很多东西，但若发生交缠（即相互作用），这个公设本身就许可了一个有更多限制的推论。然而，当数量测度为可能的情况下，一次相互作用之后可测的不同可能性的数目是有限的，因此观察加上归纳就能够使一个普遍定律具有高度的概然性。以这种方式，看来科学概括性能够判定为合理。”①

与因果关系相关，罗素对类推（analogy）问题也进行了考察。他指出，我们所谈的这些公设都是物理世界的知识所需要的公设。广义而言，它们已引导我们承认一定程度有关物理世界时空结构的知识，但对物理世界性质却几乎一无所知。但对其他人来说，我们感到我们所知道的比这要多，我们深信别人具有性质上相当类似我们自己的思想和情感。我们不会满足于认为我们仅知道我们朋友心灵的时空结构，或仅知道他们对发起以我们自己的感觉为终点因果链条的能力。一位哲学家可能自称他仅知道这一点，但让他同妻子吵闹一番，你就可看出他并没有将她看成只是一座仅知道它的逻辑性质而一无所知它的固有性质的时空结构物。因此，我们有充分理由推论出他的怀疑论是出于专业而非真诚。我们的公设正是认为这类情况具有概然性的那种假定。罗素对这个公设陈述如下：“如果无论何时我们能够观察 A 和 B 是否出现或不出现时，就发现 B 的每种情况都有一个 A 作为原因前件，那么大多数 B 有 A 作为原因前件就是概然的，甚至在观察不能使我们知道 A 出现或不出现的情况下也是如此。如果这个公设可被接受，那么它就能够判定那个推出别人心灵的推论以及常识中不经思考所得出的很多其他推论是合理的。”②

六、认识限度。罗素曾为经验主义下定义：“凡是综合性知识都以经验为基础”。他认为，这个陈述究竟揭示了什么，它是否完全真实，或仅有某些限度的真实。在获得确定性之前，我们必须首先界

① 罗素:《人类知识》，英文版第 481 － 482 页。
② 罗素:《人类知识》，英文版第 486 页。

定“综合性的”，“知识”，“以……为基础”以及“经验”等。我们很难为“综合性的”这个词作一个精确的定义，但为了我们的目的，可以从负面将之界定为任何一个不属数学或演绎逻辑，并不能从任何数学或演绎逻辑命题推论出的命题。“正如我们所看到的，‘知识’是一个无法得到精确意义的术语。凡是知识在某种程度上都是可疑的，我们无法说出到什么样的可疑度它就中止为知识，就像我们无法说出一个人掉了多少头发就成了秃头一样。当人们用语词表达一个信念时，我们必须明白凡是不属逻辑和数学的语词都含糊的：它们对某些客体是确定适用的，而对另一些客体又是确定不适用的，但也存在（或至少可能存在）某些无法确定适用或不适用中介客体。当人们不用语词表达，而用非语词的行为显示一个信念时，就会发生比通常用语言表达信念时大得更多的含含糊。甚至何种行为可看作表达一个信念也是可疑的。”[①]

以罗素观点看，我们“认知”那些原理与我们认知特殊事实具有不同的意义。我们是在下面这个意义上来认知这些原理的，这就是当我们使用经验说服我们相信一个如“狗叫”的普遍命题时，我们是根据这些原理来加以概括的。随着人类理智的进步，他们的推理习惯已经逐渐接近自然律，而这些自然律造成了那些习惯，并始终作为真实期待而非虚假期待的来源。形成引向真实期待的推理习惯是生物生存所依赖环境适应的一部分。虽然我们的公设可用这种方式纳入一个可称为经验主义“味道”的架构中去，但无法否认的是：我们有关它们的知识，就迄今确知它们的程度来看，是不能建立在经验基础之上的，尽管它们全部可证实的后果都能为经验所证实。从这个意义上说，我们必须承认经验主义作为一种认识论已证明不充分（inadequacies）了，尽管它比先前任何一种认识论要好。的确，我们似乎已在经验主义上所发现的这种不充分性是由于严格坚持一种激发过经验主义哲学的学说而发现的：即所有人类知识都

① 罗素：《人类知识》，英文版第 497 页。

是不确定的、不确切的和片面的。对于这种看法，我们还找不到任何的限制。

罗素的认识论招致各种派别哲学家的批评。爱因斯坦就曾这样提及："无论人们怎样高度赞美罗素在最新著作《对意义与真理的探究》(1940)中的敏锐分析，而对我来说，对形而上学恐惧的幽灵已引起了损害。"[①]对此，罗素回复说："当爱因斯坦指出对形而上学的恐惧是当代的通病，我同意这个观点。……"[②]

我们必须肯定罗素哲学在人类认识史上的重大作用，他的世界观和方法论都有某些值得肯定的东西。罗素试图利用高度发展的科学成果说明世界的构造，并对宇宙事物相对静止的一面进行了逻辑分析，力求获得精确、清晰的知识。这种尝试是积极的，而且在一定范围内也取得了成效。正如美国哲学家怀特所说的，"罗素的分析概念让哲学变成科学本身的一个必要部分"。[③]顺应自然科学的潮流，在实践中随时对客观外界进行新的解释和概括，然后将得到的知识能动地改造世界，这是哲学发展的一条规律。尽管由于种种局限，人们会得出不同的结果，但总比那种抱残守缺、故步自封的人要积极和高明得多。罗素正是一个积极进取的人。在现代科学的飞速发展中，那种仅仅满足于简单用几句术语来囊括宇宙万物或用某些社会政治的行话来表述自然界的人是远离真理的。我们必须同时看到，由于罗素的哲学偏见，由于其不正确的世界观、方法论以及这二者之间的矛盾，因而他的目的和手段也产生了很大的矛盾，一方面他没有一条正确的途径能完全达到自己所希望的一切，甚至连某些合理的目标也达不到；另一方面，他所希望的许多东西本身就是不合理的，即使有一个正确的方法，也无法实现。

总结起来，罗素哲学有以下局限性：

---

① 爱因斯坦:《罗素的认识论》，谢尔普编《罗素的哲学》，英文版第289页。

② 罗素:《对批评的回复》，谢尔普编《罗素的哲学》，英文版第696页。

③ 怀特:《分析的时代》，英文版第193页。

1. 外界对象被分析成感觉的结合，这就为通过贝克莱和马赫主义而最终走向唯我论开辟了道路；

2. 不注重实践，企图单凭纯粹的逻辑、以一种虚构的形式推演知识，从而表现为先验论；

3. 在公理化的演绎系统中用一系列基本命题形式表示全部真理，其结果便会导致绝对论；

4. 把科学与哲学研究的手段看得高于目的，自称注重方法而不注重内容，为后来的形式主义奠定了基础；

5. 没有解决感性与理性的关系问题，因此有现象论和不可知论的倾向；

6. 把高度的语言技巧和表面琐细的问题与逻辑结合起来，因而带有诡辩论和经院主义的色彩；

7. 往往进行无原则的兼收并蓄和无条件的调和冲突，大有折中主义的气味；

8. 常常从科学的前提出发却得出非科学的结论。

罗素本身并未将这些推向极端，有的甚至就是他自我夸大其某些优点的结果，然而，其他一些流派却将此推向极端，最终造成了更恶劣的后果。

罗素最初提出自己不解决人类命运的问题，但不久便否定了这个主张。他一生的一个重大转折就是从抽象的哲学转到对人生和社会问题的研究。他的多元论、外在关系说和分析方法，在社会领域也有显著表现。其一，伦理观上的个人主义。原子主义和可分体的思想使他认为个人价值是崇高的，个性解放和个人自由是不容压制的，认为战争和压迫是对个人价值的摧残，因此，他走上了反战、反专制、反法西斯和反霸权的道路，甚至早年还信奉无政府主义；其二，政治观上的改良主义。原子主义和可分体思想使他认为社会没有整个的法则，每个社会问题都是孤立的，因而不必全盘改造，只需局部改良。也有时，他的哲学与社会观并不绝对一致，如他主张取消各国政府，而建立世界政府，形成了一种政治大统一的思想；

其三，历史观上的虚无主义。原子主义和可分体思想使他认为不存在历史的规律性，而只有偶然事变的链条，历史是由个别人物创造的一个个以逻辑关系排列的个别事件。当然，罗素对各种社会问题的分析有不少是卓有成效的。他的一些分析是中肯的，甚至一些推理的结论也被后来的实践证明是正确的。

总起来说，罗素思想的“多变性”还是现象的、细节的、支流的，除了从新黑格尔主义变为新实在论，再由后者变为多元的现象主义之外，他的整个世界观和方法论没有大变，甚至某些表面上极为矛盾的说法最终也只是从不同侧面说明一个观点。罗素多元论、外在关系说和分析方法的统一，正说明了这个问题。它们在局部的变化中得到了整体的不断修改及精致和系统化。

后记

思想直窥地狱深处而不畏缩

顺挂在这部评传的主人公所舒展的巨翅上，作者在大哲独游的历史时空穿越一遭，宛若升腾到一个从未达到的境界。在那之上，俯视大地人间，万事万物万景似乎尽收眼底，一览无遗，但匆匆掠过，这一切又如此模糊不定。当飞到自己能力的极致，便有摇摇欲坠的恐惧。但不管如何，在思想巨擘的内力穿透下，增添了追求知识与真理的底气。

作者曾经这样说过，在色彩学中，质朴的蓝色与红、黄两色同为三原色，天然而成，无法分解成其他颜色；而在人文社会科学中，这种原色可以分解为良知、智慧、理性与人文精神。这正是人类文明和文化纯净而透彻的结晶。正是这一结晶，赋予社会发展以灵魂、动力、脊梁和血脉，而它们的肉身显现或人格载体就是一代代的东西方大哲。以此观察历史、现状和未来，便有了一种理智、公正、犀利的洞穿。这种洞穿，是我们在无止境的跋涉间隙，真诚奉献给读者的礼物，微薄而又厚重。它将反观那些连贯古今思想上的一步步累积过程及其不断爆发的聚变；正是这些累积与聚变引起了人类社会巨大的发展与进步。

而罗素一生的所说所为就是由人类精神的“原色”，即良知、智慧、理性与人文底蕴所凝成的结晶。评说罗素，对他洞若观火的睿智、独辟蹊径的创力、百科全书式的博学、同情人世苦难的良知以及充满戏剧张力的整个生涯，不可能也没必要全部包揽到位；也许多留一些未完成的遗憾，也是一种令人满足的“成就”，因为可以启迪更多的人继续走下去，走下去……

没有思想的民族是没有希望的民族。

最后，以书前所引述的罗素那段名言作为整个评传的终结注脚吧！

世界上再没有任何事物，甚至包括毁灭与死亡，比思想更令人畏惧。思想具有颠覆性、革命性、破坏性及可怕性。思想不会偏袒那些特权，既定制度以及安逸的习俗。思想直窥地狱深处而不畏缩。思想是伟大的、疾速的、自由的，它是世界之光，也是全人类的荣耀之首。

——罗素

丁子江，2012年1月修稿于洛杉矶

参考文献

艾耶尔（A. J. Ayer）:《语言、真理和逻辑》（*Language, Truth and Logic*, Dover Publications，1952）。

勃拉克（D. Black）:《我对自由与爱情的探索》（*The Tamarisk: My Quest for Liberty and Love*，1975）。

布勒维特（John Blewett）:《杜威的思想及其影响》（*John Dewey: His Thought and Influence*，Greenwood Press Reprint，1973）。

布拉德雷（F. H. Bradley）:《逻辑原理》（*The Principles of Logic*，Oxford University Press，1922）。

布拉德雷（F. H Bradley）:《现象与实在》（*Appearance and Reality*，Routledge，2004）。

布拉姆堡（R. S. Brumbaugh），《作为教育家的杜威、罗素与怀特海》（*Dewey, Russell. Whitehead: Philosophers as Educators*，Carbondale: University of Southern Illinois Press，1985）。

布瑞（J. P. T. Bury）:《新编剑桥英国近代史》（*The New Cambridge Modern History*, Vo. 10, Cambridge University Press，1960）。

蔡尚思主编:《中国现代思想史资料简编》，浙江人民出版社，1981年。

陈独秀:《陈独秀文章选编》，三联书店，1984年。

陈独秀:《陈独秀著作选》，任建树等编，上海人民出版社，1993年。

陈独秀:《独秀文存》，安徽人民出版社，1988 年。
陈军:《北大之父蔡元培》，人民文学出版社，1999 年。
邓九平主编:《文化名人忆学生时代》，同心出版社，2002 年。
迪库曾（G. Dykhuizen）《杜威的生平与思想》（*The Life and Mind of John Dewey*, Southern Illinois University Press, 1973）。
卡尔纳普（R. Carnap），《逻辑句法》（*Logical Syntax*，Harcourt, Brace, and Company，1937）。
戴维斯（M. Davis）:《逻辑的引擎》，张卜天译，湖南科学技术出版社，2005 年。
丁文江编:《梁启超年谱长编》，上海人民出版社出版 ,1983 年。
德雷克（D. Drake）:《批判的实在论论文集》（*Essays in Critical Realism,* Macmillan, 1920）。
杜威（J. Dewey）:《实在论简论》（*Brief Studies of Realism, Journal of Philosophy* 8, 1911）。
杜威（J. Dewey）:《杜威五大演讲》，晨报社印行，中译本，1920 年。
杜威（J. Dewey）:《发自中国和日本的信件》（*Letters from China and Japan*，J.M. Dent & Sons，1920）。
杜威（J. Dewey）:《学校与社会》（*The School and Society & The Child and the Curriculum*，Dover Publications，2001）。
杜威与卡伦（J. Dewey and H. M. Kallen）编:《罗素案件》（*The Bertrand Russell Case,* Da Capo Press, 1972）。
道格拉斯（D. Douglas）编:《分析文集》（*Essays in Analysis*. New York: George Braziller, 1973）。
恩格斯:《反杜林论》，人民出版社，中译本。
冯崇义:《罗素与中国》，三联出版社，1994 年。
冯友兰:《中国哲学简史》，北京大学出版社，1985 年。
冯友兰:《冯友兰自述》，中国人民大学出版社，2004 年。
弗拉瑟（A. Fraser）:《亨利八世的王后们》（*The Wives of Henry VIII,*

Weidenfeld & Nicholson history, 1993）。
弗雷格（G. Frege）:《弗雷格的哲学著作》（*Philosophical Writings of Gottlob Frege*, edited by P. Geach & M. Black, Totowa, Rowman & Littlefield, 1980）。
嘎西亚狄格（A. Garciadiego），《罗素与理论悖论的起源》（*Bertrund Russell and the Origin of the 'Set-Theoretic' Paradoxes*, Birkhauser,1992）。
格瑞德（J. B. Grieder），《胡适与中国的文艺复兴：中国革命中的自由主义，1917－1937》（*Hu Shih and the Chinese Renaissance: Liberalism in the Chinese Revolution, 1917-1937*, Cambridge: Harvard University Press, 1970）。
哈格（P. Hager），《罗素哲学发展中连续与演变》（*Continuity and Change in the Development of Russell's Philosophy*, Springer, 1899）。
汉内斯（W. T. Hanes）和桑尼罗（F. Sanello）:《鸦片战争》（*The Opium Wars*, Sourcebooks, Inc. ，2004）。
赫赫:《太空惊雷——张太雷》，中国戏剧出版社出版，2000年。
贺麟:《现代西方哲学讲演集》，上海人民出版社，1984年。
黑格尔:《哲学全书》，商务印书馆，中译版。
黑格尔:《小逻辑》，商务印书馆，中译版。
洪谦:《论逻辑经验主义》，商务印书馆，1994年。
霍布斯（*T. Hobbes*），《霍布斯的英文著作》（*The English Works of Thomas Hobbes*. London: John Bohn，1989）。
霍尔特（E. B. Holt）等:《新实在论》（*The New Realism*, Periodicals Service Co, 1974）。
胡格斯（E. R. Hughes）:《西方世界对中国的侵略》（*The Invasion of China by the Western World*, Macmillan, 1938）。
胡军:《分析哲学——回顾与展望》，四川教育出版社，2001年。
胡军:《金岳霖思想研究》，社科出版社，2004年。
胡塞尔（E. Husserl）:《逻辑研究》（*Logical Investigations*, Routledge,

2001）。
胡绳：《从鸦片战争到五四运动》，人民出版社，1981 年。
胡适：《胡适文集》，北京大学出版社，1998 年。
胡适：《胡适书信集》（上），耿云志、欧阳哲生编，北京大学出版社，1996 年。
胡适：《中国的文艺复兴》，外语教学与研究出版社，2001 年。扎格（R. Jager），《罗素哲学的发展》（*The Development of Bertrand Russell's Philosophy*, Routledge, 2004）。
怀特（M. White）：《分析的时代》（*The Age of Analysis*, The New American Library, 1955）。
蒋梦麟：第十五章《北京大学和学生运动》，《西潮与新潮》，东方出版社，2006 年。
金岳霖：《金岳霖文集》，甘肃人民出版社，1995 年。
金岳霖：《论道》，中国人民大学出版社，2005 年。
约翰逊（Paul Johnson），《知识分子》（*Intellectuals*, New York: Harper & Row,1988）。
凯恩斯（J. M. Keynes）：《两则回忆》（*Two Memoirs*, London: Rupert Hart-Davis, 1949）。
康苏格拉（F. Rodriguez-Consuegra），《罗素的数理哲学》（*The Mathematical Philosophy of Bertrand Russell*, Birkhauser, 1991）。
克拉克（R. Clark）：《罗素生平》（*The Life of Bertrand Russell*, Knopf，1981）。
克拉克（R. Clark）：《罗素与他的世界》（*Bertrand Russell and His World*，Thamas and Hundson,1960）。
克劳普顿与欧（R. W. Clopton and T. Ou）：《杜威在中国的讲演》（*John Dewey Lectures in China, 1919-1920*）。
克雷姆克（E. D. Klemke），《有关罗素的论文》（*Essays on Bertrand Russell*, 1971）。
克里普克（S. A. Kripke）：《命名与必然性》（*Naming and Necessity*,

Harvard University Press, 2006)。
克拉沙-威廉姆（Crawshay-Williams）:《罗素回忆》(*Russell Remembered*, Oxford University Press, 1970)。
奎因（W. V. Quine）:《从逻辑的观点看》(*From a Logical Point of View*, Harvard University Press, 1980)。
昆兹（P. G. Kuntz）,《罗素》(*Russell*, Boston: Twayne Publishers,1986)。
雷格（J. Legge, translator）:《中国的神圣之书：道家经典》(*The Sacred Books of China: The Texts of Taoism,* Part I. 1891)。
赖特（G. H. von Wright）《知识之树及其他论文》(*Tree of Knowledge and Other Essays*, Brill Academic Publishers, 1993)。
李大钊:《李大钊文集》(下)，人民出版社，1984 年。
李嘉图:《政治经济学及赋税原理》，商务印书馆，中译本，1962 年。
李泽厚:《中国思想史论》，安徽文艺出版社，1999 年。
梁启超:《梁启超文集》，陈书良编，北京燕山出版社，1997 年。
梁实秋:《梁实秋文集》，鹭江出版社，2002 年。
梁漱溟:《梁漱溟全集》，山东人民出版社，1990 年。
梁漱溟:《东西文化及其哲学》，商务印书馆，1987 年。
梁漱溟:《中国文化要义》，学林出版社，1987 年。
梁漱溟:《人心与人生》，上海学林出版社，1984 年。
林毓生:《中国意识的危机》(*The Crisis of Chinese Consciousness*, Univ of Wisconsin Press, 1979)。
林语堂:《林语堂自传》，中国戏剧出版社，1990 年。
林语堂:《林语堂名著全集》，东北师范大学出版社 ,1994 年。
刘介民:《风流才子徐志摩》，广东人民出版社，2002 年。
刘培育主编:《金岳霖的回忆与回忆金岳霖》，四川教育出版社，1995 年。
罗素:《德国社会民主》(*German Social Democracy*, Allen & Unwin, 1965)。
罗素:《几何学的基础》(*An Essay on the Foundation of Geometry*,

Scholarly Publishing Office, University of Michigan Library, 2005）。
罗素：《莱布尼兹哲学的批判解说》（*A Critical Exposition of Philosophy of Leibniz*, The University Press, 1900）。
罗素：《数学的原则》（*The Principles of Mathematics*, W. W. Norton & Company, INC., 1931）。
罗素与怀特海：《数学原理》（*Principia Mathematica*, Cambridge University Press,1960）。
罗素：《哲学问题》（*The Problems of Philosophy*, Prometheus Books, 1988）。
罗素：《我们对于外界的知识》（*Our Knowledge of the External World*, Routledge, 1993）。
罗素：《战争是恐惧的源泉》（*War, the Offspring of Fear*, The Union of Democratic Control, 1916）。
罗素：《战时的正义》（*Justice in War-time*, Spokesman Books, 2005）。
罗素：《社会重建的原理》（*Principle of Social Reconstruction*, Routledge, 1997）。
罗素：《政治理想》，（*Political Ideals*，1917）。
罗素：《自由之路》，（*Roads to Freedom*, Routledge, 1970）。
罗素：《神秘主义与逻辑》（*Mysticism and Logic*, Dover Publications, 2004）。
罗素：《数理哲学引论》（*Introduction to Mathematical Philosophy*, George Allen and Unwin LTD, 1956）。
罗素：《布尔塞维克主义的理论与实践》，（*The Practice and Theory of Bolshevism*, Simon and Schuster, 1964）。
罗素：《心的分析》（*The Analysis of Mind*, George Allen and Unwin LTD, 1956）。
罗素：《中国问题》（*The Problem of China*, New York: The Century Co., 1922）。
罗素：《自由思想与官方宣传》（*Free thought and Official Propaganda*,

Huebsch, 1924)。
罗素:《工业文明的前景》(*The Prospect of Industrial Civilization*, The Century Co., 1923)。
罗素:《怎样获得自由和幸福》(*How to be Free and Happy*, The Rand School of Social Science, 1924)。
罗素:《我信仰什么》(*What I believe*, Routledge, 2004)。
罗素:《相对论 ABC》(*The ABC of Relativity*, Routledge, 2001)。
罗素:《论教育，尤其是幼儿教育》(*On education, Especially in Early Childhood*, Taylor & Francis Books Ltd, 1985)。
罗素:《哲学大纲》(*An Outline of Philosophy*, W. W. Norton & Company, INC., 1927)。
罗素:《我为什么不是一个基督徒》(*Why I am not a Christian*，Simon and Schuster, 1957)。
罗素:《物的分析》(*The Analysis of Matter*，Dover Publication, Inc., 1954)。
罗素:《怀疑论集》(*Sceptical Essays*, Routledge, 2004)。
罗素:《婚姻与道德》(*Marriage and Morals*, Liveright Publishing Corporation, 1970)。
罗素:《赢得快乐》, (*The Conquest Happiness*, Liveright Publishing Corporation, 1996)。
罗素:《科学观》(*The Scientific Outlook*, NORTON, 1970)。
罗素:《教育与社会秩序》(*Education and the Social Order*)，1932 年。
罗素:《自由与组织》(*Freedom and Organization*, G. Allen & Unwin ltd, 1934)。
罗素:《闲散颂》(*In Praise of Idleness*, W. W. Norton & Company, INC., 1935)。
罗素:《宗教与科学》(*Religion and Science*, Oxford University Press, 1997)。
罗素:《什么样的途径通向和平》(*Which Way to Peace?*, M. Joseph

Ltd, 1936)。

罗素:《权力：一种新的社会分析》(*Power; A New Social Analysis*, Allen, 1948)。

罗素:《意义与真理的探索》(*An Inquiry into Meaning and Truth*, Unwin Paperbacks, 1980)。

罗素:《西方哲学史》(*A History of Western Philosophy*, Touchstone, 1972)。

罗素:《哲学与政治》(*Philosophy and Politics*, London, 1947)。

罗素:《人类知识》(*Human Knowledge: Its Scope and Limits*, Simon and Schuster, 1948)。

罗素:《权威与个人》(*Authority and the Individual*, Beacon Press, 1960)。

罗素:《非通俗文选》(*Unpopular Essays*, Simon and Schuster, 1950)。

罗素:《科学对社会的影响》(*The Impact of Science on Society*, Routledge，1985)。

罗素:《变化中世界的新希望》(*New Hopes for a Changing World*), 1951 年。

罗素:《郊区的撒旦》(*Satan in the Suburbs*，Simon and Schuster, 1953)。

罗素:《在道德和政治中的人类社会》(*Human Society in Ethics and Politics*, Simon and Schuster, 1955)。

罗素:《杰出人们的梦魇》(*Nightmares of Eminent Persons*, Simon and Schuster, 1955)。

罗素:《记忆的肖像》(*Portraits from Memory*, Allen & Unwin London, 1956)。

罗素:《西方的智慧》(*Wisdom of the West*, Penguin Books Ltd, 1989)。

罗素:《我的哲学发展》(*My Philosophical Development*, Simon and Schuster, 1959)。

罗素:《人类有将来吗？》(*Has Man a Future?*, Spokesman Books,

2001）。
罗素：《性格的教育》（*Education of Character*, Philosophical Library, 1961）。
罗素：《罗素重要文选》（*The Basic Writings of Bertrand Russell,1903-1959,* ed. by R. Egner and L. Denonn, Simon and Schuster, 1961）。
罗素：《哲学论文集》（*Philosophical Essays*, Simon and Schuster, 1966）。
罗素：《逻辑与知识》（*Logic and Knowledge*，George Allen and Unwin LTD,1977）。
罗素：《罗素自传》（*The Autobiography of Bertrand Russell*, George Allen and Unwin LTD, 1967, 1968, 1969）三卷。
罗素：《罗素小说集》（*The Collected Stories of Bertrand Russell*, G. Allen & Unwin, 1972）。
罗素：《论分析》（*Essays in Analysis*, George Braziller, 1973）。
罗素：《哲学化的艺术》（*The Art of Philosophizing : and other Essays*, Littlefield, Adams & Co., 1977）。
罗素：《罗素文集》（*The Collected Papers of Bertrand Russell*, Routledge, 2000）第 11、15、28、29 卷。
马歇尔（P. J. Marshall）：《剑桥插图大英帝国史》（*Cambridge Illustrated History*, Cambridge University Press, 2001）。
马克思：《马克思恩格斯全集》，人民出版社，中译本，1956 年。
马克思：《费尔巴哈论纲》，人民出版社，中译本，1975 年。
马勇：《一九二〇年代的中国》，社会科学文献出版社，2005 年。
毛泽东：《毛泽东著作选读》，人民出版社，1986 年。
毛泽东：《建国以来毛泽东文稿》，中央文献出版社，1992 年。
米谢尔与泰勒（F. H. Michael and G. E. Taylor）：《现代世界中的远东》（*The Far East in the Modern World*, Holt, Reinhart and Winston, Inc., 1965）。
梅耶尔（S. Meyer），《杜威与罗素的交往》（*Dewey and Russell: an*

Exchange, 1995)。
摩尔海德（Caroline Moorhead）:《罗素一生》(*Bertrand Russell: A Life*, Viking, 1993)。
蒙克（R. Monk）:《罗素：狂热的幽灵》(*Bertrand Russell: the Ghost of Madness*, Free Press, 2000)。
蒙克（R. Monk）:《维特根斯坦：天才的职责》(*Ludwig Wittgenstein: the Duty of Genius*, Free Press, 1990)。
牟宗三:《中国哲学十九讲》，台湾学生书局，1983 年。
缪尔黑德（J. H. Muirhead）:《现代英国哲学》(*Contemporary British Philosophy*, Routledge, 1976)。
帕特森（W. Patterson），《罗素逻辑原子论的哲学》(*Bertrand Russell's Philosophy of Logical Atomism*, Peter Lang Publishing, 1967)。
皮亚斯（D. Pears），《罗素与英国哲学传统》(*Bertrand Russell and the British Tradition in Philosophy*, New York: Random House,1967)。
皮亚斯（D. Pears），《逻辑原子论的哲学》(*The Philosophy of Logical Atomism*, Peter Lang Publishing, 1993)。
培里（R. B. Perry）:《现代哲学倾向》(*Present Philosophical Tendencies*, Athena University Press, 2004)。
乔治与维勒曼（A. George and D. Velleman），《数学的哲学》(*Philosophy of Mathematics*, Blackwell Publishing, 2002)。
瞿秋白:《瞿秋白文集》，人民文学出版社，1953 年。
拉姆西（F. Ramsey），《数学的基础及其他逻辑论文》(*The Foundation of Mathematics and other Logical Essays*, Routledge, 1931)。
桑斯布瑞（R. M. Sainsbury），《罗素》(*Russell*, Routledge & Kegan Pail, 1979)。
萨瓦格与安德森（C. Savage and C. Anderson），《再读罗素》(*Rereading Russell*, University of Minnesota Press, 1989)。
沈益洪编:《罗素谈中国》，浙江文艺出版社，2001 年。

史瓦兹（B.I. Schwartz）:《中国的共产主义与毛泽东的兴起》（*Chinese Communism and the Rise of Mao*, Harvard University Press, 1989）。

舒衡哲（美）:《张申府访谈录》，李绍明译，北京图书馆出版社 2001 年。

斯密斯（G. Smith）:《英格兰史》（*A History of England*, C. Scribner's Sons, 1957）。

斯本斯（J. D. Spence），《探究现代中国》（*The Search for Modern China*, W. W. Norton & Company, 1990。

孙中山:《孙中山全集》第 9 卷。

泰特（K. Tait）:《我的父亲罗素》（*My Father Bertrand Russell*, Thoemmes Press, 1975）。

唐君毅:《唐君毅全集》，台湾学生书局，1988 年。

田中裕:《怀特海有机哲学》，包国光译，河北教育出版社，2001 年。

魏斯曼（F. Waismann）:《哲学论文集》（*Philosophical Papers*, Reidel, 1977），英文版。

维德克尼（A. D. Wedekind），《罗素与分析哲学》（*Russell and Analytic Philosophy*, Toronto: University of Toronto Press, 1993）。

维兹（M. Weitz）:《20 世纪哲学引论：分析的传统》（*Introduction to Twentieth Century Philosophy: The Analytical Tradition*，Free Press，2000）。

维斯特布鲁克（R. B. Westbrook），《杜威与美国民主》（*John Dewey and American Democracy*, Cornell University Press, 1991）。

威特根斯坦（L. Wittgenstein）:《逻辑哲学论》（*Tractatus logico-philosophicus*, Routledge, 2001）。

伍德（A. Wood）:《罗素——热情的怀疑论者》（*Bertrand Russell: the Passionate Skeptic*，Simon and Schuster, 1958）。

谢尔普（P. Schilpp）:《罗素的哲学》（*The Philosophy of Bertrand Russell*，Northwestern University Press, 1944）。

谢尔普（P. Schilpp）:《摩尔的哲学》（*The Philosophy of G. E. Moore*,

Tudor Publishing Company, 1952)。
谢尔普（P. Schilpp）:《怀特海的哲学》(*The Philosophy of Alfred North Whitehead*，Tudor Publishing Company, 1941)。
谢尔普（P. Schilpp）:《杜威的哲学》(*The Philosophy of John Dewey*, Open Court Publishing Company, 1989)。
希尔（C. Hill),《胡塞尔、弗雷格与罗素的言语与对象》(*Word and Object in Husserl, Frege, and Russell*, Ohio Univ Press, 1991)。
希尔顿（P. Hylton),《罗素：唯心主义与分析哲学的诞生》(*Russell, Idealism and the Emergence of Analytic Philosophy*, 1993)。
《新民学会会务报告》，第 2 号。
《新民学会会员通讯集》，第 3 集。
休谟:《人性论》，商务印书馆，中译本。
《一大前后》(一)，人民出版社，1980 年。
伊姆斯（E. R. Eames）:《罗素的知识论》(*Bertrand Russell's Theory of Knowledge*, George Braziller, 1969)。
叶秀山等编:《西方著名哲学家评传》，第 8 卷，山东人民出版社 1984 年。
余光中:《左手的缪思》，时代文艺出版社，1997 年。
余世存编:《非常道——1840－1999 的中国话语》，社会科学文献出版社，1005 年。
詹姆斯（W. James）:《多元的宇宙》(*A Pluralistic Universe*, Longmans, Green and Co., 1909)。
张岱年:《张岱年论文集》，安徽教育出版社，1998 年。
张岱年:《张岱年文集》，清华大学出版社，1989 年。
张申府:《所忆》，中国文史出版社，1993 年。
张者:《文化自白书》，北京广播学院出版社，2004 年。
赵元任:《从家乡到美国》，关鸿、魏平译，学林出版社，1997 年。
周策纵（Tse-tung Chow）:《五四运动》(*The May Fourth Movement*, Harvard University Press, 1980)。

周恩来:《周恩来选集》，人民出版社 ,1984 年。
朱光潜:《自传》，江苏文艺出版社，1998 年。
朱杰人等编:《程俊英纪念文集》，华东师大出版社，2004 年。

罗素著作列表

《德国社会民主》(*German Social Democracy*)，1896 年。

《几何学的基础》(*An Essay on the Foundation of Geometry*)，1897 年。

《莱布尼兹哲学的批判解说》(*A Critical Exposition of Philosophy of Leibniz,*)，1900 年。

《数学的原则》(*The Principles of Mathematics*)，1903 年。

《自由人的崇拜》(A Free Man's Worship)，1903 年。

《论指称》(*On Denoting*)，1905 年。

《数学原理》(*Principia Mathematica*)，与怀特海合著，1910 年。

《哲学论文集》(*Philosophical Essays*)，1910 年。

《反选举权的焦虑》(*Anti-Suffragist Anxieties*)，1910 年。

《哲学问题》(*The Problems of Philosophy*)，1912 年。

《我们对于外界的知识》(*Our Knowledge of the External World*)，1914 年。

《哲学中的科学方法》(*Scientific Method in Philosophy*)，1914 年。

《柏格森的哲学》(*The Philosophy of Bergson*)，1914 年。

《战争是恐惧的源泉》(*War, the Offspring of Fear)*，1914 年。

《战时的正义》(*Justice in War-time*)，1916 年。

《协议的政策：对基尔伯特·穆瑞教授的答复》(*The Policy of the Entente: A Reply to Professor Gilbert Murray*)，1916 年。

《社会重建的原理》,（*Principle of Social reconstruction*），1916 年。

《政治理想》（*Political Ideals*），1917 年。

《无政府主义与公团主义》（*Anarchism and Syndicalism*），1917 年。

《为什么人会打仗》（*Why Men Fight: A Method of Abolishing the International Duel*），1917 年。

《自由之路》（*Roads to Freedom*），1918 年。

《神秘主义与逻辑》（*Mysticism and Logic*），1918 年。

《逻辑原子论的哲学》（*The Philosophy of Logical Atomism*），1918 年。

《数理哲学引论》（*Introduction to Mathematical Philosophy*），1919 年。

《布尔塞维克主义的理论与实践》,（*The Practice and Theory of Bolshevism*）1920 年。

《心的分析》（*The Analysis of Mind*），1921 年。

《中国问题》（*The Problem of China*），1922 年。

《三种途径走向世界》（*Tree Ways to World*），1922 年。

《自由思想与官方宣传》（*Free thought and Official Propaganda*），1922 年。

《工业文明的前景》（*The Prospect of Industrial Civilization*），合著，1923 年。

《原子论 ABC》（*The ABC of Adams*），1923 年。

《伊卡罗斯或科学的未来》（*Icarus, or The Future of Science*），1924 年。

《布尔塞维克主义与西方》（*Bolshevism and the West*），1924 年。

《怎样获得自由和幸福》（*How to be Free and Happy*），1924 年。

《逻辑原子论》（*Logical Adamism*），1924 年。

《我信仰什么》（*What I believe*），1925 年。

《相对论 ABC》（*The ABC of Relativity*），1925 年。

《论教育，尤其是幼儿教育》（*On education, Especially in Early Childhood*），1926 年。

《教育与善的生活》*(Education and the Good Life*），1926 年。

《罗素文选》(*Selected Papers of Bertrand Russell*)，1927 年。
《哲学大纲》(*An Outline of Philosophy*)，1927 年。
《物的分析》(*The Analysis of Matter*)，1927 年。
《我为什么不是一个基督徒》(*Why I am not a Christian*)，1927 年。
《怀疑论集》(*Skeptical Essays*)，1928 年。
《婚姻与道德》(*Marriage and Morals*)，1929 年。
《赢得快乐》，(*The Conquest Happiness*)，1930 年。
《哲学对文明作过有益的贡献吗？》(*Has Religion Made Contribution to Civilization?*)，1930 年。
《科学观》(*The Scientific Outlook*)，1931 年。
《教育与社会秩序》(*Education and the Social Order*)，1932 年。
《数学的性质》(*The Nature of Mathematics*)，1933 年。
《自由与组织》(*Freedom and Organization*)，1934 年。
《闲散颂》(*In Praise of Idleness*)，1935 年。
《宗教与科学》(*Religion and Science*)，1935 年。
《什么样的途径通向和平》(*Which Way to Peace?*)，1936 年。
《决定论与物理学》(*Determinism and Physics*)，1936 年。
《安伯雷文献》(*The Amberley Papers*)，1937 年。
《权力：一种新的社会分析》(*Power; A New Social Analysis*)，1938 年。
《意义与真理的探索》(*An Inquiry into Meaning and Truth*)，1940 年。
《让人们思维》(*let the People think*)，1941 年。
《西方哲学史》(*A History of Western Philosophy*)，1945 年。
《物理与经验》(*Physics and Experience*)，1946 年。
《哲学与政治》(*Philosophy and Politics*)，1947 年。
《人类知识》(*Human Knowledge: Its Scope and Limits*)，1948 年。
《权威与个人》(*Authority and the Individual*)，1949 年。
《非通俗文选》(*Unpopular Essays*)，1950 年。
《科学对社会的影响》(*The Impact of Science on Society*)，1951 年。

《变化中世界的新希望》(*New Hopes for a Changing World*), 1951 年。

《善良公民的字母表》(*The Good Citizen's Alphabet*), 1953 年。

《郊区的撒旦》(*Satan in the Suburbs*), 1953 年。

《在道德和政治中的人类社会》(*Human Society in Ethics and Politics*), 1954 年。

《杰出人们的梦魇》(*Nightmares of Eminent Persons*), 1954 年。

《约翰·斯图特·穆勒》(*John Stuart Mill*), 1955 年。

《记忆的肖像》(*Portraits from Memory*), 1956 年。

《理解历史及其他论文》(*Understanding History and other Essays*), 1957 年。

《罗素、赫鲁晓夫和杜勒斯之间的通信》(*The Vital Letters of Russell, Khrushchev, Dulles*), 1958 年。

《怀疑的意愿》(*The Will to Doubt*), 1958 年。

《常识与核战争》(*Common Sense and Nuclear Warfare*), 1959 年。

《西方的智慧》(*Wisdom of the West*), 1959 年。

《我的哲学发展》(*My Philosophical Development*), 1959 年。

《科学的未来》(*The Future of Science)*, 1959 年。

《罗素谈他的心灵》(*Bertrand Russell Speaks His Mind*), 1960 年。

《事实与虚构》(*Fact and Fiction*), 1961 年。

《人类有将来吗？》(*Has Man a Future?*), 1961 年。

《罗素重要文选》(*The Basic Writings of Bertrand Russell,1903-1959*, ed. by R. Egner and L. Denonn), 1961 年。

《性格的教育》(*Education of Character*), 1961 年。

《非武装力量的胜利》(*Unarmed Victory*), 1963 年。

《论科学哲学》(*On the Philosophy of Science*), 1965 年。

《在越南的战争与残暴》(*War and Atrocity in Vietnam*), 1965 年。

《逻辑与知识》(*Logic and Knowledge*), 1966 年。

《哲学论文集》(Philosophical Essays, Simon and Schuster), 1966 年。

《在越南的战争罪行》(*War Crime in Vietnam*), 1967 年。

《罗素自传》(*The Autobiography of Bertrand Russell*)，共 3 卷，1967 年，1968 年，1969 年。

《哲学化的艺术》(*The Art of Philosophizing : and other Essays*)，1968 年。

《亲爱的罗素》(*Dear Bertrand Russell*)，1969 年。

《我自己的哲学》(*My Own Philosophy*)，1970 年。

《罗素小说集》(*The Collected Stories of Bertrand Russell*) ,1972 年。

《论分析》(*Essays in Analysis*)，1973 年。

《罗素文集》(*The Collected Papers of Bertrand Russell*)，共 29 卷，2000 年。

罗素生平年表

1872 年：5 月 18 日出生于英国威尔士的拉文斯克罗夫特（Ravenscroft, Wales）。

1874 年：两岁的罗素与他的姐姐访问祖父母的府邸时，见到维多利亚女王。母亲与 6 岁的姐姐病故。

1876 年：父亲去世。罗素的祖父约翰·罗素爵士（前英国首相）和祖母推翻罗素父亲的遗嘱，而获得罗素兄弟的监护权。

1878 年：祖父去世；罗素的祖母培育他继续成长。

1883 年：向哥哥弗兰克学习欧几里得几何学，这是他少年时代一个重大的事件。

1886 年：产生了与笛卡尔主义者十分相似的想法。

1889 年：夏季来到叔叔罗洛家中住了 3 个月，认识了美国人斯密斯夫妇以及他们的女儿阿莉丝·斯密斯（Alys Smith）。

1890 年：罗素进入剑桥大学三一学院学习。

1891 年：加入剑桥秘密团体“社团（The Society）”，也也称“使徒（The Apostles）”。

1893 年：获得数学毕业考试（Tripos）甲等（Wrangler）第七名。

1894 年：通过道德科学考试（Moral Sciences Tripos，Part II）。成为了黑格尔主义者。大学毕业，担任了英国驻巴黎使馆的名誉随员。与阿莉丝结婚。

1895 年：在柏林研究经济学和德国社会民主党。

1896 年：第一次访美 3 个月。出版第一部著作《德国社会民主》（German Social Democracy）一书。

1897 年：发表一篇有关几何基础的论文。

1898 年，罗素追随摩尔反叛黑格尔主义。在剑桥代课。

1900 年：在巴黎国际会议上遇到皮阿诺（Peano）；出版《莱布尼兹哲学的批判解说》（*A Critical Exposition of Philosophy of Leibniz,* ）一书。

1901 年：发现罗素悖论。开始反对第一次世界大战。

1902 年：与弗雷格（Frege）联系。

1903 年：出版《数学的原则》（*The Principles of Mathematics*）一书。

1905 年：在《心灵》杂志上发表"论指称"（On Denoting）一文。

1908 年：被选为皇家学会会员。

1910 年：与怀特海合著出版了《数学原理》（*Principia Mathematica*）第一卷。希望参政竞选议员，但未实现。受聘三一学院担任数学讲师。结识奥托琳·莫瑞尔（Ottoline Morrell）夫人。

1911 年：与阿莉丝分居。

1912 年：与怀特海合著出版了《数学原理》（*Principia Mathematica*）第二卷；并出版《哲学问题》（*The Problems of Philosophy* ）。

1913 年：与怀特海合著出版了《数学原理》（*Principia Mathematica*）第三卷。

1914 年：出版了《我们对于外界的知识》（*Our Knowledge of the External World*）一书。

1915 年：出版了《战争是恐惧的源泉》（*War, the Offspring of Fear)* 一书。

1916 年：因反战而被罚款 110 英镑，并遭到三一学院的开除；出版了《社会重建的原理》（*Principle of Social Reconstruction*）一书。结识考莱特·奥尼尔（Collette O'Neil）。

1917 年：出版了《政治理想》（*Political Ideals*）一书。

1918 年：因反战遭监禁 6 个月；在狱中撰写并出版了《神秘主义与逻辑》（*Mysticism and Logic*），《自由之路》（*Roads to Freedom*）等书。

1919 年：出版了《数理哲学引论》（*Introduction to Mathematical Philosophy*）一书。

1920 年：在西班牙讲学后访问俄国，接着又访问了中国，并在那里停留近一年。

1921 年：在保定育德中学讲演后，突然患病，濒临死亡，传言散布到了全世界。7 月 11 日离开中国。与阿莉斯离婚，并与多拉·布莱克（Dora Black）结婚。出版了《心的分析》（*The Analysis of Mind*）一书。11 月 16 日他们的第一个孩子约翰出生。

1922 年：出版了《中国问题》（*The Problem of China*）一书。

1924 年：12 月 29 日，女儿凯瑟琳出生。

1927 年：与多拉开办了灯塔山实验学校。出版了《物的分析》（*The Analysis of Matter*）一书。

1929 年：出版了《婚姻与道德》（*Marriage and Morals*）一书。

1931 年：在哥哥弗兰可去世后继承了伯爵的称号。

1934 年：由于数学上的成就，获得了英国皇家学会的西尔威斯特奖和皇家数学会的德摩根奖。

1935 年：与多拉离婚。

1936 年：与皮特·斯本斯（Peter Helen Spence）结婚。

1937 年：罗素亲笔写了一篇自我讣告。最小的儿子康拉德（Conrad）出生。

1938 年：应聘到美国芝加哥大学开了一个大型研讨班。

1939 年：第二次世界大战爆发，利用暑假探望父亲的约翰和凯特无法返英，便留美上学。

1940 年：受聘于纽约市立学院，但遭到公众的抗议，并纠缠于官司之中；出版了《意义与真理的探索》（*An Inquiry into Meaning and Truth*）一书。与发明家巴恩斯博士与他签了 5 年的约到费城授课。

1943 年：遭到宾夕法尼亚巴恩斯基金毁约。

1944 年：返英并重新执教于三一学院。

1945 年：出版了《西方哲学史》（*A History of Western Philosophy*）一书。1948 年：出版了《人类知识》（*Human Knowledge: Its Scope and Limits*）一书。11 月 20 日，发表威斯敏斯特演讲。在从挪威奥斯陆到特隆赫姆大学的讲演途中，竟遭遇风暴而飞艇失事，掉入海中，后被救起。

1949 年：荣获英王六世颁发的不列颠最高声望公民“荣誉勋章（the Order of Merit）”。

1950 年：夏季第三次访美。荣获诺贝尔文学奖。年底，来到斯德哥尔摩参加颁奖仪式。

1952 年：与皮特离婚，并与艾蒂斯·芬奇（Edith Finch）结婚。

1954 年：12 月 23 日，在 BBC 广播电台发表针对核威胁的“人类的危险”演说。

1955 年：公布罗素—爱因斯坦宣言（Russell-Einstein Manifesto）。

1957 年：组织了第一届普格瓦斯大会（Pugwash Conference）。

1958 年：成为取消核军备运动的主席。因将科学普及化而获得加联合国教科文组织颁发的林达奖（the Kalinga Prize）。

1960 年：获丹麦索宁奖（Soning Prize）。成立“百人委员会”，并开展“公民反战不服从行动”。

1961 年：因反核活动遭监禁一个星期。

1962 年：参与古巴导弹危机的国际调停。参与中印边界冲突的调停。

1963 年：获德国奥西斯基奖（Ossietzky Medal）和美国汤姆·潘恩奖（Tom·Paine Award）。创立和平基金会。

1966 年：5 月 24 日，通过民族解放阵线电台对美国士兵发表演说，宣讲越战的非正义性。建立了由各国的杰出人物组成的国际战争罪行特别法庭（后来称为“罗素法庭”）。

1967 年：出版了《罗素自传》（*The Autobiography of Bertrand Russell*）第一卷。罗素法庭在瑞典和丹麦分别开庭，象征性地传讯美国总统约翰逊。撰写了最后一篇只注了“1967”而没有标题的文章。

1968 年：出版了《罗素自传》（*The Autobiography of Bertrand Russell*）第二卷。发表声明抗议苏联入侵捷克斯洛伐克。重新见到离别 14 年的小儿子康拉德。

1969 年：出版了《罗素自传》（*The Autobiography of Bertrand Russell*）第三卷。

1970 年：2 月 2 日于英国威尔士的彭林德拉特（Penrhyndeudraeth, Wales）去世；骨灰撒在群山中。